为进步

THE
PRICING
of
PROGRESS

定价

Economic Indicators
and the Capitalization
of American Life

美国经济指标
演变简史

Eli Cook

[美] **伊莱·库克**————著

魏陆 罗楠————译

格致出版社　上海人民出版社

译者序

    本书是由以色列海法大学历史系副教授、美国研究项目主任伊莱·库克完成的。库克本科就读于以色列特拉维夫大学，后到美国哈佛大学深造，2013 年获得哈佛大学博士学位，之后回到海法大学历史系任教，主要教授资本主义史、经济思想史、20 世纪美国史以及消费者文化等。库克是一位专注于美国和全球资本主义发展的思想、文化和经济历史学家，他的这本书由哈佛大学出版社于 2017 年出版，旨在说明经济指标的崛起与美国资本主义的兴起密切相关，先后两次获得过美国思想史协会和《思想史研究》(*the Journal of the History of Idea*) 颁发的思想史最佳著作奖。

    国内生产总值（GDP）是我们最常用的经济指标，美国经济分析局（BEA）把 GDP 的产生誉为 20 世纪人类最伟大的发明之一。作为人类文明的核心，尽管货币和市场已经存在了几千年，但是无论古希腊、古中国、中世纪欧洲还是北美殖民地，这些地区都不把货币收入或经济产出作为衡量居民幸福感的指标。GDP 的产生体现了人类日常生活资本化的漫长过程，这一过程起源于 17 世纪英国的圈地运动和奴隶贸易，形成于 20 世纪 30 年代的美国，二战后在全球得到广泛普及。

    本书主要讲述货币是如何成为美国社会通用的衡量指标以及 GDP 是如何在美国诞生的。在美国建国初期，货币在 18 世纪末期和 19 世纪初期不是衡量美国进步的主要指标。如 1791 年联邦政府财政部长亚历山大·汉密尔顿为撰写《制造业报告》，曾要求各地征税员、农场主和企业主提供当地农场和工厂的生产力数据，但是他没有得到自己期望的价格数据，因为在美国早期，人们没有运用货币量化自己投入和产出的习惯。这一时期的奴隶无论年龄、性别以及身体健康状况如何，对他们的估值都一样。从殖民地时代到1840年，弗吉尼亚和联邦政府一直以不需要货币估价的定额税向奴隶征税。直到19世纪中叶以前，美国量化经济和社会进步程度的主要指标都还是犯罪、教育、疾病等道德统计数据。这一时期，南方和北方民众均引用这类数据证明自身制度的优越性。如美国北方的反奴隶制刊物《自由年鉴》指出，北方有更多的在校学生、学者、图书馆和大学。而南方政客约翰·卡尔霍恩为了证明北方反对奴隶制对黑人自身是有害的，声称北方监狱里每6个中就有1个精神和身体残障的黑人，而在南方监狱里每154个中才有1个。

19世纪中叶，资本主义的产生使得货币一跃成为美国通用的衡量指标。美国建国初期的前几十年，虽然已经发展成为一个商业社会，但还不完全是一个资本主义社会。资本主义社会区别于其他社会的主要特征，除了市场之外，更重要的是资本投资行为。通过资本投资，自然资源、艺术作品、城市空间、教育机构、人口、土地等社会生活的基本元素都被转化（或者说"资本化"）为能产生利润的资产，能为投资者获取未来收益。美国这种资本化的运作方式直到19世纪中叶随着西部大开发、铁路和运河投资热潮以及奴隶贸易的兴起才出现。

资本化对经济指标的地位上升至关重要。随着资本主义的出现，美国南方和北方精英阶级都设法将他们的财富转化为新的可以获取收益的金融资产。北方主要选取地产或铁路领域进行资本投资，随着资本涌入，来自东海岸的新兴阶级开始崛起。比起道德统计指标，他们更在乎城镇的工业产出、人口增长、土地价格、劳动力成本、铁路交通、人均生产率等与资本收益密切相关的数据。与此同时，南方的资本投资主要通过奴隶贸易方式进行，他们在交易中会对奴隶的市场价值进行评估。一个奴隶的价格不仅反映了他的生产力，还反映了他的身体和性格特征。奴隶开始被资本化了，被视作可流动的生产性资产，一个奴隶的价值变成了其未来收入流的函数。

随着美国镀金时代（1870 年至 1900 年期间）和进步时代（19 世纪 90 年代到 1920 年期间）企业兼并和工厂技术能力的增强，资本量化的影响从商业世界渗透到美国社会的方方面面。在进步时代，金钱逻辑随处可见。如 1910 年 1 月 30 日，《纽约时报》发表了一篇题为"婴儿作为国家资产的价值：去年的产量总价值约为 69.6 亿美元"的文章，宣称："一个 8 磅重的婴儿在出生时的价值是每磅 362 美元，这是一个孩子作为潜在财富生产者的价值。假定他可以活到正常寿命，除去养育他及作为成人的维持生存成本，他能额外生产出价值 2900 多美元的财富。"除估值婴儿外，这一时期，从普通感冒（一个职员每月 21 美元）等社会成本，到尼亚加拉大瀑布（每年 1.225 亿美元）等社会收益都被进行了估值。

这一时期，这种金钱至上的思维主要在以白人为主的资产阶级中引起共鸣，他们是股票、工厂、财富等资产的持有者，将雇员视作"赚钱机器"。但是，美国工人阶级对经济指标的兴起没有太大热情，他们认为人类的经验是无价的。虽然在镀金时代，一些工会成员和民粹主义者成功推动美国劳工统计局制定了一些不用于衡量经济增长或市场产出，而是用来衡量城市贫困、性别歧视、阶级流动等因素的指标，如贫困率、预期寿命、识字率等，但是在美国社会，总体来说还是资产阶级占据了主导地位。

为了应对日益增长的社会主义运动，一战前，洛克菲勒等人就开始构想成立一个私人资助的非营利研究机构，"通过公布事实，驳斥误导性和有害性的言论"来支持"这个国家的商业利益"。1920 年，美国国家经济研究局（NBER）在纽约市成立，并在当年发布了关于美国国民收入的第一份研究报告，认为美国的国民收入从 1909 年的 2880 万美元增长到了 1918 年的 610 亿美元。1934 年，国家经济研究局的西蒙·库兹涅茨（Simon Kuznets）发明了官方认可的国民生产总值（GNP）。

随着 GDP/GNP 的出现，货币逐渐成为美国社会越来越通用的衡量指标，它不仅是美国社会的中心，同时也是衡量一切事物的基准，经济增长的重要性被置于个人福祉之前。这一转变改变了美国人对投资和商业的看法，对美国社会产生了深远影响，这意味着美国在政策、商业和日常生活等方面的默认立场，是评估国民个体是否作出了对经济发展的应有贡献，而不是考虑经济发展如何满足国民需求。

本书由上海市发展改革研究院魏陆和罗楠翻译，前后花了多年时间，虽然译者已经尽了最大努力，但难免仍有不足之处，敬请谅解。

目 录

引 言

　　1832 年，在纽约州北部一场声势浩大的宣扬酒精危害的布道中，狂热的道德改革者和废奴主义者西奥多·德怀特·韦尔德（Theodore Dwight Weld）从自己的口袋里拿出了一张纸，这张纸上写满了统计数据。他大声朗读自己粗略的计算结果——这一计算以偏概全，仅根据一个郡县的数据就推算出了整个国家的情形。他宣称：在美国 30 万酗酒者中，每年将有 3 万人死于过度饮酒；在美国 20 万穷人中，近半数是由于酗酒导致贫困的；在美国 3 万名就医的精神病患者中，半数归因于酗酒。这种表达方式——创新性地使用统计数据量化酗酒的影响——迅速在西方世界流行了起来。例如，韦尔德通过检验酗酒对美国人民生理、社交以及心理方面造成的影响，度量了酒精消费的社会成本。类似的关于精神疾病、健康、贫穷、文盲、犯罪、卖淫、教育以及在押犯人数量影响的统计，时常出现在"杰克逊时代"（Jacksonian Era）[*]的政论、统计年鉴、政府文件和道德改革报告中。在运用这些起源于欧洲的专业术语的过程中，美国人将这些数字称为"道德统计数据"（moral statistics）。[1]

　　这些道德统计数据在宗教复兴运动"第二次大觉醒"（the Second Great Awakening）期间席卷全美，美国人度量酒精消费社会成本的方式也随之迅速改变。1830 年，由富有的奥尔巴尼市^{**}商人而非牧师领导的纽约州戒酒

---

* 指安德鲁·杰克逊（Andrew Jackson），美国第七任总统和美国民主党创建者，在任内大力加强总统职权，极力维护联邦的统一。——译者注
** 纽约州首府。——译者注

协会（New York Temperance Society），计算出了酗酒导致的社会成本。纽约州戒酒协会没有详细描述酗酒者的个体命运，而是主要关注酗酒给城市带来的整体危害。该协会经过一系列深入核算后称，考虑到"人们在饮酒上所花费的时间""饮酒所导致的醉态和减少的劳动能力""刑事诉讼费用"以及"因饮酒后疏忽大意给公众带来的损失"等因素，"毫无疑问，居民酗酒会给城市每年带来 30 万美元的损失"。如果把酒精消费当作一种"税"的话，那么这些通过投资城镇房地产积累起巨额财富的奥尔巴尼市商人运用戒酒协会的数据，为这种税加上了时间和空间标签。"以当时的货币价值度量"，他们认为，"奥尔巴尼市每年为酒精支付的税相当于 600 万美元每年滋生的利息，这些钱可用于每年建设 200 幢每幢价值 1500 美元的房屋，抑或是租下2000 幢每幢年租金为 150 美元的房屋"。[2]

上述两种计算酒精消费社会成本的方式存在着显著差异。虽然在快速工业化的市镇中，美国中产阶层已经将道德统计数据用作加强家长式社会控制的惩戒工具，但是这些数据仍然仅仅关注酗酒者们的生理、社交和心理健康。无论如何，他们的统计分析都始终以人为本。与此相反，奥尔巴尼市商人的统计更关注酗酒行为给城市带来的可以用货币度量的影响。虽然韦尔德的量化道德统计数据反映了米歇尔·福柯（Michel Foucault）提出的"治理术"（governmentality）的兴起，但是，在奥尔巴尼市的计算中使用的社会核算具有明显的资本主义特征，是一种截然不同的量化方式，我在本书中将其称为"投资术"（investmentality）。[3]

假设整个城镇是一个资本化的投资项目，城镇居民是可创造收入的人力资本生产要素——这一生产要素可被放入获取最大产出的经济增长等式之中，奥尔巴尼市商人所使用的新型投资术通过量化特定劳动和消费行为对市场产出与资本积累的影响，度量社会发展和福利。投资术基于逐利逻辑，把创造收入视为美国生活的终极目标，诸如过度饮酒等社会问题之所以令人不悦，并不一定是因为它们毁掉了个人生活，而是因为它们对经济增长产生了负面影响。这些雄心勃勃的商人们的开创性计算没有止步于奥尔巴尼市，而是进一步扩展到整个国家。他们估计"每 25000 名居民的酗酒成本为 30 万美元"，进而测算出全国每年因嗜酒带来的收入损失"约为惊人的 1.45 亿美元"。[4]

在道德统计占据主导地位的 19 世纪 30 年代，奥尔巴尼市商人们的这种计算方式是一个另类。但是到 20 世纪初期时，对日常生活进行定价已从美国政治舞台的边缘走向了中央。戒酒统计再次为这一转变提供了一个非常有用的观察视角。1917 年，欧文·费雪（Irving Fisher）* 已成为美国一个要求战时禁酒委员会的领导者，他是其所处年代最受人推崇的经济学家，还是一位几乎定价过所有社会问题的进步时代 ** 改革先驱。费雪著述颇多，他在一篇文章中称赞了美国内战前奥尔巴尼市商人们的禁酒观点，称其严谨的计算不仅使"改革时代"（Age of Reform）受益，也使科学管理时代受益。费雪宣称：禁酒"可以让 10 万—20 万名因醉酒失去工作能力的男人们保持清醒，提高他们非醉酒时的生产能力（酒精'降低了'他们的生产效率），进而至少可以提高 10% 的产出水平"。这位美国第一位名副其实的计量经济学家认真计算了大量数据，得出了"禁酒可以为国家每年带来 20 亿美元红利（dividend）"的结论。考虑到费雪还自称是股市预测专家，对红利一词的使用表明他认为美国是一种证券化了的资产。[5]

为禁酒定价是一种典型的"费雪式"行为，因为他大部分时间都在对不同事物进行定价，例如结核病价值 11 亿美元，国家卫生保健制度价值 30 亿美元，成年美国人平均价值 2900 美元，甚至美国婴儿平均价值 90 美元。为了解释他是如何得到后两者的价格的，费雪强调："度量一个人生命经济价值的最佳方法是将其收入能力资本化。"在资产定价的资本化过程中，费雪使用与其投资决策相同的方法得出了"美国人的平均价值"：先用一个资本品的年收入减去年成本，得到逐年的现金流；然后将现金流折现，得到计算标的的净现值（net present value）。在这个例子中，要研究的资本投资是一个人，这意味着要将这个人的"未来收入"减去"抚养费用"和"维护费用"后再进行折现。[6]

---

* 1867—1947 年，美国著名经济学家，代表作为《利息理论》。——译者注
** 一般指美国 19 世纪 90 年代至 20 世纪 20 年代这段时期。——译者注

费雪并非孤军奋战。1897 年，当费雪首次尝试对进步主义和资本化美国生活进行定价的时候，巴尔的摩市班纳特纪念教堂（Bennet Memorial Church）的牧师汤普森（A. H. Thompson），在一次名为"正义的经济价值"的布道中谴责了酗酒行为，宣称酗酒的代价为"每年约 100 万美元"。然而，酒精消费并非进步时代（Progressive Era）唯一被货币化的道德统计。正如 1914 年美国教育专员在工业联盟（Industrial League）一次会议上警告的那样："成年文盲的迅速增加……每年会造成 5 亿美元的经济损失。"在此前一年，美国精神卫生委员会（National Committee for Mental Hygiene）主任声称，精神疾病"每年给国家造成了 1.35 亿美元的损失"。[7]

这些计算方法沿用至今。2011 年，美国疾病控制和预防中心（CDC）在一项研究中宣称："美国每年酗酒的社会成本已经达到了 2235 亿美元，或者约每瓶酒 1.90 美元。"这项研究与一个半世纪以前奥尔巴尼市商人们的酗酒报告有着惊人的相似之处，认为 72% 的酗酒成本来自"工作生产力"下降导致的损失，11% 来自"医疗保健开支"，9% 来自"刑事司法费用"，6% 来自"车祸损失"。在这份报告的结尾处，美国疾病控制和预防中心特地警告：这项研究还没有将所有成本都考虑在内，如酗酒者本身以及那些受酗酒者影响的其他人经受的痛苦。2015 年，美国精神卫生研究所（National Institute of Mental Health）所长称，"每年精神障碍的财政成本至少是 4670 亿美元"。该所长引用了《美国精神病学杂志》（American Journal of Psychiatry）发表的一项研究，解释说严重精神疾病的成本主要来自"由此疾病导致的收入损失"。读写伙伴（Literary Partners）是一个非营利组织，该组织的董事会成员包括 Twitter、三星、花旗、谷歌、时代、彭博社等"知名企业的高级管理人员"，在读写伙伴网站上有这样的宣传："投入 1 美元用于提升成年人的读写能力，可以获得 7.14 美元的回报。"[8]

这些当代计算与早期社会定价之间的惊人相似并非巧合。19 世纪，就如何度量进步引发了激烈争论。到 20 世纪初时，把社会视作一项资本化投资的价格统计占得了上风，取代了道德统计和其他非货币化社会评价方法，成为度量美国社会发展的主要标准。随着这一"投资术"标准的使用与传播，如

　　　　　　　　为进步定价：美国经济指标演变简史

何将货币化后的市场生产和消费最大化，成为美国社会政策的主要统计目标。通过将价格转换成标准单位，现代美国人不仅用这种方法评估他们的商品和企业，还用其评估他们的未来、社区、环境，甚至美国人自己。

这是人类历史上前所未有的转变。货币和市场已经存在了数千年，但古希腊、帝制时代的中国和中世纪欧洲的人民都不认为可以把价格用作度量人类繁荣或社会价值的准确标准，也没有将他们的社会视作一项可产生收入的投资。本书主要讲述这一定价进步的方法是如何形成的。

∽

我认为，对进步进行定价源于美国资本主义的崛起；更确切地说，源于随着资本主义发展，美国人日常生活的资本化。不同意识形态流派的历史学家都认为，向资本主义过渡的关键因素是市场关系和商品——无论是劳动力、土地、奴隶、小麦、棉花、香料、黄金、铁，还是羊毛——交换范围的扩大。另一方面，我认为，虽然市场、商品和消费品都是资本主义的必要组成部分，但是并不一定就会创造一个资本主义社会。为摆脱这种"市场革命式的"论调，我将历史演进重点从商品化转向资本化，从消费品转向资本品，从市场交换转向资本投资。[9]

市场逐步拓展和渗透到了未曾被商品化的生活领域，特别是劳动关系，这无疑在美国和全球资本主义形成中发挥了至关重要的作用。但是，美国资本主义革命和对进步的定价（其他地方也可能如此，虽然其经济指标的发展与美国完全不同）是一个非常明显的资本化过程。资本主义与之前社会和文化组织形式的主要区别就是资本投资，这一行为涵盖了社会和生活的基本要素——包括自然资源、技术发现、文化产品、城市空间、教育机构、人类自身和财政国家，这些投资被转化（或"资本化"）为可以创造收入的资产，并根据其赚取和创造收益的能力进行分配。

按照现代经济学的说法，资本化（capitaliation）具有多种特定含义。在股票市场上，通常用公司的市场价值度量公司价值，即已发行股票的数量乘以每股价格。在金融界，正如费雪在一个世纪以前所使用的那样，人们用这一术语描述将未来收入流转换为当前财富的过程。在会计中，这个词有两种含义：第一种是指投资于一家公司的资本数额，包含股票、债券或者留存收益等形式；第二种通常用资本化的动词形式（capitalize），即将一项费用不记作运营成本，而是记为资本支出。[10]

尽管资本化的这些含义差异很大，但是它们都有一个我非常认同的共同内涵：将某些事物（或某人、某个地方）看作、设想、经营、管理或者量化成一个可以产生收入、赚钱的资本性物品或投资。马丁·格里德奥（Martin Grideau）也主张更广泛地使用这一术语，认为资本化"既是技术过程，也是社会过程，只有经过这一过程，资本才成为资本"。他的观点和我一样，都认为量化对这一过程至关重要，因为"资本化就是通过会计方式生产资本"。投资术也是资本化的一个先决条件。要想把一个人、一个地方或者一件事物当作一项投资进行量化，人们首先必须将它们想象成资本。正如社会学家费边·穆涅萨（Fabian Muniesa）所评论的那样："资本化就是从投资角度设想不同事物的价值。"现代经济指标的发展和美国对进步进行定价的过程基本是一回事。例如，《亨特商人杂志》（*Hunt's Merchants Magazine*）1856年发表的一篇文章定了教育纽约儿童的资本收益：价值 5 亿美元。作者之所以得出这一结论，是因为他认为"大脑就像是……一个伟大商业投资的农产品"，"政治经济学的主要问题"是"如何最经济地生产出最好的大脑，并使其最有利可图"。[11]

在强调资本投资不仅仅是简单的市场交换时，本书根据资本而不是货币，按时间先后记录了从 17 世纪中叶到 20 世纪初期，以定价为基础的充满争议的经济指标发展历程。这一发展历程告诉我们，只有那些大量可以创造收入的资本被用于生产和投资时，对进步的定价和生活的资本化才会发生。这种资本以多种形式存在，如：现代英国早期圈占的可以获取租金的土地；制糖业的兴起——奴隶制占据支配地位的加勒比社会更像是幕后人的投资活动，而非本地居民社区；主权债券的发行——资本化了美国国家税收权力；东部房地产投资者对中西部城市边界的空间拓展；高度金融化了的棉花业的快速发展——将美国奴隶从财产转变为资本；铁路革命——将大量美国财富汇集到上市公司中；机械化工厂的兴起——以相同方式计算人工成本和机器成本；以及公司并购活动——将美国产业证券化为可以获取稳定收益流且能够在股票市场上买卖的资产。

随着资本流入这些新渠道，一些地方的社会和市场关系——这激发了对道德统计数据的需求——开始被更加社会化的外部投资者颠覆，这些投资者通过贷款、债券、土地、股票、银行、抵押贷款和其他金融工具，投资于他们可能永远不会涉足的社区。随着地方商人和自营生产者将重大社会和经济权力让渡给机构投资者、投资银行、铁路经理人以及组成道琼斯工业平均指数的大型制造业公司，一个全国性的企业精英集团应运而生，他们对皮奥里亚市*的妓女人数或底特律醉酒人数的关注度，远远低于对城镇工业产出、人口增长、房地产价格、劳动力成本和铁路运输的关注度。

也就是说，尽管资本化是推动为进步定价的主要经济动力，但它并不是唯一发挥作用的力量。政治、文化和社会发展也发挥了至关重要的作用：如国家财政、资产阶级自由主义、父权制、新古典经济学、消费文化、白人种族主义、行政官僚机构、全国性的商业媒体、卡路里（calorie）的发明、南北战争、进步时代的改革、1837 年大恐慌**，以及阶级冲突等。因此，美国为进步定价的历史也是现代美国发展的历史。

∽

今天，当你在上下班路上打开车载收音机，或到家后收听夜间新闻时，你很可能经常听到关于道琼斯工业平均指数（这是 1889 年发明的一项指

---

* 位于美国伊利诺伊州伊利诺伊河畔，是伊利诺伊河沿岸最大的城市，也是皮奥里亚县的县治所在。——译者注

** 1836 年，时任总统安德鲁·杰克逊出于发展美国经济的初衷，决定关闭第二合众国银行，但是没想到这一举措引发了"多米诺效应"。1837 年，马丁·范布伦继任总统后，情况愈来愈糟，各家银行纷纷因失去信用而倒闭，成千上万的人失去了自己的土地，美国由此进入了持续五年的经济危机。——译者注

标，用于度量美国主要企业股票价格的变化）最新变化的报道，远远比关于监禁率、文盲、健康、不平等、歧视或者贫困的报道要频繁得多。美国媒体像关注天气一样密切关注企业投资价值变化。忧心忡忡的教皇方济各（Pope Francis）在其 2013 年第一次教宗布道中问道："怎么能这样呢？一个无家可归的老人暴尸荒野不是新闻，但是股市跌了两点就成了新闻。"摩根大通的一名经济学家对教皇的质疑深感不安，极力想证明教皇错误地质疑了"市场化经济制度"的成功，他用一份研究报告对此进行了回应，这份报告包括了一张显示美国人均国内生产总值（GDP）自 1877 年开始就不断上升的 Excel 图表。[12]

虽然该经济学家的反驳充满了讽刺口气，但是考虑到教皇对这些指标的批评，华尔街用 GDP 表示美国的发展成就，就一点都不令人感到奇怪了。GDP 是度量一个国家"经济增长"的经济指标，汇总计算了某一年中在其境内生产的所有商品和服务的货币价值，它毫无疑问是最著名（也是最臭名昭著）的展示社会进步的定价指标。在过去几年里，出现了一个名副其实的家庭手工业，这个手工业可以检验 GDP（这一指标形成于 1934年，最初指国内生产净值）的迅速增长和影响，这得益于哈佛经济学家西蒙·库兹涅茨（Simon Kuznets）、美国政府和美国国家经济研究局（National Bureau of Economic Research，这个机构可能听起来像一个政府机构，但我们将会看到，它绝非一个政府机构）的工作。尽管他们的一些著作提供了关于GDP"简洁但充满感情的历史"，但是其他人的观点更为关键，他们认为这一指标没有"加总"全部产出，这已经成为这一指标"错误度量我们生活"的主要问题。尽管对 GDP 存在不同的观点，但是所有人都认同，这一经济增长度量标准具有巨大和无与伦比的社会、文化和政治力量，因为这些指标已经"开始定义美国的伟大了"，并且"越来越被认为是度量社会福祉的标准"。[13]

更重要的是，GDP 数据的这些影响很快就超出了它们的发源国。GDP可以将"发展中"国家与"发达"国家区分开来，甚至可以作为对地球未来环境进行成本—效益分析（cost-benefit analyse）的决定性指标。作为一项发明，GDP 虽然曾经被嘲讽为是度量史上的笑话，但是已经"从一个狭隘的统计工具发展成为一项全球性规则"。[14]

这种情况是如何发生的呢？迈克尔·桑德尔（Michael Sandel）在其著作《金钱不能买什么》(*What Money Can't Buy*)中令人信服地说道："买卖逻辑不再仅适用于物质商品，市场价值正以前所未有的速度控制着我们的生活。"但是桑德尔这位顶级法律学者和伦理学家在试图解释这一现象时强调："我们没有通过任何有意识的选择来达到这种状况，它几乎是自然发生在我们身上的。"在对 GDP 这一指标的批判中，约瑟夫·斯蒂格利茨（Joseph Stiglitz）、阿马蒂亚·森（Amartya Sen）和让·保罗·菲图西（Jean Paul Fitoussi）等观点尖锐的经济学家，深入研究了这一经济指标占据支配地位的原因和过程。在阅读他们的研究报告时，你可以感觉到 GDP 是从一系列错误之中计算出来的——"错误度量我们生活"源于一个"错误的指标"，这一指标具有"系统性的错误"和"缺陷性的推论"。[15]

　　为进步定价和经济指标的发展不是偶然的，也不是从天而降的，它们是历史的产物。在试图阐述这段历史时，近代历史学家主要关注 20 世纪的经济学家、统计学家、组织机构和决策者，他们发明、传播并制度化了诸如 GDP 和居民消费价格指数（CPI）这些经济指标。除了著名的威廉·配第（William Petty）*以及他在 17 世纪英格兰建立的政治算术（political arithmetic）之外，GDP 统计和经济量化历史主要关注 20 世纪的发展。关注的重点在于，伴随着经济大萧条和两次世界大战带来的全球性经济和社会毁灭，出现了各种各样作为重要规划工具的宏观经济指标，经济专家和民族国家可以通过这些工具管理和引导"经济"。[16]

　　虽然不可否认这些重要历史的真实性，但是它们并不完整。经济指标的迅速崛起比 20 世纪的宏观经济专业知识影响更深远。卡尔·波兰尼（Karl Polanyi）**认为，在西蒙·库兹涅茨着手估计美国 20 世纪 30 年代的年收入之前，现代资本主义和工业革命带来的"巨大转变"使得人们"愿意接受经济改善带来的任何社会后果"，并且自由主义精英们深信"如果能够无

---

* 英国古典政治经济学家，主要著作包括《赋税论》《政治算术》等。——译者注
** 1886—1964 年，匈牙利政治经济学家、社会学家，也是 20 世纪公认的最彻底、最有辨识力的经济史学家。——译者注

限量供给物质商品，所有人类难题都可以得到解决"。克里斯托弗·拉什（Christopher Lasch）回应了这些观点，认为美国自由主义的兴起与"某种复杂的进步观"关系密切，"这种复杂的进步观是基于劳动分工、前所未有的生产力增长、消费升级以及消费者需求的扩张形成的"。通过增加生产和消费可货币化的商品数量度量社会进步和人类福祉的观念，是现代自由主义和资本主义的基石，其历史远远超过 GDP。正因如此，我把 GDP 的发明当作美国为进步定价的开端，而不是一场漫长且充满争议的全球大戏的终章，这幕大戏并不发端于美国，而是起源于英国的圈地运动和 17 世纪、18 世纪对非洲裔黑人的奴役。[17]

对于在 GDP 指标出现之前、更早的经济量化的研究，故事才刚刚开始。[18] 这是由多个原因导致的，其中有两个原因最为相关。一方面，统计历史学家没有把重点放在资本主义上，而是选择较多地关注概率、信任、确定性、官僚主义和客观性等问题。另一方面，自维尔纳·桑巴特（Werner Sombart）* 和马克斯·韦伯（Max Weber）时代以来，那些关注资本主义与量化活动之间关系的人们，更关注复式会计等商业实践。人们很少将注意力放在经济指标和其他形式的社会或国民核算方法的兴起上，这些核算方法试图度量的不是一个公司或企业的业绩，而是一个社区、城市、地区或民族国家的表现。[19]

对这类货币化度量的发展历史缺少足够关注是一件令人遗憾的事，因为正如迈克尔·扎金（Michael Zakim）和加里·科恩布里斯（Gary Kornblith）所说的那样，历史已经深深地证明，资本之所以在 19 世纪变成了"资本主义"，是因为"商业活动已经渗透人类所有事务"。通过追溯经济指标的历史，我们可以看到用于管理或投资铁路公司、纺织工厂、房地产集团或棉花种植园的资本主义量化方式，如何摆脱 19 世纪商业世界的狭窄局限，渗入美国社会的每一个角落。对劳动力的微观管理促成了宏观经济指标的产生，企业成本核算数据让位于政府生活成本指数，股东收入报告成为国民收入核算的前身。[20]

---

* 1863—1941 年，德国思想家、社会学家。——译者注

当开始撰写这本书时，我原先认为我将会用很大篇幅阐述所有美国人的量化实践，包括贫穷的劳工、非洲裔美国奴隶和移民妇女等。然而，我发现中上阶层白人从早期开始就主宰了社会度量领域，因为制定度量社会成功或者失败的统计标准需要巨大的文化力量、经济特权和政治影响力。近年来，历史学家们开始挖掘妇女或奴隶之间不同形式的计算。但是，把注意力集中在这类群体身上，会使本书避重就轻和具有误导性。一些人认为，国家度量标准和经济指标是由基层运动形成的"自下而上"的构想，而事实并非如此。像莉奥诺拉·巴里（Leonora Barry）这样的女性并不常见——她是一名贫穷的女裁缝，通过努力进入了劳工骑士团（Knights of Labor），并成为团内最重要的统计学家。只有在极少数情况下，这些被边缘化的美国人才可以获得影响其团体量化进程所需的社会力量。我讲述了他们的故事，这种情况却很少见。虽然为进步定价需要很多先决条件，但民主并不在其中。[21]

然而，这并不是说为进步定价的过程没有争议。尽管当代许多美国人可能已将日常（如果不是每小时）铺天盖地的经济指标，视为对社会福利司空见惯的度量，但是在 19 世纪，对于哪些统计指标应该被用作度量美国社会的标准是充满争议的。一些看上去冰冷的数字成为许多激烈辩论的主题。正如亚历山大·汉密尔顿（Alexander Hamilton）和许多其他美国早期为进步定价的先驱们历经千辛万苦认识到的那样，大多数美国人不认同世界是一项可以资本化的投资。在 19 世纪 50 年代之前，道德统计数据是主要的社会指标。即使经济指标逐渐担负起社会度量的重任，这一过程也一直受到阻碍、挑战和争论。为进步定价——就像美国资本主义一样——向来是难以预料的。[22]

在整个 19 世纪后半期，为进步定价快速发展，随之一个由工会组织者、民粹主义农民、评论记者、中产阶级改革派、"每天工作八小时"倡导者和政府官员组成的广泛团体，强烈反对把资本化的统计指标作为度量美国社会进步的主要标准。这些统计活跃分子仍然非常迷恋数字，他们渗透进了国家官僚机构，并提出了一系列替代标准。这些替代标准度量的不是经济增长、市场生产力、生活成本或购买力，而是城市贫困、性别歧视、所有权独立性、农村租赁、阶级流动性、社会正义和寻租行为。即使在利用市场数据时，他们提出的标准也与大多数经济精英们提出的指标大相径庭。他们不关注资本收益，而是关注如何降低负债。他们不度量经济增长速度，而是喜欢研究 GDP 是如何被分割和分配的。他们不强迫美国民众遵守单一的"生活水准"，而是喜欢度量他们的经济自主权。他们不计算劳动力成本，而是喜欢量化劳动力被剥削情况。

尽管存在这些挑战，但是在第一次世界大战爆发前，那些相信为进步定价的精英们——无论是马萨诸塞州劳工统计局、洛克菲勒基金会、耶鲁大学经济学系还是《纽约时报》——都极力设法利用他们的社会地位和文化势力，影响度量社会行动的主流过程，他们善于运用量化手段，极大地影响了新兴"统计国家"（statistical state）在应该收集哪些经济数据上的考量。度量社会进步的其他替代标准被晾到了一边，经济指标成为度量美国文化、治理、思想、政治和日常生活的核心组成部分。这一胜利来之不易，我在本书中追溯了这一复杂、曲折和不可预测的发展历程。我们目前对经济指标的痴迷并非是"自然形成的"。事情本可能有所不同。

∽

为进步定价对美国和全世界都具有深远影响。19 世纪的投资者通常不会把资金投入新兴商业活动中，除非他们可以粗略估计自己未来的回报。因此，如果不能提供稳定的市场统计数据，就难以吸引全球或美国的资本。结果，价格指标（priced indicator）对资本配置产生了重要影响，它可以帮助投资者决定将资本投向芝加哥还是圣路易斯，投向棉花种植园还是纺织厂，投向油田还是钢铁厂，投向银行股票还是保险债券。

在 19 世纪中叶关于奴隶制的大辩论中，经济指标开始发挥核心作用，对进步进行定价的影响远远超出了商业媒体或股票投资组合。例如 1858 年，南卡罗来纳州州长、种植园主、奴隶主詹姆斯·亨利·哈蒙德（James

Henry Hammond）在其一场著名的试图鼓吹奴隶制合法化、名为"棉花为王"的演讲中，使用在自己种植园得到的生产效率数据佐证自己的观点，他记录这些数据是为了跟踪、约束和评价他的采摘奴隶。哈蒙德宣称："地球上任何人口众多的其他国家，都无法在人均产出上与我们相提并论。我们每人可产出 16.66 美元。"当波士顿铁路分析师亨利·瓦纳姆·普尔（Henry Varnum Poor）试图挑战南方种植园主宣称的奴隶制多么成功的统计观点时，他用自己得到的类型极为相似的投资术统计数据对其进行了反驳，他记录这些数据是为了向美国和欧洲资本家提供建议。美国内战结束后，货币化度量继续深深影响着当时社会、政治和文化方面最重要的发展，包括雇佣劳动的合法性、边界的关闭、金本位的公平性，以及围绕关税、公共卫生需求、消费文化兴起和现代企业力量进行的争论等。[23]

到进步时代时，技术官僚改革者实施的新兴成本—效益分析法努力确保价格不仅可分配市场资源，而且可以帮助制定社会政策。《美国卫生杂志》（*American Health Magazine*）的编辑 J. 皮斯·诺顿（J. Pease Norton）在呼吁政府增加医疗保健开支时称："这是一个进步时代，关乎知识、社会尤其是物质方面，社会应该像技能娴熟的资本家一样，努力投资社会收入去获取最大收益。"诺顿把社会看作一项资本投资，把人看作资本主义生产的机械要素，为了证明他的观点——即政府必须努力延长劳动人民的寿命，他试图对社会和人进行定价。他认为："如果这个劳动阶层的人均寿命可以从 40 岁延长到 45 岁，则经济收益可以从每人每年 25 美元增加到 50 美元，或者说从每年 8 亿美元增加到 16 亿美元。"谁将得到这些"经济好处"？诺顿这样的进步人士通常只关注劳动生产率，不关注劳动报酬，以此回避这一敏感的棘手问题。[24]

当这种会计实践从商业领域转移到社会政策或文化领域时，它们重塑了社会关系，尤其是在主导度量话语权的精英阶层和通常被作为度量对象的普通美国人之间。最近，资本主义史学主要是围绕商品化的抽象过程，而不是诸如工人阶级形成过程等有形的社会发展进行的。虽然对于历史学家而言，这种简化抽象是非常重要的，但是这种转变经常无意中将资本主义转变为如杰弗里·斯克兰斯基（Jeffrey Sklansky）所说的"幕后君主"（faceless sovereign），即"好像是没有统治者的一个领域一样"。在这样一个明显的权力真空中，历史代理人被认为是"作者不详的'市场'法令的产物"。这一法令经常以货币价格的形式出现。[25]

我试图通过在当时的社会关系和权力动态变化中嵌入抽象的经济指标，以此避免上述陷阱，这样可以使无形的东西变得有形一点，使作者不详的东西变得更加权威一点。在每个货币化度量或增长指标的背后，并不存在一个自发调控市场的"幕后君主"，而是依靠威廉·配第、詹姆斯·格伦（James Glen）、亚历山大·汉密尔顿、小塞缪尔·布洛杰特（Samuel Blodget Jr.）、坦奇·考克斯（Tench Coxe）、弗里曼·亨特（Freeman Hunt）、乔治·塔克（George Tucker）、辛顿·黑尔珀（Hinton Helper）、约翰·亨利·哈蒙德（John Henry Hammond）、亨利·瓦纳姆·普尔、爱德华·阿特金森（Edward Atkinson）、戴维·威尔斯（David Wells）、纳尔逊·奥尔德里奇（Nelson Aldrich）、小约翰·D. 洛克菲勒（John D. Rockefeller Jr.）、欧文·费雪等诸多白人精英们实实在在的推动形成的。

如果我们将经济指标嵌入19世纪的权力结构中，那么显而易见的是，基于道琼斯工业平均指数、工业生产率或人均财富度量美国的繁荣程度，对美国上层阶级具有重要意义，因为他们通常就是掌握股票、拥有工厂、控制财富的那些人。然而，对于那些没有自己财产的美国人而言，或者作为奴隶、连自己的劳动都做不了主的人来说，却并非如此。（更不用说这样的经济度量对美国空气、自然景观或者野生动物有什么意义了。）尽管许多镀金时代（Gilded Age）和进步时代的劳动者在19世纪后期逐渐接受了为进步定价的某些方面，即可度量的"基本生活工资"的观点，但是总体而言，美国工薪阶层对投资术的热情比他们的老板要低得多。这主要是因为工薪阶层认为人的经验是"无价的"（这是一个重要术语，与"万能美元"同时出现在开始对进步进行定价的时代），并且他们有充分的理由将这些数字视为老板们用来增加产量或削减工资的监控工具。

虽然劳动者对定价进步持谨慎态度，但是精英商人和决策者们非常欢迎国民财富统计、价格指数和总产出等指标，因为这些指标的统计范围不再是单个商业企业、孤立工厂或者单一商品，可以从中窥视所有行业、部门、市场和交易的"总价格水平""总生产力"或者"商业周期"。经济指标正在迅速成为政府官僚机构、非营利组织、中层管理人员和专业经济学家的一个重要管理工具，从中可以清晰看到现代资本主义繁荣与萧条的实质变化，同时使新的共同社会秩序合理化、稳定化和合法化。由于被货币化了的指数具有均质作用，这些指标可以通过单一、易于使用的度量标准，在统计上将煤炭开采、钢铁生产和纺织品制造加总在一起，从而使经济精英们能够跳出自己所在特定行业狭隘的部门政治局限，将自己视为一个大联合企业的一部分，拥有相同的利益、关注和困难。

∽

统计数据永远无法做到绝对客观，样本的选择总是主观的。因此，资本化的指标通常被用作量化的意识形态载体，无论它们被用在哪里，都被注入了某些政治观点、性别角色、种族偏见、阶层利益或文化偏好。这些统计数据的传播范围越广，与其一道，塑造这些统计数据的投资术就传播得越远，再造了最初赋予这些数据生命的意识形态。随着这些看似无关政治的数据被越来越多地用于评价美国社会和生活，支撑这些数据的资本主义价值观也在发挥着越来越大的社会影响力。[26]

随着货币化指标一再提醒美国人民，资本主义大大提高了市场产出和消费——我们不应该忽视这个事实，因为它确实提高了大多数美国人的物质生活。然而，这些华丽且不断上升的以美元计价的人均资本增长图形，不能展示美国资本主义崛起带来的社会成本或收益。经济指标具有一个独特能力，它能够减少（如果不是完全消除的话）任何不能用美元和美分度量的事物的范围。无论是家庭中的女性劳动、南方非洲裔美国人的自由、钢铁工人对自己劳动强度的控制，还是农场主的住房抵押贷款焦虑，19世纪不乏这样无法定价的东西，20世纪和21世纪也同样如此。[27]

在将货币等同于价值的过程中（这是一个由跨越三个世纪的古典经济学

家和新古典经济学家指导的哲学发展历程），经济指标还颠覆了早期美国人建立的经济活动与社会福利之间的联系。人们不再试图计量某些经济政策或社会发展对美国公民的身体、精神、心理或社会福利的影响，基于价格的指标度量的是生产性劳动、人类行为、个人技能或文化偏好对经济增长、资本积累、市场生产力的货币化影响。与其说经济指标度量经济关系满足美国人民需求的程度，不如说是在考察人是否能满足经济增长的需要。1911年，科学管理理论创始人弗雷德里克·温斯洛·泰勒（Frederick Winslow Taylor）*——他梦想用价格度量所有人类活动——直言不讳地说明了这一翻转的目的和手段："在过去，人一直是第一位的；但是在将来，制度必须是第一位的。"[28]

在今天，"制度"也可以被称为"经济"，泰勒最终实现了他的愿望。无论是在凯恩斯主义盛行的 20 世纪 50 年代，还是在新自由主义盛行的 20 世纪 80 年代，20 世纪中期以来的经济指标都将美国社会描绘成一项资本投资，就像任何投资一样，其主要目标是不断促进经济增长。美国人从这一时期的快速经济增长中获益良多。尽管如此，通过将进步等同于市场扩张和资本积累，货币化度量已经将人类幸福转化为一个次要关注点——持续的资本主义扩张需求已经压倒了对人类幸福的关注。到了 21 世纪初期时，美国社会的优先性发生了翻转，个人资产成为自我价值的代名词，一个承诺像投资房地产一样管理国家的亿万富翁当选了美国总统。[29]

注释 ————————————————————————————————

1. 关于韦尔德的说教，参见 Robert Abzug, *Cosmos Crumbling: American Reform and the Religious Imagination* (New York: Oxford University Press, 1994), 96。

2. New York State Temperance Society, *Circular of the New York State Temperance Society, to the Citizens of the State* (Albany, NY, 1830), 18–19.

3. Michel Foucault, "Governmentality," in *The Foucault Effect: Studies in Governmentality*, ed. G. Burchell, C. Gordon, and P. Miller (Chicago: University of Chicago Press, 1991), 87–105.

————————————————

* 20 世纪初美国古典管理学家，被誉为"科学管理之父"。——译者注

4. New York State Temperance Society, *Circular,* 19. 关于人力资本的典型定义是"人创造收入的生产能力"：Sherwin Rosen, "Human Capital," in *The New Palgrave Dictionary of Economics,* 2nd ed., ed. Steven N. Durlauf and Lawrence E. Blume (Basingstoke: Palgrave Macmillan, 2008)。关于人力资本思想的历史，参见 B. F. Kiker, "The Historical Roots of the Concept of Human Capital," *Journal of Political Economy* 74, no.5 (October 1966): 481–499。

5. Irving Fisher, *A Clear Answer to President Taft, the Most Prominent Anti-National Prohibitionist* (Boston: Massachusetts Anti-Saloon League, 1918), 4–5; Richard Hofstadter, *The Age of Reform* (New York: Knopf, 1955) .

6. Irving Fisher, "National Vitality: Its Wastes and Conservation," 61st Congress, 2nd Sess., Senate Document No. 419 (Washington, DC: GPO, 1910), 634, 740; Irving Fisher, *The Costs of Tuberculosis in the United States and Their Reduction* (New Haven, CT: Yale University Press, 1909); Irving Fisher and Emily Robbins, *Memorial Relating to the Conservation of Human Life as Contemplated by Bill Providing for a U.S. Public Health Service* (Washington, DC: Government Printing Office, 1912) .

7. "Economic Value of Righteousness," *Baltimore Sun,* February 8, 1897; "The Cost of Illiteracy," *Austin Statesman,* July 30, 1917; "More in Asylums than Colleges Says Expert," *New York Tribune,* March 16, 1913.

8. Centers for Disease Control and Prevention, "Excessive Drinking Costs U.S. \$223.5 Billion," www.cdc.gov/features/alcoholconsumption, accessed April 8, 2013; Thomas Insel, "Mental Health Awareness Month: By the Numbers," National Institute of Mental Health, May 15, 2015, www.nimh.nih.gov/about/director/2015/mental-health-awareness-month-by-the-numbers. shtml; T. R. Insel, "Assessing the Economic Costs of Serious Mental Illness," *American Journal of Psychiatry* 165, no.6 (June 2008): 663–665; Literacy Partners, "Literacy in New York," https:// literacypartners.org/literacy-in-america/impact-of-illiteracy, accessed April 8, 2013.

9. 关于对市场、商品化和资本主义崛起的不同观点，参见 Karl Polanyi, *The Great Transformation* (Boston: Beacon Press, 1944); Joyce Appleby, *The Relentless Revolution: A History of Capitalism* (New York: Norton, 2010); Charles Sellers, *The Market Revolution: Jacksonian America, 1815–1846* (New York: Oxford University Press, 1991); William Cronon, *Nature's Metropolis: Chicago and the Great West* (New York: Norton, 1991); Ellen Meikins Wood, *The Origin of Capitalism* (New York: Monthly Review Press, 1999)。

10. 关于资本化的定义，参见 Martin Giraudeau, "The Business of Continuity," in *Reset Modernity!,* ed. Bruno Latour (Cambridge, MA: MIT Press, 2016), 278–285。

11. Martin Giraudeau, "Towards a History of Capitalization," paper presented at the History of Capitalism seminar, Harvard University, Cambridge, MA, October 2015, Muniesa quoted on 3. 也可参见 Fabian Muniesa et al., *Capitalization: A Cultural Guide* (Paris: Presses des Mines, 2017)。T. S. Lambert, "The Money or Commercial Value of Man," *Hunt's Merchants Magazine* 35 (July 1856): 34–37.

12. Pope Francis, "Apostolic Exhortation: Evangelii Gaudium," November 23, 2013; James Pethokoukis, "JP Morgan Economist Responds to Pope's Criticism of Capitalism," *Business Insider,* December 2, 2013.

13. Diane Coyle, *GDP: A Brief but Affectionate History* (Princeton, NJ: Princeton University Press, 2014); Joseph Stiglitz, Amartya Sen, and Jean-Paul Fitoussi, *Mismeasuring Our Lives: Why GDP Doesn't Add Up* (New York: New Press, 2010), xviii; Dirk Philipsen, *The Little Big Number: How GDP Came to Rule the World and What to Do about It* (Princeton, NJ: Princeton University Press, 2015); Andrew Yarrow, *Measuring America: How Economic Growth Came to Define American Greatness in the Late Twentieth Century* (Amherst: University of Massachusetts Press,

2011); Ehsan Masood, *The Great Invention: The Story of GDP and the Making and Unmaking of the Modern World* (New York: Pegasus Books, 2016); Phillip Lepenies, *The Power of a Single Number: A Political History of GDP* (New York: Columbia University Press, 2016); Zachary Karabell, *The Leading Indicators: A Short History of the Numbers That Rule the World* (New York: Simon and Schuster, 2014); Dan Hirschman, "Inventing the Economy (or, How we Learned to Stop Worrying and Love the GDP)," Ph.D. diss., University of Michigan, 2016.

14. Philipsen, *Little Big Number,* 1. 关于"发达国家"和"发展中国家"概念的建构，参见 James Ferguson, *The Anti-Politics Machine: "Development," Depoliticization, and Bureaucratic Power in Lesotho* (Cambridge: Cambridge University Press, 1990)。关于中国政府如何利用 GDP 激励省级官员，参见 Li Hongbon and Li-An Zhou, "Political Turnover and Economic Performance: The Incentive Role of Personnel Control in China," *Journal of Public Economics* 89 (September 2005): 1743-1762。关于 GDP 和全球气候变暖，参见 "Stern Review: The Economics of Climate Change," executive summary, www.sternreview.org.uk。对于 GDP 的总体回顾，参见 Jon Gertner, "The Rise and Fall of the G.D.P.," *New York Times,* May 13, 2010。

15. Michael Sandel, *What Money Can't Buy: The Moral Limits of Markets* (New York: Farrar, Straus and Giroux, 2013), 5; Stiglitz, Sen, and Fitoussi, *Mismeasuring Our Lives,* xvii, xix, xx.

16. 前面提到的关于 GDP 的文献，参见 Guy Alchon, *The Invisible Hand of Planning: Capitalism, Social Science and the State in the 1920s* (Princeton, NJ: Princeton University Press, 1985); R. Fogel, E. Fogel, M. Guglielmo, and N. Grotte, *Political Arithmetic: Simon Kuznets and the Empirical Tradition in Economics* (Chicago: University of Chicago Press, 2013); Adam Tooze, *Statistics and the German State 1900-1945: The Making of Modern Economic Knowledge* (Cambridge: Cambridge University Press, 2001); Thomas Stapleford, *The Cost of Living in America: A Political History of Economic Statistics, 1880-2000* (New York: Cambridge University Press, 2009)。关于"经济"一词的起源，参见 Timothy Mitchell, "Fixing the Economy," *Cultural Studies* 12, no.1 (1998): 82-101; U. Kalpagam, "Colonial Governmentality and the 'Economy,'" *Economy and Society* 29, no.3 (2000): 418-438; Daniel Breslau, "Economics Invents the Economy: Mathematics, Statistics, and Models in the Work of Irving Fisher and Wesley Mitchell," *Theory and Society* 32, no.3 (June 2003): 379-411; Timothy Shenk, "Inventing the American Economy," Ph.D. diss., Columbia University, 2016。

17. Polanyi, *Great Transformation,* 33, 40; Christopher Lasch, *The True and Only Heaven: Progress and Its Critics* (New York: Norton, 1991), 180. 也可参见 Ronald Meek, *The Social Science and the Ignoble Savage* (New York: Cambridge University Press, 1976); W.W. Rostow, *Theories of Economic Growth from David Hume to the Present* (New York: Oxford University Press, 1990)。关于进步的看法，参见 Sidney Pollard, *The Idea of Progress: History and Society* (New York: Basic Books, 1969)。

18. 为了说清楚 20 世纪前的经济量化情况，我查阅了以下极其宝贵的著作：Patricia Cline Cohen, *A Calculating People: The Spread of Numeracy in Early America* (Chicago: University of Chicago Press, 1982); Judy L. Klein and Mary S. Morgan, eds., *The Age of Economic Measurement* (Durham, NC: Duke University Press, 2001); Paul Studenski, *The Income of Nations, Part One: History* (New York: New York University Press, 1958); Mary O. Furner and Barry Supple, eds., *The State and Economic Knowledge: The American and British Experiences* (Cambridge: Cambridge University Press, 1990); Stapleford, *Cost of Living,* chs.1-2; Tore Frangsmyr, J.L. Heilbron, and R. Rider, eds., *The Quantifying Spirit in the Eighteenth Century* (Berkeley: University of California Press, 1991); Judy L. Klein, *Statistical Visions in Time: A History of Time Series Analysis, 1662-1938* (Cambridge: Cambridge University Press, 1997),

为进步定价：美国经济指标演变简史

23–133; Michael Zakim, *Accounting for Capitalism: The Business Clerk as Social Revolutionary* (Chicago: University of Chicago Press, 2017); Theodore Porter, *Trust in Numbers: The Pursuit of Objectivity in Science and Public Life* (Princeton, NJ: Princeton University Press, 1997); Margo Anderson, *The American Census: A Social History* (New Haven, CT: Yale University Press, 1988)。

19. 参见 Ian Hacking, *The Taming of Chance* (Cambridge: Cambridge University Press, 1900); Theodore Porter, *The Rise of Statistical Thinking 1820–1900* (Princeton, NJ: Princeton University Press, 1986); Stephen M. Stigler, *The History of Statistics: The Measurement of Uncertainty before 1900* (Cambridge, MA: Harvard University Press, 1986); B. S. Yamey, "Scientific Bookkeeping and the Rise of Capitalism," *Economic History Review* 1 (1949): 99–113; Jonathan Levy, "Accounting for Profit and the History of Capital," *Critical Historical Studies* 1, no.2 (Fall 2014): 171–214; Bruce G. Carruthers and Wendy Nelson Espeland, "Accounting for Rationality: Double-Entry Bookkeeping and the Rhetoric of Economic Rationality," *American Journal of Sociology* 97, no.1 (1991): 31–69。

20. Michael Zakim and Gary Kornblith, "Introduction," in *Capitalism Takes Command: The Social Transformation of Nineteenth Century America* (Chicago: University of Chicago Press, 2011), 1.

21. 关于美国妇女的计算能力，参见 Ellen Hartigan-O'Conner, *The Ties That Buy: Women and Commerce in Revolutionary America* (Philadelphia: University of Pennsylvania Press, 2009)。关于奴隶的计算能力，参见 Tom Wickman, "Arithmetic and Afro-Atlantic Pastoral Protest: The Place of (In) numeracy in Gronniosaw and Equiano," *Atlantic Studies* 8 (2011): 189–212。

22. 换句话说，当前经济指标是文化霸权。参见 Jackson Lears, "The Concept of Cultural Hegemony: Problems and Possibilities," *American Historical Review* 90 (June 1985): 567–593。

23. James Henry Hammond, *Selection from the Letters and Speeches of James H. Hammond* (New York, 1866), 315.

24. J. Pease Norton, "The Economic Advisability of Inaugurating a National Department of Health," *Albany Law Journal,* November 1906, 338.

25. Jeffrey Sklansky, "Labor, Money and the Financial Turn in the History of Capitalism," *Labor: Studies in Working-Class History of the Americas* 11, no.1 (2014): 35; Sven Beckert, "History of American Capitalism," in *American History Now,* ed. Eric Foner and Lisa McGirr (Philadelphia: Temple University Press, 2011), 314–335.

26. Paul Starr and William Alonso, eds., *The Politics of Numbers* (New York: Russell Sage Foundation, 1986); Wendy Nelson Espeland and Michael Sauder, "Rankings and Reactivity: How Public Measures Shape Social Worlds," *American Journal of Sociology* 113, no.1 (July 2007): 1–40.

27. 关于不能被定价的事物，参见 Sandel, *What Money Can't Buy;* Vivianna Zelizer, *Pricing the Priceless Child: The Changing Social Value of Children* (Princeton, NJ: Princeton University Press, 1994); Lisa Heinzerling and Frank Ackerman, *Priceless: On Knowing the Price of Everything and the Value of Nothing* (New York: Norton, 2004); Steven Kelman, "Cost-Benefit Analysis: An Ethical Critique," *Regulation* 5, no.1 (1981): 33–40。

28. Frederick Winslow Taylor, *The Principles of Scientific Management* (New York: Harper, 1911), 7.

29. 关于经济增长对提高美国人生活水平的作用，参见 Robert J. Gordon, *The Rise and Fall of American Growth: The U.S. Standard of Living since the Civil War* (Princeton, NJ: Princeton University Press, 2016)。

1
定价的政治算术

16 世纪和 17 世纪，英国乡村发生了剧烈的社会变化，这激起了为进步和日常生活定价的资本化浪潮。到 16 世纪末时，随着全球贸易的快速发展，许多英国土地所有者——不管是贵族、士绅还是自耕农——都开始认识到"圈占"和"独占"边角地、沼泽地和无主地的潜在收益，将这些土地转变为可以生产商品的农场或牧场。与先前封建时代一样，在发现通过超经济手段很难从农民那里获得巨大剩余后，英国精英们占用了依惯例只有使用权的"土地"和共有田地（communal land），并将其转化为私有化的市场生产要素。在这个漫长、复杂且史无前例的过程中，大多数英国农民失去了直接获取土地成果的机会。[1]

租户取代了农民，许多土地所有者开始将圈占的土地出租给出价最高的租户，租户与土地所有者之间的租赁关系发生了变化，之前基于惯例和胁迫交纳的租金，现在是由利润和收益调节的。斯蒂芬·普利马特（Stephen Primatt）是 17 世纪一本著名的教人们"如何"进行土地投资的小册子的作者，正如他所承认的那样，租户对于租赁价值正在形成敏锐的商业意识；他们"对于租赁交易非常谨慎，不接受任何不合理的提议，因为他们的勤劳付出必须要有合理的收益"。以底线为基准，具有开拓精神的租户与地主就租金水平进行讨价还价，因为他们必须将地主圈占的地块"改良"为有利可图的农场。[2]

至于被剥夺土地的农民，许多人仍然从事土地劳作，成为那些有市场头脑的佃农（tenant farmer）的雇佣工人。劳动者再也不能直接消费其劳动成果了，他们别无选择，只能用自己的工资购买以商品形式出现的生活必需品，他们在圈占土地上劳动生产的商品，与自己祖先世世代代在其生活的土地上生产的东西通常并无两样。据估计，到 17 世纪末，只有 30% 的英格兰土地没有被圈占。到 1700 年时，主要依靠租金生活的地主租出了该国约四分之三的耕地，自有土地农场主仅获得土地生产的三分之一国民收入。[3]

租户之间日益激烈的竞争和传统封建关系的恶化，导致 1590 年至 1640 年间的租金翻了一番。为了在租金快速上涨的环境中维持生计，佃农必须设法增加他们的市场产出量。并且，正如普利马特指出的："为了如之前承诺的那样向地主缴纳租金，佃农们不得不改良地主的土地。"像那一时代到处充斥的"改良"文献表明的那样，由于被圈占的农场通常只租给出价最高的佃农，因此劳动和土地的货币化产出量往往决定了一个农场的命运，成为英国农业生活的主要关注点。佃农不仅受到市场的驱动，而且受到启蒙运动信仰——如何提高人类实现理性、代理、改良和进步的能力——的驱动，通过各种农业创新、试验和投资，大大提高了雇佣劳动的生产力。[4]

乡村的这种圈地运动不仅革命性地改变了农业实践和社会关系，而且改变了英国精英们对自然和人类的看法。几个世纪以来，大部分英国社会活动都不以逐利为目的，逐利行为只体现在远距离商业贸易等少数活动之中。现在，追求租金的圈地运动和雇佣劳动颠覆了农业生活的日常节奏、封建义务和社会习俗，自然和人都可以被重新假定为是不具人格的，是具有相同内涵且都可以量化的经济生产投入要素。土地剥夺变得抽象了：虽然圈地运动夺走了农民的土地，但是也使他们摆脱了复杂的固定义务、等级地位和封建领土的束缚——这些东西构成了他们的社会，土地还将自然和人分解为两个不同的经济单位：土地和劳动。确切地说，到了 16 世纪中叶，"租金"（rent）这个词有两种不同的含义（尽管来源不同）：一种是支付给某人使用土地的钱，另一种是从某物（比如一块布）中扯下的一块。[5]

土地第一次被视作年度现金流，这一观点在几个世纪以前是不可能的，因为之前的土地价值从来不是由其未来生产可以用于销售的商品的能力决定的。在中世纪，大多数土地都要承担各种各样的叠加责任和义务，土地价值被嵌入对地主无尽的传统贡物中——这体现了社会附属关系（如狩猎费或获取水资源费）。因为封建地主从其附属土地榨取收益大多采取的是直接服务或贡品形式，这种形式不需要进行货币交换，而是以小麦、在特定土地上劳动和服兵役等形式支付的，因此试图根据年度货币流评估一块土地的价值是没有意义的。复杂的超经济特权和义务体系构成了封建土地占有制（feudal land tenure）的基础，它们没有价格标签。[6]

1590 年，一份对修道院财产进行的调查揭示了封建传统如何割裂了货币价值与社会生活之间的关系。调查发现，大部分修道院租户支付的租金长期远低于当时的市场价格，因为这些租户在 1491 年至 1535 年间的某段时间内获得了长达 99 年的传统租约。调查人员哀叹：以前的传统租约有效地阻止了土地租金与其市场价值水平保持一致性。他们认为，市场力量应该通过大大缩短未来的土地租赁期限推翻这些传统关系。到了 17 世纪时，新的土地租约标准已缩短至 20 年左右。[7]

土地的大量购买和圈占、非货币性封建服务的解体、租赁期限的缩短以及将按照惯例享有的不动产权转变为市场性的租赁，都有助于地主与租户之间关系的货币化。封建地租正在慢慢变型为资本主义租金。与此同时，封建关系的货币化不仅向下发展，而且在向上拓展。到 17 世纪中叶时，许多地主对于他们附属的贵族，除了要交纳免役税之外，几乎已经不承担其他义务了，封建服务退出了历史舞台，被年度性的现金支付取代了。[8]

英国人新激发的对土地货币化产出的兴趣反映了这场社会革命，许多人开始将自然资源视为一种可以产生收入的资产。17 世纪初，农民罗伯特·洛德尔（Robert Loder）持续细致地记录了他的小麦和大麦产量，对二者进行了认真的比较，以此决定种植哪种农作物可以带来更大的资本回报。1615 年，洛德尔计算出自己的总收益为 393 英镑 19 先令 10 便士。他不仅计算了自己从销售农作物中获得的收入和劳动成本，还减掉了机会成本——投在种植作物上的资金的利息。[9]

虽然洛德尔的投资术有点另类（他甚至计算了羊粪的价值），但是这种

为进步定价：美国经济指标演变简史

计算对投资提供了一个指引。1641 年，亨利·贝斯特（Henry Best）指出，他的牧场土地先前一英亩租金只有 3 先令，"但在圈地后，现在它们的租金是原来的三倍"。17 世纪 60 年代，英国皇家学会（Royal Society）开始对不同类型土壤的小麦平均产量进行调查。温斯坦利的詹姆斯·班克斯（James Bankes）是一个投资了大量土地的银行家，他建议自己的儿子改良其即将继承的一块土地，方法是向土地添加泥灰——一种富含钙的土壤添加泥。班克斯向他的儿子解释说："同一块土地，如果管理得当，一年至少能多得 5 镑租金。"在班克斯的原始家庭记录中，他最初写的是"10 镑"，之后将其划掉改为"5 镑"。很显然，17 世纪精英人士思想中的投资术正在迅速转变。[10]

上述那个银行家不仅使用收益（yield）一词描述现金收入，而且用其描述农作物产量，这进一步证明人们正在对自然进行广泛的资本化。从拥有土地的社会精英们的自我塑造中，可以看出时代正在改变的又一个痕迹。只有当追求利润最大化的行为被人们广为接受时，土地所有者才会开始觉得有必要从另一角度描绘自己。有一个人，人们给他写的悼词称赞说，"他不追求财富，与鹰犬为伴是他永远的愿望"；另一个人，人们给他的悼词写道，"他从未提高过自己租户的租金，对未付租金的租户罚款也很少，一些贫穷的租户甚至没有付过一分钱租金"。[11]

到 17 世纪时，作为圈地运动的结果，以前模糊和惯例性的土地评估，已普遍根据一个被称为"购买年数"的乘数，进行了重新估值，即根据一块土地未来产生的租金多少，快速对其进行估值。根据普利马特著述的小册子，17 世纪下半叶时，一块靠近英国大城市的典型农业地块的价值，大约是"年租金的 20 年倍"。如普利马特耐心向其读者解释的那样，这意味着如果一块土地每年可以得到 10 英镑租金，那么它在公开市场上的价值应该大约为 200 英镑，因为一个人需要花 20 年时间才能收回他的初始投资。这种给资产定价的计算技巧——将未来年份的收入流通过数学方法转化为一笔当前财富——在今天被称为资本化，这是资本主义社会的一个特有标签。[12]

随着土地被视为可以产生收入的资本，英国人开始明白利率（货币化资本的收益）和年租金（土地化资本的收益）之间存在某种联系。20年购买乘数只是年投资收益的另一种说法，即如果200英镑资本投资的年收益是10英镑，则这项投资的年收益率是5%。在房地产咨询业务中，亨利·菲利普斯（Henry Phillips）是普利马特的前辈，他早在17世纪50年代就将土地价格与利率联系在了一起，提出："当资金收益率为8%时，土地值得用18年的租金购买。只有当资金收益率为6%时，土地才值得用20年的租金购买。"在这种使用年租金倍数估算土地价值的计算中，隐含着一种假设，即土地不是一种根植于过去封建传统的静态财产，而是一种动态资本，土地价值取决于其未来产生的收入流。[13]

甚至连艾萨克·牛顿（Isaac Newton）也参与了这一新颖的资本化过程。1685年，为了将杂乱无章的封建税费负担转化成一套统一的标准化投资体系，牛顿发明了租赁表格。他用一张表格告诉人们，由于自由保有土地（freehold tenure）附加的社会义务相对较少，投资者只需要得到5%的资本回报率就可以了，但是对农民较为友善的租赁土地投资，至少应该获得6%的收益率。在牛顿的手中，几个世纪以来地主和农民就权利与义务进行的社会斗争，被简化为仅一个百分点的收益。[14]

在对土地改变看法的同时，英国精英们对人的看法也在迅速发生变化。到17世纪中期时，英国出现了很多小册子，这些小册子教授追逐更高收益的农场主们和寻求更高租金的地主们如何最有效地利用其雇佣工人实现农场收入的最大化。这些关于农业改良的小册子建议他们广泛收集各种情形下的劳动生产率，或者正如其中一本小册子所说的那样："这是对人和牛劳动能力的常见计算，即每个人和每头牛在不受伤的情况下每天可以做什么。"随着这种对生产力的狂热与日俱增，小册子中充满了各种计算，如一个人一天可以耕种多少英亩地：如果土地较硬，约为2.5英亩；如果土地较松，约为4英亩；如果是粗糙不平的草地，则约为1英亩。随着可以雇佣和解雇灵活就业的劳动力，农业改良者开始将他们的工人视为可以用不同方式分配的流动性货币化劳动单位。举个例子，现在是这样描述一个典型工作日的：

为进步定价：美国经济指标演变简史

他一天要耕 8 英亩地，他仅找到 3 名男子一起完成这项工作，他将这些人分成了两组，两匹马和一个人配备一张犁，一组在上午耕种，一组在下午耕种，另一个人负责中午转送他们，并给他们送吃的和装备。如上所述，他耕完了他的 8 英亩地。我看到了被犁过的土地，这个可怜的男人为队友和自己挣得了 3 先令 4 便士报酬，也就是说一个男人每天的工钱是 10 便士，这在诺福克算是很高的工资了。[15]

每天耕种多少英亩土地和每人挣多少便士成为 17 世纪经济生活的新语言，农业生产力大大提高。到 1680 年时，这一巨大转变——劳动力成为一种可管理的能够带来收入的资源——使得威廉·配第等评论家开始将男人和女人资本化，因为他们认为劳动力是"重要原材料……是未经加工和整理的……为了更好发挥他们的作用，应该对他们加以培训、管理和改造"。[16]

通过追溯人们经常听到的"贸易余额"这一概念——这也许是西方历史中第一个经济指标——的微妙变化，可以很好理解为什么这些挣取工资的男人、女人和儿童被重构为抽象的市场生产要素。贸易余额发明于 16 世纪中叶，是在商人账本的基础上拓展形成的。贸易余额是一场全国范围内的复式会计记账行为，旨在度量英格兰向其他国家出售的产品数量是否超过其购买数量。一本 16 世纪 40 年代——英国第一本复式会计手册出现在这十年中——的著名经济学小册子阐述了贸易余额背后的商业逻辑，这本小册子警告说："我们必须始终保持清醒的头脑，不要相信任何兜售商品的陌生人，因为这会使我们变得贫穷、使其他人变得富有。"零和逻辑不关注国内生产力，认为国内生产力"没有意义"，布匹贸易只是纯粹的交换，不能创造财富，首先开始使用贸易余额的商人和统治者看上去对国际贸易最为感兴趣，因为这被看作一个国家是在输出金银还是积累金银的主要决定因素。简而言之，最初的贸易余额统计停留在国际贸易活动外围，恰当地反映了一个确实存在市场关系但金钱关系尚未完全渗透到本国日常生活中的社会。[17]

然而，正如许多统计指标发生的那样，贸易余额的含义随着时间的流逝发生了微妙变化。虽然贸易余额仍然被用于度量国家的商品供应，但到 17 世纪中叶时，它已经变成度量国内市场生产力的主要晴雨表。随着英格兰成为全球工业制成品的出口中心，商人和制造商们开始认识到，改善贸易余额的最佳方式是最大限度地提高有助于出口的国内产出水平。正如塞缪尔·福特雷（Samuel Fortrey）在一本小册子中解释的那样："要变富，首先要有足够多的可以用来出口的商品。"这种对国内生产力水平的强调将统计焦点从国际贸易转移到了日常劳动者身上，促使经济思想家查尔斯·达文南特（Charles Davenant）宣称英国人民是"最重要的力量和财富，因为他们的劳动和勤劳，英国一定会成为贸易余额的受益者"。配第同意这种观点，强调"再多的财富也比不上人民的勤劳，人是最基本和最珍贵的商品，各类工业制成品、航海、财富、征服和强大的统治权都是人创造的"。[18]

这些习语、隐喻和观点的内在含义是，只有劳动可以创造附加值——将原材料转化为成品，并通过出口填满英国的库房。自亚当·斯密（Adam Simith）以来，自由主义者一直嘲笑重商主义者对黄金的迷恋，但到了 17 世纪后期时，在英国经济思想家中就形成了一种普遍观点：真正的"国家财富"贮藏在"人们的身体中"。结果，人们第一次不再把人口增长视为英国社会的一种负担，而是视为一种福音。[19]

§

正如用购买年数乘数计算土地价值和贸易余额数据所揭示的那样，在 17 世纪中期时，英格兰就开始了为进步定价的进程。威廉·配第爵士和他的《政治算术》一书对这一进程发挥了其他人无可比拟的推动作用。作为弗朗西斯·培根（Francis Bacon）爵士新兴经验主义的坚定追随者，配第从 17 世纪 60 年代初开始一直到 1687 年去世前，撰写了许多关于经济和政治方面的文章，这些文章主要是写给英国国王看的（在他去世后于 17 世纪 90 年代才公开出版），在这些文章中，他试图使用实证数据准确描述英格兰和爱尔兰的社会经济生活。1671 年，配第在阐述培根的思想时解释说："我……

用数字、重量或度量表达自己的意思，只使用可以感受到的论据，只考虑自然中可见的因素，而没有使用主观性的词语和知性的观点。"[20]

但是，配第常常使用一种非常具体的"数量、重量或度量"标准，对土地和劳动力的生产价值进行定价，将其资本化为度量国家进步的综合指标。配第的这种定价方法为国民收入核算、现代经济指标、古典经济学和人力资本概念奠定了基础。那个时代的计算者充分认识到了配第的政治算术的重要性（后来的评论家卡尔·马克思也认识到了这一点，他认为配第是"政治经济学的奠基人"）。16世纪90年代，配第的经济计算风靡一时，达文南特认为"只有通过政治算术才可以找到贸易余额的产生原因"，因为"所有国家的贸易余额都来自自然或者人造产品，也就是说，都是他们的土地、劳动或者工业生产出来的"。英国精英们不再相信唯有净出口可以度量国家财富水平。相反，他们认为，为了度量一个社会的财富水平，人们必须度量国家的总收入以及自然资源和人的生产能力。[21]

对配第政治算术根源的追溯揭示了资本主义城市的兴起、圈地运动和农民剥夺在为进步定价中的重要作用。配第的政治算术不是诞生在一间大学教室、一场伦敦沙龙、一个商人的经纪公司或一座王宫中，而是诞生在被征服的爱尔兰郁郁葱葱被充公了的土地上。在奥利弗·克伦威尔（Oliver Cromwell）征服爱尔兰之后，英国人需要补偿参加战争的士兵以及资助战争的"冒险家"。为了补偿这些人，克伦威尔查抄了近800万英亩土地，这些土地大部分来自爱尔兰天主教徒。然而，一个重要问题很快就出现了：英国人如何划分这些爱尔兰乡村土地，才能使得每个士兵和冒险家刚好得到之前向其承诺的补偿金额呢？要做到这一点，必须把爱尔兰从一个有形地块，转变为一种可以货币化的偿付资产。威廉·配第的时代到来了。[22]

配第的人生经历生动体现了正在进行的资产阶级革命，他出生于一个没有贵族关系的中产服装商人家庭。配第于1637年开始了自己非凡的人生旅程，14岁时就作为船员在海上冒险。到1651年时，他已成为伦敦最负盛名的精英机构和学术圈中的一员。配第跟着托马斯·霍布斯（Thomas Hobbes）学习了近十年的时间，与勒奈·笛卡尔（Rene Descartes）一起辩论，成为伦敦哲学学会（London Philosophical Society）的成员，不仅被聘为牛津大学的解剖学教授，而且被聘为格雷欣学院（Gresham College）的音乐教授。配第从年轻时就开始对弗朗西斯·培根爵士强调的经验主义、度量和观察有着极大的兴趣。在英国内战期间，他支持议会派，与奥利弗·克伦威尔携手对抗保皇派。[23]

1651 年，配第中断了自己蒸蒸日上的学术工作，担任克伦威尔征服爱尔兰军队的随军医生。战争结束后，配第负责测绘、调查和评估被没收的爱尔兰土地这一重要工作，这些土地将被分给英国士兵和克伦威尔的资金支持者。然而，地形调查（Down Survey），如其当初被称作的那样，绝不只是一项测绘任务。由于被没收的土地主要是用于清偿债务的，克伦威尔的士兵们决定将这些土地变成可以产生租金收益的资产。后来配第将爱尔兰土地调查称为一次科学实验，在很多方面，它确实是资本主义社会工程中的一次实验，因为爱尔兰土地将被转变为一系列可以产生收益的资产。[24]

配第理所当然地成为负责这项工作的首选人选。在前往爱尔兰之前，他一直是哈特利布社团（Hartlib Circle）的成员——这是一个受培根思想启发成立的团体，致力于通过追求科学、量化和实证性的畜牧业促进农业的理性改良。配第在这个团体中遇到的一些人，包括其创始人塞缪尔·哈特利布（Samuel Hartlib），正忙于编写农业改良小册子，这些小册子已经开始量化劳动力和土地生产力了。近代历史学家们正确地把哈特利布社团——而不是对黄金的非理性迷恋——作为重商主义的核心，因为在这一时代中，维持社会现状这一目标正让位于一个由宗教、科学和经济变革驱动的强烈愿望，其目的是提高经济增长、物质福利水平和市场生产力。哈特利布出版的一本小册子的完整标题很好地概括了该团体的市场取向目标：为了让在英格兰和爱尔兰沼泽地（FENS）中以及其他废弃和未分配土地中的冒险家和种植者们能够获得更多利润，如何以最优形式分割土地。小册子介绍了很多不同的畜牧方法或者实验。一篇文章解释了丰收的原因。还有一篇文章阐述了如何以新方法改良所有土地，使之成为增加贸易和收入这一共同财富的基础。[25]

在短短十个月内且仅有约 1000 名人手的情况下，配第成功绘制了彼时

为进步定价：美国经济指标演变简史

被公认为历史上最准确的爱尔兰地图。配第的地图是弗朗西斯·培根科学方法最令人印象深刻的现实展示，地图中将爱尔兰乡村土地划分为"可开垦的"与"不可开垦的"等不同类别，克伦威尔的军队和金融家们的经济利益在地图中清晰可见。配第对乡村土地边界的分割主要是看这块土地是否适合商品生产。事实上，许多地图都附有一张统计图表，配第按照"有利可图"或"无利可图"两种类型汇总了每个教区的土地英亩数。克伦威尔的军队已经从物质层面上，将爱尔兰男人、女人和儿童与他们赖以生存的物质基础剥离开来。从理论上来说，地形调查也服务于类似目的。配第在观察爱尔兰乡村时仅看其是否具有可投资性（有利可图/无利可图），他将爱尔兰土地从其背负的众多社会义务中解放了出来。爱尔兰变得越来越像英格兰，其土地也逐步被出租了出去。[26]

圈地运动通过将依惯例保有的土地、公共土地和共有田地变成私有财产，消除了人们对土地的共同权利和封建生产关系。或者正如一个世纪之后布莱克斯通（Blackstone）定义的那样："一个人对世界外部事物拥有并行使的唯一专有支配权，完全排除了这个世界中任何其他个体的权利。"正是由于土地私有化带来的"唯一专有支配权"，才使得配第能够将爱尔兰农村纷繁复杂的关系简化为单一、有利可图的土地价值和劳动价值，以便对其进行剥离、观察和度量。[27]

估值——使用统一标准计量单位对某一目标的特定价值进行量化评估——是配第的政治算术的核心。在地形调查工作中，他首先面临的关键问题是：在用数字评估世界时，应该选择什么度量单位？或者换而言之，如何度量不同人、不同地方和不同事物的价值，才能使三者可以相互对比、比较和加总？如果配第想成功地将世界变成"数量、重量或度量"，那么他必须解开这个谜题，从而可以为小麦、羊毛、土地、人力等不同事物提供一个共同的度量标准。[28]

这位 GDP 的创始人起初并不相信货币可以作为共同的价值度量标准。在完成地形调查工作后不久，配第在他的个人报告中称，土地价格仅仅是土地"非正式和暂时"的价值，并将波动的价格与土地的"自然内在"价值区分开来。在设法解释这一问题时，配第在一篇文章中给出了一些含糊且矛盾的说明。他承认，只要可以获取一块土地上农作物产量的相关数据，就可以用租金度量这块土地的价值。他看上去不信任市场价格，因为他认为价值应该是永恒的、具体的，应当基于有形的物质世界，而不是波动的市场情绪。在配第1662年撰写的《赋税论》（*Treaties on Taxes*）一书中，他认为市场租金和货币价格是"偶然的""随机的"和"外在的"价值度量标准。配第质疑使用市场租金和货币价格作为土地价值判定标准的合理性，因为它们是"很少几个人在冲动或者酒精作用下讨价还价决定的，充满了无知、草率和虚伪"。[29]

然而，同样是在《赋税论》一书中，配第向日常生活的定价迈出了重要一步。在古典经济思想史最重要的两段话中，配第解释了为什么土地的年生产力及其内在价值实际上可以用租金进行度量：

> 假设一个人可以独自种植一定面积的玉米地，就像耕种这块地通常所要求的那样，他自己掘地、翻土、耙地、除草、收割、运输、打谷和扬谷，留下必要的种子用于来年再次耕种。我可以说，这个人从自己的劳动成果中减掉用于复播的种子，以及自己吃掉的，或交给别人用以换取衣服和其他必需品的部分后，剩余谷物就是那一年这块地的自然真实租金……

> 那么玉米或地租价值多少英镑呢？我的回答是，如果一个人完全自己动手生产和制造某种产品，那么玉米或者地租的价值就等价于这个人在同一时间内扣除支出后可以结余的东西。换种情况，让这个人前往一个乡村银矿，在那里挖矿并进行提炼，然后把生产的白银带回家——他的玉米地已经交给其他人种植了。同一个人，尽管他从事白银生产工作，但是也要为生存获取食物和购买衣服等。我可以说，这个人结余的白银应当被认为与其他人结余的玉米具有相同的价值。假设这个人结余了20盎司白银，另一个人结余了20蒲式耳玉米。那么从这个角度来看，每蒲式耳玉米的价格就相当于

一盎司白银。[30]

像大多数具有革命性的想法一样，配第所说的故事简单且具有说服力，但是又不让人感到牵强附会。配第认为，如果一个人花同样的时间种植玉米和开采银矿，那么在扣除劳动力成本之后，每项活动产生的剩余在价值上应该是相等的，且一定代表了自然对价值生产的内在贡献。因为在配第比较的第二部分，自然生产的有形产出可以很方便地等同于用以生产货币的金融物质，因此，他很高兴地得出结论说：一英亩农地的具体价值实际上可以用银币进行度量。凭借这些具有启发性的故事讲述，配第已经实现了从具体到抽象的革命性飞跃，土地的生产价值现在可以通过市场价格进行度量了。[31]

虽然配第对自己的归纳方法感到自豪，但是他的结论——市场价格代表自然价值——是建立在他自己极具创造性的演绎法逻辑基础之上的。也许正因如此，配第似乎对自己的论证信心不足，一直有些不太愿意使用货币价格作为其价值度量的核心标准。在用白银标识蒲式耳价格后，配第很快再次提到了他以前的思考。他在之后几页写道："所有东西的价值都应该使用土地和劳动力这两个自然维度进行度量，也就是我们应该说，一艘船或一件衣服应当值多大一块土地，或者多少个劳动力。"[32]

在 1672 年之后的工作中，配第将自己的价值度量标准从货币转向了热量，认为人们可以"用生产商制造一个橱柜需要多少天的食物度量一个爱尔兰橱柜的价值"。他还在同一篇文章中建议，正确度量土地和劳动力价值的唯一方法是进行有形的实验。如将一头小牛在一块地里放养一个月，让它自由吃草；然后，在同一块土地上，让一个人耕种一个月。小牛增加的体重将揭示土地的真实生产能力，这个人所生产的小麦数量将揭示他的真实生产能力。在解释这一实验时，配第似乎承认货币不能度量土地或者劳动的价值，寻求一个可以替代货币度量土地和劳动价值的计量单位是"政治经济学考虑的最重要问题之一"。[33]

尽管配第的困惑继续存在，但《赋税论》仍然标志着他向市场价格方法的转变。虽然配第无法用他"内在的"和有形的唯物主义计量单位量化世界，但是他似乎不太情愿将货币与价值等同起来。像所有统计学家一样，配第依赖他所掌握的数据，在英国资本主义社会萌芽阶段，唯一可用的量化度量标准就是金钱。因此，尽管配第对金钱和价值之间的关系心存疑虑，但是对可汇总、可类比、可比较的数据的需求，迫使他赞成价格可以准确度量人与自然的价值。

一旦配第接受将金钱作为其价值度量的标准，他的政治算术就进入了新阶段。在这方面，配第的一篇名为"智者之言和人的价值"（Verbum Sapienti and the Value of People）的文章最为引人注目，这篇文章完成于1665年，是他首次将货币价格等同于价值仅几年之后写的。这篇文章的标题揭示了其最终目标，而他为实现这一目标所采取的步骤奠定了国民收入核算、定价进步以及资本化生活的基础。

配第通过计算人的价格揭示"人的价值"这一目标也许部分是受到了他的导师托马斯·霍布斯的启发。霍布斯在《利维坦》（Leviathan）一书中称："价值，或者说人的价值，与其他所有东西一样，都体现为他的价格；也就是为使用其劳动需要支付的报酬。"在将一个人的价值与购买他的劳动力需要支付的成本等同起来时，霍布斯似乎受到了圈地运动后新出现的劳动力雇佣市场的影响。[34] 一代人之后，在配第所写的关于人的价值的文章中，他大大扩展了霍布斯的市场隐喻，将英格兰当成一个完全市场化的社会，在这个社会中，所有具有社会价值的东西都必须作为商品被购买和消费。当把价值简化到只能以商品形式获得某个东西时，这种将社会比作市场的方法使得配第认为，通过观察当地市场中发生的事情——劳动者在这个市场中购买他们的生活物资——可以度量整个英格兰的财富水平。政治算术与英国资本主义新生崛起之间的共生关系是显而易见的：就像雇佣劳动的崛起塑造了霍布斯关于人的价值的概念一样，它也影响了配第的选择，使其仅通过市场交易就可以度量国家财富水平。在一个大多数人只消费自己生产的东西的社会中，使用这一方法是不可想象的。[35]

对英国市场中农民消费的观察，使得配第可以粗略推断英国人每年约花费4000万英镑用于食物、住房和其他消费品。配第由此得出结论，这4000

万英镑的消费支出一定等于英格兰的总产出，因为人们消费的任何商品都必须首先被生产出来。国民生产和消费之间的这一基本等式由此诞生了，时至今日它仍然是 GDP 核算的核心，这似乎是有史以来第一次有人仅仅通过加总所有生产和消费的商品价格，就度量出了一个社会的总财富。[36]

然而，配第不仅对度量国家总财富感兴趣，而且对产生它的两大主要生产要素（劳动力和土地）的估值感兴趣。为了实现这一目的，配第再次求助市场以获取自己所需的数据。基于自己的新价值理论，配第得以做出租金可以代表土地的内在价值这一关键假设。配第利用税务数据估算出每年所有土地所有者得到的总租金约为 800 万英镑，他认为这一数字代表了自然禀赋对英格兰总财富的贡献。从自己前面计算的 4000 万英镑总财富中扣除这一数额，以及由航运、住房、牲畜和其他形式财产中得到的收入（每年 700 万英镑）后，配第认为，英国劳动者每年创造了剩下的 2500 万英镑产出。扣除星期日和因病不能工作的天数，这相当于每个工作的男人或女人每天赚取 7 便士收入。[37]

虽然配第已经估计了英国劳动者每年甚至每天生产的平均收入，但他并没有到此为止。正如这个时代的土地所有者通过资本化土地租金收入（按购买年数计算），将他们的土地看作一种金融资产一样，配第试图通过将劳动收入资本化来把人也视作一种金融资产。为了实现这一目的，配第必须将劳动者的未来年收入流转换为当前的资产价格，该价格代表的不是他们的劳动能力，而是他们的身体的市场价值。因此接下来，配第将英国劳动者的年收入乘以 16.6 年的购买年数（利率为 6%），并得出结论："英国人的价值"总计为 4.17 亿英镑或每年每人 138 英镑。就这样，配第不经意地告诉人们，对于人的估值，他使用与资本化土地财产相同的利率和购买年数，因为"人像土地一样值钱"。人力资本概念就此诞生了。[38]

配第之所以可以轻松地将自然禀赋和人力资源量化为同等单位的收入和资本，源于前文所述他从玉米到白银故事中提出的关键假设：租金反映了土地的生产价值。这一假设带来了巨大的政治影响，因为它不仅将价格等同于价值，而且将个人薪酬与其生产力混为一谈。在配第演绎性的玉米模型和归纳性的政治算术中，他都认为地主以地租获得的金钱数额等于土地的生产力。根据配第的观点，如果土地所有者每英亩获利5先令，这不是因为他设法垄断了人类的生存手段，将其变成了稀缺和少数人才拥有的资源，而是因为这恰好是其土地的自然生产力。因此，配第的经济世界观没有任何剥削、不对称交换或权力的概念。

通过一系列看似符合逻辑和经验的举动，配第描绘了一个劳动者和土地所有者对生产过程的贡献自然得到补偿的社会现象：土地所有者获得了他们的租金，因为那是他们的土地的生产价值，工人们收到了他们的工资，因为那是他们的劳动的生产价值。不需要颁布皇家法令或议会法律，市场设法确保每个人都得到了其应得的。在亚当·斯密谈到"完美自由"的市场自我调节制度之前的一个多世纪里，配第通过简单假设市场产生的工资或租金价格反映了人力和自然资源的生产力，已经简化了资本主义社会关系。[39]

是什么引领配第走上了这条道路？他的一个目的是想量化其周围的世界。与他最初的估值技术相反，最初的估值技术需要一系列非常复杂的（也许是不可能的）实验，而配第的政治算术很容易准确实施，因为它假定英国社会的财富分配反映了每个生产要素的价值。但是，配第的经验主义并不是这里发挥作用的唯一力量。要充分理解配第定价进步和资本化生命背后的动机，我们必须转向政治算术的政治背景。在这里，两个历史变化最引人瞩目：一个是英国王室复辟中资产阶级财政国家的兴起，另一个是配第自己在地主阶层中的迅速崛起。

ℰ

配第出生于一个中产服装商人家庭，他去世时非常富有，因为在其一生中，他成功利用自己独特的土地测量员工作，获得了约5万英亩的优质爱尔兰农地。就像克伦威尔军队中的许多人一样，配第因其贡献获得了用爱尔兰土地给予的补偿。然而，与其他人不同的是，配第从事的地形调查工作让他知道哪些土地最有价值。在地形调查工作结束后，配第继续承担重新分配被没收土地这一重要工作。克伦威尔时代的人们并没有对配第从其担任爱尔兰战略性职位中获得的巨额报酬视而不见，多年后，他因不法行为指控受到了惩罚。[40]

因此，配第对土地生产力的持久兴趣，不仅源于他对通用价值度量标准的追求，也源于他自身的经济利益。几乎在一夜之间，配第就将自己送入了英国上层社会。配第很快发现，他的年收入取决于自己拥有的土地及在这些土地上耕作的劳动者的市场产出。因此，他开始对土地和劳动力进行定价和资本化，此时土地和劳动力已经成为决定其收入流的主要因素——1685年，他的年收入约为6700英镑。此外，沉重的税收负担使得配第的经济利益受到了土地估值模式的侵蚀，所以，他经常抱怨当地征税者的土地估值方式。更重要的是，配第看似客观严谨的土地评估方法使其能够转移针对他的欺诈指责。[41]

然而，通过仔细研究配第对土地和劳动力定价的假设可以发现，他的政治算术不仅受到其自私的经济利益的影响，而且受到更广泛的、蓬勃发展的以市场为导向的地主阶级意识形态的影响。首先，配第认为租金率反映了自然资源对生产过程的贡献。这一假设否认存在任何形式的剥削，认为土地所有者的财富来自土地而不是劳动者的观点，合法化了地主、佃农和雇佣农民之间的社会关系。更重要的是，配第证明了生产力数据的有用性，这促使土地所有者努力改良土地，通过精心分配资源和适当约束劳动者行为获取最大产出。"如果已知我们土地的肥力和产出能力，"配第早些时候写道，"我们就可以判断这块土地是否通过人们的劳动得到了最大产出，我们就能够看出他们是否偷懒，并采取补救措施。总之，我们可以找到最好的方式和动机，让尽可能多的人尽其所长地工作。"[42]

配第在《智者之言和人的价值》一文中对人力价值进行定价之后，很快就将他的人力资本计算用于如何实现人的最大效率。在那篇文章中，他利用自己发现的关于人力价值的新数据定价了一个工人的晚饭时间，并寻求降低这一成本的方法。他提出，如果劳动者"星期五晚上禁食，平常用餐时间控制在一个半小时而不是现在的两个小时"，那么这个国家的财富每月会增加

25 万英镑。配第认为改革公共卫生可以增加国家收入，他对 1655 年的瘟疫进行了定价，认为这场瘟疫"给英国造成了近 700 万英镑的损失"。在配第关于爱尔兰的分析中，为了向国王证明有多少潜在的财富被浪费了，他对爱尔兰的失业进行了定价：如果一个人每天生产价值 7 便士的产出，"现在爱尔兰有 34 万人整天无所事事"，这使得国王每天损失 238 万英镑。[43]

简而言之，配第定价世界的方式不仅对他自己的私人投资有利，对整个英国经济精英阶层也是有利的。但是，配第从来没有从私人财富或阶级政治的角度构建自己的社会量化行为，而是将他的政治算术作为一项公共服务献给了国王和国家。因此，配第的《政治算术》是研究为进步定价的一个很好的着手点：他不仅将价值与价格等同起来，将市场与社会结合在一起，将人类与自然进行了资本化，而且他的计算中充满了总体性的、看似政治性的语言，如"真实国家原始收益""年收入"或"公共产品"，以此兜售其所属阶层的利益。然而，配第对总体或国家的关注不仅仅是为了淡化自己的阶级特权。数百年的政治进程也在发挥作用，一个资产阶级财政国家正在形成。[44]

现代国家形成的一个主要动力是军事支出的增加。尽管税收一直是欧洲社会的一个重要组成部分，但直到 15 世纪，英国王室的大部分收入仍来自王室私有财产和其他封建土地占有制以及税费。然而，15 世纪至 16 世纪长时间开展的军事行动，使得英国王室难以仅仅依靠自己的财产收入维持支出，不得不更多地依靠在王国范围内由日益专业化的行政官僚机构统一征收的一系列关税、财产税和消费税。16 世纪 90 年代的英国语言反映了这一快速的结构性变化，这时人们开始不仅将英格兰称为"王国"，而且称为"国家"。国王不再仅仅是万王之王，逐渐解除了封建关系，建立了新的具有政治权威的官僚机构，由此创造了一个前所未有的政治动物——现代民族国家。[45]

陷入财政困境的英国王室没有放弃市场最大化这一新兴美德。在伊丽莎白统治的最后几年中，英国政府每年花费约 30 万英镑。到了 17 世纪 60 年代，当查理二世（Charles II）成为国王、威廉·配第的《政治算术》问世时，政府年度预算翻了两番，达到了 120 万英镑。随着英国统治者越来越依赖税收收入，他们认识到，提高土地和劳动者的市场生产力可以随后增加国家收入。尽管遵循传统且安于现状的都铎王朝曾经试图带领早期英国统治者限制圈地运动和没有管制的市场，防止资本主义关系广泛入侵人们的日常生活，但是到了 1660 年查理二世重新掌权时，战争带来的财政压力使王室的财政利益和英国市场化精英们的经济目标一致起来。二者都开始支持不断扩大的市场关系和资本积累。[46]

很少有其他政治著作或文学作品，能够像威廉·配第的《政治算术》那样，更好地反映国家与资本之间的新生协同作用。几乎配第所有政治算术背后的关注点都与财政相关。其开创性的将玉米折合成白银的计算模型的主要目的，是为国王提供更准确的评估土地和对土地征税的方法。在《智者之言和人的价值》一文中，当配第开始着手对人的价值进行定价时，他的主要目标是证明政治算术可以成为设定税率和管理国家收入的有效工具。配第对国家事务的重视，在促使他的关注点从单个家庭向国家整体的革命性转变中发挥了重要作用。尽管哈特利布改良者们和以利润为导向的土地所有者们为了最大化他们自己私人财产的市场产出，已经开始对土地和劳动者的生产力进行定价，但是配第的政治算术是在全国范围内进行的，目的是为了最大化英国的公共收入。[47]

配第认为，政治算术对于现代统治者的税收目标至关重要："如果不知道人民的财富，国王就不知道人民能承受多大的负担。"配第认为，只有对国家的土地和劳动力进行细致的定价和汇总后，国王才能知道自己拥有多少资源。一旦对人与自然进行了定价和资本化，配第就可以告诉国王英国人民可以承受多大的负担，以及由于瘟疫、失业或过长的晚餐时间，是如何丢失他们很大一部分潜在市场生产力的。政治算术不仅可以度量现有财富，而且可以用于设计新收入来源。配第的计算目的不是消极地量化世界，而是积极管理世界以增加王室的收入。一个人计算人民的方式会极大影响其对人民的态度，因此一旦配第像资本化投资一样对人民进行定价，那么试图最大化这些人的价值就是合理的。[48]

根据配第的观点，国王可能犯的最大错误是对一个人的财富征收比另一个人更多的税。他警告国王查理二世（他的父亲数年前被砍了头）："现在人们最愤怒的是他们的税收负担比自己的邻居重。"配第认为，准确定价人和自然可以帮助统治者公平征税。当他得出结论，认为在每年 4000 万英镑的国家总财富中劳动者创造了其中的 2500 万英镑之后，配第宣称无地农民承担相等比例的（在这种情况下为八分之五）国家税收负担是公平的。虽然配第在其论证中所使用的语言谈到了公平，但是他设想的税收政策却是累退的。配第喜欢按比例征税，这揭示了英国更广泛的文化和政治发展——英国国王越来越需要合法化自己的税收政策，这种合法化不再依靠封建等级制度、习俗传统或宗教权威的支持，而是依靠早期资产阶级自由主义没有感情色彩的计算方法。[49]

内战导致英国君主与议会之间的力量对比发生了重大变化，以商业为导向的贵族和士绅把持了议会。在 17 世纪 40 年代之前，议会提供了大约 25% 的王室收入。在 1660 年斯图亚特王朝复辟后，这一比例上升到大约 90%。是议会而不是国王查理二世决定复辟后王室的年度税收规模和范围。虽然英国君主之前从未成为过一个真正的绝对统治者，但是在复辟后议会毫无疑问掌握了钱袋子权力，以市场为导向的地主（如威廉·配第）主导了议会。国王为了能够获得战争所需的收入，必须面对这个崛起的土地精英阶层。[50]

因此，配第对人和自然的定价使得国王能够将税收合法化，这一税收合法化是建立在实践、个人主义、法律平等、自然权利和私人财产基础之上的——我们已将这些原则和思想称为"自由主义"。配第建议税收应该完全按财富的一定比例征收，对此他依据的观点是：如果土地所有者知道税制不是当权者随意制定的，而是理性的和可预测的，每个公民都放弃了相同份额的财富，则土地所有者就会更愿意缴纳税款。配第不是根据固定阶级、既定等级或贵族头衔分配资源的，而是设想了一个新的社会，在这个社会中，金钱是决定社会等级的唯一度量标准。[51]

虽然配第有时把他的政治算术包裹在一套共同财富的说辞中，在这一说辞中金钱被喻为"国家"的命脉，但其政治算术背后的主流社会理论是自由主义和个人主义。对于配第来说，"公共产品"不是某个大于其各个部分之和的有机整体。相反，配第对土地和劳动者使用的定价单位是可以加总成国民收入账户的，这一定价是完全建立在自由主义观念之上的，即社会正好是其各个组成部分的总和。一个理性和公正的统治者管理王国时会首先把社会分解成最基本的组成部分，即一年赚 10 英镑的土地和一天挣 7 便士的个人。毕竟，第一批重商主义者早在 1623 年就已经提出了这样的观点："除了私人财富之外，还有什么可以缔造一个共同体呢？"[52]

∽

威廉·配第没有发明新的经济定量或社会度量单位。早在 5000 多年前的美索不达米亚黏土片上，人们就发现苏美尔人收税员已经开始清点家畜和农作物的数量了，自那以后，如何量化物质生活一直是人类文明的一个标志。迄今为止，已知最早的量化文字记录是"29086 单位大麦，37 个月"。然而，快速浏览西方历史中的经济计量单位可以发现，配第的政治算术与之前的社会量化形式是完全不同的。[53]

在威廉一世 1066 年征服英格兰的二十年后，他开展了一次大规模调查，目的是发现"在郡内有多少土地、国王自己拥有多少土地以及在其土地上有多少牲畜，或者每郡每年应该向他交多少税"。最终成果是一份庞大的统计调查报告，这个报告后来被人们称为《末日审判书》(Domesday Book)，因为可以用其解决任何政治争议。关于威尔特郡 (Wiltshire) 内的一座庄园，有一条这样写道：

> 雷金纳德（Reginald）拥有罗德伯尼（RODBOURNE）庄园。他［在爱德华时期］得到了它，这个庄园有 5 海得（hide）土地需要交税。耕地价值 4 张犁。其中 2 海得耕地是私有土地。庄园有价值 3 张犁的 3 个隶农（半自由农奴）、5 个边农（bordar）和 1 个农奴。牧场 6 弗隆长、2 弗隆宽；草地 2 弗隆长、2 弗隆宽。这块地在

爱德华时期的价值是 100 先令，现在的价值是 4 英镑。[54]

正如该条目最后一句话表明的那样，价格在中世纪的英格兰就已经存在了。但与配第的政治算术不同的是，货币价值只是当时评估土地的几种方法之一（海得、犁、弗隆），没有被视为度量社会价值的核心标准。例如，当时是用"海得"而不是货币价格，计算非常重要的被称之为吉尔德（geld）的土地税。海得被定义为维持一个家庭需要的土地数量，根据一块土地能够养活的家庭数量度量这块土地的价值。"犁"服务于类似目的，表示土地的生产效率，度量的不是土地的货币产出，而是耕种这块土地需要的工具数。对隶农、边农和农奴的详细分类统计揭示了一个等级森严的社会，在这个社会中，无法对人用同样的度量单位——货币进行加总，因为他们不被认为是生而平等的。[55]

《末日审判书》不将市场价格作为度量社会价值或经济进步的首要标准并不奇怪，大部分西方历史都是这样。希腊人对市场交换抱有极大的怀疑和恐惧心理。他们经常把商人视为骗子和小偷。人们不认为将赚钱置于家庭、亲属关系或荣誉之上的契约性市场交易（在古代通常被称为"誓约"）是互利双赢的，而认为是互相欺骗的。希罗多德（Herodotus）*告诉我们，波斯皇帝把希腊市场或集市称为一个"在城市中心人们聚集在一起相互用誓言欺骗对方的地方"。亚里士多德（Aristotle）的著作包含了将市场交易看作"赚钱艺术"的类似想法，认为市场交易是不正当的、不近人情的、不必要的和"有违公正的"。亚里士多德认为，囤积的金钱是"虚假的财富"，而不是社会进步的晴雨表。[56]

在希腊人之后，罗马法通常将商品的市场价格与实际价值或"公正价格"区分开来。罗马帝国政府基于"巨大损失"信条做出法律裁决，因为害怕市场存在剥削，没有放任市场决定土地或物品的价格。如何区分市场

---

* 约公元前 484—公元前 425 年，伟大的古希腊历史学家，史学名著《历史》一书的作者，西方文学的奠基人，被尊称为"历史之父"。——译者注

价格和道德价值一直是中世纪学术讨论中关于何为公正价格的核心话题。到13世纪时，一些经院思想家如托马斯·阿奎那（Thomas Aquinas）开始激烈辩论"一个人是否可以合法地以高于其价值的价格出售一件物品"——一旦价格成为价值的代名词，这一问题就变得不合时宜了。阿奎那也认为市场存在潜在剥削和不对称的权力关系，他将公正价格定义为没有利用买方或卖方迫切需求或困境的价格。在配第的政治算术中不存在这样的道德区分，因为权力被从市场交换的讨论中拿掉了，认为价格就度量了事物的价值。[57]

在西方大部分历史中，货币价格一直不是度量价值的核心标准，因为人们认为货币价格不可信。出于同样的原因，市场与人们的日常生活被人为隔离开来。在古代和中世纪，文化、宗教或建筑界线有效地隔离了市场与社会。人们建立了"市场十字架"（中世纪时用于划分城镇市场交换边界的构筑物），通过摇铃宣布开始讨价还价，将市场限定在特定空间和时间内。因此，市场不被认为是渗透到个人生活每个方面的抽象过程，只被看作一个特定的交易场所。当你离开这些场所时，你也就离开了市场。[58]

在《末日审判书》之后和现代早期，英国统治者量化思想中这种价格和价值的差异仍然存在了很长一段时间。到15世纪后期时，都铎王朝的统治者再也不能忽视由土地兼并和圈占带来的社会混乱了。为了阻止圈地潮，亨利八世领导下的议会于1515年通过了一项法案，要求将被圈占的土地复垦为耕地——在人口稀少地区这些土地已经被改造为生产羊毛的牧场了，重建被遗弃和"废弃的"农舍。但是国王很快就认识到，如果要执行这一法案，必须收集圈占土地、兼并田地和废弃宅地的相关数据。1517年，在托马斯·莫尔（Thomas More）发出羊如何"吃人"的著名哀叹一年之后，国王向除了英格兰北部四个郡之外的其他地区派遣了一个调查委员会，目的是调查农村资本主义革命的后果。由于这些调查延续了中世纪英格兰的许多量化实践，因此可以将它们称为"圈地末日审判"。[59]

虽然都铎王朝的"圈地末日审判"和配第的政治算术都通过基于观察的测量理解圈地运动，但是它们有很大的不同。配第不关注圈地行为带来的社会破坏，而是关注如何对作为资本主义生产要素的人和自然的生产力进行定价。但是，当都铎王朝观察北安普敦郡时，他们不关注每英亩可以生产多少蒲式耳的农作物，每只母羊值多少先令，以及每天收入 7 便士的劳动者，而是关注被圈占的 14081 英亩土地、345 个"被废弃的农舍"以及 1405 个"流离失所的"人。这一统计视角的基本度量单位不是货币化的生产力，而是社会破坏。[60]

因此，威廉·配第的政治算术的兴起，标志着英国社会量化形式的巨大转变。但他的出现只是开启了为进步定价，并未被广泛接受。配第的数据在 17 世纪后期经常被人们引用，此时英格兰和威尔士已经开展了人口统计，但是这样的政府量化行为很快就随着配第理论的流行而消失了。18 世纪 50 年代，第二次人口统计尝试以失败告终，英格兰在 1801 年之前没有再开展全国性的人口普查。格雷戈里·金（Gregory King）是配第的优秀门徒，他于 1802 年出版了《社会表格》（*Social Tables*）一书。直到 19 世纪初，才出现第一个统计学社团。与那一代的大多数经济学说一样，亚当·斯密的《国富论》也受到配第经济理论的极大影响，但该书仅包含少量统计学，而且仅一次直接提到政治算术，斯密写道："我不是非常相信政治算术。"[61]

配第的政治算术的普及推广非常有限，因为尽管他已将英国的人力和自然资源看作可以创造收入的投资，但当时的事实并非如此。虽然一些拥有大量土地的贵族（aristocrats）确实已经开始把他们的土地视作一项可以赚钱的资产，但他们仍然是拥有特权的贵族——他们的特权不是来自市场交换或资本积累。此外，诸如限定继承、长子继承制度和伊丽莎白时代的济贫法等政策，极大地限制了土地和劳动力的商品化。借用卡尔·波兰尼的话来说，此时社会中自然和人的"虚拟商品化"还没有完全实现，乡村中的资本主义革命仍然被包裹在传统封建关系外壳之中。配第计算世界的激进方法不可能

　　　　　　　　　为进步定价：美国经济指标演变简史

被全面推广。这种巨大变化不会在一夜之间发生，甚至不会在一个世纪之内完成。更糟糕的是，由于缺乏可靠数据，配第的估算结果是极为不准的。1744 年出版的《贸易和商业通用词典》(*The Universal Dictionary of Trade and Commerce*) 中关于"政治算术"的条目指出了这些缺点，认为配第纯粹是为了讨好国王，让国王相信英国比其欧洲竞争对手强大得多。这一词典强调："由于这个天才在所有这些论断中都存在谬误，我们有理由怀疑他只是为了献殷勤，没有说出自己的真实想法。"[62]

文笔锋利尖刻的著名评论家乔纳森·斯威夫特 (Jonathan Swift)[*]的一番话很好地证明了配第的投资术没有得到 18 世纪大多数英国人的认同。在斯威夫特 1727 年发表的一篇题为"防止穷人家的孩子成为其父母或国家负担的一项温和建议"中，尖锐地讽刺了政治算术，揭示了其将人视作创收工具、仅根据他们的市场价值和生产力判定其价值的荒谬性：

> 我们的商人让我相信，不足 12 岁的男孩或女孩是不值钱的商品。即使到了这个年龄，他们的市场价格也不超过 3 英镑，或者最多值 3 英镑半克朗；他们对父母或者国家都价值不大，因为供养他们所需的营养和穿着费用至少是这个价值的四倍……我在伦敦认识的一个非常熟悉的美国人让我相信，一个年轻健康、得到很好照护的孩子在 1 岁时，无论是将其炖、烤、蒸或煮，都是一种非常美味的营养健康食品；而且我毫不怀疑，可以将他们用于做肉丁或者烩肉，用于狂欢或者祭神。……我已经计算了一个乞丐抚养孩子所需要的费用（我还计算了所有佃农、劳动者和五分之四农场主抚养孩子的费用），包括衣服在内每年约 2 先令。[63]

请注意，斯威夫特在把穷人的孩子变成价值 2 先令的肉丁时，提到了

---

[*] 1667—1745 年，是英国启蒙运动中激进民主派创始人，是 18 世纪英国著名的讽刺小说家、散文家。——译者注

"一个非常熟悉的美国人"，这个人似乎赞同作者的计算方法。所有优秀的讽刺都蕴含着很多真相，斯威夫特的这个讽刺同样如此。到 18 世纪 20 年代时，虽然为进步定价还没有在英国流行开来，但是它已经传播到北美殖民地了。当然，它也不是立刻就推广开来的。无论如何，当 18 世纪 70 年代一个名叫亚历山大·汉密尔顿的天才年轻人试图在大西洋另一侧重新点燃政治算术圣火时，他将威廉·配第和他的资本化计算作为了火种。

注释

1. Joan Thirsk, "Enclosing and Engrossing, 1500–1640," in *Agricultural Change: Policy and Practice: Chapters from the Agrarian History of England and Wales,* vol.3, *1500–1750,* ed. Joan Thirsk (Cambridge: Cambridge University, 1990), 54–125; Robert Brenner, "Agrarian Class Structure and Economic Development in Pre-industrial Europe," *Past and Present* 70 (1976): 30–75; Robert Allen, *Enclosure and the Yeoman* (Oxford: Clarendon Press, 1992); Mark Overton, *Agricultural Revolution in England: The Transformation of the Agrarian Economy 1500–1850* (Cambridge: Cambridge University Press, 1996).

2. Stephen Primatt, *The City and Country Purchaser and Builder* (London, 1680), 15. For changing notions of property, see C. B. McPherson, "Capitalism and the Changing Concept of Property," in *Feudalism, Capitalism and Beyond,* ed. Eugene Kamenka and R. S. Nealde (London: Hodder and Stoughton, 1975), 105–124.

3. 关于地主的比例，参见 Eric Kerridge, *The Agricultural Revolution* (London: Routledge, 1967), 24; G. E. Mingay, *English Landed Society in the Eighteenth Century* (London: Routledge, 1963), 24; G. E. Mingay, *The Gentry: The Rise and Fall of a Ruling Class* (New York: Longman, 1976), 57–60。关于拥有自由保有土地的农民的收入流，参见 F. M. L. Thompson, "The Social Distribution of Landed Property in England since the Sixteenth Century," *Economic History Review* 19, no.3 (1966): 505–517; J.R. Wordie, "The Chronology of English Enclosure, 1500–1914," *Economic History Review* 36, no.4 (Nov.1983): 486, 494。

4. Primatt, *City and Country,* 15; Lawrence Stone, *The Crisis of the Aristocracy, 1558–1641* (Oxford: Oxford University Press, 1965), 153–159; Brenner, "Agrarian Class Structure," 59–63. 关于圈地运动之后租金更高了，参见 Allen, *Enclosure and the Yeoman,* 16–17。关于生产力的提高，参见 E. L. Jones, "Agriculture and Economic Growth in England, 1660–1750: Agricultural Change," *Journal of Economic History* 25 (1965): 1–18. 关于改良土地和提高生产力的启蒙运动和文化根源，参见 Joel Mokyr, *A Culture of Growth: The Origins of the Modern Economy* (Princeton, NJ: Princeton University Press, 2016); Paul Slack, *The Invention of Improvement: Information and Material Progress in Seventeenth Century England* (Oxford: Oxford University Press, 2014)。

5. 关于劳动和土地的抽象化，参见 Joyce Appleby, *Economic Thought and Ideology in Seventeenth-Century England* (Princeton, NJ: Princeton University Press, 1978), 20; Karl Polanyi, *The Great Transformation* (Boston: Beacon Press, 1944)。关于"租金"一词的词源，参见 *Oxford English Dictionary,* 3rd ed., 2009 update, s.v. "rent, n.[1]" "rent, n.[2]"。

6. 关于封建社会的经济学，参见 Witold Kula, *An Economic Theory of the Feudal System: Towards a Model of the Polish Economy, 1500–1800* (London: New Left Books, 1976), 29–39。关于在封建社会中货币只是衡量价值的非主流手段，参见 Witold Kula, *Measures and Men,* trans. R. Szreter (Princeton, NJ: Princeton University Press, 1986), 194–195; Emmanuel Le Roy Ladurie, *The Peasants of Languedoc,* trans. John Day (Urbana: University of Illinois Press, 1974); Michael Postan, *The Medieval Economy and Society* (Harmondsworth: Penguin, 1974)。

7. 关于修道院的调查，参见 Peter J. Bowden, "Agricultural Prices, Farm Profits and Rents, 1500–1640," in Joan Thirsk and Peter J. Bowden, ed., *Chapters from the Agrarian History of England and Wales: Volume 1* (Cambridge: Cambridge University Press, 1990), 107。关于租金水平和市场价值之间的关系，参见 Kula, *Feudal System,* 29, 67; Keith Tribe, *Land, Labour and Economic Discourse* (London: Routledge, 1978), 27–32。

8. Brenner, "Agrarian Class Structure," 45; Robert Brenner, "The Agrarian Roots of European Capitalism," *Past and Present* 97 (1982): 29, 34–35. 关于封建义务的清除，参见 J. R. T. Hughes, *Social Control in the Colonial Economy* (Charlottesville: University of Virginia Press, 1976), 29, 41–44。关于租金概念的变化，参见 Tribe, *Land, Labour and Economic Discourse,* 25–27; Stone, *Crisis of the Aristocracy,* 303–332, esp. 309; Kerridge, *Agriculture Revolution,* 332。

9. Robert Loder, *Robert Loder's Farm Accounts, 1610–1620,* ed. G. E. Fussell (London: Royal Historical Society, 1936), xxiii–xxvii, 92–105. 关于新兴资本家洛德尔，参见 R.A. Bryer, "The Genesis of the Capitalist Farmer: Towards a Marxist Accounting History of the Origins of the English Agricultural Revolution," *Critical Perspectives on Accounting* 17, no.4 (May 2006): 367–397。

10. Henry Best, *Rural Economy in Yorkshire in 1641,* ed. George Andrews (London, 1857), 38, 130. 关于英国皇家学会的调查，参见 R. Lennard, "English Agriculture under Charles II: The Evidence of the Royal Society's Enquiries," *Economic History Review* 4 (1932): 39–41; Joyce Bankes and Eric Kerridge, eds., *The Early Records of Bankes Family at Winstanley* (Manchester: Manchester University Press, 1973), 19。关于衡量生产力的其他方式，参见 Bowden, *Economic Change,* 71–79; Craig Muldrew, *Food, Energy and the Creation of Industriousness: Work and Material Culture in Agrarian England, 1550–1780* (Cambridge: Cambridge University Press, 2011), 260–298。

11. Quoted in Barry Coward, *The Stanleys, Lord Stanley and the Earls of Debry: The Origins, Wealth and Power of a Landowning Family* (Manchester: Manchester University Press, 1983), 94; Claire E. Cross, *The Puritan Earl: The Life of Henry Hastings, Third Earl of Huntington 1536–1595* (New York: Palgrave McMillan, 1966), 105.

12. 关于"购买年数法"和通过未来现金流定价现值，参见 William Deringer, *Calculated Values: Finance, Politics, and the Quantitative Age, 1688–1776* (Cambridge, MA: Harvard University Press, forthcoming); Primatt, *City and Country Purchaser,* 4–5, 15–17。

13. Henry Phillips, *The Purchasers Pattern: Shewing the True Value of Any Purchase of Land or Houses, by Lease or Otherwise* (London, 1653), 4; William C. Baer, "The Institution of Residential Investment in Seventeenth-Century London," *Business History Review* 76, no.3 (Autumn 2002): 541–542. 也可参见 H. J. Habakkuk, "The Long-Term Rate of Interest and the Price of Land in the Seventeenth Century," *Economic History Review* 1 (1952): 26–45。

14. 参见 Isaac Newton, *Tables of Renewing and Purchasing of the Leases of Cathedral Churches and Colleges* (Cambridge, 1686), 22。也可参见 Primatt, *City and Country Purchaser,* 4; William Leybourn, *Panarithmologia* (London, 1693), D4; Deringer, *Calculated Values*。

15. Gervase Markham, *A Way to Get Wealth* (London, 1660), 113; Walter Blith, *The English Improver Improved* (London, 1653), 3, 120. 同时代的类似著作参见 John Smith, *England's Improvement Reviv'd* (London, 1670), 以及 Sir Richard Weston, *Discourse on Husbandry of Brabant*

and Flanders (London, 1645)。

16. W. G. Hoskins, "Harvest Fluctuations and English Economic History 1620–1759," *Agricultural History Review* 16, no.1 (1968): 15–31; Willian Petyt, *Britannia Languens* (London, 1680), 238. 关于劳动的这一新概念，参见 Edgar Furniss, *The Position of the Laborer in a System of Nationalism: A Study in the Labor Theories of the Later Mercantilists* (New York: Houghton Mifflin, 1920); Ted McCormick, "Population: Modes of Seventeenth Century Demographic Thought," in *Political Economy in Early Modern Britain and Its Empire,* ed. Phillip J. Stern and Carl Wennerlind (New York: Oxford University Press), 25–46。

17. *A Discourse of the Common Weal of this Realm of England* (London, 1581), 64. Hugh Oldcastle, *A Brief Instruction and Maner How to Keepe Bookes of Accompts* (London, 1543); Charles Wilson, *Mercantilism* (London: Routledge and Paul, 1963), 10. 关于复式记账法，参见 Jane Gleeson-White, *Double Entry: How the Merchants of Venice Created Modern Finance* (New York: Norton, 2013); Jacob Soll, *The Reckoning: Financial Accountability and the Rise and Fall of Nations* (New York: Basic Books, 2014)。也可参见 Fernand Braudel, *The Wheels of Commerce* (Berkeley: University of California Press, 1982), 204。

18. Samuel Fortrey, *English Interest and Improvement* (London, 1663), 29, 也可参见 3, 12, 27, 36–37; Charles Davenant, *An Essay upon the Probable Methods of Making a People Gainers in the Balance of Trade* (London, 1699), 24, 13, 53; Petyt, *Britannia Languens,* 238。

19. Sir Francis Brewster, *Essays of Trade and Navigations in Five Parts* (London, 1695), 117–118; Furniss, *Position of the Laborer;* McCormick, "Population."

20. William Petty, *Political Arithmetick* (London, 1690), preface. 关于培根和配第，参见 Ted McCormick, *William Petty and the Ambitions of Political Arithmetic* (Oxford: Oxford University Press, 2009); Mary Poovey, *A History of the Modern Fact: Problems of Knowledge in the Sciences of Wealth and Society* (Chicago: University of Chicago Press, 1998), 94–116。

21. Charles Davenant, "Of the Use of Political Arithmetic in All Considerations about Trade and Revenue," in *The Political and Commercial Works of That Celebrated Writer, Charles D'Avenant,* ed. Charles Whitworth (London, 1771), 146–147; Karl Marx, *Theories of Surplus Value, Part I,* trans. Emile Burns (Moscow: Progress Publishers, 1967), 1. 关于"国民收入核算之父"配第，参见 Paul Studenski, *The Income of Nations* (New York: New York University Press, 1961), 1: 11–15; Richard Stone, *Some British Empiricists in the Social Sciences, 1650–1900* (New York: Cambridge University Press, 1997), 3–48. 关于配第在亚当·斯密之前经济思想史中的地位，参见 E.A. Johnson, *Predecessors of Adam Smith: The Growth of British Economic Thought* (New York: Prentice Hall, 1937), 93–117。

22. David McNally, *Political Economy and the Rise of Capitalism* (Berkeley: University of California Press, 1990), 46–51; Poovey, *Modern Fact,* 120–138; McCormick, *William Petty,* 84–119.

23. 关于配第的生平，参见 Hull's introduction in Sir William Petty, *The Economic Writings of Sir William Petty,* ed. Charles Henry Hull (London, 1899), 1: xiii–xxxiii; McCormick, *William Petty,* 14–84; Thomas E. Jordan, *A Copper Farthing: Sir William Petty and His Times 1623–1687* (Sunderland: University of Sunderland Press, 2007)。

24. 关于作为实验的爱尔兰，参见 Hull, "Introduction," in Petty, *Economic Writings,* lxv–lxvi; Petty, "Political Anatomy of Ireland," in *Economic Writings,* 1: 129。

25. Samuel Hartlib, *A Discoverie for Division or Setting out of Land...* (London, 1653) . 关于哈特利布社团，参见 McCormick, *William Petty,* 41–44, 56–57; Carl Winnerland, "Hartlibian Political Economy and the New Culture of Credit," in *Mercantilism Reimagined,* ed. Phillip J. Stern and Carl Wennerlind (New York: Oxford University Press, 2014), 74–97; Toby C. Barnard, "The Hartlib Circle and the Cult and Culture of Improvement in Ireland," in *Samuel Hartlib and the*

为进步定价：美国经济指标演变简史

Universal Reformation: Studies in Intellectual Communication, ed. Mark Greengrass, Michael Leslie, and Tim Raylor (Cambridge: Cambridge University Press, 1994), 281–329。

26. 关于地形调查图表，参见 the Down Survey of Ireland website, Trinity College, Dublin, http://downsurvey.tcd.ie。

27. William Blackstone, *Commentaries on the Laws of England* (London, 1765); G.E. Aylmer, "The Meaning and Definition of 'Property' in Seventeenth-Century England," *Past and Present* 86 (1980): 87–97.

28. 关于配第的价值理论，参见 Poovey, *Modern Fact,* 72–76, 128–138; Ronald Meek, *Studies in the Labor Theory of Value* (New York: Monthly Review Press, 1956), 32–44; Tony Aspromourgos, "The Invention of the Concept of Social Surplus: Petty in the Hartlib Circle," *European Journal of the History of Economic Thought* 12, no.1 (2005): 1–24。

29. William Petty, *The Petty Papers: Some Unpublished Writings of Sir William Petty,* ed. Marquis of Lansdowne (London, 1927), 1: 77; William Petty, "Treatise of Taxes and Contributions," in *Economic Writings,* 49–51.

30. Petty, "Treatise of Taxes," 43.

31. 罗纳德·米克（Ronald Meek）把配第使用劳动时间作为劳动价值理论诞生的标志。但是与马克思不同的是，配第认为是自然而不是劳动创造了剩余价值。Meek, *Studies in the Labor Theory of Value,* 32–40.

32. Petty, "Treatise of Taxes," 44. 关于这种归纳法和演绎法的结合，参见 Poovey, *Modern Fact,* 13, 132。

33. Petty, "The Political Anatomy of Ireland," in *Economic Writings,* 181–182; Petty, "Treatise of Taxes," 45. 关于配第如何不断努力寻找一个货币之外的通用价值衡量单位，参见 Appleby, *Economic Thought and Ideology,* 82; Phil Mirowski, *More Heat than Light* (Cambridge: Cambridge University Press, 1989), 150–153。

34. Thomas Hobbes, *Leviathan* (London, 1651), 54; C.B. Macpherson, *The Political Theory of Possessive Individualism: Hobbes to Locke* (Oxford: Oxford University Press, 1962), 37–46, 53–68. 在配第的论文中，有一张他为其儿子列的哲学著作阅读书目，其中仅有的英国著作是霍布斯的书。参见 Petty, *Petty Papers,* 2: 5。关于霍布斯对配第的影响，参见 Quentin Skinner, "Thomas Hobbes and His Disciples in England and France," *Comparative Studies in Society and History* 8 (1965–1966): 153–167。

35. Petty, "Verbum Sapienti," in *Economic Writings,* 105–106.

36. Studenski, *Income of Nations,* 11–15; Stone, *Some Empiricists,* 26–31.

37. Petty, "Verbum Sapienti," in *Economic Writings,* 105–108.

38. Ibid., 108–111. 配第几年后再次将人资本化，参见 "Political Arithmetick," *Economic Writings,* 257。也可参见 B. F. Kiker, "The Historical Roots of the Concept of Human Capital," *Journal of Political Economy* 74, no.5 (October 1966): 481–482。

39. 关于商品拜物教，参见 Karl Marx, *Capital: A Critique of Political Economy,* vol.1, ch.1, sec.4, www.marxists.org; Gyorgy Lukacs, *History and Class Consciousness: Studies in Marxist Dialectics* (Cambridge, MA: MIT Press, 1971)。

40. T. C. Bernard, "Sir William Petty, Irish Landowner," in *History and Imagination: Essays in Honor of H. R. Trevor Roper,* ed. Hugh Lloyd-Jones, Valerie Pearl, and Blair Worden (London: Duckworth, 1981), 201–217; McCormick, *William Petty,* 84–117.

41. T. C. Bernard, "Sir William Petty," 201; Poovey, *Modern Fact,* 121–126.

42. Petty, *Petty Papers,* 1: 90.

43. Petty, "Verbum Sapienti," 109–110; Petty, "Political Anatomy of Ireland," 147.

44. Petty, "Treatise of Taxes," 26; Petty, "Verbum Sapienti," 108.

45. Charles Tilly, *Coercion, Capital and European States, 990–1990* (Cambridge: Blackwell, 1990), 70–91, 151–161; Michael Braddick, *State Formation in Early Modern England* (Cambridge: Cambridge University Press, 2000), 11–47, 180–281; Douglass North and Barry Weingast, "Constitutions and Commitment: The Evolution of Institutions Governing Public Choice in Seventeenth Century England," *Journal of Economic History* 49, no.4 (December 1989): 803–832. 关于 "国家" 的新用法，参见 John Guy, *Tudor England* (Oxford: Oxford University Press, 1988), 350–352。

46. 数据引自 Michael Braddick, *Parliamentary Taxation in Seventeenth Century England* (London: Boydell and Brewer, 1995), 3; 关于王室和市场取向的地主之间的协同效应，参见 Stone, *Crisis of the Aristocracy,* ch.5; Tilly, *Coercion,* 87–91, 153–159; Barrington Moore, *Social Origins of Dictatorship and Democracy* (Boston: Beacon Books, 1966), 3–40。关于国家政策对待市场扩张的态度变化，参见 Carla Gardina Pestana, *The English Atlantic in the Age of Revolution 1640–1661* (Cambridge, MA: Harvard University Press, 2007)。

47. 关于配第和税收，参见 McCormick, *William Petty,* 135–147, 156–160; Michael Braddick, *The Nerves of State: Taxation and Financing of the English State, 1558–1714* (Manchester: Manchester University Press, 1996), 114–116, 150。

48. Petty, "Treatise of Taxes," 71.

49. Petty, "Verbum Sapienti," 119; Petty, "Treatise of Taxes," 70. 关于合法化的重要性，参见 Braddick, *State Formation,* 1–24, 68。

50. Braddick, *State Formation,* 233–234. 关于国家支出，参见 C.D. Chandaman, *The English Public Revenue* (Oxford: Clarendon Press, 1975)。关于国王和议会之间的权力变化，参见 North and Weingast, "Constitutions and Commitment," 815–817; F. W. Maitland, *The Constitutional History of England* (Cambridge: Cambridge University Press, 1919), 280–305。

51. 关于自由主义，参见 Pierre Manent and Jerrold Seigel, *An Intellectual History of Liberalism* (Princeton, NJ: Princeton University Press, 1996)。关于从武断奇想到理性政策的转变，参见 North and Weingast, "Constitutions and Commitments"。

52. Edward Misselden, *The Circle of Commerce* (London, 1623), 17; J. G. A. Pocock, *The Machiavellian Moment: Florentine Political Thought and the Atlantic Republic Tradition* (Princeton, NJ: Princeton University Press, 1975) .

53. Yuval Noah Harari, *Sapiens: A Brief History of Human Kind* (New York: Vintage, 2011), 136–138; Hans J. Nissen, Peter Damerow, and Robert K. Englund, *Archaic Bookkeeping: Writing and Techniques of Economic Administration in the Ancient Near East* (Chicago: University of Chicago Press, 1993), 36.

54. *Anglo-Saxon Chronicle,* trans. and ed. M. J. Swanton (New York: Routledge, 1998), entry cited is from 1085 C.E.; Ann Williams and G. H. Martin, eds., *Domesday Book* (London: Penguin, 2002), 183–185. 也可参见 David Roffe, *Decoding Domesday* (London: Boydell and Brewer, 2015); Sally Harvey, *Domesday: Book of Judgment* (Oxford: Oxford University Press, 2014)。

55. Rosamund Faith, "Hide," in *The Blackwell Encyclopedia of Anglo-Saxon England,* ed. Michael Lapige (London: Blackwell, 2001); Harvey, *Domesday,* 210–220; Roffe, *Decoding Domesday,* 190–198, 217–219, 226; Kula, *Measures and Men,* 29–42. 关于封建等级制度，参见 Marc Bloch, *Feudal Society,* trans. L. A. Manyon (Chicago: University of Chicago Press, 1961); David Crouch, *The Birth of Nobility: Constructing Aristocracy in England and France 900–1300* (London: Routledge, 2005)。

56. Jean Christophe-Agnew, *Worlds Apart: The Market and the Theater in Anglo-American Thought, 1550–1750* (New York: Cambridge University Press, 1988), 17–57; Herodotus quoted on 21. 关于亚里士多德的经济学作品，参见 Arthur Eli Monroe, *Early Economic Thought:*

Selections from Economic Literature Prior to Adam Smith (Cambridge, MA: Harvard University Press, 1945), 1–31, quoted on 18, 20。关于亚里士多德的经济理论，参见 Finley, "Aristotle and Economic Analysis," *Past and Present* 47 (1970): 3–25; Thomas J. Lewis, "Acquisition and Anxiety: Aristotle's Case against the Market," *Canadian Journal of Economics* 11 (February 1978): 69–90。

57. Merav Haklai, "Money in the Roman Empire: Institutional Diversity at Work" (forthcoming book manuscript); Nathan Matthews, "The Valuation of Property in the Roman Law," *Harvard Law Review* 34 (1920–1921): 229–251; Aquinas's *Summa Theologica,* question LXXVII, cited in Monroe, *Early Economic Thought,* 53. 关于"公正价格"以及对市场价值的质疑，参见 E. P. Thompson, "The Moral Economy of the English Crowd," *Past and Present* 50 (February 1971); Raymond de Roover, "The Concept of the Just Price: Theory and Economic Policy," *Journal of Economic History* 18, no.4 (December 1958): 418–434; David Friedman, "In Defense of Thomas Aquinas and the Just Price," *History of Political Economy* 4 (Summer 1980): 234–242。

58. Agnew, *Worlds Apart,* 18–40; Alan Everitt, "The Marketing of Agricultural Produce," in *Agricultural Change,* 467–495. 也可参见 Fernand Braudel, *Afterthoughts on Material Civilization and Capitalism* (Baltimore: Johns Hopkins University Press, 1977)。

59. "审判"引自 Hubert Hall, ed., *A Formula Book of English Official Historical Documents* (Cambridge: Cambridge University Press, 1909), 181。也可参见 *The Domesday of Inclosures,* ed. I. S. Leadam (London, 1897); Edwin Gay and I. S. Leadam, "The Inquisition of Depopulation in 1517 and the 'Domesday of Inclosure,'" *Transactions of the Royal Historical Society* 44 (1900): 231–303。

60. Leadam, *Domesday of Inclosures,* 1: 38–40.

61. Adam Smith, *An Inquiry into the Nature and Causes of the Wealth of Nations,* ed. Edwin Cannan (London: Methuen, 1904), book IV, ch.5; book I, ch.7. 关于配第在 17 世纪 90 年代的受欢迎程度，参见 Appleby, *Economic Thought,* 138。对于配第的热度退却，参见 Walter Houghton Jr., "The English Virtuoso in the 17th Century," *Journal of Historical Ideas* 3 (1942): 211–219。关于如何缺少政府数据支持，参见 Karen Johannisson, "Society in Numbers: The Debate over Quantification in 18th Century Political Economy," in *The Quantifying Spirit in the 18th Century,* ed. J. L. Heilbron, Tore Frangsmyr, and Robin Rider (Berkeley: University of California Press, 1990), 348–350; Peter Buck, "People Who Counted: Political Arithmetic in the Eighteenth Century," *Isis* 73, no.1 (March 1982): 28–45。

62. 关于"虚构的商品"，参见 Polanyi, *Great Transformation*。关于 18 世纪为何不是一个市场社会，参见 Tribe, *Land, Labor and Economic Discourse;* Malachy Postlethwayt, "Political Arithmetic," in *The Universal Dictionary of Trade and Commerce* (London, 1744)。

63. Jonathan Swift, *A Modest Proposal for Preventing the Children of Poor People from Being a Burden on Their Parents or Country and Making Them Beneficial to the Publick* (London, 1729) .

2
像资本家一样看世界

1791 年夏天，美国财政部部长亚历山大·汉密尔顿为了撰写他即将震惊世界的《制造业报告》(Report on Manufactures)，开始搜集可以反映经济指标的数据。为了支撑自己要求扩大政府对美国制造业补贴的主张，汉密尔顿打算用数据向美国公众宣传国家制造业生产率相对于农业的比较优势。汉密尔顿把农业和制造业看作资本投资，而不是职业、手艺或生活方式，他打算用价格单位来度量和比较农场与工厂的年收益率。通过把土地和劳动力用价格单位标准化后计入国家财富，汉密尔顿希望证明美国对农业的偏爱阻碍了国家实现最大"社会收入"，他将"社会收入"定义为"该国土地和劳动力的年度产出总和"。半年后，他在完成的报告中清楚地记录了那个夏天的统计目标：

> 问题仍然是，将既定资本用在购买、改良土地上获得的盈余多，还是用在工厂生产上获得的盈余多：或者换种说法，是将既定资本或劳动力用在这个用途上的总产出价值更高，还是用在另一个用途上的总产出价值更高：或者还可以说成，到底是农业还是制造业能生产出利润最大化的产品。[1]

汉密尔顿在其寻找"利润最大化"投资的统计研究中，利用了他在全国组建的联邦税收征收员网络。根据汉密尔顿当时推出的广受非议的"威士忌

为进步定价：美国经济指标演变简史

酒消费税"，财政部官员应该在城市对国内蒸馏烈酒征收消费税，这些税将被用于偿还国家债务，这是另一个汉密尔顿式的创新。汉密尔顿展示了他超越官方界限的常用诀窍，他写信给征税员，要求征税员在某地征收"威士忌酒消费税"的同时，收集"在你所负责区域内的各种制造业"信息。更具体地说，汉密尔顿要求他的工作人员收集"定期生产的数量"和"销售价格"以及"是否由社团、公司或个人承担"等数据。然后，他向一些龙头制造商也发送了一封类似的信。[2]

为了完成他的统计实验，汉密尔顿需要比较工厂的年收入和农场的年收入。"我想到了，"他在给征税人员和几个富有农民的第二封信中写道，"如果能够以可容忍的精度确定中等质量农场的实际产出，那么这种产出可以作为一个很好的'标尺'，用其判断不同事物的价值。"每封信都附有一张"多栏表格"，他要求将这些表格分发给每个地区内的一些当地农民。像他所要求的制造业数据一样，这些表格栏目包括"实际培育数量"以及这些产品的总现金收入。汉密尔顿认为价格"应该体现农场每个产出的价值。为了确定这一价值，没有比从最近正常市场价格中扣除运输费用更好的标准了"。[3]

随着1791年秋天统计结果的逐步回收，汉密尔顿很快就意识到，他严重高估了新共和国居民的量化习惯。针对汉密尔顿对制造业数据的询问，来自新泽西州莫里斯敦的工匠塞拉斯·康迪科特（Silas Condict）写道："我正在推动关注工业数据，但是我们这里没有成熟的公司或制造商。"他根本无法提供任何量化信息。他只谈到钢铁业雇用了"很多人"，羊的数量如何"快速增长"，以及丝绸制造商如何拥有"足够数量的蚕茧"和"大量蚕蛹"。哈特福德（Hartford）[*]商人皮特·柯尔特（Peter Colt）感受到了汉密尔顿的深切期待，但是只能感到抱歉。"我没有足够多详细说明或计算我们不同制造商的产品数量或年度价值的记录。"他在信中感叹道。波士顿商人纳撒尼尔·戈勒姆（Nathaniel Gorham）并没有向汉密尔顿提供任何量化数据，而是特意强调在过去的一代时间内家庭制造业产量翻了一番，以及任何新英格

---

[*] 美国康涅狄格州首府。——译者注

兰家庭的访客都会发现的事实——"布料几乎完全由（家庭）自己制造"。[4]

当然，并非每一个回应都令人失望。比弗利棉花厂知名股东乔治·卡伯特（George Cabot）为汉密尔顿提供了关于其业务年度成本和收入的详细数据，这些数据令人印象深刻。但是，这种回应一般来自相对较大（且稀少）的制造商。另一个这样的答复来自位于康涅狄格州丹伯里的帽子制造工厂欧伯尔公司，这家公司雇用了"七名熟练工和十名学徒"。如何区分工厂与手工（家庭）作坊是汉密尔顿收到的答复中反复出现的主题。在谈到小规模专营工匠时，康涅狄格州米德尔敦的征税员昌西·威特利斯（Chauncey Whittlesey）强调，"很难确定年度产量，很难进行精确计算"。然而，当威特利斯谈到投资 250 美元的亚麻制造厂时，他能够提供相当准确的收入和生产细节。康涅狄格州另一名税务检查员——他将工厂与小作坊区分开来——指出："由于我们在该市没有固定的常设工厂，因此没有任何金钱上的鼓励。我们的本地产品是相当可观的，但其数量是非常可疑的。"[5]

对大西洋海岸中部各州农民的调查，汉密尔顿也没有收到更好的统计反馈。宾夕法尼亚州巴克斯县的一个农民回答说，他仅能做些粗略估计，因为"这个主题很新颖，从没有人对我的土地年产量进行过任何定期记录，也不知道向什么样的人可以申请这样的信息"。匹兹堡的一个税务调查员回答说："在这样一个新兴国家，农业还没有规范的制度，很难按照你的意愿形成一份估价。"一个马里兰州农民回答说，他的邻居收到了汉密尔顿具有"强烈意图"的调查表，但他们很快发现"无法满足这些表格的设计要求，因为他们没有时间和精力记录种类繁多的物品"。农民们建议："如果忽略物品的价值，特别是土地的价值，产出数量将容易获得得多。"[6]

蒂莫西·皮克林（Timothy Pickering）是汉密尔顿的一个好朋友，也是一名大土地投机商。当皮克林试图从宾夕法尼亚州其他农民手里收集数据时，他感到非常沮丧。首先，皮克林抱怨说，他无法计算某些农场的真实价值，因为"居民们没有围栏，那里的牲畜活动范围很大，而且……人们将原木切割为木材和燃料，这些不能算作他们自己的财产"。在发送给汉密尔顿一个农场的数据之后，皮克林在信的结尾说道："无法精确确定需要的真实情况，因为我怀疑在 1000 名美国农民中是否有一个通过实际测量确定了他们田地的面积和产出。"[7]

如果皮克林说的是对的话，那么其中一个少数例外便是费城农业促进协会（Philadelphia Society for the Promotion of Agriculture）主席理查德·彼得斯（Richard Peters）。为了详细分析自己农场的成本和收入，彼得斯将他的奶牛进行了资本化，计算出他的奶牛每年生产的黄油、牛犊和奶酪价值 60 英镑。理查德·彼得斯在分析了奶牛和其他资本投资的机会成本后得出结论："将资本投入农业是一笔坏交易。"然而，与工厂数据一样，彼得斯的回应是个例，并不具备代表性。[8]

尽管汉密尔顿没有将他的农业统计表格发送给任何南方大烟草种植者或稻米种植者，但是来自南方的信件与北方的信件非常相似。来自南卡罗来纳州西部的西尔瓦诺斯·沃克（Silvanus Walker）强调："这个州没有工厂，只有私人家庭生产作坊，而且他们只生产生活所需品。"诺福克的托马斯·牛顿（Thomas Newton）和弗吉尼亚州路易莎县的查尔斯·扬西（Charles Yancey）没有提供定量信息。但是弗吉尼亚州的税务主管爱德华·卡林顿（Edward Carrington）向汉密尔顿提供了两个工厂的详细调查数据，这些调查是由他的地区税务检查员开展的，雄心勃勃的卡林顿要求他的下属对此进行估算，并且亲自计算和汇总了这些货币价值。[9]

对汉密尔顿来说，这些大多数令人失望的结果只是问题的一半。他对收入统计的追求不仅是一种大胆的社会量化行为，而且是一次史无前例的努力，他试图建立一个能够监督美国人民经济生产力的集中式联邦官僚机构。对汉密尔顿的询问做出回应的农民和工匠虽然在很大程度上没能提供帮助，但是他们至少展示了协助财政部长的良好愿望。根据税务主管的说法，并非所有美国人都显示出了友善态度。调查人员抱怨说，许多人不配合提供信息，对此感到"反感"，担心会增加税收负担或者损害地方自治。调查人员进一步强调，许多美国人表现得好像自己是"政府的敌人"，"怀疑政府任何出于公共目的的活动，认为这些活动的本意对他们都是不利的"。[10] 后来的威士忌暴乱让这些征税员受到了严厉惩罚。

汉密尔顿收集自己期望的统计数据的失败，意味着他所构建的政府机构具有重要缺陷，也削弱了指挥这一机构的联邦政府的社会合法性。果不其然，托马斯·杰斐逊（Thomas Jefferson）*总统和民主—共和党于 1801 年废除了威士忌酒消费税，任何希望通过财政部官员进一步收集数据的要求也不复存在了。[11]

由于汉密尔顿无法收集到其所希望的价格数据，因此他的《制造业报告》没有包含所有统计指标。今天几乎没人知道汉密尔顿原打算在他的这一著名报告中加入一个统计附录。汉密尔顿没有顺利收集到与政府治理相关的经济数据，也没有进入政治算术领域。并且，他希望将美国转变为工业强国的努力也没有成功，《制造业报告》是汉密尔顿四份报告中唯一一份国会没有急于实施的报告。[12]

然而，从汉密尔顿自己的著作看，他似乎从来没有想过为什么自己的政治算术努力未取得成功，也从没有将其无法定价美国的进步与其未能把大规模制造业引入美国联系在一起。虽然汉密尔顿承认，为了证明自己投资工厂比投资农场更有利可图的观点，他需要的收入统计要求"许多复杂细节"和"准确了解要比较的对象"，但是他相信，他的社会量化实验所要求的"调查比以往任何时候都有机会完成"。[13]

汉密尔顿是错误的。他试图将政治算术和工业革命带到美国海岸的努力之所以失败，是因为他对世界的看法和量化方式不符合美国建立的意识形态原则，也不符合美国早期的政治经济实际。在把土地和劳动力当作资本家的生产要素，把农场和工厂当作资本化的投资时，汉密尔顿的投资术忽视了这样一个事实——美国社会的基本活动单位和思想基础是私人产权的父权制家庭，不同于 18 世纪寻求地租的地主、追求利润的资本家和争取工资的劳动者三足鼎立的英国。在用产出价格和资本化效率估算美国农业和工业价值时，汉密尔顿假设美国民众的想法和他的一样，也认为市场生产力比财产独

---

* 美国第三任总统（1801—1809 年），美国《独立宣言》主要起草人，美国开国元勋之一。——译者注

立、继承权和白人权利等社会因素更重要。但是，大部分美国民众并不这么想。简而言之，相信大多数美国人都有能力、意愿和机会对自己家庭的人力和土地生产力进行定价和汇总，显示了汉密尔顿几乎不了解新兴共和主义美国与资本主义英国之间在社会、经济和意识形态方面的巨大差异，对于资本主义英帝国，他只是青年时期在加勒比海地区亲历过以及在自己心爱的《政治算术》一书中读到过。

～

汉密尔顿的《制造业报告》引用了亚当·斯密《国富论》的部分内容，这本书是他在英国的嫂子最近连同一些英国经济条约一起寄给他的。毫无疑问，汉密尔顿将"土地和劳动年产出的总价值"作为国家财富的观点直接来自斯密——斯密在自己的著作中多次将国家"收入"或财富定义为"等于其产业全年产出的可交换价值"或"该国土地和劳动力的年产量"。由于汉密尔顿在他的报告中极不赞成斯密反对政府干预的观点，因此人们常常强调两人之间的尖锐思想差异。然而，虽然汉密尔顿和斯密在应该如何积累国家财富方面存在分歧，但是他们都认为一个国家的最终目标应该是如何从土地和劳动中获得以市场价格度量的最大产出。[14]

汉密尔顿之所以引用斯密对财富的定义，不是因为这一定义对经济理论有新贡献，而是因为它已成为 18 世纪英国政治经济的公认观点。尽管长期存在的自由主义试图割裂英国自由放任思想与早期经济理论（重商主义）之间的关系，但是斯密将国家财富描绘成从劳动力和土地"基金"中获得的商品流观点，恰恰就来自被其嘲笑为重商主义者的英国思想家——其中为首的就是威廉·配第。汉密尔顿很可能已认识到了这一思想的渊源，因为他在 1791 年着手撰写《制造业报告》时，已经非常熟悉配第的政治算术了。[15]

在汉密尔顿的众多文献中，有一个文献提供了非常重要的历史数据来源，那就是"由他管理的国营火炮公司的支付账本"。打开年轻的汉密尔顿上尉 1777 年随身携带的这本支付账本，正如人们所期望的那样，包含了汉密尔顿炮兵公司的详细账目。但是，账本没几页就结束了，其中后几页记录了按国家划分的经济统计数据。汉密尔顿潦草地写道："据沃尔特·罗利（Walter Raleigh）爵士计算，荷兰人在鲱鱼渔业中拥有 3000 艘渔船，雇佣了 5 万名船员""波希米亚王国一年的收入约为 12000000 或 14000000"。汉密尔顿对英国着墨最多，记录了英国"煤炭贸易""硬件制造商"和"羊毛加工"中雇佣的男性劳动力数量，以及羊毛工业的"每年国内消费额达到 100 万英镑"。[16]

这些经济数据来自哪里？汉密尔顿的传记作者很早就给出了答案：当汉密尔顿参加战争时，他不仅随身携带着账本，还携带了马拉奇·波斯特莱斯威特（Malachy Postlethwayt）撰写的厚厚的两卷本《贸易和商业通用词典》（*The Universal Dictionary of Trade and Commerce*）——这本书写于 1757 年，是那一时代最早的经济和商业百科全书。当曼哈顿海岸附近的英国舰船开始轰炸汉密尔顿的公司时，他正忙于将经济数据记录在自己的支付账本中。汉密尔顿上战场时随身携带大量书籍的事实表明，这个年轻人对量化经济进行了非常认真的研究。[17]

波斯特莱斯威特在英格兰以支持第一位内阁首相罗伯特·沃波尔（Robert Walpole）和皇家非洲公司（Royal African Company）而闻名——该公司是一家股份制公司，通过将数万名奴隶从非洲贩卖到美洲获利。尽管波斯特莱斯威特晚年转而谴责奴隶制，但正如一位历史学家指出的那样，他是 18 世纪 40 年代支持向奴隶贸易企业提供补贴的"首席宣传员"。波斯特莱斯威特甚至用"三角贸易"一词形容奴隶从非洲到美洲、农产品从美洲到英国以及制成品从英国到非洲以购买更多奴隶的流动。然而，他最大的贡献是《贸易和商业通用词典》，其部分内容是从法国国王制造业督察官雅克·萨瓦里（Jacques Savary）以法语撰写的一篇文章翻译而来的，波斯特莱斯威特的这本著作为 18 世纪的英国商业会计实践、经济思想和政治算术提供了重要指引。[18]

波斯特莱斯威特深入参与了奴隶贸易，这促成他将人视作人力资本。在 1746 年的一本小册子中，波斯特莱斯威特游说政府支持皇家非洲公司，声称非洲奴隶是"取之不尽的财富基金"。在第二本小册子中，他把被奴役的非洲人称作"年金"，他引用了政治算术家和配第的狂热追随者查尔斯·达文南特关于一个奴隶每年创造 16 英镑收入的说法，然后估算出"黑人劳动给国家每年带来的收益略小于 300 万英镑"。[19]

在波斯特莱斯威特的《贸易和商业通用词典》出版十年之后，他的投资术从非洲和加勒比地区传播到了美国大陆，他经常将人和自然称为可以创造收益的资产。在"人民"这一条目中，波斯特莱斯威特宣称"人的身体毫无疑问是一个国家最宝贵的财富"。在"土地收益"这一条目中，他给出的计算证明，每个为土耳其市场生产羊毛制品的英国劳动者每年为本国地主创造了 6 英镑收入。在"租赁"这一条目中，波斯特莱斯威特通过一系列复杂的购买年数计算，向土地所有者解释了如何最有效地利用他们的土地获取最大租金。在"分类账"和"商业会计"条目中，波斯特莱斯威特展示了如何使用复式记账法度量企业的盈利和亏损。在"番红花"这一条目中，波斯特莱斯威特计算出一英亩香料每年赚 54 英镑。[20]

波斯特莱斯威特经常引用威廉·配第的话，配第的著作显然是其词典的理论支柱之一。在"收入""劳动力"和"土地收益"条目中，波斯特莱斯威特赞成配第将自然和人视作资本主义生产要素的观点——因此应该仔细评估其获利能力。在"算术"（mathematics）这一条目中，波斯特莱斯威特大量引用了英国数学家约翰·阿巴思诺特（John Arbuthnot）著作中的内容，认为算术是"私人商业的伟大工具"，并且应该用复式记账形式"记录国家的公共账户"。波斯特莱斯威特强调"不仅要记录所有分支机构的收入，还要记录整个英联邦的情况，例如人口数量和生育情况、库存增加情况以及土地和生产改良情况等"。在"政治算术"这一条目中，波斯特莱斯威特引用达文南特的著作，概括了配第国民收入核算和日常生活定价的主要原则，称赞这项计算技术能够确定"来自土地、矿山、房屋、宅地、河流、湖泊、池塘以及贸易、劳动、工业、艺术和科学的年收入"。[21]

正如汉密尔顿后来在 1782 年的一封信中指出的那样，他认为波斯特莱斯威特的书提供了丰富的计算方法，称赞波斯特莱斯威特是"杰出的政治算术大师"。他一生中多次援引此书。汉密尔顿上校在自己的 1777 年支付账本中认真抄写了波斯特莱斯威特的一系列数据后，复述了威廉·配第一个世纪之前首次进行的国民收入计算方法：

> 在我国人民每年支出和消费的 4900 万英镑中，用于购买外国
> 商品的支出不超过 400 万英镑，用于购买本国产品和生产的支出约
> 为 4500 万英镑。其中，土地所有者的购买支出数额不超过其获得的
> 1400 万英镑的租金收入，因此，三分之二的本国产品和生产被我们
> 其他人民购买和消费了。[22]

这是汉密尔顿的支付账本中最长的一段，是对波斯特莱斯威特"政治算
术"条目的解释。年轻的汉密尔顿根据消费的商品数量和收到的租金数额，
对每年本国生产的"产品"进行了定价，他完全采纳了配第关于国民收入的
原始 GDP 数字。汉密尔顿接着强调："他非常同意《政治算术》一书的作
者关于土地、房屋和矿山的租金不超过全国年度开支八分之三的观点——达
文南特估计租金总额为 1400 万英镑。"虽然波斯特莱斯威特援引的是达文
南特，但是这个八分之三比例实际上是由配第首先计算得出的。接下来的几
行直接将配第的国民收入核算和日常生活定价联系了起来，汉密尔顿写道：
"威廉·配第爵士假设英国人均花费为约 7 英镑，该国有 700 万人口，则整
个国家的支出和消费约为 4900 万英镑。"[23]

虽然波斯特莱斯威特的百科全书超过 1000 页，但是汉密尔顿的支付账
本仅包含几十页字迹潦草的笔记。很显然，汉密尔顿对配第及其门徒将英格
兰量化为货币收入流的方法非常感兴趣，他可能只记录了自己最感兴趣的部
分。因此，十年后汉密尔顿失败的统计努力并不是一次异想天开、一时冲动
的社会量化实践，而是一次目标明确的刻意尝试——试图将英国的政治算术
和为进步定价的方法引入美国。[24]

ى

从 1791 年起，汉密尔顿报告的语言风格就不再像当时的大多数美

　　　　　　　　　　　　为进步定价：美国经济指标演变简史

国政治小册子了。汉密尔顿不再使用英联邦作家约翰·特伦查德（John Trenchand）和托马斯·戈登（Thomas Gordon）的共和式语言，而是使用了配第和波斯特莱斯威特的经济术语。他的报告不再像革命性的美国宣传手册那样，批评"奢侈"，怀念"美德"，或者对"腐败"表示出极大的愤慨，而是使用了"普通利润""净剩余""农场主的股份或资本"以及"地主租金"等术语。尽管北美殖民地时期的特殊环境促使许多居民支持英国"国家派"的古典共和主义和城市人本主义，但是汉密尔顿更喜欢引用沃波尔的竞争对手"宫廷派"小册子作者的说法。[25]

　　然而，汉密尔顿的政治倾向并不反对那些在北美殖民地时期支持共和主义的人士，其中一个原因是：汉密尔顿不是土生土长的北美殖民地人。这位广受欢迎的美国金融业、制造业和资本主义之父不是在弗吉尼亚州种植园、纽约商人之家或马萨诸塞州农场，而是在一个加勒比岛屿上出生长大的——该岛上 93% 的居民是被奴役的非洲人，他们为世界生产蔗糖，为欧洲地主创造利润。就像马拉奇·波斯特莱斯威特一样，大西洋奴隶贸易奠定了亚历山大·汉密尔顿的定价进步之路。[26]

　　在英格兰，配第只能在圈地运动剥离了农民的土地及其与封建社会的传统、关系和义务之后，才能将农民量化为可以创造财富的独立单位。加勒比的制糖奴隶以相似方式推动了汉密尔顿投资术的形成，虽然他们不但被剥夺了土地，而且被剥夺了身体。因为非洲奴隶已经完全脱离了他们从前的社会关系网，因此相对容易对其进行抽象化、价格化和资本化。[27]

　　年轻且不安分的汉密尔顿出生在英属尼维斯岛上，但是主要在丹麦属圣克罗伊岛上长大。虽然汉密尔顿觉得自己生活在一个二流欧洲大国的边缘殖民地上，但是事实上，他正成长于英国资本主义蓬勃发展的一个关键交通连接点上。圣克罗伊岛是一个理想的贸易中转港，与其他英属西印度群岛非常相似，主要报纸使用英文，大多数种植园主和商人都是盎格鲁-撒克逊裔人。就像英属加勒比海一样，圣克罗伊岛在 18 世纪伦敦金融市场、利物浦港口或曼彻斯特纺织厂市场扩张、资本积累和工业革命中发挥了重要作用。[28]

　　圣克罗伊岛的故事就是制糖的故事，在汉密尔顿童年期间，该岛 80%

的劳动力都投身于糖业生产。甘蔗的种植是劳动和资本密集型的，并具有规模经济特征。因此，甘蔗不能在家庭农场种植，只有在大型种植园种植才能盈利，并且需要大量的初始固定资本投入。在汉密尔顿时代的圣克罗伊岛，65%的种植园至少有50个奴隶。这些大型种植园需要大量资金，伦敦的金融家们也非常愿意向西印度群岛提供稳定的资金。例如1773年，英国资本家投向加勒比殖民地的资金不少于3700万英镑，其中大部分流向了甘蔗种植园。[29]

这些种植园由银行家出资，由外居地主拥有，生活在其中的几乎都是奴隶，通常由商业律师或代理人运营管理——他们着眼于利润最大化，因此在圣克罗伊岛和类似的加勒比社会，从未形成过如北美殖民地那样完全由定居者组成的社区。事实上，汉密尔顿生长在一项巨额的资本化投资中——圣克罗伊岛是丹麦人1733年从法国西印度公司手中购买来的。[30]

汉密尔顿生活在一个作为投资品的岛屿上，大多数研究汉密尔顿金融和工业计划的历史学家们，即使没有完全忽略他的加勒比渊源，也轻描淡写了他的这个背景。历史学家们通常将汉密尔顿对美国经济发展的全面洞察力，归因于受到了欧洲思想家的影响，或者认为他生来就是一个富有远见的天才。最近百老汇上演的传统剧目中，仅仅强调加勒比是汉密尔顿白手起家和产生反奴隶制思想的地方。[31]

汉密尔顿当然受到了欧洲经济思想的影响，他不支持奴隶制，并且天资聪颖。但是，从亚历山大·汉密尔顿青少年时期经历的资本化社会与他青年时期认可的投资术之间的明显关联性来看，加勒比成长经历对他的影响似乎比以前想象得更深。只有把汉密尔顿放在大西洋奴隶制的背景下，才能充分理解他的思想体系是如何形成的——这一思想体系将他打造为美国资本主义的设计师和美国政治算术与定价进步的先驱。

在18世纪60年代后期的某个时候，青年汉密尔顿到尼古拉斯·克鲁格（Nicholas Cruger）和戴维·比克曼（David Beekman）——他们都来自著名的纽约商人家族——经营的商业公司工作，这家公司位于汉密尔顿居住的港口城市克里斯琴斯特德（Christiansted）。1771年，当克鲁格返回纽约家中时，汉密尔顿负责了该公司为期五个月的进出口业务。为了应对市场交易冲击，汉密尔顿花费了大量时间阅读市价表、誊写账户以及对进口黄油、面粉和骡子讨价还价。[32]

与北美殖民地或者英格兰不同，像圣克罗伊这样仅种植一种作物的岛屿，非常依赖市场。在 17 世纪和 18 世纪，只有不到 20% 的欧洲农产品进入市场，但是在加勒比甘蔗种植园，这一比例高达 80%。在一个奢侈品和基本必需品都不来自当地而是来自海外进口的社会中，汉密尔顿切身感受到史无前例的日常生活的商品化。丝毫不令人奇怪，几年后汉密尔顿被配第的国民收入核算方法深深吸引了，这一方法认为市场是社会的代名词，所有形式的价值都必须以商品形式呈现。[33]

汉密尔顿和他的雇主不仅仅只定价、推广和销售黄油、面粉和骡子。正如《皇家丹麦美洲报》(*Royal Danish American Gazette*)上的拍卖广告所显示的那样，克鲁格和比克曼的公司在加勒比奴隶贸易中处于支配地位。例如，1771 年 1 月 26 日，克鲁格发布了一个将拍卖 300 名奴隶的广告。这种交易并不是个例。1747 年至 1803 年间，在被带到圣克罗伊岛的 6 万名奴隶中，85% 是经过克里斯琴斯特德港转运而来的，在丹麦奴隶贸易公司大院或尼古拉斯·克鲁格等私人进口商的码头，拍卖奴隶是司空见惯的事情。汉密尔顿作为克鲁格的职员，目睹并记录了这些将人作为动产的拍卖价格。在 250 名非洲奴隶到达后，汉密尔顿写道（也许克鲁格在旁边口授）：这些奴隶看起来"病态、瘦弱"。汉密尔顿毫无怜悯地记录道："他们的平均拍卖价格约为 30 英镑。"但是，汉密尔顿手稿中的第二封信（虽然不清楚这是不是他自己的话）请求让"两三个可怜的男孩……以最合理的方式……进行种植工作"。[34]

尽管其后汉密尔顿始终不支持奴隶制，他却没有尽多少努力废除奴隶制。但是，这并不意味着奴隶制没有改变他。当汉密尔顿在波斯特莱斯威特的词典中，第一次看到配第对生命进行定价和将人的身体进行资本化时，他也许并不感到震惊、不安或困惑，因为他之前也曾经对人进行过定价。[35]

圣克罗伊岛上的甘蔗种植园不仅是大型农场，还是大型工厂。为了提高奴隶们挖掘种植甘蔗的壕沟的效率和速度，监工和奴隶主制定了极为严格和粗暴的分工协作劳动制度。由于成熟的甘蔗在砍伐后必须尽快研磨，因此一旦进入收获季节，奴隶们就没有多少时间休息了。按照巴巴多斯（Barbados）一个当代种植园主的话，为了加工蔗糖，奴隶们"必须生活在无休止的噪音和饥饿之中……天气炎热，工作单调，他们昼夜站在大蒸腾房中，房中有六七个永远保持沸腾的大锅炉"。西德尼·明茨（Sidney Mintz）说，奴隶们必须在日夜燃烧的火焰旁轮班劳作，每班奴隶经常工作"一个白班加部分时间的夜班，或者一个白班加第二天或第三天的整个夜班"。在磨坊里，短柄斧头就放在奴隶身边，如果某个昏昏欲睡的奴隶因瞌睡令手臂被卷入研磨机器的滚轴中，就可以随时用斧头砍断他们的手臂。[36]

汉密尔顿既是蔗糖贸易的参与者，也是蔗糖贸易的敏锐观察者。他详细描述了其 17 岁时一场飓风给该岛造成的巨大破坏。他也一定见证了在这个面积仅 82 平方英里的加勒比岛屿上发生的新兴工业革命。虽然汉密尔顿生活在克里斯琴斯特德，但是岛上的种植园与这个港口城市离得很近。岛上面积最大、产量最高的拉格兰德公主（La Grande Princesse）种植园毗连克里斯琴斯特德市，1792 年，该种植园的面积达 726 英亩，拥有 379 名奴隶。为了能在第二天卖掉用甘蔗渣做成的饲料，拉格兰德公主种植园的奴隶们经常半夜就出发赶往克里斯琴斯特德市。虽然汉密尔顿从不需要上夜班，但是他经常遇到那些上夜班的奴隶们。[37]

二十年后，当汉密尔顿极力推动在美国实行大规模的工业化时，他的报告支持工厂化生产，认为"农业生产在很大程度上是周期性的、偶发的，受季节因素影响大，间歇期多且长；而工厂生产是常年不变的，在某些情况下甚至夜里也可以继续"。人们认为，亲英的汉密尔顿在这一段中指的是英国的纺织制造厂。然而，从奴隶种植园一周工作七天、一天工作 24 小时的特点来看，汉密尔顿的不间断生产梦想可能来自距他童年时期家乡不远的甘蔗种植园生产活动的启发。[38]

ဢ

汉密尔顿 1791 年的调查并不是美国人第一次试图用货币流定价美国农

场——就好像它们是资本化的投资一样。这一殊荣属于 18 世纪早期南卡罗来纳低地区域的种植者，这一事实进一步证明加勒比式奴隶制与为进步定价所需的投资术之间存在密切联系。与弗吉尼亚州切萨皮克地区的烟草种植者不同的是，这些南卡罗来纳种植者种植的是水稻。由于灌溉成本高，所以与蔗糖生产相似，水稻种植也需要规模经济，这造就了一批极其富裕的种植园主，他们的大型种植园拥有许多奴隶。事实上，据估计，在南卡罗来纳的沿海殖民地水稻种植园中，奴隶劳动者的占比达到了与圣克罗伊岛接近的 90%。更重要的是，由于南卡罗来纳沿海地区的许多种植园主不是来自英格兰，而是来自加勒比地区，因此这里形成了明显的西印度群岛特色。像他们未来的加勒比移民亚历山大·汉密尔顿一样，这些种植园主一直处于全球英式资本主义的演化中心，习惯给人、场所和事物贴上价格标签。[39]

一本出版于 1710 年的小册子向英国投资者介绍了"投资一个种植园的方式和必要的费用，以及投资将获得的年度利润"，这本小册子的作者南卡罗来纳人托马斯·奈恩（Thomas Nairne）向人们展示了大部分外居投资者的北美殖民地投资术。起初，作者对南卡罗来纳的描述与弗吉尼亚、新英格兰和中部殖民地的描述非常相似。作者计算了在一个小型家庭农场过上"舒适生活"需要的成本，指出一个面积 200 英亩且拥有两个奴隶的农场可能需要 150 英镑。作者没有详细介绍这样一个农场的年收入情况，只是强调这个收入能让主人过上"可以承受的体面"生活。[40]

然而，当奈恩介绍低地区域水稻种植园时，他的叙述方式发生了重大变化。首先，他估计一个拥有 30 个奴隶、面积 1000 英亩的农场需要 1500 英镑的初始资本投资。然后，他算出这样一个种植园每年可以获得价值 337 英镑的收入。具有商业头脑的英国读者也许自己就认识到了，南卡罗来纳的土地年资本回报率高达 20%，因为仅用五年时间就可以收回初始投资。尽管如此，作者仍向读者特别强调："在英国，为期 20 年的 1000 英镑投资，每年只能收回 50 英镑，而在这里，1500 英镑投资每年可以获利 337 英镑。"[41]

奈恩不仅将种植园当作家庭农场，而且将其看作资本投资，但这才仅仅是开始。在接下来的几页中，他通过一系列详尽计算证明，卡罗来纳的大地主们向该地区输送 100 名男性劳动力和 400 名奴隶是划算的。他依据的主要是劳动力年收入水平。作者解释说："最保守估计，在这里平均每个劳动力每年可以为英国多增加 5 英镑财富。"奈恩以投机的方式加总了这一统计数据——就像配第估算对英国造成的损失一样，他宣称，人口的自然繁衍很快将使得年收入不低于 36000 英镑，仅免役税就值 1209 英镑。显然，奈恩的计算不仅定价了奴隶，也定价了种植者。[42]

在奴隶制催生的由伦敦抵押贷款投资者、南卡罗来纳种植者、加勒比商人和奴隶贸易小册子作者构成的大西洋投资体系中，这些资本主义计算方法正在成为评价奴隶种植园投资价值的常用方法。在南卡罗来纳殖民地另一本名为"给所有人的赚钱建议"（Profitable Advice for Rich and Poor）的小册子中，南卡罗来纳种植园主约翰·诺里斯（John Norris）试图证明其殖民地中种植园奴隶的盈利能力。诺里斯解释说："当奴隶们主要种植水稻时，一个奴隶一年的工作对主人来说价值 25 英镑或 30 英镑。"诺里斯采用与其他早期现代资本家相同的购买年数逻辑，强调"最多用四年就可以收回一个男性奴隶的成本"。这些种植园主不仅估算了奴隶的市场价格，而且估算了他们的年收入，因此，如果汉密尔顿将他的调查表格发给南卡罗来纳水稻种植园主的话，他试图资本化美国农业的努力也许会取得更好的结果。[43]

南卡罗来纳的另一个例子进一步证明了为进步定价、投资术、大西洋奴隶制和英国殖民主义之间存在密切联系。1743 年，詹姆斯·格伦来到南卡罗来纳殖民地担任总督，直到 1756 年才返回苏格兰。在詹姆斯·格伦担任总督期间，他创造了 18 世纪北美殖民地最领先的政治算术。但是，詹姆斯·格伦不是凭空捏造这些数据的，是英国贸易委员会和上议院贸易与种植园专员不断催促他提供这些市场数据的——可以用这些数据评估将殖民地作为一项投资的生产效率。对于那些身处英帝国权力中心的人来说，这不是什么新鲜事。早在 1720 年，上议院专员就开始要求新大陆提供"各省商品的年产量"信息了。1739 年，他们在要求提供地价和租金收入信息时，还要求各省报告近两年"有多少黑人……以及他们的售价"。[44]

英国地主们最终找到了大西洋对岸的詹姆斯·格伦，因为格伦和他们以相同方式看待和量化世界。18 世纪 40 年代，格伦不仅把大量大米和靛蓝染料送回了英国，而且寄回了一系列统计数据。他在一封信中写道："我们生产的产品每年为母国带来约 10 万英镑的利润。"在其他信件中，他如实定价并汇总了南卡罗来纳的所有出口商品。这些商品不仅包括当地主要产品大米，还包括核桃、培根和松节油等日常用品。但是，格伦最令人印象深刻的政治算术行动发生于 1751 年。这一年，上议院专员们要求格伦估计"南卡罗来纳的价值"，他用美国历史上第一个国民收入账户对此进行了答复。格伦很可能借鉴了威廉·配第和格雷戈里·金的"社会表格"，以及他们通过度量市场消费计算市场产量的观点，他通过将人口按照从富到穷划分为四个等级估算了殖民地的年收入。格伦估计，最富有的 5000 名居民每天花费 2 先令，有 5000 名居民每天花费 1 先令，有 10000 名居民每天花费 6 便士，最穷的 5000 名居民每天"只能勉强吃饱饭"，由此他认为南卡罗来纳的年总收入价值约为 40000 英镑。[45]

格伦既是追求地租回报的苏格兰土地所有者，也是拥有奴隶的南卡罗来纳水稻种植者，其自身经历塑造了他的投资术。在 18 世纪 50 年代返回苏格兰后，格伦继续远程监管他在南卡罗来纳的种植园，经常与帮他管理殖民地商业事务的妹夫约翰·德雷顿（John Drayton）保持通信。这些通信表明格伦是一个精明的商人，如同他之前在政府报告中所做的那样，他也收集自己种植园的作物收成和收入信息。[46]

格伦的个人报告也显示了他如何将土地和劳动力视为能够创造收入的投资。1773 年，就在他去世的前几年，老格伦记录了自己的年收入流情况。像其他英国精英一样，他先从自己的土地开始，指出土地财产每年可以为其带来 600 英镑的收益。然后，格伦记录了自己的其他金融资产，如每年从布洛克先生那里收到 210 英镑，以及从约翰·德雷顿那里收到欠款利息 178 英镑等。在这些可以创造收入的资产下方，格伦补充说："我的奴隶过去每年可以带来 200 英镑的收入，但是由于死亡、逃跑和变老，他们近年来仅能带来 100 英镑的收入了。"在格伦的分类账本中，他估计奴隶目前每年仅能为其带来 50 英镑的收入。这里我们可以看到，格伦是如何将根据土地和劳动力创收能力评估南卡罗来纳"价值"的资本主义思维方法，应用于自己作为食利者、债权人和种植园主的收入核算中的。格伦作为商人为自己账户所做的计算，与其作为总督为整个殖民地所做的计算非常相似。[47]

$\backsim$

在写给约翰·德雷顿的信中，詹姆斯·格伦将家庭债权视为一项有息投资。格伦坚持认为他的妹夫应该就债务向自己支付利息，他认为这样的要求是合理的，指出"上帝知道我是为了好处才借钱给你的，我从自己的口袋中支付了这笔钱的利息"。那个时代的大多数美国人认为，格伦把借款视为有息投资的做法是不道德的，因为他们没有向自己的佃农或种植者借款人——更不用说家庭成员了——索取过借款利息。然而，亚历山大·汉密尔顿很可能不反对这样做。[48]

1791 年，当汉密尔顿开展关于劳动力和土地——将其作为获取资本收益的有价投入——的统计调查时，他不仅参与了丹麦西印度群岛极具投资属性的社会活动，而且在他移居纽约之后，还经历了美国银行业的崛起。当汉密尔顿撰写他的《制造业报告》时，美国银行热正处于起步阶段，银行数量从 1791 年的 6 个快速膨胀到 1816 年的 246 个。汉密尔顿也是美国银行业发展的推手之一：1784 年，他推动成立了纽约银行，这是美国第二家也是纽约市第一家银行。1791 年夏天，汉密尔顿提出了一项通过国会成立一家国家银行（national bank）的计划，由此成为无可争议的美国金融业的"设计者"。汉密尔顿实际上从无到有建立了一套新型且革命性的金融营利制度，他已经从一个加勒比岛民——这个岛上 90% 的居民都被转化为资本——华丽转身为创造资本的银行业奇才。[49]

北美殖民地时期没有银行，也就是说，没有私有的、以营利为目的的股份制金融机构——通过借钱给美国人民和他们经营的商业企业为股东赚取资本回报。北美殖民地的商业借款主要在单个商人及其亲属关系之间进行，借款规模小，而且是非正式的活动，即使体量最大的商人，也主要进行短期借款（通常为期 30 天到 90 天），这些商业贷款的用途明确，与买卖交付特定商品密切相关。缺少制度化的以营利为目的的商业银行意味着，当美国人民需要向他们的社会注资时，他们不得不求助殖民地政府。这通常有两种途径。一种选择是殖民地政府用法定纸币补偿居民——这些居民向殖民地政府提供了服务，但是这种纸币只能用作纳税；另一种更受欢迎的选择是由殖民地政府经营的土地银行以低息抵押贷款的形式借钱给居民，这些土地银行被称为"贷款办公室"，它接受土地作为抵押品，这些土地贷款的利息被用来为政府服务提供资金。这是一个有效的国有化金融体系，可以使北美殖民地的税收负担保持在较低水平。[50]

虽然不同殖民地政府之间发行的货币差异很大，但是这些政府运营的货币发行体系都具有一个基本特征：与私人银行不同，它们的目的不是赚钱，而是强调货币应该方便支付债务和交换有用的商品，以维持生产商品的农民、种植者和工匠的生计与自主权。正如研究美国早期银行业的著名专家所言，那个时代的美国人认为"这种意义上的货币的目的不在于刺激经济活动"，而仅是为了满足"贸易和合法的支付需求"。简而言之，货币的目的完全是充当价值媒介和交换工具，小商品生产者可以使用货币出售剩余产品、购买消费品和缴纳税款。[51]

汉密尔顿以非常与众不同的眼光看待货币。他认为北美殖民地小看了货币的作用，如果仅把货币"用作交换工具"，则货币是"无价值的存货"。根据汉密尔顿的观点，只有存入银行时，货币才能"焕发生机，积极促进生产"。汉密尔顿认为，通过将其他人的储蓄转化为贷款，借给积极进取、追求利润的企业使用，私人银行是迄今为止最具"生产力"的货币制造者，助长了"大量工商企业"的发展，是孕育"国家财富的温床"。为确保资金永不歇息，银行有极不寻常的能力将资金从被动交换媒介转化为生息资本，或者如汉密尔顿所称的"积极财富"。[52]

汉密尔顿关于成立国家银行的观点非常激进大胆和富有争议性，以至于其最具革命性的观点经常被侧重讨论垄断特权和宪政合法性的史料所忽视。首先也是最重要的是，汉密尔顿拟成立的美国银行将货币发行事务私有化了，将发行货币从一项由殖民地立法机构控制的公共服务（甚至是政府工具）转变为一家由资本家控制的以营利为目的的私人企业。汉密尔顿不仅意识到了这个要害，而且对此感到自豪，明确表示："应该充分信任这一机构，这一机构应该是私人的而非公共的，由个人利益而非公共政策引导。"[53]

那个时代的大多数美国人从单个制造商的角度——希望与其他小生产者平等交换自己的劳动成果——看待货币。相比之下，汉密尔顿的做法是从一个资本主义投资者的角度出发的，投资者把资金放到一个以营利为特定目的的机构中，这样这些钱就可以被借给那些能够赚取更多钱的人。尽管北美殖民地将等价视作美德，但是汉密尔顿认为增值是好事。

汉密尔顿将货币化增长、资本积累与国家进步联系在一起，因此他批评美国初期主导经济单位应该是拥有土地的农场主家庭这一观点。汉密尔顿抱怨说，由于家庭农场不是为市场或获取利润而生产的，因此正在进行的西部大开发"减少或阻碍了国家的积极财富"，因为它"不仅带走了部分流通中的货币，将资金投入一个更为消极的州中，而且分散了部分劳动力和产业，这些劳动力和产业本该被用于生产外贸商品"。[54]

根据汉密尔顿的观点，这种自耕农经济政策是错误的，因为它没有最大化资本回报。因此毫不为奇，汉密尔顿试图寻找一个能够度量农场相较于工厂价值的统计指标，他采用了投资术模型，在这一模型中，比较和评估了作为两种不同资本投资选择的"农业和制造业生产活动"。就像一个银行经理要仔细考虑应该把客户的资金借给谁一样，汉密尔顿认为，关于美国未来的争论，应该部分地由每个投资方向的潜在货币收益大小决定，选择"能带来最大产出"的投资方向。[55]

§

汉密尔顿的投资术对于其向美国推广工厂化生产方式也发挥了重要作用。在汉密尔顿向税务检查员发出统计问卷数周后，他向一个名叫托马斯·洛厄里（Thomas Lowery）的男子索要了大量其他经济数据。但是，这次汉密尔顿不是以财政部长而是作为一名私人企业家行事的。与其他一些美国和欧洲商人一样，汉密尔顿和财政部长助理坦奇·考克斯也是"推动建立有用的工厂协会"（the Society for Establishing Useful Manufactories，SUM）的捐助者。他们的目标是吸引来自欧洲的资本（其中一些来自汉密尔顿自己的纽约银行）和熟练工匠，成立一家特许公司，在东部沿海某地建立一座纺织工业高度集聚的城市。尽管1791年秋季这一协会已经决定在新泽西州帕塞伊克河（Passaic River）沿岸建立帕特森市（Paterson），但是汉密尔顿和他的投资伙伴仍然在为他们的项目寻找最合适的地方。根据汉密尔顿的要求，协会负责人洛厄里向他提供了西新泽西"各种物品、燃料和劳动力的价格信息"，指出"雇佣一个身体健壮的劳力每年需15至18英镑"。[56]

汉密尔顿需要这些数据，因为虽然他的前述官方调查要求提供有关制造业和农业（市场产出）的年度货币收益信息，但是不包括初始成本（投入）信息。虽然威廉·配第和追随其脚步的古典经济学家经常通过将生产力高低等同于要素报酬水平，定价资本主义生产要素，但是汉密尔顿——像其他优秀的实业家一样——不这样认为。汉密尔顿认为，为了确定未来的资本回报，人们需要知道每个工人或每块土地的生产能力及其货币成本，因为投资者的利润水平取决于这些生产要素的价格。纺织工业家乔治·卡伯特在回复汉密尔顿的统计调查时，展示了这种"双重视角"——这是制造商看待世界的一个显著特点，他指出"虽然工匠们为提高自己的技艺花费了我们不少钱，但是他们的工作价值远超过所花费的成本"。因此，汉密尔顿不仅对定价普通美国人的生产力感兴趣，而且对确定为保持一个工人充满活力地进行劳动需要的资金数量感兴趣。汉密尔顿不是仅有的对收集此类成本信息感兴趣的美国实业家。[57]

坦奇·考克斯既是美国制造业先驱，也是亚历山大·汉密尔顿的商业合伙人和财政部长助理，他与汉密尔顿志趣相投，也对定价美国人的日常生活非常感兴趣。当考克斯于18世纪80年代在费城经商时，他似乎关心的唯一经济数据是消费品价格。他在一封具有代表性的信件中指出："我们现在的市场价格非常高，朗姆酒的价格是58，糖的价格是40。"他要求一个英国商人给他寄一份"每月市价表"，希望能从中"获得有利可图的商品信息"。考克斯之所以关注商品价格，是因为他知道自己的利润主要取决于不同市场之间的价差。考克斯仅仅对国际进出口商品感兴趣，他非常关注糖或咖啡之类的商品价格，而对其他商品甚少关心。正如那个时代的商业报纸所证实的那样，考克斯的行为与典型的早期美国商人一模一样。《纽约商业广告》（*New-York Commerical Advertiser*）等商业报纸的版面刊登的多是商品市价表和货币汇率信息，其他数据信息很少。随着大多数商人们的注意力转向遥远的港口城市，如广州、马赛和哈瓦那等，他们似乎对美国土地和劳动力的生产力价格不是非常感兴趣了。[58]

但是 18 世纪 80 年代时，考克斯抓住了美国制造业热潮，很快就成为美国最富有的英式工业化的支持者。这样的工业观不仅体现在推动建立有用的工厂协会的项目中，也体现在考克斯对土地几近疯狂的投机中。考克斯预感美国资本主义将兴起，因此在 18 世纪 80 年代中期贷款在宾夕法尼亚州、纽约州、北卡罗来纳州和弗吉尼亚州购买了大量土地，希望将来在这些土地上建立生产煤炭或棉织品的工厂。一旦考克斯把他的资本和注意力转移到制造业——这一行业不仅需要购买半制成的消费品，还需要购买原材料和劳动力，他的量化重点就转向如何定价人和土地了。在这里，我们看到了单纯的商业思维方式和资本主义思维方式之间的主要差异。[59]

到 18 世纪 90 年代时，考克斯不再满足于仅在国际商业领域从美国社会赚取利润了，他开始寻找能让其定价美国家庭和土地潜在生产力的微观数据。在其购买的位于宾夕法尼亚州西部的一块土地上，考克斯通过估计运往下游的威士忌酒数量判断萨斯奎哈纳河畔酿酒厂的生产力。在其继承了大量土地的纽约州北部，考克斯聘请他尊敬的生意伙伴——库珀斯敦镇的威廉·库珀（William Cooper）帮助自己估算以糖浆形式产生的枫树收入（库珀估计每年奥齐戈镇区的糖浆收入约为 15000 美元）。在弗吉尼亚州，考克斯充分利用了汉密尔顿收到的为数不多的关于国内制造业的有用答复，从中得出结论：美国家庭平均每年生产价值 83.5 美元的"自制袜子和羊毛布、亚麻、大麻以及棉织品"。正如这些例子和许多其他例子表明的那样，实业家考克斯不再满足于仅知道咖啡或丝绸的价格，他也想要知道自然资源和人作为劳动力的价格。到 1810 年时，考克斯已成为享誉美国早期的著名工业数据专家，负责整理 1810 年制造业普查得到的混乱信息。[60]

考克斯不仅预见到 19 世纪中叶东部资本将对西部边疆进行殖民化开发，甚至还将整个城市都设想为资本化投资的对象。考克斯在萨斯奎哈纳河畔购买了大片土地后，希望这片土地能够发展成为"内陆贸易和制造业城市"，他精心规划这座自己梦想的城市，指出街道将"宽 60 英尺，长 500 英尺，西南朝向，或者常刮夏风"。更重要的是，为了计算城市建设者能够获得的资本回报，考克斯对这座城市的所有组成部分都进行了定价：510 座石头和砖瓦房价值 153000 美元，六家铁匠铺价值 3000 美元、两座烘焙房价值 1000 美元，四个木材堆置场价值 100 美元，四个校舍（部分给德国人用）价值 3200 美元，一个"所有教派都可以使用的"教堂价值 4000 美元，两个小旅馆价值 7000 美元，两个印刷所价值 800 美元。随后考克斯高兴地得出结论：虽然城市建设成本高达 50 万美元，但是一旦城市建成，房地产市场价值将上涨到 1008540 美元，将比初始投资增加一倍还多。[61]

§

定价美国的进步不仅与汉密尔顿作为银行家、实业家的目标有关，也与他作为财政部长的目标有关。1790 年，汉密尔顿设法说服国会，联邦政府应该承担所有的州政府战争借款，将它们转换成由联邦债券融资的永久性主权债务，并且这些债务将以接近面值的硬币而不是以容易贬值的纸币形式偿还债权人。在这样做的时候，汉密尔顿有意做了一个有争议的政治决定，即他的金融体系的首要目标是将美国的征税权力转变为一项资本化投资，为少数债权人和投机者提供安全稳定的回报——到 1791 年时，他们已经囤积了大部分美国战争债券。汉密尔顿的这一重大决策受到了英国的启发——英国开创性地决定通过向私人资本家借款来资助政府的公共支出活动，其背后的逻辑非常清晰：向人们保证美国将不惜一切代价确保合理的投资回报。汉密尔顿正在建立一个现代国家，这个国家的财政基础不是掌握在国家立法者的手中，而是掌握在资本收益者的手中——这种收益将联邦政府的利益与其最富有居民的利益融合在了一起。[62]

然而，是否能够确保兑现借款合同和承诺的稳定回报，取决于美国政府是否拥有可以偿还债权人的征税权，并且征税方式不会引发类似的第二次谢司起义（Shays's Rebellion）[*]。汉密尔顿之所以转向配第的政治算术，部分是因为他意识到，把联邦政府的财政权力资本化为通过收税偿还利息的安全且生息的债券，比度量美国人民的创收能力要简单得多。到 1791 年夏季时，汉密尔顿在将美国人视作政府收入来源方面已经积累了丰富经验。18 世纪 80 年代早期，汉密尔顿担任国会任命的纽约州征税官，由此开启了他的财政职业生涯。汉密尔顿担任联邦政府财政部长后，为了制定其复杂的融资计划，用了大量时间仔细研读繁杂的海关和税收数据。像威廉·配第一样，汉密尔顿也认识到，测算国民收入水平对制定中央财政政策非常重要。汉密尔顿指出："没有哪个政府管理部门像税收部门那样，要求如此广泛的信息和深入了解政治经济学原理。"[63]

不过，汉密尔顿的财政政策与一个半世纪之前威廉·配第的财政政策有着明显的不同。在 1694 年英格兰银行成立之前，英国政府尚未将主权债务视作其主要融资来源。因此，配第只需要确保年度税收能够满足年度支出就可以了。但是，汉密尔顿的重要决策——将国家主权债务作为政府资金的主要来源——迫使他必须强调要为债券持有人创造合理的资本收益。汉密尔顿必须向人们确保，美国经济不仅能够偿还债务本金，还能够支付利息。他需要的不仅仅是平衡预算，还有把钱变成更多的钱。换句话说，他需要的是我们现在所谓的"经济增长"。因此，只有在这一财政背景下，我们才能充分理解为什么汉密尔顿如此关注生产力，以及如此希望收集可以证明自己观点——工业化将"极大增加社会产出和收入"——的数据。市场产出的增加对汉密尔顿来说尤为重要，因为他已经将美国征税权的资本化作为其整

---

[*] 以加大征税力度为导火索、爆发于 1786 年的农民起义。——译者注

个金融体系的支柱。由于美国硬通货非常稀缺，汉密尔顿相当明智地决定开办美国银行所需的四分之三的资本可以不用黄金或白银支付，而是用联邦债券支付。结果，政府债券成为美国银行可以发行货币和积累资本的稳定财富储备。[64]

除了汉密尔顿之外，没有其他美国人比小塞缪尔·布洛杰特更能展示资本投资、主权债务和政治算术之间的关系了。布洛杰特是一个成功的新罕布什尔商人、运河投资者和企业家的儿子，是一个彻头彻尾的资本家。1791年，布洛杰特创立了波士顿唐提协会（Boston Tontine Association），这是一项人寿保险计划——富人们将资金汇集起来，在去世前每年都可以收到分红年金（幸存者将瓜分过世者的年金，直到只剩下最后一个幸运的投资者为止）。当这一保险计划销售不佳时，布洛杰特和其他投资者利用这笔资金组建了美国第一家股份制保险公司——北美保险公司（Insurance Company of North America）。仅11天内就卖出了40000股，布洛杰特用这笔意外之财购买了波托马克河沿岸某个地方的494英亩土地——仅比官方开始分块出售早了几个月。在整个18世纪90年代，布洛杰特成为哥伦比亚特区的风云人物，他通过彩票筹集资金，并创建了哥伦比亚银行。简而言之，在任何有资金筹集和资本投资的地方，你都可以找到小塞缪尔·布洛杰特的身影。[65]

布洛杰特是汉密尔顿经济和金融政策的狂热支持者，在新当选总统托马斯·杰斐逊计划摆脱永久主权债务和国民银行的时候，他于1801年发表了一篇题为"对增加美国财富和国民经济的思考"的著名文章。历史学家通常认为，"经济"是20世纪的一项发明。总的来说，这个观点是正确的，因为经济（economy）一词在19世纪的意思是"节俭"或"节约"。但是，布洛杰特对这个词的使用是不同寻常的，当他谈及"国民经济"时，他将国民经济看作美国的总财富。更重要的是，布洛杰特感兴趣的不是衰退，而是如何保持国民经济持续增长，因为经济持续增长将使美国成为"世界上最伟大和最强大的国家"。[66]

布洛杰特这篇文章的开头引用了威廉·配第的话，只不过他将配第的人力定价从英镑转换为美元，指出美国人的平均价值为400美元。布洛杰特将不动产、动产以及人力资本加总在一起，得出 1790 年刚建国不久的美国的国家财富为"20 亿美元"。布洛杰特随后得出结论，认为经济增长——他称之为"净财富增长"——应该稳定保持在每年 3%。他假设人口增速等于复利率，将人看作资本，将指数化的人口增长看作"自然沉淀资金"，由此得出了他估算的经济增速。[67]

布洛杰特之所以用这些计算作为文章的开篇，是因为他想向人们证明，由于美国经济增长强劲，美国社会不但不用减少资本借贷，反而可以负担得起更多的主权债务。布洛杰特一再将国家进步与资本化的增长联系在一起，声称这样的财富增长是"实现美国繁荣和伟大的唯一必要条件"。"损人不利己，"布洛杰特警告说，杰斐逊们正"试图让我们这个年轻的国家陷入挨饿甚至乞讨的境地，本来由于不断增加的资本供给，我们是可以充满活力地快速增长的"。为了进一步论证自己的观点，布洛杰特将美国公民作为财富生产要素进行了定价。他计算说，1791 年要偿还主权债务，每个美国人每年要向债券持有人支付 19 美元——相当于 19 蒲式耳小麦或 38 天的劳动报酬。布洛杰特随后计算说，由于粮食价格和人口数量不断增长，1800 年要偿还主权债务，每个美国人需要工作的天数已经下降到了每年 12 天。布洛杰特认为，美国的资本积累低于人口增长或通货膨胀，这意味着杰斐逊可以发行更多债券，而不是减少债券发行。[68]

1806 年，布洛杰特在一本名为《经济学》（*Economica*）的书中扩展了他的观点，这本书写作和出版于他因欠债入狱期间。（布洛杰特似乎错误估计了对其哥伦比亚特区彩票感兴趣的投资者数量，无法兑现向获胜者支付 50000 美元奖金的承诺。）布洛杰特在这本书中努力"涵盖生活中的每个统计点"，为了定价进步和将生活资本化，他甚至开发了更为复杂的方法。在一张张图表中，布洛杰特通过定价一切可能的东西度量了国家财富——除了定价出口、房屋、教堂、船坞、木材、商店、工具、磨坊、家具、马车和种畜之外，还定价了投资于收费道路、运河、桥梁和银行的资本。[69]

布洛杰特最具创意的统计发明之一是一张他称之为"金融货币计量表"的图表。这张表格的最后一行显示人均收入 1 美元，布洛杰特写道："此时极度贫困，充满了不信任，政府处于危险之中。"如果沿着货币计量向上移动，随着资本流入该国；情况将会逐渐变好，国家从一个"充满懒人"的社会变成一个"一切欣欣向荣"的社会。在货币计量表标示的最繁荣水平线上，美国最终将达到"1805年时的商业化欧洲的平均水平"——人均资本25美元。[70]

由于早期大多数美国人不赞成将人均资本作为度量国家增长的标准，因此布洛杰特的书并没有引起当时人们多大的注意。如果不是20世纪的几位经济史学家，布洛杰特会完全被世人遗忘。这些"计量史学家"与布洛杰特一样，也希望通过度量市场生产率定价美国的进步，他们主要是通过《经济学》中的一张表格让人们记住了布洛杰特。在布洛杰特的《经济学》一书中，他试图模仿威廉·配第及其最伟大的门徒格雷戈里·金的"社会表格"。就像1694年金的表格一样，布洛杰特肯定读过乔治·查尔莫斯（George Chalmers）的《对大英帝国比较优势的估计》（An Estimate of the Comparative Strength of Great Britain）一书，他首先将美国公众划分为不同的社会阶层，然后根据他们假定的创收能力对其进行定价。布洛杰特坚持他之前对美国"自由种植者和农民"400美元的定价，他赞同那个时代的种族主义观点，将每个奴隶定价为200美元。布洛杰特将每个阶层美国人的价值乘以其估计的人口数量，然后进行加总，得出结论说：美国人的总资本化价值为28亿美元。一个半世纪之后，经济史学家们将布洛杰特称为美国GDP核算的少数重要先驱之一。[71]

ာ

早期美国的营利性企业依赖两个重要先决条件：一是说服国内外投资者，美国是一个安全且有利可图的投资地；二是说服美国立法者和广大公众，这些努力不仅对个人有利，而且对公众有好处。汉密尔顿、考克斯和布洛杰特都认为经济指标可以帮助实现这两个目标。[72]

汉密尔顿和考克斯在使用统计数据激发一贯较为保守的美国和欧洲投

资者的兴趣时，希望向投资者显示，美国不是一个由自给自足的农民构成的，甚至无力偿还战争债务的松散农业国家，而是一个适合商品生产的好地方——充满了可以为资本创造巨大回报的廉价劳动力、丰富自然资源和投资友好型机构。考克斯大多数的早期统计工作，主要是努力说明将美国家庭手工业转化为资本主义制造业的巨大潜力，他的这些统计工作出现在一系列面向伦敦投资者写作的报纸文章中，其主要目的是反驳英国地主们认为英国不必关心美国工业未来的观点。[73]

无论是布洛杰特的"货币计量表"，还是汉密尔顿的"资本越多……社会越富有"的观点，这两个人都既将他们的投资术构建在个人利益的算计中，也构建在公共利益的共和性语言表述中。他们经常需要说服立法机构，投资友好型政策符合公共利益，而制定这些政策需要收集相关数据。例如，1817年，费城美国制造业促进协会向制造商们发出了一份详细的统计调查表，"目的是……通过最强有力的手段——一份容易理解的事实报告——帮助立法者制定政策"。为了搜集可以向州立法机构提交的有用统计数据，调查员们要求每个制造商提供他们为美国创造的"国民收益"。[74]

但是，这些为美国的进步定价的努力均以失败告终。汉密尔顿没有收集到他想要的数据。早期的联邦普查也没有好多少。在提交为1810年制造业普查收集的数据时，南卡罗来纳州的普查负责人（罗得岛州、肯塔基州、佐治亚州和宾夕法尼亚州均是如此）认为必须强调这些数据"不到实际价值的一半，制造业的实际价值要大得多"。因此，考克斯的1810年普查表几乎有一半是空的。1820年的制造业普查情况稍微好一些，心有怨言的路易斯安那州数据汇编者特意增加了一个免责声明："上述回报数据过于混乱，无法将其简化为国会要求的形式。"[75]

在考克斯再次没有收集到想要的数据之后，他陷入了绝望，建议"确实需要信息的外国人，通过费城名册了解相关情况……这个简单但可靠的文件，记录了组成我们城镇的方方面面"。考克斯承认"他无法真实展现美国"，如果想要准确信息的话，他最终能够向外国投资者提供的是18世纪90年代版的黄页。对于希望用货币价值加总美国劳动力和自然资源的考克斯来说，他不得不勉强采取如下描述：

> 宾夕法尼亚生产、制造和出口的商品种类繁多，如小麦、面粉、麦麸、小麦粉渣、麸皮、硬饼干、淡味硬饼干、黑麦、黑麦面粉、印第安玉米、印第安玉米粉、荞麦、荞麦粉、条铁和生铁、钢、钉杆、钉子、铁箍、卷铁轮、火药、加农炮弹、铁炮、地毯、船、舟、桨、手杆、桅杆……木瓦、木箍、制革皮、玉米粉丝、铜制品、砖块、粗陶器或陶器、鞋子、靴子、骡子皮、面革、穿的鹿皮和羊皮、手套和衣服以及精美的帽子、许多常用物品和初级产品。

在汉密尔顿的《制造业报告》附录中，也有一个类似的东拉西扯、可见但无法度量的物品列表，这个附录本来应该呈现他的统计计算结果的。[76]

因为没有找到合适的资金或资助，制造业城市帕特森破产了。到汉密尔顿 1804 年悲剧性去世时，*他都没能让投资者支付他们的分期付款，仅存的几家磨粉厂也关闭了。考克斯的情况也好不到哪里去，尽管他购买了宾夕法尼亚东南部的大片土地——这些土地位于美国最大的无烟煤矿床上，但是他从未成功建立一个可以使这一投资获利的制造业基地。考克斯去世时十分凄凉，几乎身无分文，负债累累，但是考克斯的孙辈从他的工业化远见中收获了巨大回报。至于布洛杰特，他在因欠债入狱后一蹶不振。正如一个传记作者指出的那样："布洛杰特的乐观主义经常战胜他的理智，他最终为此付出了沉重代价。"[77]

至于这些人的统计工作，他们因未收集到相关数据遭到了尖锐批评。1816 年《北美评论》（ *North American Review* ）上的一篇文章批评布洛杰特过于"投机"和"忽视细节"。1819 年，《北美评论》以同样的方式谴责了考克斯。让考克斯和布洛杰特稍感安慰的是，他们的统计失败不在于他们的个

---

* 1804 年，汉密尔顿因政党相争在与副总统阿伦·伯尔的决斗中丧生，终年 49 岁。——译者注

人计算能力，而在于美国公众无法向他们提供其要求的数据。但是，为什么这些人无法收集到他们想要的统计数据呢？要回答这个问题，我们必须了解美国早期的政治经济和意识形态。

注释

1. "Alexander Hamilton's Final Version of the Report on the Subject of Manufacturers," December 5, 1791, *Founders Online,* National Archives, last modified March 30, 2017; original source: *The Papers of Alexander Hamilton* (henceforth *PAH*), ed. Harold C. Syrett, assoc. ed. Jacob E. Cooke (New York: Columbia University Press, 1961–1987), 10: 230–340. 关于汉密尔顿的统计计划，参见 Alexander Hamilton, *Industrial and Commercial Correspondence of Alexander Hamilton* ed. Arthur H. Cole (New York: Kelley, 1968), xv–xxvii; Jacob Cooke, "Tench Coxe, Alexander Hamilton, and the Encouragement of American Manufacturers," *William and Mary Quarterly* 32 (1975): 370–392。

2. "Treasury Dept Circular to the Supervisors of the Revenue," June 22, 1791, in *PAH*, 8: 497–498. 实际上，这是汉密尔顿第二次着手寻找关于美国制造业发展情况的经济数据。1790 年 1 月 25 日，他曾写了一封相似的请求信件给本杰明·林肯，见 *PAH*, 6: 208。

3. "Treasury Department Circular," August 13, 1791, *PAH*, 9: 35–36.

4. 康迪科特的信附于 Dunham to Hamilton, September 9, 1791, *PAH*, 9: 193; Peter Colt to John Chester, July 12, 1791, *PAH*, 9: 319–324; Nathaniel Gorham to Hamilton, October 13, 1791, *PAH*, 9: 371–372。关于更多来自康涅狄格令人失望的回复，参见 Benjamin Huntington to John Chester, August 24, 1791, *PAH*, 9: 329–330; William Hillhouse to John Chester, September 6, 1791, *PAH*, 332–334; Amasa Learned to John Chester, September 14, 1791, *PAH*, 9: 338–339; James Davenport to John Chester, September 16, 1791, *PAH*, 9: 340–341; William Williams to John Chester, September 29, 1791, *PAH*, 9: 353–355。

5. George Cabot to Hamilton, September 6, 1791, *PAH*, 9: 177–180; O. Burr & Company to John Chester, September 12, 1791, *PAH*, 9: 336–338; Chauncey Whittlesey to John Chester, September 27, 1791, *PAH*, 9: 342–343; Jonathan Palmer Jr. to John Chester, September 15, 1791, *PAH*, 9: 339–340.

6. Henry Wynkoop to Hamilton, August 29, 1791, *PAH*, 9: 123–124; John Neville to Hamilton, October 27, 1791, *PAH*, 9: 419–420; John Beale Bordley to Hamilton, November 11, 1791, *PAH*, 9: 490–492.

7. Timothy Pickering to Hamilton, October 13, 1791, *PAH*, 9: 375–377.

8. Richard Peters to Hamilton, August 27, 1791, *PAH*, 9: 114–116.

9. 沃克的信附于 Daniel Stevens to Hamilton, September 3, 1791, *PAH*, 9: 170; Thomas Newton to Edward Carrington, November 28, 1791, *PAH*, 278–279。关于更详细的调查，参见 Drury Ragsdale to Edward Carrington, September 29, 1791, *PAH*, 9: 280–282; Edward Stevens to Edward Carrington, October 6, 1791, *PAH*, 9: 300–302; 关于卡灵顿在这些调查中的作用，参见 Carrington to Hamilton, October 4 and October 8, 1791, *PAH*, 9: 275–279, 299–300。

10. Newton to Carrington, September 28, 1791; Edward Carrington to Hamilton, October 8, 1791, *PAH*, 9: 273; Anselm Bailey to Thomas Newton, August 23, 1791, *PAH*, 9: 280.

11. 关于威士忌暴乱及其影响，参见 Thomas Slaughter, *The Whiskey Rebellion: Frontier Epilogue to the American Revolution* (New York: Oxford University Press, 1986)。

12. Douglas A. Irwin, "The Aftermath of Hamilton's Report on Manufactures," *Journal of Economic History* 64 (September 2004): 800–821; Stuart Bruchey, "Economy and Society in an Earlier America," *Journal of American History* 47 (1987): 299–319; Ron Chernow, *Alexander Hamilton* (New York: Penguin Books, 2005), 362–389; Stanley Elkins and Eric McKitrick, *The Age of Federalism: The Early American Republic, 1788–1800* (New York: Oxford University Press, 1995), 258–263.

13. Hamilton, *Selected Writings,* 284.

14. Ibid., 281; Adam Smith, *Wealth of Nations,* book IV, ch.2, para.9; book II, ch.3, para 2. 关于汉密尔顿对斯密的释义，参见 Harold C. Syrett's footnotes in *PAH,* 10: 230–304, 以及 Edward Bourne, "Alexander Hamilton and Adam Smith," *Quarterly Journal of Economics* 8, no.3 (April 1894): 328–344。关于将汉密尔顿描述为反对斯密的"重商主义者"思想家的著作，参见 Elkins and McKitrick, *Age of Federalism,* 774 n.64。

15. 关于斯密在漫长经济思想史中的地位，参见 Johnson, *Predecessors of Adam Smith;* Terence Hutchinson, *Before Adam Smith: Emergence of Political Economy, 1662–1776* (London: Blackwell, 1988)。

16. "Pay Book of the State Company of Artillery Commanded by Alexander Hamilton[1777]," *PAH,* 1: 373–412.

17. Chernow, *Hamilton,* 104.

18. Christopher Leslie Brown, "Empire without America," in *Abolitionism and Imperialism in Britain, Africa and the Atlantic,* ed. Derek R. Petersen (Columbus: Ohio University Press, 2010), 88–89. 关于波斯特莱斯威特对沃波尔和皇家非洲公司的支持，参见 Robert J. Bennet, "Malachy Postlethwayt, 1707–1767: Genealogy and Influence of an Early Economist and 'Spin-Doctor,'" *Genealogists Magazine* 1 (2006): 1–8; Eric Williams, *Capitalism and Slavery* (Chapel Hill: University of North Carolina Press, 1944), 49–54。

19. Malachy Postlethwayt, *The National and Private Advantage of the African Trade Considered* (London, 1746), 1–2; *The African Trade, the Great Pillar and Support of the British Plantation Trade in America* (London, 1745), 15.

20. Malachy Postlethwayt, *The Universal Dictionary of Trade and Commerce, Volume* 2 (London, 1751) .

21. 见同前出处的相关条目。

22. Hamilton, "The Continentalist No.VI," *PAH,* 3: 99–106. 关于汉密尔顿如何信赖波斯特莱斯威特，参见 Chernow, *Hamilton,* 105, 150, 290, 341; Hamilton, "Pay Book"。

23. Hamilton, "Pay Book"; Postlethwayt, *Universal Dictionary,* "Land."

24. 关于汉密尔顿如何渴望按照英格兰模式塑造美国，参见 Lawrence S.Kaplan, *Alexander Hamilton: Ambivalent Anglophile* (Wilmington, DE: Scholarly Resources, 2002), 79–99。

25. Bernard Bailyn, *The Ideological Origins of the American Revolution* (Cambridge, MA: Belknap Press of Harvard University Press, 1992); 也可参见 J. G. A. Pocock, *The Machiavellian Moment: Florentine Political Thought and the Atlantic Republic Tradition* (Princeton, NJ: Princeton University Press, 1975)。

26. 1770 年，圣克罗伊岛上有 18884 个奴隶和 1515 个白人。N.A.T. Hall, *Slave Society in the Danish West Indies: St. Thomas, St. John and St Croix* (Mona, Jamaica: University of the West Indies Press, 1992), 5.

27. 关于奴隶和量化之间的关系，参见 David Graeber, *Debt: The First 5000 Years* (Brooklyn, NY: Melville House, 2012), 163–211。

28. 关于年轻的汉密尔顿如何渴望离开圣克罗伊岛，参见 Hamilton to Edward Stevens, November 11, 1769, *PAH,* 1: 4–5. 关于圣克罗伊岛的英国香料，参见 Hall, *Slave Society,* 13. 关于加勒比岛对工业革命的重要意义，参见 Williams, *Capitalism and Slavery;* Sidney Mintz, *Sweetness and Power: The Place of Sugar in Modern History* (New York: Penguin, 1986)。关于英国资本主义的崛起和西部奴隶之间的关系，参见 Robin Blackburn, *The Making of New World Slavery* (New York: Verso, 1998), 217–277, 509–581; Kenneth Morgan, *Slavery, Atlantic Trade and the British Economy, 1660–1800* (Cambridge: Cambridge University Press, 2000); Immanuel Wallerstein, *The Modern World-System: Mercantilism and the Consolidation of the European World-Economy, 1600–1750,* vol.2 (New York: Academic Press, 1980)。

29. Arthur Stinchcombe, *Sugar Island Slavery in the Age of Enlightenment* (Princeton, NJ: Princeton University Press, 1996), 49, 89–95, 118; Hall, *Slave Society,* 29, 40, 73–74; Richard Dunn, *Sugar and Slaves: The Rise of the Planter Class in the English West Indies* (Chapel Hill: University of North Carolina Press, 1972), 188–263; Richard Sheridan, *Sugar and Slavery: An Economic History of the British West Indies, 1623–1775* (Kingston, Jamaica: Canoe Press, 1974). 关于资本投资数据，参见 B. L. Solow, "Caribbean Slavery and British Growth: The Eric Williams Hypothesis," *Journal of Development Economics* 17 (1985): 99–115。

30. 关于加勒比岛屿为何未能形成全面发展的定居者社会，参见 Trevor Bernard, "A Failed Settler Society: Marriage and Demographic Failure in Early Jamaica," *Journal of Social History* 28 (1994): 63–82。

31. Robert E. Wright and David J. Cowen, *Financial Fathers: The Men Who Made America Rich* (Chicago: University of Chicago Press, 2006); Thomas McCraw, *The Founders and Finance: How Hamilton, Gallatin and Other Immigrants Forged a New Economy* (Cambridge, MA: Harvard University Press, 2012). 关于汉密尔顿和加勒比关系的内容的标题为 "圣克罗伊岛创伤"。

32. Alexander Hamilton to Nicholas Cruger, October 31, 1771, November 4, 1771, November 12, 1771, Hamilton to William Newton, November 16, 1771, *PAH,* 1: 9–14.

33. 关于加勒比岛屿极为单一的农作物，参见 Robert William Fogel, *Without Consent or Contract: The Rise and Fall of American Slavery* (New York: Norton, 1994), 21–26。

34. Nicholas Cruger to Henry Cruger, June 5, 1772, June 6, 1772; Nicholas Cruger to John H. Cruger, March 19, 1772; 虽然这些信件是在美国国会图书馆发现的，但是它们不是赛雷特（Syrett）绘编的。参见：Broadus Mitchell, *Alexander Hamilton: Youth to Maturity, 1755–1788* (New York: Macmillan, 1957), 1: 485n.71; Robert Hendrickson, *The Rise and Fall of Alexander Hamilton* (New York: Dodd, Mead, 1981), 29; James Oliver Horton, "Alexander Hamilton: Slavery and Race in a Revolutionary Generation," *New York Journal of American History* 55 (Spring 2004): 16–24。关于奴隶拍卖，参见 *Royal Danish American Gazette,* January 26, 1771. 关于克里斯琴斯特德市奴隶交易数量，参见 William Cissel, "Alexander Hamilton: The West Indian 'Founding Father,'" Christiansted National Historical Site, National Park Service, July 2004。关于对圣克罗伊岛奴隶拍卖的生动描述，参见 Paul Erdmann Isert, *Letters on West Africa and the Slave Trade,* trans. and ed. Selena Axelrod Winsnes (Oxford: Oxford University Press, 1992)。

35. 关于汉密尔顿含糊其辞且经常被夸大的反奴隶制观点，参见 James Flexner, *The Young Hamilton: A Biography* (New York: Fordham University Press, 1997), 38–39. 在他的文章中，可以清楚地看到，汉密尔顿继续为自己或其姻亲买卖奴隶。参见 "Account with John Baker Church," June 15, 1797, *PAH,* 21: 109–122, 其中提及 "黑人女性的价格" 为 90 美元，以及 "Cash Book 1782–1791," *PAH,* 3: 6–67, 其中提到了 "黑人姑娘佩吉"。

36. Thomas Tryon, *Tryon's Letters, Domestick and Foreign* (London, 1700), 202; Mintz, *Sweetness*

and Power, 47; Dunn, *Sugar and Slaves,* 191, 195.

37. Hamilton to *Royal Danish American Gazette,* September 6, 1772, *PAH,* 1: 34–38; Hall, *Slave Society,* 95; Richard Sheridan, "The Plantation Revolution and the Industrial Revolution, 1625–1775," *Caribbean Studies* 9 (1969): 5–25.

38. Hamilton, *Selected Writings,* 283. 关于为什么人们认为汉密尔顿指的是英国，参见 Syrett's footnotes in "Alexander Hamilton's Final Version of the Report," esp. n.140, *PAH,* 10: 230–340。

39. Peter Coclanis, *The Shadow of a Dream: Economic Life and Death in the South Carolina Low Country, 1670–1920* (New York: Oxford University Press, 1989); Peter Wood, *Black Majority* (New York: Norton, 1975); John McCusker and Russell Menard, *The Economy of British America, 1607–1789* (Chapel Hill: University of North Carolina Press, 1991), 181. 关于南卡罗来纳州种植园主对经济发展和英国进步理念的促进作用，参见 Joyce Chaplin, *Anxious Pursuit: Agricultural Innovation and Modernity in the Lower South, 1730–1815* (Chapel Hill: University of North Carolina Press, 1996)。

40. Thomas Nairne, *A Letter from South Carolina: Giving an Account of the Soil, Air, Product, Trade, Government, Laws... Together with the Manner and Necessary Charges of Settling a Plantation There, and the Annual Profit It Will Produce* (London, 1710), 48.

41. Ibid., 48–49.

42. Ibid., 54.

43. John Norris, *Profitable Advice for Rich and Poor... With Propositions for the Advantageous Settlement of People, in General, but Especially the Laborious Poor, in That Fruitful, Pleasant and Profitable Country, for Its Inhabitants* (London, 1712), 58–59. 关于在南卡罗来纳州此类为进步定价的其他例子，参见 Walter Edgar, *South Carolina: A History* (Charleston: University of South Carolina Press, 1998), 150–151; Chaplin, *Anxious Pursuit,* 9。早在 1645 年，巴巴多斯种植园主就在计算一个奴隶可以在一年半内收回其成本。参见 Nuala Zahedieh, "Economy," in *The British Atlantic World, 1500–1800,* ed. David Armitage and Michael J. Braddick (New York: Palgrave Macmillan, 2002), 57. 也可参见 Justin Roberts, *Slavery and Enlightenment in the British Atlantic* (New York: Cambridge University Press, 2013)。

44. "Queries Relating to the Province of South Carolina Propounded by the Lords of Trade and Plantations," August 23, 1720, and "Endorsed Draught of instructions to James Glen, England Governor of South Carolina," September 7, 1739, both in Great Britain Board of Trade Records, Box 2, Library of Congress, Washington, DC.

45. *Colonial South Carolina: Two Contemporary Descriptions,* ed. Chapman Milling (Columbia: University of South Carolina Press, 1951), 41–42; James Glen, "An Attempt Towards an Estimate of the Value of South Carolina for the Right and Honorable the Lords Commissioners for Trade and Plantations, 1751," in *The Colonial South Carolina Scene: Contemporary Views, 1697–1774,* ed. H. Roy Merrens (Columbia: University of South Carolina Press, 1977), 184.

46. John Drayton to James Glen, July 3, 1769, and "Rice Account," 1761–1766, folder 5, James Glen Papers (henceforth JGP), Thomas Cooper Library, University of South Carolina, Columbia.

47. 见格伦从南卡罗来纳返回之后逐条记录的但无文件夹标题的年收入报告，文件夹 7，[1773], JGP。

48. James Glen to John Drayton, August 24, 1774, JGP, folder 7. 关于格伦向他的妹夫收取了 6% 的利息的更多证据，参见 draft of "Letter to William Drayton," apparently from 1776, JGP, folder 8。

49. 关于汉密尔顿的金融奇才，参见 E. James Ferguson, *The Power of the Purse: A History of*

American Public Finance (Chapel Hill: University of North Carolina Press 1961); Robert Wright, *Hamilton Unbound: Finance and the Creation of the American Republic* (Westport, CT: Greenwood Press, 2002); Bray Hammond, *Banks and Politics in America from the Revolution to the Civil War* (Princeton, NJ: Princeton University Press, 1991), 89–172; Chernow, *Hamilton*, 344–362。

50. Ferguson, *Power of the Purse,* 3–24; Hammond, *Banks and Politics,* 3–40; Theodore Thayer, "The Land-Bank System in the American Colonies," *Journal of Economic History* 13 (1953): 145–159; Dror Goldberg, "The Massachusetts Paper Money of 1690," *Journal of Economic History* 69, no.4 (December 2009): 1092–1105.

51. Hammond, *Banks and Politics,* 32. Christine Desan, "From Blood to Profit: The Transformation of Value in the American Constitutional Tradition," *Journal of Policy History* 26 (2008): 26–46.

52. Alexander Hamilton, "Report on a National Bank," December 13, 1790, in *Reports of the Secretary of Treasury* (Washington, DC, 1828), 1: 55–56, 64.

53. Ibid., 70. 关于汉密尔顿的银行家角色，参见 Hammond, *Banks and Politics,* 114–141。

54. Hamilton, "Report on a National Bank," 64.

55. Hamilton, *Selected Writings,* 281, 284.

56. Lowery to Hamilton, October 14, 1791, *PAH,* 9: 379–2382. 对推动建立有用的工厂协会的最佳总结，参见 Joseph S. Davis, *Essays in the Earlier History of American Corporations* (Cambridge, MA: Harvard University Press, 1917), 1: 347–522。

57. Cabot to Hamilton, September 6, 1791, *PAH,* 9: 177–180.

58. Coxe to Tennant and Ress Co. (?), November 4, 1778, and Coxe to Robert Barclays, February 25, 1784, Coxe Family Papers (henceforth CFP), reel 1, Historical Society of Pennsylvania, Philadelphia, PA. 关于 18 世纪英国的贸易数据，参见 CFP, box 289；关于 1789 年费城出口数据的估计，参见 CFP, vol. 249, box 1。关于考克斯，参见 Jacob E. Cooke, *Tench Coxe and the Early Republic* (Chapel Hill: University of North Carolina Press, 1978)。关于这个时代的费城商人，参见 Thomas Doerflinger, *A Vigorous Sprit of Enterprise: Merchants and Economic Development in Revolutionary Philadelphia* (Chapel Hill: University of North Carolina, 2001)。关于这一时期费城的商业新闻，参见 David P. Forsyth, *The Business Press in America* (Philadelphia: Chilton, 1965)。

59. 关于考克斯对土地的广泛投机和他对棉织品与煤炭的先见之明，参见 Cooke, *Coxe,* 100–108, 311–332; Coxe to unnamed, April 7, 1802, CFP, box 63, folder 11; Land Papers, CFP, box 117, folder 9, 1810; "Proposals for Settling Lands in Pennsylvania," vol.317, CFP; "Account of the Quality Situation of Tench Coxe's Lands in Oswego Township," vol.266, box 1, CFP。

60. Tench Coxe, A *View of the United States of America* (Philadelphia, 1794), 51, 78–80, 104, 261; William Cooper to Coxe, April 9, 1793, CFP. 关于弗吉尼亚调查，参见 Stevens to Carrington, October 6, 1791, *PAH*。关于买卖商品的商人与买卖"自然和人"的资本家之间的本质区别，参见 Polanyi, *Great Transformation,* 42。关于考克斯的数据收集工作以及他在 1810 年普查中的工作，参见 Cooke, "Encouragement of American Manufacturers"; Cooke, *Tench Coxe,* 497–502。

61. Coxe, *View of the United States,* 386–400.

62. 关于汉密尔顿举措引发的图谋和争议，参见 Ferguson, *Power of the Purse,* 289–326; Hammond, *Banks and Politics,* 89–114; Elkins and McKitrick, *Age of Federalism,* 77–163; Richard Sylla, "Hamilton and the Federalist Financial Revolution, 1789–1794," *New York Journal of American History* 55 (Spring 2004)。关于英国金融革命，参见 Chris Desan, *Making Money: Coin, Currency and the Coming of Capitalism* (Oxford: Oxford University Press, 2014)。

63. 关于汉密尔顿对国家债务的计算，参见他的公共债务报告第一稿和第二稿。关于资本化征税权，参见：Elkins and McKitrick, *Age of Federalism,* 116。关于汉密尔顿的财政革命，参见 Max Edling and Mark Kaplanoff, "Alexander Hamilton's Fiscal Reform: Transforming the Structure of Taxation in the Early Republic," *William and Mary Quarterly* 61, no.4 (2004): 713–744。

64. Hamilton, *Selected Writings,* 287–288; Elkins and McKitrick, *Age of Federalism,* 118; Hammond, *Banks and Politics,* 62–64, 122–125; R. Sylla, R. Wright, and D. Cowen, "Alexander Hamilton, Central Banker: Crisis Management during the U.S. Financial Panic of 1792," *Business History Review* 83, no.1 (2009): 61–86.

65. 关于布洛杰特的商业业务，参见 Marquis James, *Biography of a Business, 1792–1942: Insurance Company of North America* (Indianapolis, IN: Bobbs-Merrill, 1942), 11–17; W. B. Bryan, *A History of the National Capital from Its Foundation through the Period of the Adoption of the Organic Act* (New York: Macmillan, 1914), 187–226。

66. Samuel Blodget, *Thoughts on Increasing Wealth and National Economy of the United States* (Washington, DC, 1801), iii; Timothy Mitchell, "Fixing the Economy," *Cultural Studies* 12, no.1 (1998): 82–101.

67. Blodget, *Thoughts on Increasing Wealth,* 4.

68. Ibid., 11, 19.

69. Samuel Blodget, *Economica: A Statistical Manual for the United States of America* (Washington, DC, 1806), 8, 57–62.

70. Ibid., 80.

71. Ibid., 89. 关于为何将布洛杰特称为 GDP 之父，参见 Paul Rohde and Richard Sutch, "Estimates of National Product before 1929," *Historical Statistics of the United States: Millennial Edition Online,* hsus.cambridge.org。

72. 关于早期美国如何缺乏资本，参见 Douglass North, *The Economic Growth of the United States 1790–1860* (New York: Prentice Hall, 1966)。

73. Tench Coxe, *A Brief Examination of Lord Sheffield's Observations on the Commerce of the United States* (London, 1792); Coxe, *A Statement of the Arts and Manufacturers... 1810* (Philadelphia, 1814) .

74. Hamilton, "Report on Manufactures," *Selected Writings,* 309; United States Congress, Committee on Ways and Means, *Report of the Committee of Ways and Means on the Memorial of the Manufacturers of the City of New York* (Washington, DC, 1814); Philadelphia Society for the Promotion of American Manufacturers, *The Committee Appointed on the Part... to Report a Plan in Aid of the Internal Industry* (Philadelphia, 1817) .

75. Tench Coxe, *A Statement of the Arts and Manufacturers of the United States* (Philadelphia, 1814), 36; 各州表格在这本书的后半部分多次出现。*Fourth Census of the United States* (Washington, DC, 1821), 25.

76. Coxe, *View of the United States,* 62, 104, 201.

77. Kenneth Hafertepe, "Samuel Blodget," in *American National Biography Online,* http://www.anb.org. 关于推动建立有用的工厂协会的失败，参见 Elkins and McKitrick, *Age of Federalism,* 271, 274, 279–280。

3
非资本主义精神

汉密尔顿试图定价进步的努力并不是因为美国人排斥市场、货币和商品交易而失败的。如当时的遗嘱认证记录显示的那样，大多数美国人在出售剩余农产品的同时，还购买了相当数量的消费品。而且，他们不耻于用货币价格对财产进行估值。马萨诸塞州阿特尔伯勒市本杰明塔（Benjamin Tower）1743 年的目录清单显示，从奶牛和亚麻制品到枕套和花盆，地方估价员几乎对所有东西都进行了定价。在南方，美国人不仅把价格标签贴在小装饰品上，也给人贴上了价格标签。在 1801 年佐治亚州杰斐逊县一个名叫丹尼尔·麦克尼尔（Daniel McNeil）的人的遗嘱清单中，除了标价 10 美元的"油漆橱柜"和 15 美元的"胡桃木桌"以外，还有标价 200 美元的"黑人女孩凯特"和 150 美元的"黑人女孩罗斯"。[1]

19 世纪早期的账簿显示，美国人的日常生活充斥着大量"簿记信用"交易活动，在这些交易中，商品和劳动都被赋予了货币价值。康涅狄格州农民罗素·萨基特（Russell Sackett）的一天半工作收入是 60 美分，杀一头猪可以赚 10 美分。1808 年，萨基特支付 40 美分请丹尼尔·叶曼斯（Daniel Yemans）帮自己砍柴，另支付 40 美分请他"照看自己的牛"。新罕布什尔州农民马修·帕顿（Matthew Patten）帮一个邻居写遗嘱赚了 2 先令。缅因州助产士玛莎·巴拉德（Martha Ballard）在多次接生活动中都得到了货币报酬。为了设置统一的劳动价格，一些手工行会如匹兹堡房屋木匠行会每年出版"价格手册"，对包括门板开槽到安装圆形百叶窗在内的所有工作进行

为进步定价：美国经济指标演变简史

定价。[2]

同时，早期美国的土地政策正迅速将美国变成世界上商品化程度最高的地方。到 1732 年时，不动产已经可以被用来偿还商业债务了，这是推动土地商品化的关键一步。独立战争后不久，美国立法机关就废除了长子继承权、限定继承权和其他形式的封建制度，这确保了不动产的自由交易。《1785 年西北土地法令》(Northwest Ordinance of 1785) 颁布之后，土地勘测和地籍图成为一种新兴的土地商品化技术形式，因为它们根据自然地貌将土地进行了分割和定价，每块土地都是个人完全保有的私人财产，这使得土地可以较为便利地被购买、分割或出售。到 19 世纪初时，美国的土地流转和交易已经比英国便利得多。[3]

然而，尽管美国人每天都在同现金交易、奴隶买卖、土地市场和商品报表打交道，但是当汉密尔顿、考克斯或普查员们要求美国人为他们的农场、种植园或工厂产生的收入定价时，几乎没有人能提供这样的信息。即使收集了部分财富或收入数据，美国人也似乎对调查结果不是很感兴趣。在 1810 年和 1820 年两次制造业普查数据公布之后，检索当时的报纸发现，人们对这一统计探索几乎漠不关心。1814 年 1 月，考克斯出版了第一次制造业普查摘要。但在接下来的几个月里，很少有报纸愿意花功夫报道这一调查结果。1820 年，在是否应该对制造商进行第二次普查的辩论中，一名南方国会议员抱怨道："在上次普查中，要求普查员必须进入每个家庭进行调查，但是那对国家有什么好处呢？"似乎大多数美国人都认同这一观点。因此，1830 年的制造业普查被取消了。[4]

如果美国农场主、种植园主和工匠们生活在一个商品化、商业化、市场化的社会中，为什么他们无法向汉密尔顿或普查员们提供所要求的价格数据呢？为什么他们不知道自己的家庭或土地每年产生多少货币收入呢？为什么他们不关心自己的家庭成员、奴隶和奶牛的成本及生产率呢？这些问题的答案的根源在于，17 世纪和 18 世纪，北美殖民地和大英帝国之间形成了巨大的意识形态分歧。通过研究独立战争前后英美两国在经济、知识和文化等方面的主要差异可以明显看出，广泛的市场和商品交换不是资本主义社会和对进步定价的唯一先决条件。虽然毫无疑问美国在早期是一个市场交易发达的商业社会，但它绝对是非资本主义的。这在很大程度上是因为，美国相当数量的家庭已经拥有了最重要的生产资料——土地，并且他们选择把土地用于自主生产并控制其产量，而不是将其作为一种能获得利润的资本去投资，这点与英国完全不同。

卡尔·德格勒（Carl Degler）等历史学家坚称："当第一批殖民船队到达北美时，美国资本主义就出现了。"他们的这一观点并非完全站不住脚。美国确实是作为英国的一项投资而诞生的。然而，德格勒和其他人忽略的是，英式资本主义除了在南卡罗来纳低地等少数地方得以发展之外，很快就在美国沿海地区失败了。[5]

∽

早在16世纪晚期，英国殖民主义推手理查德·哈克卢特（Richard Hakluyt）就把新大陆视作一个"可以极大丰厚王室收入并且能够让所有臣民富足"的机会。几十年后的1607年，弗吉尼亚公司（Virginia Company）——一家以营利为目的的股份制公司——建立了北美历史上第一个英国殖民地。该公司的投资者希望通过向美国输送劳动力，让这些劳动者在公司拥有的美国土地上开采贵金属或种植经济作物，从而获得可观收入。当然，将美国土地变成一项有利可图的资产并非英国殖民主义的唯一尝试。随着弗吉尼亚此类公司的兴起，在整个17世纪和18世纪期间，英国王室慷慨地向许多英国绅士赠与了大量土地，这些人包括马里兰的巴尔的摩勋爵（Lord Baltimore）、宾夕法尼亚的威廉·佩恩（William Penn），以及南卡罗来纳的大地主等，这些得到大量土地的英国绅士们渴望通过在美国复制爱尔兰和英格兰蓬勃发展的农业资本主义获得更多财富。当时的人们经常把这些殖民主义活动称为"项目"，尽管这些"项目"在本质和意识形态上同爱尔兰的拓荒运动或英格兰的圈地运动非常相似，但是这些殖民主义活动更加野心勃勃。在以上这两种情况下，英国精英们都把土地和劳动力视作能带来收益的投资。[6]

例如，威廉·佩恩作为一名外居地主，在 17 世纪 70 年代拥有 12000 英亩爱尔兰土地，他将这些土地租给了 24 个佃农，从中每年可收取 1100 多英镑租金。基于这个经验，17 世纪 80 年代，他将自己拥有的宾夕法尼亚土地卖给了 600 个英国投资者。因此，当查尔斯二世赠与佩恩美国土地用以抵偿王室欠其父亲的 16000 英镑欠款时，佩恩的爱尔兰经验已经使其自然地将土地视作一项能带来收益的资产。基于把土地当做资产的理念，佩恩的地产业务蓬勃发展，宾夕法尼亚成为佩恩扩大地产业务的一个大胆尝试。同样，当巴尔的摩勋爵获赠大量北美土地时，他也同时坐拥大片能赚取租金收入的爱尔兰土地。[7]

当项目规划者和业主们认识到大西洋沿岸几乎没有金银矿产时，大多数人都试图向新大陆引入英国农业体系。就像哈特利布社团的"改良者"计划一样，他们努力寻找能够用来控制、分配和远程监控殖民地劳动者的生产力统计数据。早在 1751 年，上议院贸易与种植园专员就敦促南卡罗来纳总督詹姆斯·格伦对其殖民地进行定价，并估算殖民地年收入。其实早在 18 世纪 50 年代之前，就有这种要求了。例如，在托马斯·盖茨爵士（Sir Thomas Gates）1609 年动身前往詹姆斯敦*就职前夕，弗吉尼亚公司给他的指引读起来很像后来哈特利布社团的改良手册，其中明确指出，与英国圈地运动一样，在北美的殖民活动也必须使生产率最大化。董事们要求盖茨先把那里的劳动者分成"十几岁、二十几岁及以上"三个组，然后必须"任命一些做事认真的人……监督这些劳动者，每天记录他们的劳动情况"。每个监工都要监督自己组的工作，并且"每星期交一份所负责组的工作账目"。[8]

尽管有如此详细的指引，但是弗吉尼亚公司通过美国赚取收益的经营目标并没有成功。截至 1619 年，该公司拥有的土地"没有为其带来一分钱收益"。尽管他们发现了烟草这一经济作物，但是公司仍然不赚钱，最终不得不于 1624 年解散。[9]这件事成为后续发展的一个先例——尽管后来的英国

---

* 位于弗吉尼亚州，是北美第一个英国永久殖民地。——译者注

项目规划者和业主们都希望将北美殖民地变成第二个爱尔兰，但是最终他们大多都重蹈了弗吉尼亚公司的覆辙。例如，威廉·佩恩在宾夕法尼亚的投资就以失败告终，损失了1万英镑和所有财产，最后还因欠债进了监狱。在南卡罗来纳，土地所有者很难控制移民和收取租金，因此殖民地最终又回到了王室的手里。正如一位研究北美殖民地时期移民问题的历史学家总结的那样，英国精英们"把这些赠与土地视作将私有土地转化为个人收入的机会，但是在这些土地上无法实施租佃制度，土地所有者被迫只能将土地卖给移民们"。[10]

简单地把土地卖给移民，而不是像英格兰或爱尔兰那样从佃户手里持续收取租金，将对美国社会产生革命性的影响。英国殖民者成功地将美国土地变成了一种比英国土地更加容易流通和交易的商品，但他们大多没能像在自己的国家那样，把土地变成一种可以持续经营和赚取租金的资产。结果就是，大多数购买了美国土地作为投资的土地所有者最终又变卖了他们持有的资产。在美国独立战争期间，外国资本投资（包括土地）仅占殖民地财富"微不足道的1%"。然而，英国人的资产抛售对美国社会结构产生了巨大影响：到1776年时，70%具备合法拥有土地资格的美国人（这其中可能包括白人、自由黑人男性以及未婚女性）成了土地所有者。[11]

英国的社会等级制度建立在只有极少部分精英阶层拥有土地，并且土地是经济活动中最重要的生产要素上的。当1871年英国终于首次收集了现代土地所有权相关数据时（拥有土地的精英们非常聪明，知道有些东西最好不要量化），人们发现英国80%的土地分属于大约7000个家庭。然而在18世纪中期的美国，如果一个白人在耕土种地，他很可能就是这块土地的所有者。据估计，到美国独立时，只有六分之一的农场经营者终生都是佃农。1700年前，拥有土地所有权的比例甚至更高。17世纪中叶时，马萨诸塞东部地区租赁土地的家庭不到十分之一，切萨皮克地区只有大约十二分之一的农民是租赁土地的。即使租佃制度试验在哈得孙河庄园取得了巨大成功，庄园领主耶利米·范·伦斯勒（Jeremiah Van Rensselaer）依旧高兴不起来，因为他在1671年就指出"以后不再可能为农场找到佃农了"。[12]

到美国的欧洲访问者很快意识到了这一惊人的社会发展。谈及美国移民，善于观察的圣约翰·德·克雷夫科尔（St. John de Crevecoeur）在 1783 年写道：

> 他可能从一个德国乡巴佬变成了一个不动产权所有者……从一个仆人跃升为主人；从一个专制君主的奴隶变成了一个拥有土地的自由民！这是多么巨大的变化啊！正是这种变化使他成为一个美国人。[13]

这确实是一个巨大的变化。在 1750 年前后，英国 70% 的土地由租户耕种，剩下的 30% 由所有者或占有者耕种。在美国，这些数字正好反过来。在这一变革中，过高的定居成本、美洲土著居民的反抗和高死亡率都发挥了极其重要的作用。英格兰和爱尔兰虽然土地不足，但是劳动力资源丰富，而北美殖民地的情况正好与之相反，这一最基础的经济事实或许才是英国土地所有者们未能成功地将美国转化成一个可以产生稳定收益的投资的根本原因。由于美国土地资源极为丰富，因此土地价格非常低廉，租赁土地很难长期维持固定数量的佃农和雇佣劳工，更别提扩大再生产了。因此在这种情况下，外居地主和本地地主们不得不经常改变他们的最初计划，选择直接出售土地，而不是从租赁或出租中获得持续收入。其实早在 1712 年就有一个评论家指出，在南卡罗来纳，只有自己种植才能赚到钱，靠收租是赚不到钱的。这个种植者解释说："由于没有足够多的人口租种土地，因此这块土地的收益是由种植者为了种植玉米、大米或其他谷物，需要拥有的牲畜、仆人和奴隶数量决定的。"一个世纪后，这一情况依然没有太多改变。1802 年，弗吉尼亚州加罗林县的土地税簿显示，在一个地区抽样调查的 181 名土地所有者中，只有 25 人——约 13%——出租土地。[14]

威廉·佩恩试图将宾夕法尼亚变成圈地运动后资本主义化的英国，他曾希望将 50 万英亩土地中的大部分卖给那些希望靠租金牟利的大地主们，以此从王室赠与自己的土地中大赚一笔。但事情并非如其所愿——由于劳动力如此稀缺，而土地又极为充足，威廉·佩恩最终只能以每英亩 2 先令 6 便士的价格卖掉了自己的土地，这一价格比其爱尔兰每英亩土地一年的租金还少。免役税更是少得可怜。根据 1703 年的记录，佩恩曾以 300 英亩 90 先令的租金价格将土地租给了詹姆斯·阿特金森（James Atkinson），折合每英亩大约 3 便士。更糟糕的是，即便如此，佩恩也经常无法从殖民地居民手中收到这些微薄租金。最终，宾夕法尼亚的土地所有权很快就不再属于外居食利者、专业管理者和没有土地的无产者了，取而代之的是坐拥自有土地的自耕农及其家庭成员。[15]

地多人少使得土地所有者无法依赖雇佣劳动者，因为新大陆熟练劳动力的稀缺使得后者的身价迅速上升，以至于那些一开始无力购买土地的人，也能够相当快地赚到钱，变成土地所有者或手工业者了。正如约翰·温斯罗普（John Winthrop）早在 1641 年哀叹的那样，获得自由的契约佣工“在契约结束后无法再被雇佣，除非你出大价钱”。1789 年的税单显示，即使在北美殖民地城市化程度最高的费城，也只有 6.5% 的居民被列为非熟练工人，50.7% 的居民被认为是手工业者。与此同时，随着获得自由的佣工成为自己的主人，城里契约佣工的数量急剧下降。虽然大多数白人契约佣工变成了财产所有者，但是殖民地时期的美国人喜欢拥有受自己支配的工人——他们不能离开去经营自己的农场或作坊，这迫使他们不得不依靠自己的家庭成员，或者通过非洲奴隶贸易获取劳动力。对白人男性来说，他们处在一个前所未有的自由平等社会。在早期的美国，让别人为你工作的最有效方法是结婚生子，或购买奴隶。[16]

∽

相对于依赖雇佣工人的租佃农场，家长式专营家庭生产者的出现使得美国和英国的情况大相径庭，这种差异不仅是结构性的，而且是意识形态上的。亚当·斯密在《国富论》一书中称：“工资、利润和租金是所有收入以及所有可交换价值的三大初始来源。”这句话奠定了古典经济学长达一个

为进步定价：美国经济指标演变简史

世纪的理论基础。这一论断建立在下述观点之上，即：一个国家的总收入流以及每种商品的价格都由地主的租金、佃农或制造商的利润和劳动者的工资这三个部分组成。（虽然配第仅强调土地和劳动力这两种生产要素，但是到斯密时代时，新兴资本主义的崛起导致了第三种收入类型的出现——投资性资本在购买、组织和管理雇佣劳动力和原材料进行工农生产中获得的利润。）[17]

斯密对国民收入（租金、利润、工资）的定义反映了英国社会的阶级结构（地主、资产阶级、劳动者）及其各自拥有的生产要素（土地、资本、劳动力）。这三位一体的投入要素构成了现代英国政治经济的基础，毫无疑问，这也是汉密尔顿《制造业报告》的基础。然而，这一社会模式和价值理论不适用早期的北美殖民地，因为大多数白人在自己拥有的土地上工作，没有工资，没有租金，也没有资本利润，这一价值理论在自耕农和依靠奴隶的种植者为主的北美殖民地世界中没有任何意义。有趣的是，斯密自己也认识到了这一差异：

> 用自己的双手耕种自己田地的园丁同时具备了地主、农民和劳动者这三个不同的身份。因此，他的产品首先应该向自己支付租金，然后向自己支付利润和工资。然而，人们普遍认为这一切都是他的劳动成果。在这种情况下，租金、利润和工资混为一谈了。[18]

在斯密看来，整个 19 世纪美国经济意识形态的基石——生产者希望通过自己的劳动得到全部收益，是一种非常奇怪的思维方式，他只能认为这种想法误解了基本经济原理。

如果说美国生产者确实误解了基本经济原理的话，那么本杰明·富兰克林（Benjamin Franklin）*应该是所有人中最"令人困惑的"了。1729 年，年

---

* 1706—1790 年，美国政治家、物理学家、印刷商和出版商、作家、发明家和科学家，以及外交官，美国开国元勋之一。——译者注

轻的富兰克林曾试图说服英国人允许殖民地中公共所有的土地银行发行纸币。当时富兰克林刚结束英国之旅，他在那里读到了威廉·配第的《赋税论》中有关玉米—白银转换的论述，富兰克林用了同样的故事，甚至是同样的词语，提出了自己的价值理论：

> 假设雇佣一个人种玉米，雇佣另一个人挖银矿和炼银，那么在年末或任何时候，收获的玉米和白银产量都是彼此的自然价格；如果前者收获了二十蒲式耳玉米，后者收获了二十盎司白银，则可以说种植一蒲式耳玉米的劳动价值是一盎司白银。[19]

虽然乍一看富兰克林似乎只是重复了配第的价值理论，但是实际上他以革命性的方式将其美国化了。配第用"玉米—白银转换"模型告诉人们，地主获得的货币性租金等于其土地的自然生产力。富兰克林以适合美国实际的方式，完全忽略了租金和地主。在富兰克林看来，只有劳动创造价值，他提出了一种完全不同的价值理论——生产者劳动价值理论，这一理论非常符合美国社会，在美国社会中，占主导地位的社会单位是自耕农或种植园主，他们收割自己（或其家属和奴隶）种下的东西。[20]

劳动价值理论的政治影响是巨大的。亚当·斯密创造了一种涵盖租金、工资和利润三种类型收益的价值理论，使一个由地主、企业家和雇佣劳工组成的阶级社会合法化和天然化了，在这个阶级社会中，收入不单来自劳动，也来自资本、土地或经济生产资料的所有权。而富兰克林创立了一种只把财富等同于劳动的价值理论，他提出的这个经济理论摒弃了"只要拥有土地或金钱等稀缺资源就能获得公平收入"的观念，是对资本主义关系道德基础的挑战。[21]

如果说美国的社会结构差异使得英国政治经济学变得不相适应，甚至有失公正的话，那么它也使配第的政治算术无法量化。为了度量美国土地和劳动力的盈利能力，汉密尔顿试图把威廉·配第的政治算术引入美国。然而，美国完全不同的社会结构使得汉密尔顿无法进行这样的计算。回想一下，威廉·配第对土地和劳动力盈利能力的定价是基于对两个关键市场的观察。首先，正如汉密尔顿在他那本令人信赖的支付账本中指出的那样，配第通过估算普通劳动者在市场上购买的基本生活必需品（食物、住房等）的数量度量国家的总体收入。其次，配第根据自己令人信赖的"玉米—白银转换"模型——这一模型也出现在汉密尔顿的那本支付账本上——假定英国市场的租金水平与土地的生产力相等，将土地和劳动收益分成两种不同类型的收入流。由于配第的计算很有创意，所以其估算是否准确就不那么重要了，因为人们理解周围世界不需要非常准确的信息。但是，另一方面，重要的是，根据这两个简单的市场观察，配第可以令人信服地宣称英国劳动者每天的工资为 7 便士。

汉密尔顿一定已经认识到，配第的市场观察法在美国行不通。因为美国人消费的大部分商品都是在他们自己的家庭范围内生产的，所以没有办法用市场消费估计美国每年生产的总收入。配第可以令人信服地把英国想象成一个完全市场化的社会，在这个社会里，所有财富都变成了商品。汉密尔顿在加勒比海地区时肯定也可以这样做。然而，这样的假设在美国是站不住脚的。[22]

由于大多数美国农场主耕种的土地是自有的，不需要将其租出去，所以如果汉密尔顿利用租金数据将美国土地价值资本化的话，是不合实际的。英国土地是租给付租金的租户耕种的，所以其价值可以使用诸如"购买年数"等指标进行资本化计算，将其量化为一种动态的、能产生收入的资产。但是，美国的土地是直接由其所有者及其家属或奴隶耕种的，因而不能通过这种方式进行估值。自然地，在对美国土地进行定价的相关案宗中，也不是根据未来租金收入的资本化确定土地价值的。[23]

事实上，北美殖民地几乎很少用"购买年数"法对土地进行估值，大多数地方政府都试图回避土地估值这个棘手难题。免役税不是按照土地价值而是按每英亩固定税率收取的。即使土地是当时殖民地财富的主要构成部分，除了新英格兰之外，其他地方的遗嘱认证记录或税单也很少标明土地价格。虽然 1781 年的大陆会议决定，每个州将"按照各州土地价值的比例"纳税，但是人们发现土地定价在管理上是不可行的，因此 1783 年国会建议改为按居民数量征税。[24]

在对无法定价美国早期进步感到沮丧的美国人中，汉密尔顿不会是最后一个。到 20 世纪中叶时，许多试图计算北美殖民地时期 GDP 的经济史学家也面临着同样的困难，以至于其中一位著名的经济史学家把美国 1840 年之前的时期称为"统计黑暗时代"。就像汉密尔顿一样，这些经济学家试图计算美国的盈利生产力，但这一尝试被美国生产资料所有者主导的社会结构扼杀了，因为在这样的社会中无法估算土地、劳动力和资本的收入。正如一位著名经济史学家哀叹的那样："尽管可以得到大量关于殖民地时期商品价格的信息，但是关于基本生产要素——土地、劳动力、资本和管理技能——的相对成本我们知之甚少。"由于这些结构性障碍，为了对作为资本主义生产投入要素的土地和劳动力进行定价，18 世纪的汉密尔顿或 20 世纪的经济学家不得不直接向美国人民搜集数据。他们这样做时也同样面临巨大困难，因为大多数早期美国人看待和量化世界的方式与他们不相同。[25]

$\backsim$

要了解美国农民和种植园主是如何理解经济生活的，阅读账簿是一个行之有效的方法。数以百计那一时期的账簿得以留存，它们有很多相似点——每本账簿的每一页分别记录了父权社会中一个男性业主的情况。每一页的左侧记录了业主作为债务人的交易，右侧记录了他作为债权人的交易；一些交易是商品交换，一些交易是为了完成特定工作，通常都以货币为计量单位。债务和债权随着时间慢慢累积，通常会持续好几年，在某个时点——虽然不一定总是如此——两个人（而且几乎都是男人）碰面结算他们的收支。在会面时，他们要分别加总账户两边的金额，计算和结清差额。账户结清后将被标记为"已结算"，并需要双方签字确认。在这个过程中，无论过去了多少年，债权人都不会对债务收取利息。[26]

或许对于这些账簿而言，最能说明问题的事情恰恰是账簿中没有显示出来的东西，即它们记录的不同个人账户之间的资金流入和流出总和。对于一个美国农场主来说，逐页加总其每年商品和劳动流入、流出并不难，如他合计欠农场主史密斯和约翰逊 23 美元，农场主卡特和琼斯合计欠他 49 美元，但是几乎没有人这样做。这些美国生产者只关心如何记录与邻居的收支往来，而对计算他的年度净收入不感兴趣。在这方面，这些美国生产者和那个时代的许多商人不一样，当时的商人经常（尽管有点随意）用复式记账法记录他们的总收入和支出。事实上，早在 1659 年，清教徒商人就使用了一本特别的小册子，"这本小册子汇总了一个人大多数账户的总和"。[27]

经济史学家温妮弗雷德·罗森伯格（Winifred Rothenberg）曾在其一篇深入研究早期美国农民账簿历史作用的文章中哀叹道，这些资料"只记录交易——流入和流出，没有记录库存、总收支、面积、产量和总产出"。罗森伯格想知道"为什么马萨诸塞农民对每英亩土地产量、产出和投入以及它们之间的关系如此不感兴趣，为什么这些对我们（经济史学家）极为重要的数据如此难以获得"。她非常想知道，为什么早期美国生产者认为收集汉密尔顿要求的和"计量史学家"喜欢的总计型原始 GDP 生产率与收入统计数据没有意义。罗森伯格接受过新古典经济学训练，她从中学到，由于人类行为具有超越地理、文化或时间的固有自然本性，因此可以对人类行为方式建立模型。然而，在殖民地时期的会计账簿中，她面临着一个令人不安的事实：早期美国人对构成宏观经济指标和微观经济模型基础的那种收益最大化思维模式毫无兴趣。因此，罗森伯格似乎已经接受了一个令人沮丧的观点，即往回倒推计算国民收入——这是大多数"增长历史学家"存在的理由——不仅可能是"难以实现的"，也可能是落伍的。[28]

美国农场主对总收入、流入和流出现金流、家庭生产率或土地产量不感兴趣，因为他们也不需要对此感兴趣。他们不把自己的农场或种植园视为资本投资，也不必担心租金越来越高，而租金上涨是许多早期现代英国土地所有者追求土地和劳动收入最大化的主要推动力量。再加上早期美国农民负债、土地价格和财产税都相对较低，通常他们不需要创造稳定的现金流。尽管在极少数情况下，美国人为了实现收入最大化不得不有偿进行家庭生产，但是他们尽力避免这种现金关系侵蚀他们的日常生活——就像马萨诸塞州西部的谢司起义和北卡罗来纳州的抗规之战（the War of the Regulation）深刻证明的那样。[29]

因此，美国私有业主不把自己的生产性财产视作一种可以创造收益的投资，他们害怕这样做。对这些生产者而言，收入最大化行为是对其经济自主权的直接挑战，而经济自主权是他们的最终社会目标。土地或其他形式的生产性财产的核心目的是维持自治，而不是产生现金流。正如杰斐逊总统所说的那样，他们担心那些只靠市场销售为生的人会成为"顾客任性行为"的受害者，所以即便像杰斐逊这样的南方种植园主，尽管他们生产的烟草只用于出口，也要实行混合种植，而不是只生产用于出售的商品，并且有意识地将他们的精力在市场和家庭之间进行分配。对他们来说，收入最大化的行为与杰斐逊的私有独立理念背道而驰，因为这种对市场的"依赖"会"导致卑躬屈膝和唯利是图，而且会扼杀美德"。正如罗森伯格证明的那样，虽然以市场为导向的美国人肯定会对价格变化做出反应，选择有利的宰杀生猪的时机，但是这一发现掩盖了一个更为重要的事实——那就是对大多数美国人来说，如果为了获得更多收入，把所有财产都用于养猪，那么这种想法是有些过头的，因为这只会让他们任由猪肉市场摆布。汉密尔顿和布洛杰特试图让那些自耕农们相信，制造业和银行业的最大好处在于，它们不仅可以使市场产出最大化，而且资本投资比家庭农场更有效率。但他们没有意识到，这也不是美国家长的首要任务。弗吉尼亚州的约翰·泰勒（John Taylor）在回应汉密尔顿的制造业计划时问道："为了实现独立，难道要使我们百分之九十自耕农的生活变得贫困、沮丧和具有毁灭性吗？"在他看来，这种做法只会使美国人变成"骗子"，并使他们"不得不依赖资本家维持日常生活"。[30]

资本主义投资术在早期美国较为少见的另一个原因是普遍存在的生产资料所有权。正如上议院专员向詹姆斯·格伦提出的要求证明的那样，空间距离往往是资本化统计数据产生的前提条件，因为如果投资者想弄清楚不受其直接控制的异地投资是否赚钱，就必须将投入和产出数据货币化。由于在美国这种远距离投资情况非常少见，因此几乎不存在货币化的统计需求。与加

　　　　　　　　为进步定价：美国经济指标演变简史

勒比海地区不同的是，大多数美国人都是在自己土地上与家人或奴隶一起耕作的，所以在北美殖民地不存在"外居心态"（在远离家乡的地方投资）。即使这一时期最富有的南方种植园主——他们不再亲自耕种，但是仍然居住在种植园附近，也没有通过投资远方的房地产，多元化自己的财富。正如伊丽莎白·布莱克玛（Elizabeth Blackmar）所说的那样，在早期美国，"财富并非来自可以产生收入的无形资产，而是来自维持直接生产活动的不动产"。[31]

∽

在美国早期，许多经济生产仍然游离于市场体系之外，难以对其定价，所以即使少数美国人想收集汉密尔顿要求的数据，也是难以实现的。例如，在马修·帕顿的日记中，有一段记录了黑麦收获的一天：

> 我们用车装运了在这块地上收割的 27 堆和 8 捆黑麦，下午我去了格佛森镇（Goffestown），从詹姆斯·摩尔斯（James Moors）那里买了 3.5 加仑的朗姆酒，我给了他 1 美元，这 1 美元只够 3 加仑酒的钱。

如这篇日记表明的那样，只有当农民走出家门进行市场交换时——这里是去卖酒，他们才能记录市场价格。此外，这段记录中使用的"我们"一词含义十分模糊，这表明美国早期虽然会精心核算、计价和记录农民、工匠或生产者之间的交易，但是对于农场、种植园或作坊的内部交易，没有十分清晰的记录和定价。[32]

从新英格兰到弗吉尼亚，汉密尔顿在 1791 年收到的结果令其失望。这表明，大多数美国家庭都采用了同样的家庭作坊的生产方式：因为大部分制造业要么是由"个人""贫困家庭中的白人女性"完成的，要么是由"在女主人眼皮底下……的女性奴隶"完成的，所以他们无法为自己的生产力定价。普查员也遇到了类似的困难。在北卡罗来纳州的林肯县，一名怀有怨言的官员在 1820 年解释道，因为"这个县的制造企业主要由业主的黑奴经营，并与其供应商私下交易，因此在任何情况下都不可能得到对这些统计问题的明确答案"，所以他无法提供关于定价投入或产出所需的任何数据。工匠家庭似乎与奴隶种植园存在同样的问题。考克斯在其对 1810 年普查的总结中抱怨说："新旧场所中的马车制造商、铁匠、帽匠、制鞋商、裁缝店、国内服装制造商和其他制造商都被忽略了，或者完全没有出现在调查者的眼前。"[33]

1820 年制造业普查的设计者们试图回避手工产品的定价难题，他们宣称只收集"制造企业"数据，不收集"家庭生产"数据，因为这类劳动者只是"附带的"。普查设计者没有哀叹无力为家庭生产定价，而是采纳了一条现代经济学家经常被迫遵循的规则：如果你无法定价，那就忽略它，这也是其学科的本质使然。根据这种统计方法，如果你没有赚到钱，你就不算数或者不被计算。[34]

这种做法将美国家庭令人失望的低收入原因归咎于了女性劳动者。像考克斯这样的男人开始相信，要解决美国看似低的生产力，就要让女性去工厂工作，在那里"家庭主妇和年轻女性的时间……"可以用来赚钱。汉密尔顿完全同意考克斯的观点，在女性劳动由于没有带来收入因此没有生产力的假定下，他认为让女性劳动者到工厂工作将使所有人受益，因为男性家长将"从其妻子和女儿的辛勤劳动中获得一种新的收入来源"。简而言之，由于无法对日常生活进行定价，女性劳动的价值被抹杀了，进而导致汉密尔顿和考克斯宣称"家庭主妇没有生产力"，为这一明显的统计缺位找到了托词。正如 20 世纪女权主义经济学家在对 GDP 和主流经济学的批评中所指出的那样，自 19 世纪初以来，对女性劳动价值的忽视并没有多大变化。[35]

ら

只有搞清楚 18 世纪 90 年代美国农场主和种植园主面对英国顶尖政治算术家时到底发生了什么，以及这种对抗如何演变为一场反对英国资本主义算计的运动，才能更好地解释英国投资术与美国非资本主义之间正在出现的意识形态鸿沟。亚瑟·扬（Arthur Young）既是《英国农业年鉴》（*English Annals of Agriculture*）的编辑，也是他那个时代杰出的政治算术家。他在英格兰和欧洲大陆旅行时，喜欢将乡村地区定价为一系列资本化的资产。他最喜欢的一个消遣活动是四处收集英国农场的货币投入和产出数据，目的是度量它们的年收入和资本回报率。在一个典型的计算中，亚瑟·扬用租金率资本化了一个 300 英亩农场的价值，按 28 年的购买年数计算（利率自配第时代以来一直在下降），这个农场扣除租金后的资本回报率约为 5%。[36]

扬急于将他的投资术运用于美国农业，于是他在 1791 年夏天给他最好的美国笔友乔治·华盛顿总统寄去了一份问卷，虽然这份问卷与几周前亚历山大·汉密尔顿寄给美国农民的问卷相似，但又完全独立。除了要求更详细的美国中型农场的年度成本和收入数据之外，扬的问卷与汉密尔顿的基本一样。为了计算资本回报率，他还要求提供土地价值和租金方面的资料。[37]

在从华盛顿总统那里得到宾夕法尼亚州、马里兰州和弗吉尼亚州所能提供的最好的收入和成本估算之后，扬在给华盛顿总统的回信中似乎有些无礼地问，为什么没有收到任何有关劳动力成本的数据，这些数据对他能否成功计算一个农场的利润至关重要。扬抱怨道："关于劳动力的信息太少了，以致我都不知道如何估计劳动力的价值。"一直非常绅士的华盛顿总统礼貌地回信解释说，扬应该把这一疏漏归咎于美国人民的"习惯和价值观"。南方人不知道他们的劳动力成本，因为"雇佣劳动力非常少见……富裕的农场主与他们的黑人仆人一起劳动，贫穷的农场主不得不自己劳动"。在指出了美国私有家庭经济和英国雇佣劳动制度之间的一个重要不同后，华盛顿又补充说，总而言之，没有一个美国人能提供这样的信息，因为"我们的模式与你们的截然不同，通常我们的商业是在内部进行的，很少雇佣工人，更不会去计算"。[38]

华盛顿感受到了扬的失望，于是他做了两件事。首先，他把亚历山大·汉密尔顿在农业生产力调查中得到的最好回答结集寄给了扬，这其中就包括理查德·彼得斯的数据，为了汉密尔顿的数据，彼得斯甚至资本化了自己的奶牛。其次，他把扬的调查问卷寄给了托马斯·杰斐逊，希望这个来自蒙蒂塞洛的智者能更好地满足来自伦敦的政治算术家的要求。

杰斐逊是启蒙时期的代表性人物，他不耻于做计数工作，对量化的痴迷远不限于那个时代的普通账本。为了给扬提供他想要的数据，杰斐逊试图按照扬的方法估算自己在弗吉尼亚州 300 英亩农场的利润。杰斐逊估算的结果是，雇佣劳工的农场将获得 10% 的回报，而拥有奴隶的农场将获得约 14% 的回报，这一计算显示杰斐逊熟练掌握了英国的政治算术，毕竟在他自己的大型图书馆里收藏了四本威廉·配第的书。[39]

可以说，杰斐逊和彼得斯的计算是美国早期尝试对农业盈利能力最复杂的估算。然而，扬对此仍感到非常不满意，认为他们的数字太离谱了，他不必去现场就"知道这是完全不可能的"。扬毫不掩饰他的失望："你们的信息对我来说太不靠谱了。通过这些信息分析你们的畜牧业难度太大了。既然一个居民把农业当作一种生意，却从来不按资本计算利润率，这可能吗？"[40]

杰斐逊用一种稍带歉意但又略感恼怒的语气回复说，他的估计之所以不准确，是因为他"之前从未想过要计算投资于弗吉尼亚农业的资本利润是多少"。杰斐逊的这番话意味深长，因为他曾经通过测量墓碑尺寸发现了一个朋友的死因，人们把他看作一个会行走的计算器。杰斐逊又补充说，他不认为任何美国人曾经做过这样的计算。彼得斯的回答不像杰斐逊那样圆滑，而是更加直接。彼得斯恼火地说"不知道扬先生的海上旅行要在哪里登陆"，然后激烈地解释了"为什么我们的农民不需要计算回报率"。他清晰地阐释了美国经济思想的不同信条，这些经济思想排斥投资术和英国农业资本主义。[41]

彼得斯说："我们是一个新国家，用很少的钱就能获得大量土地，我们的政治安排可以让我们获得适度但足够的财富。"他很高兴美国与英国不同，没有等级制度，没有基于阶级的剥削，"没有过度强势的贵族肆意挥霍受压迫的自耕农们的辛苦收入"，没有"靠农民财产养尊处优的牧师"。彼得斯接着猛烈抨击英国人的乡村圈地行为，认为这些圈地行为使贵族们获得了"巨额租金，贵族们的铺张浪费和不合情理的租赁条款必然导致过高的租金，因为他们是这些土地的主要占有者"。[42]

彼得斯认为，与英国佃农不同，美国农场主不需要扬的计算，因为他们不需要像寻求收入最大化的投资那样经营农场。"我们的农民没有……沉重的地租、教会捐税和税收压力，我们的农民是耕种自己土地的主人：他们为自己收集蜂蜜、剪羊毛和耕地。"彼得斯认为：由于美国的财富来自农民的自有土地，而不是来自向租户索取的租金，因此在这里计算投资回报数据毫无意义，因为农民"确实没有收到其资本的年度利息或收入，但他们也没有支付任何费用"。如华盛顿做的那样，彼得斯认为生产领域完全牢牢地掌握在美国家庭手中，美国人不记录他们的劳动力成本是因为"无论孩子们是在旧农场劳动，还是协助建立一个新农场，雇佣工作主要都是在他们自己内部进行的，这使得没有必要计算雇工成本"。[43]

彼得斯在结束语中强调，美国人追求的不是资本收益或金钱收入，而是从自己（和奴役）劳动成果中获得的物质满足感："我们这里有无数个这样的农场主，他们努力工作，从来没有考虑过收益率或其他精密计算……一个勤劳的美国农民能够过上安逸生活，是我上述提到的所有原因共同作用的结果。他们辛勤劳动，享受生活，不需要精心计算。"[44]

⌠

虽然美国农民日常不喜欢将统计数据资本化，也不喜欢英国的投资术，但是他们没有放弃通过量化方式度量一个国家的进步和繁荣的想法。例如，鲍尔一家在佛蒙特山区经营了一个规模不大的农场，他们每年去一次波士顿，在那里用自己生产的乳制品换取一些工业制成品。和许多美国人一样，他们都拥有一本杰迪迪亚·莫尔斯（Jedidiah Morse）主编的《美国地理》（*The American Geography*）杂志，或者一本《美国现状》（*A View of the Present Situation of the United States of America*）杂志。就像那个时代的其他类似名称的统计地名辞典和年鉴如《纽约画报》（*Picture of New York*）或《缅因州统计》（*A Statistical View of Maine*）一样，莫尔斯的统计数据能够让读者超越时空，看到更广阔的世界。[45]

在那个时候，很多事实不需要量化就可以被认为是客观的，莫尔斯的书极其详细地对河流、斗篷、岛屿、自然历史、桥梁、灯塔、"大学和学院"、"矿山和矿物"、"收入和税收"以及"慈善和医疗社会"等进行了描述，还附了一份宪法和美国历史年表。这本书对数据统计很有贡献，例如，书中的表格详细记录了各州每个县的情况，其中包括居民总人数、改良土地和未改良土地的英亩数，以及马、牛、士兵、城镇、宗教礼拜场所的数量和各种宗教派别的人数。鲍尔一家之所以对如此庞杂的数据感兴趣，是因为这些数据既不像汉密尔顿要求的复杂计算结果，也不像制造商的人口普查数据，而是与他们自己的社会、经济、文化价值观、利益和目标产生了共鸣。[46]

对于早期的美国人来说，没有比人口增长更能用作度量社会进步的指标了。但是，他们对这个指标的上升非常纠结。有时，他们独特的非资本主义世界观使其欢呼美国人口的增长。但是在其他情况下，人口增长又让他们感到害怕。在 17 世纪中叶美洲大移民的前几十年中，死亡威胁挥之不去，人口数量成了生存的标志。一个世纪之后，人口的增加不仅标示了美国人得以生存，还标示了美国人独特生活方式的巨大成功。1751 年，本杰明·富兰克林第二次尝试政治算术的美国化，他利用当地教会和市政记录估计出美国人口正在以惊人的速度增长，在大约二十年时间里人口数量翻了一番。富兰克林认为，人口数量的增长"与婚姻数量成正比"，为了解释为什么美国人口增长如此迅速，他提出了一个理论：

> 美国土地如此充足且便宜，一个精通农业的劳动者可以在短时间内攒下足够的钱买下一块新土地，用来耕种养活一家人。他们不怕结婚增加负担，因为他们不用担心孩子长大后的抚养问题，孩子们也可以较容易地获得土地。[47]

富兰克林认为，人口增长——这一看似简单的度量指标——为美国的进步提供了晴雨表。他没有遵循收入最大化或资本积累的原则，而是遵循社会流动性、物质平等、世代可持续性和财产独立等原则，认为人口的快速增长是一个有效指标，它表明了美国人不用为他人工作就能轻松养活一个家庭的能力是否得到了满足。

这与主流英国经济思想家或商人们对人口增长的看法不同。亚当·斯密同意人口增长是社会进步的标志，但他将其归功于资本积累和企业家精神，而且他认为，"对人口的需求与对任何其他商品的需求一样，必然会调节人口的生产数量"。在斯密之前，英国制造商就已经认识到人口的不断增加意味着只靠土地无法满足人们的生计了。人口增长将人们从农场推到工厂，这不仅满足了工厂对劳动力贪得无厌的需求，还能确保工资不会上涨。1753 年，一个英国重商主义者给出了一个经典的说法："人口数量就是国家的财富，因为有大量人口，劳动力会变得廉价，从而鼓励制造商进入国外市场。" [48]

相比之下，那个时代的美国统计著作与富兰克林的观点相同，将人口增长视为美国社会首要目标——生产和繁衍具有自由、独立、共和精神的公民——的一个主要指标。为了解释该州令人印象深刻的人口爆炸，新罕布什尔州的一份统计历史报告解释说："一个年轻人开垦了一块土地，为有容身之地盖了一间小屋……他不必为结婚负担过虑。"南卡罗来纳州的戴维·拉姆齐（David Ramsay）将人口增长与经济和政治自由联系在一起，认为美国不同州的生育率"与该州获得的自由程度密切相关"。[49]

但是，像本杰明·富兰克林这样的美国人也开始忧心美国人口的持续增长，与英国精英们欢呼人类快速繁衍具有相同的理由：人口快速增长导致了一个工业化的资本主义社会，充斥着没有自由、没有财产的雇佣劳动力，他们不再拥有经济生产资料，被迫为他人工作。富兰克林在 1760 年说道："制造业是建立在贫困之上的。""在国内没有土地的穷人大量增加，他们要么接受低工资，要么挨饿，大量低收入者为制造业提供了源源不断的工人。"早在 18 世纪 80 年代，新英格兰农民就逐渐认识到，由于他们的后代越来越多，可耕种的土地严重缺乏，这将严重威胁他们自耕农生活方式的未来。这些新英格兰人强烈反对英国的重商主义，他们开始将人口增长视为即将到来的噩梦而非持续进步的标志。在弗吉尼亚，托马斯·杰斐逊也得出了类似的结论。杰斐逊预测在一个世纪内，美国每平方英里的居民人数将达到100人——这与英格兰有着相同的不幸水平，他利用人口统计数据支持开发西部，反对汉密尔顿放开移民控制的想法。杰斐逊在法国目睹了人口增长可能带来的社会问题，他对来自法国的詹姆斯·麦迪逊（James Madison）说："不应该过快用光土地。"有了这些反对人口过快增长的统计数据支撑自己的观点，杰斐逊总统继续执行"路易斯安那购地案"（Louisiana Purchase），投票支持他的美国自耕农将目光转向如何拓展边境，不再看重人口统计增长图表。[50]

∽

如果奴隶制在推动马拉奇·波斯特莱斯威特、亚历山大·汉密尔顿、詹姆斯·格伦和南卡罗来纳低地种植园主设法为进步定价方面发挥了如此重要的作用，那么为什么在美国成立之初，奴隶制没有让大多数美国南方人也同样注重为进步定价呢？这个问题的答案似乎部分在于盎格鲁—加勒比地区和早期美国奴隶制之间的区别，或者换句话说，在于大米、糖和烟草之间的区别。[51]

由于生产蔗糖需要高固定投入、规模经济和严格的劳动纪律，加勒比种植园成为只有富人（通常是外居的）才能拥有的需要雄厚资本的企业，但是在北美，除了南卡罗来纳州种植水稻之外，殖民地的主要奴隶作物是烟草。与大米和糖不同，烟草需要较少的资本投资和奴隶，而且种植、扩大生产和销售相对容易。烟草不太适合常规的集体劳动，也不需要规模经济，所以小农户和大种植园都可以种植。事实上，弗吉尼亚公司变得无利可图不是因为不种植烟草，而是因为所有人都能种植烟草，白人不必被迫在公司拥有的土地上以佃农身份工作。[52]

因此，亚当·斯密有充分的理由宣称，他"从未听说过任何由居住在英国的商人的资本改良和种植的烟草种植园"。在加勒比地区，最基本的社会单位是外居商人的高度资本化的大规模种植园，而在早期美国南部，最基本的社会单位是私有家庭。美国独立战争前夕，在加勒比地区平均每个奴隶和其他 240 名奴隶一起生活在一个种植园里。但是在弗吉尼亚州和马里兰州，这一数字是 5，只有不到 25% 的切萨皮克种植园主拥有 25 名以上奴隶。在加勒比种植园里，外居地主把他们的种植园当作资本投资（部分原因是他们与伦敦金融家有抵押借款关系），雇佣能给其带来最大收益的管理者，这种文化导致了一个几乎完全的市场社会，地主们很少有在加勒比地区当地定居的。相反，典型的美国奴隶主与他的奴隶住得很近，有时和他们一起工作、一起耕种，几乎不依赖市场维持生计。因为缺乏一些加勒比种植园主那样的投资意识，即使是美国最大的种植园，也不是抽象意义上的投资——它们是家庭。结果是，即便是最富有的烟草种植园主，也收集不到汉密尔顿想要的那种总收入数据。[53]

如果仔细观察殖民地时期的弗吉尼亚是如何定价和估值奴隶的，就可以看出种植烟草的奴隶——就像早期的美国社会一样——是如何在市场和家庭之间变化的。一方面，当奴隶成为拍卖对象时，私人所有者和公共机构将他们视作商品，对其进行定价。例如，殖民地弗吉尼亚根据新输入奴隶的市场价格，对其征收从价税。虽然在北美殖民地时期和美国建国初期（内战之前），奴隶是买来的，但是他们几乎——尽管没有完全——摆脱了那种现金关系。在早期的美国，大多数种植园主并不了解其奴隶的市场价格，因为这些奴隶很少被出售。当亚瑟·扬问乔治·华盛顿美国劳动力的价格是多少时，华盛顿只能回答："我无法告诉你劳动力的价格，因为所有土地完全是由奴隶耕种的。"[54]

从价税仅在输入奴隶时发挥作用，其后政府不再对奴隶定价。正如罗宾·艾因霍恩（Robin Einhorn）说的那样，为了避免对奴隶主的财产进行定价，殖民地弗吉尼亚"从未要求税务官员度量任何东西的价值"，当然包括奴隶在内。从殖民地时代直到 1840 年，弗吉尼亚和联邦政府一直以不需要货币估价的定额税对奴隶征税。例如 1781 年时，一个奴隶对应的税为 10 先令，每匹马对应的税为 2 先令税，每头牛对应的税为 3 便士；一张台球桌对应的税为 15 英镑。这些定额税对 25 岁田间男劳力和 60 岁女性佣人一视同仁，这表明一旦奴隶进入家庭后，大多数美国白人把他们视同土地或牛——不把他们当作能带来收入的资本化资产，而是当作家庭生产方式中一种不可分割的可以直接使用的财产。出生于苏格兰的詹姆斯·格伦是第一批试图定价殖民地时期美国进步的人士之一，他对这种非资本主义的财产估价方法感到沮丧，抱怨不同奴隶的税收多少"无差别，这意味着一个每年能为其主人带来 25 英镑或 20 英镑收入的黑人，与一个因劳累过度卧床不起，非但不能给主人带来好处，反而成了主人沉重负担的人，付的税一样多"。其他英国观察家也认识到美国不是根据奴隶的生产力对其进行估值的。一个精明的观察者在为英国贸易委员会（British Board of Trade）走访美国乡村时注意到"奴隶的价格不能体现他作为一个劳动者的价值"。[55]

在早期美国，虽然确实存在奴隶们可能随时被卖掉的威胁，但是这种情况并不像在南北战争前种植棉花的南方那样无处不在。直到 1812 年战争和棉花王国崛起之后，国内奴隶贸易才开始发展起来。虽然包含奴隶价格、奴隶抵押贷款和奴隶人寿保险政策的广告将美国奴隶进行了资本化，成了内战前南方的主要金融话题，但是奴隶市场尚未主导经济格局或支配奴隶主的思想。由于在早期美国，大多数奴隶人口的增加是国内繁衍而不是国外输入的结果，并且许多奴隶被作为遗产传承给了奴隶主的子女，因此大量独立战争时期的奴隶（无法估计有多少人）一生从未被定过价。1827 年，随着美国国内奴隶贸易的升温，弗吉尼亚州一个种植园主的一则广告透露出他将卖给"出价最高的人……120 个黑人，都是在种植园里出生和长大的"。简而言之，在 19 世纪 30 年代以前，虽然确实存在将奴隶看作动产的观点，但尚未占据主导地位。[56]

在早期北美奴隶制的形成过程中，家庭对市场的支配和主导地位在关于扩大"南方黑奴制度"和终止国际奴隶贸易的辩论中表现得最为明显。1792 年，弗吉尼亚州立法机关要求来自其他州的移民发誓，他们不是"为了出售奴隶"而把奴隶带到这个州来的。就在同年，南卡罗来纳州决定，只有那些随同主人一起来的奴隶才被允许进入该州。佐治亚州和肯塔基州几年后也通过了类似法律。18 世纪 90 年代，国际奴隶贸易的合法性也在迅速削弱。到 1808 年这项贸易被正式禁止的时候，除了南卡罗来纳州以外的其他所有州都已经将其定为非法了（我们再一次看到这个州在很多方面是多么与众不同）。正如亚当·罗斯曼（Adam Rothman）所指出的那样，"对奴隶制的家长式捍卫"导致了这些决定，因为南方人在奴隶交易和蓄奴之间制造了道德鸿沟，他们试图"驯化"奴隶制度，割裂其与金钱的联系。[57]

尽管如此，早期的美国奴隶制度仍然为美国定价进步发挥了重要作用。我们已经看到了加勒比式的奴隶制是如何帮助英国人将投资术带到美国沿海的，特别是在种植水稻的南卡罗来纳州。但是奴隶制在美国其他地区也开创了重要先例，它促进了人口资本化和日常生活定价这一模糊概念的合法化和正常化。因为早期美国人很少试图用货币价值评估社会发展情况，奴隶是促使他们这样做的主要思想和数据来源。例如，在发现 1705 年有 44 名非洲裔美国人死亡后，《波士顿时事通讯》（Boston News-Letter）编辑按照每名死者价值 30 英镑，计算得出其给"国家带来的总损失"是 1320 英镑。只有在提及奴隶时，《周刊》（Weekly Magazine）杂志才一反常态地试图评估 18 世纪 90 年代美国人口增长的经济价值，正如它以典型的种族主义方式指出的那样，如果"从金钱角度计算每个人的价值，仅按照每个黑人的价格计算"，人们可以估计出英国的财富"将近 1 亿英镑"。甚至本杰明·富兰克林在他的政治算术中也使用了将奴隶看作动产的观点。1731 年，富兰克林在《宾夕法尼亚公报》（the Pennsylvania Gazette）上的一篇文章分析了费城的天花死亡案例。死者中包括 64 名非洲裔美国人。他根据当时的奴隶市场价格计算出每人损失 30 英镑，不管这些黑人中的一些人是否已经获得了自由。在另一篇文章中，富兰克林将奴隶视为资本化的资产，他解释说，人们只需观察这些人力资本的利润率，就可以估计出他们的年生产力。[58]

当亚瑟·扬让托马斯·杰斐逊计算美国种植园或农场的劳动力成本时，杰斐逊也利用了这样一个事实：奴隶不仅可以被定价，而且可以被资本化。杰斐逊开始计算："假设购买一个 25 岁黑人要花 75 英镑，根据布丰（Buffon）的寿命表，预计他可以再活 30 年，这样 30 年后你就失去了这笔本金。"杰斐逊将 75 英镑资本作为机会成本，按照年利率进行了折现（因为投资于奴隶身上的资本也可以被投资于其他地方），再加上因奴隶在大约 30 年后死亡而分摊到每年的折旧，得出结论说，除了维持一个奴隶生活和工作每年需要花费的 6 英镑之外，奴隶资本每年的总成本为 12.50 英镑。由于不能像资本化黑人那样资本化白人劳动者，杰斐逊只能使用奴隶价格度量所有美国工人的盈利能力。然而，他又强调："因为我认为黑人的劳动能力不及白人，智力也不如白人，所以白人劳动者的价格应该高于黑人。"杰斐逊的计算方式体现出了他的种族主义倾向，同时还显示了奴隶制是如何让美国人把所有人——不仅仅是那些被奴役的人——都视作人力资本的。[59]

尽管杰斐逊以前从未感到有必要为他的奴隶定价，或有必要计算他的种植园的资本回报率，但是奴隶制使他把英国的政治算术付诸实践。然而，杰斐逊没有到此为止。他继续说道："我认为奴隶死亡没有带来损失，相反，我按年息 4% 记作收益，因为奴隶数量是在增长的。"因为他意识到奴隶是一种非常罕见的特殊资本，他们不仅能够创造利润，而且能够复制出更多的生产性资本，所以他对奴隶投资增加了额外的回报率。正如杰斐逊解释的那样，因为"他注意到我们的黑人数量在大约 25 年内翻了一番，相当于投资奴隶的资本在保持原有数字的基础上每年增加了 4%"，所以他在资本增长上加上了这 4%。[60]

在杰斐逊的投资回报率的计算中，奴隶的再生产也被视为资本的再生产。他以前也这样做过。他在早些时候的一封信中解释道："我认为一个每两年生一个孩子的女性，比农场里最好的男人更有价值。女性生产的孩子增加了资本，而男性的劳动消失在消费中了。"虽然本杰明·富兰克林和其他美国人利用同一统计数据——美国人口将在一代时间内数量翻番——称赞美国白人财产独立的优点，但是杰斐逊认为，奴隶制下的黑人人口增长增加了资本化收益。[61]

尽管杰斐逊进行了复杂的计算，但是在早期美国社会，这种基于奴隶制的投资术仍然是非主流的。然而，这一方法具有开创性，对于未来影响深远。1837 年，随着棉花种植面积的大扩张和美国国内奴隶贸易逐渐将奴隶变成可以被买卖、抵押、保险或证券化的资产，埃德蒙·拉芬（Edmund Ruffin）主编的《农场主簿记》（*Farmer's Register*）——一本主要给以营利为目的的棉花种植者看的刊物——重印了杰斐逊的计算结果，目的是教美国奴隶主如何最好地评估其奴隶的资本价值。[62]

注释

1. Inventory of Benjamin Tower, Business Instruments Collection (henceforth BIC), 1600–1969: Series I, Inventories, box 4, folder 12, Baker Library, Harvard Business School, Boston. Inventory of Daniel McNeil, box 4, folder 13, BIC. 参见 Zacharia Penn's from 1802, folder 14, BIC, for probate pricing of a half-dozen slaves。关于早期美国对商业的追捧，参见 Richard Lyman Bushman, "Markets and Composite Farms in Early America," *William and Mary Quarterly* 55 (1998): 351–357; T. H. Breen, *The Marketplace of Revolution: How Consumer Politics Shaped American Independence* (New York: Oxford University Press, 2005); Jan De Vries, *The Industrious Revolution: Consumer Behavior and the Household Economy, 1650 to the Present* (New York: Cambridge University Press, 2008), 95–96。

2. Russell Sackett account book, Manuscripts and Archives Division, New York Public Library; Matthew Patten, *The Diary of Matthew Patten* (Concord, NH: Rumford, 1903), 354; Martha Ballard, *The Diary of Martha Ballard, 1785–1812,* ed. Robert and Cynthia McCausland (Camden, ME: Picton Press, 1992), 274, 296, 322; House Carpenters of the Borough of Pittsburgh, *The Book of Prices Adopted by the House Carpenters of the Borough of Pittsburgh* (Pittsburgh, PA: S.Engels, 1813). 关于"簿记信用"，参见 Christopher Clark, *The Roots of Rural Capitalism: Western Massachusetts, 1780–1860* (Ithaca, NY: Cornell University Press, 1990), 32–35。关于用货币购买劳动（不同于雇佣劳动），参见 Jeanne Boydston, *Home and Work: Housework, Wages, and the Ideology of Labor in the Early Republic* (Oxford: Oxford University Press, 1990), 30–56。

3. 关于土地的可让与性，参见 Claire Priest, "Creating an American Property Law: Alienability and Its Limits in American History," *Harvard Law Review* 120 (December 2006); Elizabeth Blackmar, "Inheriting Property and Debt," in *Capitalism Takes Command: The Social Transformation of Nineteenth-Century America,* ed. Michael Zakim and Gary John Kornblith (Chicago: University of Chicago Press, 2012), 93–119; David B. Ryden and Russell B. Menard, "South Carolina's Colonial Land Market: An Analysis of Rural Property Sales, 1720–1775," *Social Science History* 29, no.4 (Winter 2005): 600; Malcolm Rohrbough, *The Land Office Business: The Settlement and Administration of American Public Lands, 1789–1837* (New York: Oxford University Press, 1968)。关于美国人财产所有权比英国更加绝对，参加 Christopher Tomlins, *Freedom Bound: Law, Labor and Civic Identity in Colonizing English America, 1580–1865* (New York: Cambridge University Press, 2010), 160 n.86。

4. *Annals of Congress,* January 1820, 16th Congress, 1st Session, House of Representatives, 1: 922. 我找到了五份报道这一制造业普查结果的报纸：*New York National Advocate,* January 18, 1814; *Boston Repertory,* January 24, 1814; *Boston Daily Advertiser,* January 25, 1814; *Maryland*

Republican Star, February 8, 1814; and the *American Advocate* in Hallowell, Maine, February 12, 1814。

5. Carl Degler, *Out of Our Past* (New York: Harper, 1983), 2. 关于资本主义在美国的出现，也可参见 Louis Hartz, *The Liberal Tradition in America* (New York: Harvest, 1955)。

6. Richard Hakluyt, *Discourse Concerning Western Planting* (London, 1584), ch.13; David W. Galenson, "The Settlement and Growth of the Colonies: Population, Labor and Economic Development," in *The Cambridge Economic History of the United States,* ed. Stanley Engerman and Robert Gallman (Cambridge: Cambridge University Press, 1999), 135–207; Tomlins, *Freedom Bound,* 159–190. 关于早期英国将美国看作一项投资的观点，参见 Jack Greene, *The Intellectual Construction of America: Exceptionalism and Identity from 1492 to 1800* (Chapel Hill: University of North Carolina Press, 1997), 36–46。

7. Richard S. Dunn, "Penny Wise and Pound Foolish: Penn as a Businessman," in *The World of William Penn,* ed. Richard S. Dunn and Mary Maples Dunn (Philadelphia: University of Pennsylvania Press, 1986), 37–54. 关于佩恩管理其父亲爱尔兰土地的经历以及他收到的租金，参见 William Penn, *My Irish Journal, 1669–1670,* ed. Isabel Grubb, introduction by Hiram Morgan (Cork: University College, 1952), 16。

8. Susan Myra Kingsbury, ed., *Records of the Virginia Company* (Washington, DC: GPO, 1906–1935), 3: 21. 关于弗吉尼亚公司计划的特点，参见 James Horn, *A Land as God Made It: Jamestown and the Birth of America* (New York: Basic Books, 2008), 180–183。关于伦敦金融家托马斯·韦斯顿（Thomas Weston）对马萨诸塞清教徒移民的这一要求，参见 Willard Stone, "Accounting Woes, Pilgrim Style," *Massachusetts CPA Review,* 1960, 7–8。也可参见 Andrew Fitzmaurice, "The Commercial Ideology of Colonization in Jacobean England: Robert Johnston, Giovanni Botero and the Pursuit of Greatness," *William and Mary Quarterly* 64, no.4 (October 2007): 791–820。

9. Edward Dufferd Neill, *History of the Virginia Company of London: With Letters to the First Colony* (London, 1860), 180. 关于弗吉尼亚公司的倒闭，参见 Wesley Frank Craven, *Dissolution of the Virginia Company: The Failure of a Colonial Experiment* (Oxford: Oxford University Press, 1932); Edmund Morgan, *American Slavery, American Freedom: The Ordeal of Colonial Virginia* (New York: Norton, 1975), 101–102。

10. Galenson, "Settlement and Growth of the Colonies," 144; Dunn, "Penny Wise and Pound Foolish," 38, 48–52. 关于地主为何未能收到免役税，参见 Alvin Rabushka, *Taxation in Colonial America* (Princeton, NJ: Princeton University Press, 2010), 52–64。

11. Mira Wilkins, *The History of Foreign Investment in the United States* (Cambridge, MA: Harvard University Press, 1989), 27; Alice Hanson Jones, *Wealth of a Nation to Be: The American Colonies on the Eve of the Revolution* (New York: Columbia University Press, 1980), 225.

12. John Bateman, *The Great Landowners of Great Britain and Ireland* (London, 1883) . 这一研究被称为"现代末日审判书"。关于对早期英国土地所有权的估计，参见 G. E. Mingay, *The Gentry: The Rise and Fall of a Ruling Class* (New York: Longman, 1976), 55–59。关于美国佃农，参见 Alan Kulikoff, *From British Peasants to Colonial American Farmers* (Chapel Hill: University of North Carolina Press, 2000), 116–117, 127, Van Rensselaer quoted on 116。关于少数租佃农场取得成功的案例，参见 Sung Bok Kim, *Landlord and Tenant in Colonial New York: Manorial Society, 1664–1775* (Chapel Hill: University of North Carolina Press), 1978。

13. Hector St. John de Crèvecoeur, *Letters from an American Farmer* (Belfast, 1783), 48.

14. Norris, "Profitable Advice for Rich and Poor," 16. Land tax entries in Caroline County (VA) Land Tax Book, 1802, University of Virginia Library, Charlottesville. 关于英国租户和土地所

有者耕种比例为 7:3，参见 Hermann Wellenreuther, "A View of Socio-Economic Structures of England and the British Colonies on the Eve of the American Revolution," in *New Wine in Old Skins: A Comparative View of Socio-Political Structures and Values Affecting the American Revolution,* ed. Erich Angermann, Marie-Luise Frings, and Herman Wellenreuther (Stuttgart: Klett, 1976), 14-40. 也可参见 James Henretta, *The Origins of American Capitalism: Collected Essays* (Boston: Northeastern University Press, 1991), 189; 关于土地／劳动的比例，参见 Charles Sellers, *The Market Revolution: Jacksonian America, 1815-1846* (New York: Oxford University Press, 1991), 4。

15. 1703 quitrent accounts, page 17, Proprietor of Pennsylvania Accounts, 1701-1704, Library Company of Philadelphia, Philadelphia.

16. John Winthrop, *The Journal of John Winthrop, 1630-1649,* ed. Richard S. Dunn and Laetitia Yeandle (Cambridge, MA: Harvard University Press, 1996), 273; Sharon Salinger, "Artisans, Journeymen and the Transformation of Labor in Late Eighteenth-Century Philadelphia," *William and Mary Quarterly* 40, no.1 (January 1983): 67. 关于契约奴役，参见 Christopher Tomlins, *Law, Labor and Ideology in the Early American Republic* (Cambridge: Cambridge University Press, 1993); Tomlins, *Freedom Bound,* 35-44, 60-61, 78-92; Edmund Morgan, "Slavery and Freedom: The American Paradox," *Journal of American History* 59 (June 1972): 5-29. 关于在一个地广人稀的社会中对非自由劳动者的需求，参见 Evsey Domar, "The Causes of Slavery and Serfdom: A Hypothesis," *Journal of Economic History* 30, no.1 (1970): 18-22; Heywood Fleisig, "Slavery, and the Supply of Agricultural Labor, and the Industrialization of the South," *Journal of Economic History* 36, no.3 (1976): 572-597。关于由于缺少雇佣劳动者而不得不依赖家庭劳动者，参见 Gavin Wright, *The Political Economy of the Cotton South: Household, Markets and Wealth in the Nineteenth Century* (New York: Norton, 1978)。

17. Adam Smith, *Wealth of Nations,* book 1, ch.6, para. 17; Maurice Dobb, *Theories of Value and Distribution since Adam Smith* (Cambridge: Cambridge University Press, 1975), 38-65; David McNally, *Political Economy and the Rise of Capitalism* (Berkeley: University of California Press, 1990), 209-258.

18. Smith, *Wealth of Nations,* book 1, ch.6, para.23.

19. Benjamin Franklin, "The Nature and Necessity of a Paper Currency (1729)," in *Franklin: The Autobiography and Other Writings* (New York: Cambridge University Press, 2004), 151.

20. 关于富兰克林希望将英国理念变为美国现实，参见 Gordon Wood, *The Americanization of Benjamin Franklin* (New York: Penguin, 2005)。关于富兰克林和政治算术，参见 Joyce Chaplin, *The First Scientific American: Benjamin Franklin and the Pursuit of Genius* (New York: Basic Books, 2007), 79-82, 141-143, 279-280。关于富兰克林对劳动价值理论发展的贡献，参见 Ronald Meek, *Studies in the Labor Theory of Value* (New York: Monthly Review Press, 1956), 40-41. 关于美国劳动价值理论，参见 James L. Huston, *Securing the Fruits of Our Labor: The American Concept of Wealth Distribution 1765-1900* (Baton Rouge: Louisiana State University Press, 1998)。

21. 关于资本主义和稀缺资源所有权之间的关系，参见 John E. Roemer, *Free to Lose: An Introduction to Marxist Economic Philosophy* (Cambridge, MA: Harvard University Press, 1988); Elizabeth Blackmar, *Manhattan for Rent,* 1785-1850 (Ithaca, NY: Cornell University Press, 1991)。

22. 关于有多少产出没有进入市场，参见 Clark, *Roots of Rural Capitalism,* 28; Wright, *Political Economy of the Cotton South,* chs.2-3; Carole Shammas, "How Self-Sufficient Was Early America?" *Journal of Interdisciplinary History* 13, no.2 (Autumn 1982): 247-272。关于"手织

品"的政治学，参见 Michael Zakim, *Ready-Made Democracy: A History of Men's Dress in the American Republic, 1760-1860* (Chicago: University of Chicago Press, 2006), 11-36; Laurel Thatcher Ulrich, *The Age of Homespun: Objects and Stories in the Creation of an American Myth* (New York: Knopf, 2001)。

23. 根据托马斯·科克伦（Thomas Cochran）的观点，美国人喜欢谈论资本价值而不是收入。Thomas Cochran, *Business in American Life: A History* (New York: McGraw-Hill, 1974), 44. 关于美国人土地估值方式的变化，参见 Blackmar, "Inherited Property and Debt"; Morton Horwitz, *The Transformation of American Law, 1780-1860* (Cambridge, MA: Harvard University Press, 1979), 56; James Willard Hurst, *Law and the Conditions of Freedom in the Nineteenth Century United States* (Madison: University of Wisconsin Press, 1956), 33-71。

24. Jones, *Wealth of a Nation to Be*, xxvii; Articles of Confederation, article VIII. 关于失败的 1783 年修正案，参见 Carrol Wright, *The History and Growth of the U.S. Census* (Washington, DC: GPO, 1900), 12; 关于市场价格在早期美国税收评估中几乎没发生作用的证据，参见 Albemarle Sheriff's Ledger, 1782-1783, Special Collections Department, University of Virginia Library, Charlottesville。郡治安官在评估税收时几乎从不询问任何东西的价格。

25. Paul David, "New Light on a Statistical Dark Age: U.S. Real Product Growth before 1840," *American Economic Review* 57, no.2 (May 1967): 294-306; John J.McCusker and Russell R. Menard, *The Economy of British America 1607-1789* (Chapel Hill: University of North Carolina Press, 1985), 68.

26. 参见 Sackett Russell Account Book and Ervin Account Book, Manuscripts and Archives Division, New York Public Library; Daniel Coffin Account Book, BIC。关于这些收支记账行为背后的世界观，参见 Bruce H. Mann, "Rationality, Legal Change and Community in Connecticut, 1690-1740," *Law and Society Review* 14 (1980): 196-198。

27. 清教徒商人引自 *The Apologia of Robert Keyne, 1653: The Self Portrait of a Puritan Merchant*, ed. Bernard Bailyn (New York: Harper and Row, 1964), 68。关于这一时期的利润是对收入和支出的衡量这个观点，参见 Jonathan Levy, "Accounting for Profit and the History of Capital," *Critical Historical Studies* 1, no.2 (Fall 2014): 171-214。关于之所以认为早期美国商人、实业家和农场主是相似的，是因为他们都不计算资本收益这一观点，参见 Naomi Lamoreaux, "Rethinking the Transition to Capitalism in the Early American Northeast," *Journal of American History* 90 (2003): 437-461。关于殖民地时期的商业会计，参见 Gary John Previts and Barbara Dubis Merino, *A History of Accounting in America: An Historical Interpretation of the Cultural Significance of Accounting* (New York: Wiley, 1979), 5-7, 10-12, 24, 30; Rob Bryer, "Americanism and Financial Accounting Theory, Part 1: Was America Born Capitalist?" *Critical Perspectives on Accounting* 23 (2012): 511-555。

28. Winifred Rothenberg, "Farm Account Books: Problems and Possibilities," *Agricultural History* 58, no.2 (April 1984): 106-112. 关于对收益最大化如何不感兴趣，参见 Patricia Cline Cohen, *A Calculating People: The Spread of Numeracy in Early America* (New York: Routledge, 1999), 82; E.P. Thompson, "The Moral Economy of the English Crowd," *Past and Present* 50 (February 1971): 78。关于对计量史学观点不合潮流的批评，参见 Francesco Boldizzoni, *The Poverty of Clio: Resurrecting Economic History* (Princeton, NJ: Princeton University Press, 2011)。

29. David Szathmary, *Shays' Rebellion: The Making of an Agrarian Insurrection* (Amherst: University of Massachusetts Press, 1980); James P. Whittenburg, "Planters, Merchants and Lawyers: Social Change and the Origins of the North Carolina Regulation," *William and Mary Quarterly* 34 (1977): 215-238.

30. Thomas Jefferson, *Notes on the State of Virginia* (Paris, 1782), 303. 关于美国人不害怕市场而是害怕过于依赖市场，参见 Daniel Vickers, "Competence and Competition: Economic

Culture in Early America," *William and Mary Quarterly* 47, no.1 (January 1990): 3-29; James Henretta, "Families and Farms: *Mentalité* in Pre-Industrial America," *William and Mary Quarterly* 35 (1978), 3-32; Bushman, "Markets and Composite Farming"; Winifred B. Rothenberg, "The Market and Massachusetts Farmers, 1750-1855," *Journal of Economic History* 41 (1981): 283-314; John Taylor, *Arator, Being a Series of Agricultural Essays, Practical and Political* (Petersburg, VA, 1818), 22. 关于早期美国农场和农场主不重视利润最大化的自给自足特性，也可参见 McCusker and Menard, *Economy of British America,* 300。

31. 关于缺少"外居心态"，参见 Peter Kolchin, *American Slavery, 1619-1877* (New York: Hill and Wang, 2003), 29-33; Blackmar, "Inheriting Property and Debt," 95; Trevor Bernard, "A Failed Settler Society: Marriage and Demographic Failure in Early Jamaica," *Journal of Social History* 28 (1994): 63-82。

32. Patten, *Diary,* 326. 阿尔弗雷德·钱德勒承认缺少关于美国早期奴隶种植园的内部会计记录；Alfred Chandler, *The Visible Hand: The Managerial Revolution in American Business* (Cambridge, MA: Harvard University Press, 1977), 66。

33. Lincoln County, North Carolina, 1820, Census returns, microfilm, National Archives, Worcester, MA; Coxe, *Statement of the Arts and Manufacturers,* vi.

34. Instructions of 1820 census cited from Wright, *History and Growth of the United States Census,* 133-135; Zakim, "Inventing Industrial Statistics."

35. Hamilton, "Report on Manufacturers," 129; Coxe, *View of the United States,* 55. 关于考克斯对女性劳动价值的抹杀，参见 Boydston, *Home and Work,* 30-56。

36. Arthur Young to George Washington, January 18, 1792, *Papers of George Washington* (henceforth *PGW*), University of Virginia Press, Digital Edition, http://rotunda.upress.virginia.edu/founders/GEWN. 关于一场典型的英格兰之旅，参见 Arthur Young, *A Six Month Tour through the North of England* (London, 1770)。关于扬，参见 John Gazley, *The Life of Arthur Young 1741-1820* (Philadelphia: American Philosophical Society, 1973)。

37. George Washington to Arthur Young, August 15, 1791, December 5, 1791, *PGW*. 关于具体问题，见乔治·华盛顿 1791 年 8 月 25 日邮寄给许多农场主的小册子。

38. George Washington to Arthur Young, June 18, 1791, *PGW*.

39. 关于杰斐逊如何精于计算，参见 Garry Wills, *Inventing America: Jefferson's Declaration of Independence* (New York: Doubleday, 1978), 93-164; Cohen, *Calculating People,* 109-115。关于杰斐逊的图书馆目录，参见 *Thomas Jefferson's Library: A Catalog with Entries in His Own Order*, ed. James Gilreath and Douglas L. Wilson (Washington, DC: Library of Congress, 1989)。

40. Arthur Young to George Washington, January 17, 1793, *PGW*.

41. Thomas Jefferson to George Washington, June 28, 1793, Papers of Thomas Jefferson, Founders Online, https://founders.archives.gov/about/Jefferson; Washington to Richard Peters, May 16, 1793, *PGW*. 彼得斯对扬的回复随附于 Richard Peters to George Washington, June 20, 1793, *PGW*。

42. Peters to Washington, June 20, 1793, *PGW*. 关于相似的美国人对英国贵族的批评，参见 Hutson, *Securing the Fruits,* 29-58。

43. Peters to Washington, June 20, 1793, *PGW*.

44. Ibid.

45. John Ball, *Autobiography* (Grand Rapids, MI, 1925), 8. 关于统计地名辞典，参见 Cohen, *Calculating People,* 152-165。

46. Jedidiah Morse, *American Geography* (London, 1792), 284-286.

47. Benjamin Franklin, "Observations Concerning the Increase of Mankind," in *The Papers of Benjamin Franklin,* ed. Leonard Labaree (New Haven, CT: Yale University Press, 1961), 4: 225-234.

48. Smith, *Wealth of Nations,* book 1, ch.8; William Horsley, *The Universal Merchant* (London, 1753), xv. 关于商人们对人口增长的钟爱，参见 Edgar Furniss, *The Position of the Laborer in a System of Nationalism: A Study in the Labor Theories of the Later Mercantilists* (New York: Houghton Mifflin, 1920)。

49. Jeremy Belknap, *The History of New Hampshire* (Philadelphia, 1784), 178; David Ramsay, *Selections from His Writings* (Philadelphia: American Philosophical Society, 1965), 185. 关于早期美国人的主要目标是生育更多具有共和精神的公民，参见 Richard White, *Railroaded: The Transcontinentals and the Making of Modern America* (New York: Norton, 2012), 293。

50. Franklin, "Interest of Great Britain Considered," *Papers of Benjamin Franklin,* 9: 73–74; Jefferson, *Notes on the State of Virginia,* 89. 参见 James Cassedy, *Demography in Early America: Beginnings of the Statistical Mind, 1600–1800* (Cambridge, MA: Harvard University Press, 1969), ch.9; Drew McCoy, *The Elusive Republic: Political Economy in Jeffersonian America* (Chapel Hill: University of North Carolina Press, 1996), 50–51, 114–119, 126–129; Jefferson's letter to Madison quoted on page 127。

51. 大多数对奴隶和资本主义感兴趣的书都关注南北战争之前的南方棉花种植。参见 Walter Johnson, *River of Dark Dreams: Slavery and Empire in the Cotton Kingdom* (Cambridge, MA: Belknap Press of Harvard University Press, 2013); Ed Baptist, *The Half Has Never Been Told: Slavery and the Making of American Capitalism* (New York: Basic Books, 2014)。关于棉花种植奴隶与早期奴隶不同的观点，参见 Anthony Kaye, "The Second Slavery: Modernity in the Nineteenth Century South and the Atlantic World," *Journal of Southern History* 75 (2009): 627–650。

52. 关于美国和加勒比奴隶制之间的差别，参见 Richard Dunn, *A Tale of Two Plantations: Slave Life and Labor in Jamaica and Virginia* (Cambridge, MA: Harvard University Press, 2014); David W. Galeson, "The Settlement and Growth of the Colonies: Population, Labor, and Economic Development," in *The Cambridge Economic History of the United States,* ed. Robert Gallman and Stanley Engerman (New York: Cambridge University Press, 1996), 175; 关于烟草种植奴隶制，参见 Justin Roberts, *Slavery and Enlightenment in the British Atlantic* (New York: Cambridge University Press, 2013), 18; Phillip Morgan, *Slave Counterpoint: Black Culture in the Eighteenth Century Chesapeake and Low Country* (Chapel Hill: University of North Carolina Press, 1998), 100–101。

53. Smith, *Wealth of Nations,* book 1, ch. XI. 关于外居心态，参见 Kolchin, *American Slavery,* 34–36; Galeson, "Settlement and Growth of Colonies," 164. 关于切萨皮克种植园主如何对收入最大化毫无兴趣，参见 Lorena Walsh, *Motives of Honor, Pleasure and Profit: Plantation Management in the Colonial Chesapeake, 1607–1673* (Chapel Hill: University of North Carolina Press, 2010), 12。

54. George Washington to Arthur Young, *PGW,* November 1, 1787. 关于大西洋奴隶商人如何像对待商品一样对待奴隶，参见 Gregory O'Malley, *Final Passages: The Intercolonial Slave Trade of British America* (Chapel Hill: University of North Carolina Press, 2016)。

55. Robin Einhorn, *American Taxation, America Slavery* (Chicago: University of Chicago Press, 2008), 29, 49; James Glen, "An Attempt Towards an Estimate of the Value of South Carolina for the Right and Honorable the Lords Commissioners for Trade and Plantations, 1751," in *The Colonial South Carolina Scene: Contemporary Views, 1697–1774,* ed. H. Roy Merrens (Columbia: University of South Carolina Press, 1977), 185; British Board of Trade visitor quoted in Blodget, *Economica,* 80.

56. Advertisement dated November 6, 1827, in Slavery Documents, 1796–1864, reel 1, University of Virginia Library, Charlottesville.

57. W. E. B. Dubois, *The Suppression of the African Slave Trade to the United States of America,*

1638–1870 (Baton Rouge, LA, 1896), 235–238; Adam Rothman, *Slave Country: American Expansion and the Origins of the Deep South* (Cambridge, MA: Harvard University Press, 2007), 21; Steven Deyle, "The Irony of Liberty: Origins of the Domestic Slave Trade," *Journal of the Early Republic* 12 (Spring 1992) .

58. *Boston-News Letter,* no.112, June 10, 1706; *Weekly Magazine* 1, no.2 (February 10, 1798): 62; Chaplin, *First Scientific American,* 82; Franklin, "Observations Concerning the Increase," 52.

59. Notes on Arthur Young's letter to George Washington, June 18, 1792, Papers of Thomas Jefferson.

60. Ibid.

61. Jefferson quoted in Joyce Appleby, *Thomas Jefferson: The American President Series* (New York: Times Books, 2003), 77. 也可参见 Ned and Constance Sublette, *American Slave Coast: A History of Slave-Breeding Industry* (Chicago: Monthly Review Press, 2015); Winthrop Jordan, *White over Black: American Attitudes towards the Negro, 1550–1812* (Chapel Hill: University of North Carolina Press, 1968), 430。

62. 关于重印，见 *Farmer's Register* 5, no.6 (October 1, 1837): 338–339。

4
道德统计年代

在 1844 年 2 月某个寒冷的一天，美国国会就国务卿约翰·C.卡尔霍恩（John C. Calhoun）几个月前写给一名英国外交官的信展开了一场激烈争论。俄亥俄州众议员约舒亚·吉丁斯（Joshua Giddings）宣称："这封信诬称自由州人民反对人权进步，我认为这是对北方人卑鄙的诽谤。"南卡罗来纳州众议员阿米斯特德·伯特（Armistead Burt）立刻打断了他的话：

伯特先生：我想知道，这位来自俄亥俄州的议员是想说国务卿已经做了什么，或者能够做什么吗？

吉丁斯先生：你的问题让我感到惊讶。

伯特先生（非常激动）：那是你想表达的意思。

吉丁斯先生：我几乎不知道如何理解这种南方方言。

伯特先生（在议长要求肃静的呼喊声和木槌敲击声中）：你懂你自己说的话吗？

吉丁斯先生：如果先生们保持冷静，我会很快结束我的发言……当我看到美国国务卿在与英国政府的官方通信中支持蓄奴制时，我感到十分羞耻。特别是，国务卿所有反对人类自由的依据都是建立在我们最近人口普查的错误结论基础之上的，对于任何一个研究官方报告的人来说，这一点都是显而易见的。我们自由州中众多精神失常的有色人口导致了这些错误。[1]

为进步定价：美国经济指标演变简史

在这封引发激烈争论的信件中，卡尔霍恩认为："在所有已经改变了白人和黑人关系的州内，非洲裔的状况非但没有得到改善，反而变得更糟糕了。"卡尔霍恩声称，北方州那些被从奴隶枷锁中解放出来的黑人"都变得道德堕落和生活贫困了，同时无一例外地都有身体和精神问题，如耳聋、失明、精神错乱和痴呆等"。卡尔霍恩随后用一系列统计数据佐证了他的言论。例如，有数据显示，北方黑人中聋哑、失明、痴傻、患有精神疾病、生活贫穷和身陷囹圄的人数比例是"六分之一"，而这一比例在南方仅为"一百五十四分之一"。[2]

如果仔细研究一下美国人如何在他们关于奴隶制的辩论中运用统计指标，就可以更加深入地了解他们是如何更全面地度量进步的。到 19 世纪 50 年代时，为了将奴隶制度推翻或合法化，北方和南方精英阶层都经常关注财富和收入统计数据。然而，在 19 世纪 30 年代和 40 年代，美国人在争论财产所有权问题时，很少对进步进行定价。相反，像约翰·卡尔霍恩一样，他们更关注犯罪、教育、宗教、精神错乱、健康、贫困和卖淫等一系列"道德统计数据"。[3]

北方工业化进程中的城市新兴资产阶级引进、收集和传播了大部分道德统计数据，这些数据在杰克逊总统执政时期的美国广为流传。但是，这些数据迅速在中上阶层美国人、甚至在南方奴隶主中获得了认可，被当作度量进步和成功的标尺。到 19 世纪 40 年代时，由于美国梅森—迪克逊线（Mason-Dixon line）两边的精英们频繁引用一系列道德统计数据证明各自社会的优越性，这些数据成了广受欢迎的表达方式。

因此，俄亥俄州国会议员约舒亚·吉丁斯对国务卿约翰·卡尔霍恩将关于精神错乱和贫困的统计数据视为度量社会进步的晴雨表并不感到生气。恰恰相反，约舒亚非常尊重这种可以度量美国文明福祉水平的道德统计数据。他相信问题只是出在了 1840 年的人口普查中，他认为关于北方获取自由的黑人患有精神问题的数据存在严重错误。这些统计错误成为那个时代最大的政治丑闻之一。普查的统计数据之所以能引发如此激烈的争吵，仅是因为关于奴隶制的辩论的双方都认识到，道德统计对美国人的想象力有着巨大影响。所以在 1844 年 2 月的那一天，随着道德统计数据的广泛传播，这一风险被逐渐放大，局势也变得愈发紧张。[4]

关于黑人精神问题统计数据的争论，其实只是杰克逊总统时期美国南北方之间爆发的众多统计战争中的一场战斗而已。反对奴隶制的年鉴和北方政客们经常引用 1840 年人口普查收集的道德统计数据批评南方社会，比如有关儿童入学或阅读能力的数据，一名俄亥俄州众议员在向国会发表的演讲中强调，"虽然俄亥俄州人口占了八个蓄奴州的一半"，但是该州"又增加了 815 所大学、学院和学校，并向学校输送了 13.1 万名儿童"。正如卡尔霍恩在写给英国外交官的信中反映的那样，南方人很快就用他们自己的道德统计数据做出了反击，不仅引用了北方患有精神问题的黑人统计数据，还引用了北方穷人、囚犯、罪犯和残疾人的相关数据。[5]

关于奴隶制的辩论并非杰克逊总统时代美国如何使用道德统计数据的唯一事例。事实上，在美国人应对任何重大经济变化或社会混乱的时期，都能找到道德统计数据。最终，在 19 世纪 30 年代和 40 年代，这些数据在迅速工业化的北方和迅速扩张的南方棉花王国广为传播，尽管相比于北方，在南方的传播程度稍微弱一点。无论是新英格兰医学期刊还是南方文学杂志，无论是《纽约论坛报》(New York Tribune) 还是《新奥尔良每日新月报》(New Orleans Daily Crescent)，无论是禁酒宣传还是妇女改革运动，无论是福音布道还是亚拉巴马州医学研究，无论是主日学联盟还是司法部长的犯罪报告，无论是美国统计协会还是济贫管理，都充斥着道德统计数据。

在北方，随着工业化进程、移民浪潮、廉价劳动力和民主制度的蓬勃发展，家长制大家庭和聚居村落逐渐瓦解，道德统计数据为美国新兴资产阶级提供了一种全新的社会和家长式统治工具。随着社会关系的淡化和义务关系的改变，人们纷纷涌向了勇敢的新世界，原有的社会阶级秩序被打破了。为了对这些失去束缚的美国人进行约束和管理，忧心忡忡的北方精英们开始把道德统计数据作为一种手段，将美国人转变成可以被观察和监控的量化对象。在谋求减轻工业化受害者痛苦的同时，新兴中产阶级也希望这些数据能够向美国工人灌输他们的中产阶级职业道德，即自我控制和自我提升。[6]

在南方，出于各种原因，道德统计数据传播得稍慢一些。毕竟，相比新出现的统计监测技术，南方人有更为简单、直接和暴力的手段控制和约束他们的奴隶工人。尽管如此，道德统计数据也沦为南方精英阶层们为奴隶制合法化辩护的工具，他们用道德统计数据说明北方工业化的罪恶，与所谓南方奴隶制下的安全稳定形成鲜明对比。随着国内奴隶贸易的日益增长，种植园及其奴隶家庭正在以越来越快的速度分崩离析，奴隶主对复苏家长制统治不再抱有幻想，他们试图用道德统计数据淡化对非洲裔美国人的商品化，证明奴隶制度对白人和黑人都是一件好事情。[7]

道德统计数据在定价进步的历史发展长河中的地位是模糊不清的。一方面，道德统计数据显然是现代经济指标的重要前身。在美国历史上，道德统计数据第一次成功地将量化标准注入日常谈话、报纸、政治活动、政府机构和民间团体中。随着工业化、移民浪潮、个人主义和劳动力商品化的兴起，基于家长式和政治精英阶层控制的传统统治方式面临着重重挑战，但道德统计数据为统治方式的变革提供了新手段。它使得美国精英阶层发现数据可以弥补权力真空，而且可以成为监督和管理民众的工具。[8]

另一方面，道德统计数据既被用于教导公众接受和内化新兴资产阶级的行为规范和价值观，又常常被创造出它们的北方改革家们用来消除疾病、消灭卖淫和改善生活条件。尽管这些数据远非客观，但至少它们都将人性而非金钱作为社会首要目标。这些数据侧重描述人们的生活条件，因此与未来的经济指标有所不同，它们不将美国人视作发财致富的挣钱工具。

因此，道德统计数据的兴起反映了这样一个事实——金钱并非杰克逊总统时代大多数美国人度量社会进步的主要标准。在一个通货膨胀加剧、假币泛滥、投机性银行盛行的时代，许多美国人将纸币视作靠不住的"抹布"，北方人和南方人都极度质疑市场定价基本商品的能力，更遑论可以定价他们的国家了。相比于虚幻抽象的交换价值，那个年代的美国精英阶层更偏好具体有形的计量手段，比如预期寿命和主日学校的出勤率，这一观念仍然根深蒂固。在公司和股票市场出现之前，资本活动仍具有很强的区域性，因此美国商人们被迫目睹由其工业投资造成的社会混乱。这些精英们焦躁不安地看到了等级秩序的崩溃，他们关心的不是遥远的资本流动，而是如何开发合法化的新控制手段。在统计穷人、妓女、疯子、酒鬼和学者的数量时，他们关注的是下层阶级的身体、精神和社会状况，而不是他们的货币化生产力。度量道德统计数据的基本单位是身体和思想，而不是金钱。[9]

∽

1836 年，最畅销的《美国年鉴》(*American Almanac*) 首次刊登了关于贫困的统计数据，这个当时极为重要的统计汇编声称自己的目标是"促进道德文明和国家进步"。《美国年鉴》引用的参考数据来自欧洲，这些数据指出，英国的贫困人口比例是六分之一，荷兰和比利时是七分之一，法国是二十分之一，普鲁士和西班牙是三十分之一。到 1838 年时，《美国年鉴》已经将美国贫困人口数添加到其收集的每个州的统计表格中，得出的最终结论认为："与多数欧洲国家相比，美国所有州的贫困率都很低。"[10]

这种从海外引入的贫困数据并非特例：大多数道德统计数据都非源自美国，而是源自欧洲。刚开始，欧洲的道德统计数据先是在美国广为传播。几年后，美国人口统计也会产生类似的数据，美国的道德统计数据随之诞生了。甚至"道德统计数据"一词也从欧洲传入。因此，我们必须从大西洋彼岸入手，才能更好理解道德统计数据是如何形成的。[11]

随着自由个人主义逐渐取代旧秩序的等级制度，欧洲新兴资产阶级开始借助社会统计数据解释不断变化的世界。与之前统治他们的贵族不同，这些自由精英们设想的不是一个等级森严、极少流动的封建社会，而是一个由众多自由个体组成的群体，这些个体可以通过统计学进行分类、加总，或者被作为不同社会团体或"人口群体"进行相互比较。随着个体逐渐成为科学和定量研究的对象，被公认为现代社会统计学之父的比利时天文学家阿道夫·凯特勒（Adolphe Quetelet）等学者，开始将他们的统计视野和数学工具从天体转移到人类身上。与自然科学一样，社会统计学家认为量化可以揭示社会自然规律，进而揭示推动社会运转的因果逻辑。然而，对本书来说更为重要的是，他们开始相信可以用这些数据度量社会进步了。虽然威廉·配第的政治算术预测了其中的一些发展，但直到19世纪早期——历史学家似乎认为19世纪20年代是最重要的十年，统计这个词才突然开始流行起来。[12]

　　虽然美国人受到了来自欧洲各地的道德统计数据的影响，但其中对美国人影响最大的还是来自英国的数据。到19世纪初时，英国政府已经认识到社会量化数据的重要性了。1801年，英国进行了第一次人口普查，济贫员、校长和神职人员是第一次社会统计数据的收集者。1810年，英国内政部开始收集犯罪数据。1818年，英国下层社会教育特别委员会（the Select Committee on the Education of the Lower Orders）进行了第一次大规模教育统计调查，这个委员会的名字准确地反映了英国资产阶级是如何看待这一统计对象的。工厂童工特别委员会（the Select Committee on Children Employed in Manufactories）收集的第一批政府卫生统计数据，也明显与阶级政治有关。到19世纪30年代时，这些临时开展的社会量化统计逐渐被规范化和制度化了。1834年，伦敦统计学会（London Statistical Society）成立了。1837年，根据国会通过的一项法案，英国政府设立了登记总局（General Register Office，GRO）。威廉·法尔（William Farr）是该机构的首批领导者之一，他后来与济贫法改革家埃德温·查德威克（Edwin Chadwick）一道，成为19世纪40年代英国道德统计数据的主要传播者。法尔暗示道德统计数据和金钱统计数据之间存在延续性，他在后来英国的定价进步中发挥了重要作用。[13]

　　英国道德统计数据的产生是资产阶级对工业革命的回应。事实上，英国首个统计学会在1833年成立于世界制造之都曼彻斯特，而非伦敦。曼彻斯特统计学会由一群后来与自由党结盟的实业家建立，试图运用统计分析恢复城市秩序、缓和阶级冲突、规训劳动者、改善生活条件、提高生产力、使工厂劳动合法化。在曼彻斯特统计学会的第一批主要研究报告中，有一篇詹姆斯·菲利普斯·凯（James Phillips Kay）撰写的题为"工人阶级的道德和身体状况"（The Moral and Physical Conditions of the Working Classes）的文章，正如凯在文中坦率指出的那样，他希望让工人们看到"自己的社会政治地位和责任"，以此教育和约束他们。[14]

为了避免触碰工资、工时这些有争议的话题，曼彻斯特统计学会很少收集有关工厂内部情况的统计数据，他们喜欢收集有助于自己理解工人阶级家庭、身体和思想的数据。因为曼彻斯特工业精英们对这座城市的慷慨慈善捐款，像凯这样的人认为，这些精英们"有权调查人民的日常安排，有权指导他们如何发展国内经济，有权建议他们保持清醒、整洁、远见和理智"。根据曼彻斯特统计学会的观点，其统计调查的目的是"为了帮助改善工厂工人的社会状况"。统计数据调查是该市更大规模改革运动的一部分。格雷戈斯家族（Gregs）是曼彻斯特著名纺织工业家，他们不仅帮助创建了统计学会，还建立了主日学校、体育馆和图书馆，试图向城市工人阶级灌输他们的中产阶级价值观。如果说织布机是用来生产纺织品的，那么统计数据就是用来生产"好工人、好父亲、好服从者"的。[15]

曼彻斯特统计学会的成员们在全城清点有多少孩子上学、他们家里有多少藏书、犯过多少罪及其中有多少罪行是酒精导致的。这些统计数据揭示了人们的诉求，这些曼彻斯特统计者梦想建设一个干净有序的城市——在这个城市里，没有犯罪和酗酒问题，健康、自立又温顺的工人们愿意愉快地连续工作12个小时。这些统计报告特别强调主日学校的出勤率，这可能是因为这些教会运作的机构倡导自力更生理念（以便让人们对依赖贫困救济感到羞耻），同时也向人们灌输维多利亚时代的自我提升、自我控制和自我约束价值观。曼彻斯特统计学会的最终报告没有把工人们遭受的苦难归咎于其个人原因，这一统计组织坚信社会弊病的责任在于城市而不是工厂。学会的一份报告认为："12个小时的劳动会让虚弱的孩子疲惫不堪，但是健康的孩子不会如此。"对这些人来说，曼彻斯特的问题在于外部环境和内在道德，而非工作（或薪酬）原因。[16]

伦敦统计的发展很快就让曼彻斯特统计学会相形见绌，但是道德统计数据的本质特征在整个19世纪40年代都没有改变，直到19世纪50年代才开始逐渐退出历史舞台（美国的情况也是如此）。从19世纪30年代开始，法尔和查德威克等人收集了有关疾病、识字率（他们首次弄清了有多少英国人会写自己的名字）、卫生条件、犯罪、教育、宗教、精神错乱和死亡的数据，他们因此在国际上名声大噪。在大多数情况下，道德统计数据与工业生产之间的联系是含蓄的，但有时又表现得十分明显。例如，威廉·法尔认为公共卫生政策"将让英格兰和威尔士每年少死亡 3 万人，并提高了相同数量人口的活力（我可以加上产业和财富吗？）"。[17]

∽

其他正在工业化进程中的欧洲国家，尤其是法国，也出现了类似的统计发展。席卷欧洲的道德统计数据浪潮很快就抵达了美国海岸。1834 年，《美国力学杂志》（*American Mechanics Magazine*）首次引用的道德统计数据便来自欧洲。弗朗西斯·利伯（Francis Lieber）（他本人是欧洲移民）在 1840 年的人口普查中力主将犯罪数据纳入统计调查，他强调了法国犯罪报告的价值。成立于 1837 年的美国统计协会（American Statistical Association, ASA）是伦敦统计学会的翻版。波士顿人莱缪尔·沙特克（Lemuel Shattuck）是美国统计协会的创始人，也是美国道德和生命统计的主要倡导者，他与英格兰总登记官和英国精算师托马斯·罗伊·埃德蒙兹（Thomas Rowe Edmonds）以及阿道夫·凯特勒和汉堡霍乱地图绘制者罗森伯格（J.N.C.Rothenberg）等人保持着频繁的书信往来。[18]

欧洲道德统计数据的传入是美国社会量化历史的一个关键转折点。直到 19 世纪 20 年代，美国人大多拒绝英国式的社会量化数据。但是到 19 世纪 40 年代时，情况已不再如此。佛蒙特州的《绿山弗里曼》（*Green-Mountain Freeman*）等美国报纸开始引用伦敦和格拉斯哥的"邪恶统计数据"，声称"23000 名醉汉在街上蹒跚而行……还有 500 间堕落的庙宇，15 万名不守安息日的人"。尽管这些道德统计数据来自欧洲，但到 19 世纪 30 年代时，它们已很接近美国的情况，引起了那些认同欧洲资产阶级恐惧和焦虑的美国中产阶级的强烈共鸣。美国正在"欧洲化"，这让美国发现工业化和无产阶级化使这个国家的社会结构和社会问题越来越类似典型的欧洲国家。新世界（美国）和旧世界（欧洲）之间的统计差异将在本世纪的余下时间里继续缩小，到 19 世纪 50 年代时，美国人已成为欧洲国际统计会议的坚定参与者。[19]

尽管宗教狂热无疑也在大西洋两岸的统计发展中发挥了重要作用，但是与欧洲一样，工业革命是美国道德统计崛起的主要推动力量。到 19 世纪 20 年代时，美国制造业还主要是在家长式家庭的支持下组织起来的。由于家庭和工作之间没有真正的界限，学徒和熟练工都要屈从他们主人的父权。学徒和熟练工不仅要和掌握技巧的主人一起工作、学习手艺，而且通常生活在一起（也许更重要的是一起喝酒）。他们中的大多数工作都是在主人家附近的作坊中完成的，主要为当地市场生产少量非标准化的商品，因此他们的工作是不规则的和因人而异的。制造业也不是完全在工匠们的作坊内完成的，部分被外包给了家庭妇女，因此这种生产仍然是家长式的。[20]

19 世纪 20 年代和 30 年代，事情开始发生变化。面对日益激烈的竞争，对标准化产品的需求越来越高，降低成本的压力越来越大，制造业雇主们开始将工业生产集中在与家庭分开的小型工厂中进行。更明确的分工减少了雇主们对学徒或熟练工的依赖，转而更加依赖靠工资生活的非熟练劳动者——其中许多人是移民。这些工人不再住在雇主家中或者雇主所在的社区，雇主和工人之间的社会和空间距离在不断拉大。许多雇主们逐渐认为，除了工资，他们不欠工人什么，因此劳动者成了一种关系疏远且具有弹性的"可变成本"，即可以根据市场需要雇佣和解雇工人。以市场为中介的制造商与工薪劳动者之间的关系，逐渐取代了传统的师徒关系。[21]

在新工厂内部，制造商们试图通过打铃、考勤和一套严格的规章制度向工人们灌输资产阶级职业道德和工作纪律。但是，一旦工作结束工人们回到自己家中后，制造商们就感到他们不再对工人拥有社会权力了。家长式社会秩序的崩溃导致了工业化城镇中产阶级居民的控制危机，因为工人们不再在主人眼皮子底下生活、工作、吃饭、喝酒或嬉戏。随着移民和流动人口的增加，作为村庄生活不可分割一部分的文化认同也消失了，城市生活慢慢成为遍布陌生人的社会。更糟糕的是，对于中产阶级美国人来说，杰克逊式民主的兴起带来了一种有争议的民粹主义形式的城市中心政治，这经常让精英们感到他们可以不再依赖地方政府控制社会了。为了弥合雇主和工人之间正在出现的阶级鸿沟，北方资产阶级急于寻求新的社会约束方法，于是他们转向了道德统计。[22]

洛厄尔（Lowell）*纺织厂的发展为理解道德统计和工业化之间的关系提供了独特视角。建造这些工厂的婆罗门波士顿协会（Brahmin Boston Associates）急于在美国发展英式制造业，尽管他们不是真正的革命者，但是他们对这些经济变化可能给美国家长式纺织作坊结构造成的影响感到担忧。洛厄尔实业家内森·阿普尔顿（Nathan Appleton）在访问英国时，对其目睹的社会混乱状况感到非常震惊。在阿普尔顿看来，不能简单地用金钱度量社会进步。他在日记中写道："虽然在英国确实可以很便利地用钱买到我们在美国买不到的东西，但是这在很大程度上是以社会下层阶级的生活没落为代价的——为了整个国家的幸福可以对他们不管不顾。"[23]

为了避免美国社会的"堕落"和欧式工薪无产阶级的兴起，洛厄尔制造商们只雇佣当地农民的女儿们几年时间，并把她们安置在受到严格监管的寄宿宿舍里。尽管寄宿宿舍不是家庭住所，但是洛厄尔精英们现在需要关注的不仅仅是自己的女儿，而是更多的女孩。这时，他们开始利用道德统计数据。例如，在 1841 年访问洛厄尔工厂之后，英国贵格会教徒和废奴主义者约瑟夫·斯特奇（Joseph Sturge）详尽引用了洛厄尔一本小册子刊登的"当地道德统计数据——这个小册子是一位受人尊敬的洛厄尔市民出版的"。斯特奇反复分析了访问期间得到的数据，指出洛厄尔有"14 个宗教社团、4936 名学生、433 名教师"，其中大多数学生都是磨坊女工。然后，斯特奇还引用了小册子中有关公立学校、主日学校和贫困率的统计数据。洛厄尔一神论派牧师亨利·迈尔斯（Henry Miles）将道德统计数据称为"公司的道德警察"，它不仅被洛厄尔管理者用来改善工人们的生活条件，也被用来提高利润率。正如迈尔斯在其一次布道中解释的那样："这些工厂（纺织工

---

* 位于美国马萨诸塞州东北部，是当时美国最重要的纺织中心。——译者注

厂）的生产力取决于一个基本且不可或缺的条件——存在一个勤劳、清醒、有序和有道德的工人阶层。如果没有道德统计数据，洛厄尔的工厂将一文不值，利润将被违规行为消耗殆尽。"[24]

ᔉ

作为席卷美国东北部的第二次大觉醒运动的重要组成部分，处在工业化进程中的数百个城镇改革协会也带来了源源不断的道德统计数据。到 1828 年时，位于纽约州北部的尤蒂卡镇（Utica）——美国最大的一家纺织制造商所在地——有 21 个宗教或慈善团体、3 个改革团体、5 个福利协会、6 个兄弟会、6 个自我提升协会，也充斥着很多道德计算。正如该市一个道德改革家宣称的那样，性犯罪统计数据可以"影响公众舆论"，就像"装满弹药的火炮一样一点就着，到处传播恐怖和不满"。[25]

大多数殖民地时期的美国人都沉浸在以上帝意志为中心的加尔文主义神学中，由于人们认为贫穷、卖淫和犯罪等社会现象是不可避免的，因此没有花费太多时间或精力收集道德统计数据。然而，大量中产阶级在杰克逊总统时期加入了道德改革协会，他们不再认为男人或女人的堕落是不可阻挡的；相反，他们相信人类的道德自由选择，相信人类有能力达到完美。宗教改革家们没有把信仰放在神秘的宿命论上，而是把注意力集中在提高个人能力上。道德统计逐渐被视为传播千年自我提升福音的重要手段，经常出现在布道和改革协会的年度报告中。正如美国福音传单协会（American Tract Society）第二十次年度报告解释的那样："美国的道德普查将是基督教慈善家非常感兴趣的文件，它将激励和引导慈善事业，有助于形成更加智慧、更有针对性和更全面的福音传道计划。"[26]

美国统计协会创始人莱缪尔·沙特克的生平反映了宗教变革如何在道德统计的形成中发挥关键作用。沙特克具有早期美国典型的基督教宿命论观点，他在 1812 年的第一篇日记开篇写道："19 年前的今天我来到了这个世界，我生下来就是一个罪人，反对上帝及上帝的管理；我的行为、欲望和精神都非常堕落。"到 19 世纪 20 代末时，沙特克来到了美国西部，根据当时盛行的兰卡斯特制 *（Lancasterian system）在底特律建立了一所纪律严明的学校，在密歇根州开办了第一所主日学校。作为校长，沙特克开始强调自我提升，而不是原罪。他后来对统计调查的喜爱在这个时候就已表现出来了，沙特克在 1819 年登于《底特律公报》（Detroit Gazette）上的一篇文章中自豪地告诉人们，他的 170 名学生中有 75 名在阅读方面取得了明显进步；114 名学生学会了在纸上写字，69 名学生学会了在石板上写字；61 名学生在简单规则的算术方面取得了进步，15 名学生学会了约分，13 名学生学会了"三的法则"。[27]

19 世纪 40 年代，沙特克返回了美国东部，在马萨诸塞州的康科德开了一家商店，他在这里完成了思想转变，不再沉溺于人类的犯罪倾向，而是关注人类达到完美的可能性。沙特克深入研究了 1845 年波士顿人口普查的健康和道德统计数据，将其作为"改善人类精神、道德和身体状况的手段"。沙特克是一个脱离现实的改革家，1848 年他提议通过立法强迫狗主人给自己的狗戴上口套，1850 年他作为波士顿卫生委员会（Boston Sanitary Commission）主席着力推动建设一个更清洁的城市。同年，他试图创办一本名为《慈善家》（The Philanthropist）的杂志，该杂志关注的重点是"教育机构、贫困、监狱纪律、卫生和统计"以及"对所有慈善、惩罚、惩戒、教育和道德机构的状况、管理和统计做出正确的描述"。[28]

基督徒的善行与道德统计数据相辅相成。改革者认为这些数字是惩戒、监督和自我改善的有力工具，可以有效减少犯罪、改善健康、消除卖淫、遏制酗酒，使美国更宜居。到 19 世纪 40 年代时，许多组织响应了美国福音传单协会要求进行"道德普查"的呼吁。1840 年的《长老会教会大会记录》（the Minutes of the General Assembly of the Presby-terian Church）包含了超过 30 页的道德统计数据。1841 年，美国禁酒协会计算出美国贫民"十有

---

* 又称导生制，是一种教学组织形式，先教一些年长且成绩好的学生，再由他们去教其他学生，曾在英国和美国流行过数十年，为英、美两国普及初等教育作出过重大贡献。——译者注

八九是放纵导致的"。在尤蒂卡女传教士服务中心（Utica Female Missionary Service）——玛丽·瑞安（Mary Ryan）估计其中商人的妻子占70%——的年度报告中，对儿童救助数量有精确统计。主日学校的期刊定期关注工人阶级，并统计转换宗教信仰者的数量。[29]

甚至，路易斯·塔潘（Lewis Tappan）的商业征信行（Mercantile Agency）——成立于1841年的美国第一家征信公司——也可以被视为推动道德改革的数据制造机构。塔潘是一个激进的废奴主义者和温和改革者，他通过道德监督推行市场规则，将道德统计逻辑用于信用关系。当地线人提供的关于其邻居越轨或不道德行为的报告被集中到一个中央办公室，并卖给付费客户。当商人们开始相信"美德"是他们"最有价值的资本"时，塔潘征信行向新生资产阶级提供了他们认为对获得市场成功具有重要作用的道德统计数据。因此，塔潘商业征信行的早期条目包含的货币价值信息很少、八卦信息很多。例如，1862年，奥斯威戈县的摩根·弗罗斯特（Morgan Frost）被估价1万美元，但在1846年时，对他的评价还只是"非常勤奋和专注的"。1869年，制帽匠弗里曼·菲利普斯（Freeman Phillips）被首次定价，但是在19世纪40年代时，他的标签是"诚实、富有魅力和小心谨慎的"。[30]

不仅改革协会和商业机构收集道德统计数据，精神病院、监狱、济贫院和医院也收集道德统计数据。在早期美国，上述这类机构的数量非常少，几乎没有严格的因犯日常安排和统计报告。然而，随着家庭秩序的瓦解，这些监管机构也逐渐兴起。1823年纽约州建立了第一座州政府监狱，其后，1826年宾夕法尼亚州、1829年马萨诸塞州和马里兰州、1830年新泽西州、1831年田纳西州、1832年佐治亚州、1835年路易斯安那州、1841年亚拉巴马州纷纷建立了州政府监狱。杰克逊总统时期的美国也是精神病院、教养院和济贫院建设的全盛时期。1830年时，美国只有一家公立精神病院。到了1860年时，33个州中有28个州建立了公立精神病机构。1820年至1840年间，马萨诸塞州的60个城镇都建立了新济贫院。1824年对纽约州贫困人口进行的一项深入统计研究表明，130个样本城镇中只有30个有济贫院。到1835年时，纽约州55个县中有51个县至少建立了一个济贫院。[31]

美国的监狱、济贫院和精神病院反映了美国精英阶层的改革梦想。精神病院被看作"一个用来实验所有卫生和教育以及身体和道德改革新计划的大剧院"，被认为是实行完全资产阶级秩序的乌托邦孤岛——在那里，严格的惩戒和控制制度消除了现实生活中的混乱。统计数据在这个新管控制度中发挥着核心作用。精神病院、监狱和济贫院的年度报告提供了源源不断的道德统计数据。与道德改革协会、宗教组织和国家人口普查一样，精神病院也通过使用大量有关穷人、酒鬼、妓女、学生、疯子和罪犯的统计数据影响了美国。为了更好地了解这些数据是如何被使用的，我们必须仔细研究每个统计数据。[32]

∽

自殖民地时期以来，美国城镇一直在收集有关穷人的信息。殖民政府的报告主要记录贫民的数量及其社区支出。他们把所有需要帮助的人混集在一起，无论他们是孤儿、寡妇还是残疾人。通常情况下，能够体现北美殖民地社会生活差异的唯一区别，是看这些需要帮助的人是不是这个城市的居民。但是在杰克逊总统时期的美国，当贫困成为社会福利指标时，为了试图追踪一个人为什么贫困，政府报告中开始出现新的统计分类。例如，1845年的纽约州务卿报告包含了由穷人监管机构收集的数据，报告罗列了"酗酒""懒惰""白痴""精神错乱""失明""跛脚""疾病""衰老""贫困""不幸""哑巴""孤儿""非法同居""被遗弃""放荡""完全放荡"和"原因不明"等造成贫困的不同原因。[33]

这些分类经常被用来区分哪些穷人应该得到帮助，哪些穷人不应该得到帮助。莱缪尔·沙特克在其1845年的城市人口普查中用这种方式量化穷人，根据穷人是否能够工作或是否"不能劳动"对其进行了分类。19世纪40年代末，波士顿婆罗门教徒、统计爱好者内厄姆·卡彭（Nahum Capen）给参议院人口普查委员会主席约翰·戴维斯（John Davis）写了一封信，向联邦政府推荐了这一方法，建议在1850年的人口普查中将"身体残疾"和

"患有恶习"的贫困者区分开来。[34]

然而，一些美国人没有用这种方式看待贫困。在他们手中，这些统计数据成为其推动共和的手段。1839年，年轻的詹姆斯·布坎南（James Buchanan）*在美国国会宣称："我不愿意让英国政府成为共和制美国的立法榜样。世界上还有哪个国家的贫困现象如英国那样严重呢？"布坎南把英国视作资本主义关系的临时替身，而非道德统计的典范，他把贫困变成了社会福利指标。不是只有布坎南一个人持此观点。例如，1834年，由工人党（Workingmen's Party）党员乔治·H. 埃文斯（George H. Evans）编辑的一份很受欢迎的劳工报纸呼应了布坎南关于美国社会正在堕落的观点，这份报纸告诉人们，在一个8万人的美国城市中，竟然有5000多名贫民。然而，与他们的中产阶级雇主不同，大多数工薪阶层美国人从未从事过道德统计工作，也很少参与他们的写作。虽然杰克逊总统时期的民主党人，如记者威廉·莱格特（William Leggett），很有宣传天赋，但是枯燥的统计数据没有推进他们的民粹主义议题。因此，道德统计仍然停留在精英阶层。[35]

在杰克逊总统时期，美国也充斥着"令人震惊的"酗酒统计数据。阿默斯特学院院长赫尔曼·汉弗莱（Herman Humphrey）利用数据证明，美国此时的酗酒问题"比奴隶贸易鼎盛时期更严重"。为了比较酗酒和奴隶贸易哪个带来的"总痛苦"更大，汉弗莱进行了大量复杂的计算，这些计算主要来自一神论派牧师约翰·戈尔汉姆·帕尔弗里（John Gorham Palfrey）在波士顿布拉托广场教堂（Brattle Square Church）布道时所说的酗酒数据。汉弗莱的结论是，虽然奴隶贸易让2.5万—3万人"遭受奴役"，但是酗酒行为让3.6万人没了命。他声称，尽管每年有1万—1.5万人死于奴隶贸易，但是每年有3.6万人死于酒精。汉弗莱最后总结道："因此可以说，酗酒死亡人数是奴隶贸易的三倍。"[36]

不是只有汉弗莱一个人这样计算的。那个时候的大多数禁酒布道或报

---

* 1857—1861年出任美国第15任总统，他出任总统时，正值美国历史上的一个重大关头，当时南北双方在奴隶制问题上的斗争愈演愈烈。——译者注

告都引用了统计数据。1831 年，波士顿的宗教领袖们专门制作了一张表格，用以记录因酗酒而被逐出教会的教徒数量。查尔斯·沃克（Charles Walker）牧师在其担任佛蒙特州东拉特兰郡（East Rutland）牧师的六年时间里，记录了其所在社区的死亡情况，断定说 39 名死者中有一半以上是酗酒者。这样的禁酒统计数据通常出现在工业化地区，毫无疑问，这些数据的目的是向不再与雇主们一起生活或工作的城市熟练工和劳动者们灌输自律理念，这些理念与 19 世纪 20 年代由工匠转型的制造商开始内化的生产纪律是相同的。[37]

另一个流行的道德统计数据是卖淫。1830 年，约翰·麦克道尔（John McDowall）牧师搬到了纽约市，在"五点区"（Five Points）* 贫民窟做传教工作。他逐个妓院统计妓女数量。当年年底，麦克道尔创立了纽约玛格达伦协会（New York Magdalen Society），并公布了他的惊人发现，声称该市有 1 万名妓女，她们的客户包括一些纽约顶流绅士。虽然麦克道尔的数据引发的争议导致他不得不关闭了这个协会，但是他的报告开创了之后大规模卖淫统计的先河。在纽约、辛辛那提和费城这样的城市，"妓女调查"变得见怪不怪了，纽约市议会等政府机构、玛格达伦协会等道德改革组织、当地警察局、《公共道德杂志》（*Journal of Public Morals*）、哗众取宠的记者，抑或像约翰·麦克道尔这样的改革人士，都会开展这样的调查。[38]

对一些改革者来说，妓女数量被简单地看作"放荡"和"道德败坏"的标志，人们经常指责这些女性已经"堕落了"。金融家乔治·坦普尔顿·斯特朗（George Templeton Strong）的日记描述妓女说"小偷写在他们狡猾的眼睛里，妓女体现在她们堕落的脸庞上"，像许多资本家一样，他喜欢用下层女性的内在弱点解释卖淫的兴起。然而，一些其他纽约人认为卖淫是一个结构性经济问题。在阅读了麦克道尔令人震惊的统计报告后，《太阳报》（*Sun*）的一篇文章将性剥削与经济剥削联系在一起，认为是女佣的低工资和"服务报酬的不公平"造成了"卖淫者"的增加。乔治·G. 福斯特（George

---

* "五点区"是纽约曼哈顿的贫民窟。——译者注

G. Foster）在其轰动性著作《赤裸的纽约》（*New York Naked*）中也做出了同样的表述："女性卖淫是女性劳动者报酬过低直接导致的。"[39]

认为妓女数量可以作为社会福利指标的观点促使一些改革者大大扩展了麦克道尔开创性项目的范围，希望能够揭示这种社会现象背后的原因。作为纽约市济贫院理事会（New York City Board of Almshouses Governors）的官方报告，威廉·桑格（William Sanger）的巨著《妓女的历史》（*History of Prostitution*）介绍了一项范围广泛的统计调查，这项调查涵盖妓女的健康、识字率、年龄、预期寿命、出生地、平均每周收入或者卖淫次数，甚至她们父亲从事的职业等。桑格把卖淫统计变成了一个度量经济剥削程度的指标，因为他发现卖淫是 85% 与之交谈过的女性的"唯一谋生手段"，并且大约有一半的人之前是做家庭女佣的，她们作为家庭女佣的工作条件"会让南方奴隶主感到难堪"。桑格还将矛头指向了英式资本主义社会关系向美国的输出，认为"研究英国或欧洲大陆任何一个制造业城市的道德统计数据，都会得到相同的结果，但是程度更惊人"。[40]

1840 年，美国人口普查首次包含了教育水平信息，这是另一项道德统计数据。这次普查要求人口普查员统计小学、语法学校、普通学校以及大学、专科学院及研究院的学生人数。随着识字率的提高，这些教育数据很快成为度量进步的主要标准。《自由年鉴》（*Liberty Almanac*）是杰克逊总统时期反奴隶制统计数据的重要来源，它在一篇名为"奴隶权力和道德"（Slave Power-Moral）的文章中明确指出，在康涅狄格州 568 人中仅有 1 人是文盲，而在弗吉尼亚州这一比例为 12.5∶1。"仅俄亥俄州就有 51812 名受过教育的人——这比十三个蓄奴州的总和还多！"然而，《自由年鉴》没有指出的是，它仅收集了白人的识字和教育数据。显然，无论是自由的还是被奴役的非洲裔美国人，都不认为人口普查局需要调查他们的受教育状况。[41]

教育统计数据的兴起主要是由波士顿教育改革者霍勒斯·曼恩（Horace Mann）推动的，1837 年，他被任命为新成立的马萨诸塞州教育委员会（Massachusetts Board of Education）主任，这是美国第一个类似机构。这个机构没有真正的管理或资助权限，但是仍被要求提交年度报告，于是曼恩求助于统计数据。他走遍了整个州，统计了图书馆、机械学院、阅览室、演讲厅、文学社团和公共讲座的数量。[42]

曼恩的报告经常强调在争取社会和经济平等的共和社会中实施免费教育的重要性。但是，他也将学校和学校统计数据视为社会管理的工具。1840年，曼恩向一个朋友哀叹道："虽然在过去60年中教育支出不断增加，但是仍然跟不上日益增长的社会责任、义务和诱惑的要求。"曼恩将教育统计数据和社会控制联系在一起，这让其在欧美精英阶层关于提升教育水平是否能减少犯罪的激烈辩论中颇为引人瞩目。教育是否能减少社会问题，是安德雷-米歇尔·盖里（Andre-Michel Guerry）1833年发表的《论法国道德统计》（Essay on Moaral Statistics of France）一文的核心议题，这是一项开创性的社会科学研究，盖里利用犯罪和教育统计地图证明了两者之间确实存在正相关关系。[43]

盖里的发现在《美国教育年鉴》（American Annals of Education）等期刊上得到了广泛报道，这是可以预见的结果，因为美国越来越重视犯罪统计数据。长老会牧师谢泼德（T.J. Shepherd）在巴尔的摩举办的一场热情洋溢的关于"精神贫困"的布道中向其信众道歉说，他确实无法用"公认的犯罪和贫困统计数据"支持自己的主张。谢泼德在其道歉中表达了他的信众已经知道的观点：犯罪统计数据给了社会福利指标重重一击。支持制造业的《奈尔斯国家簿记》（Niles National Register）利用瑞典监禁率统计数据证明，工业化不一定会导致人民"道德败坏"。霍勒斯·格里利（Horace Greeley）主编的《纽约论坛报》特别喜欢列出犯罪、定罪率、刑期以及酗酒影响的统计数据。《纽约论坛报》在评论一份州报告时强调"报告最有价值和最有趣的部分是关于犯罪和腐败的统计数据"，这些数据反映了迫切需要"抑制卖淫和其他恶习"。[44]

沙特克的1845年波士顿人口普查揭示了统计数据和监狱数量是如何在这个城市的蓬勃工业化过程中存在关联性的。他引用马萨诸塞州改造院（Massachusetts House of Reformation）理事会的数据指出，1826年以来，有685名男孩和128名女孩被送往改造院，其中323人因"偷窃或小偷小摸"、216人因"顽固和不服管教"、191人因"流浪"、45人因"懒惰和放荡"被判刑入狱。由于该机构的严格管教政策，许多挑战资产阶级财产权和职业道德的"流浪者"已经被成功地重新融入了劳动力市场：在 800 多名罪犯中，有 442 人成功地"从事农民、航海和各类贸易工作，女孩被指导从事家政工作"。[45]

如果不是美国政府的日益官僚化和由此产生的大量年度报告，犯罪统计数据不可能在每日报纸、城市普查和周日布道中得到广泛传播。例如，俄亥俄州总检察长在 1846 年首次发布了一份年度犯罪报告，该报告发现，该州 363 起或六分之一公诉案件的"犯罪原因是酗酒"。此外，正是这些报道让美国人参与了有关教育和犯罪关系的辩论。例如，一份纽约州报告指出，在 27949 名罪犯中，只有 1182 人接受过"普通教育"，414 人接受过"较好的教育"，128 人接受过"非常好的教育"。在发表这一发现的众多报纸中，有一家报纸宣称："多么需要免费教育啊！"[46]

∽

精神疾病的统计也是道德统计学家的一个重要工具。精神健康在杰克逊总统时期的美国是一个热点问题，当时建立了几十家精神病院就说明了这一点。精神疾病患者的比例是南北战争前关于美国人口普查的最大丑闻，这个问题之所以发生丝毫不令人感到奇怪。丑闻背后的故事很简单：爱德华·贾维斯（Edward Jarvis）是一个努力上进的马萨诸塞州医生，他十分喜欢统计分析。1842 年，他在一份著名医学杂志上发表了一篇文章，这篇文章透露，根据 1840 年的人口普查，美国北方黑人罹患精神疾病的比例远远高于南方。例如，在缅因州，非洲裔美国人被列为"疯子"或"白痴"的比例令人震惊地达到 14:1，而在路易斯安那州，这一比例仅为 4310:1。[47]

起初，贾维斯认可这些人口普查数据，并用当时典型的种族主义和家长主义说辞解释这些数据，强调"奴隶制对黑人的道德修养和智力发展有巨大影响"，因为它使黑人们不用承受"自由、自我思考和自我行动担负的责任"。然而，贾维斯不相信南北方之间这一惊人的数据差异，于是决定仔细审查实际数据。令贾维斯非常吃惊的是，他发现实际情况与之前的普查数据存在巨大差异。很快，他在同一期刊上发表了第二篇文章，宣称之前的数据都是错误的。然而，为时已晚。[48]

南方人认识到道德统计在美国北方和欧洲具有强大影响力，因此不失时机地宣称自己的"特殊制度"具有道德优越性。首先，一个匿名作者在《亨特商人杂志》上发表了一篇短文，揭露了美国南方和北方黑人精神疾病患者统计数据存在的惊人差异。（一家商业杂志对这些数据感兴趣，这一事实进一步证明了道德统计在 19 世纪 40 年代初具有广泛影响力。）后来，1843 年夏天，颇具影响力的《南方文学信使》（*Southern Literary Messenger*）上的一篇长文欢呼了这些统计发现。这篇文章认为"精神疾病主要是由道德原因导致的"。这篇文章援引了 1843 年《美国年鉴》中由马萨诸塞州、俄亥俄州和西弗吉尼亚州新成立的精神病院得到的统计数据，声称被认定罹患精神疾病的 1284 名男性和女性中，有 879 名是由"家庭暴力、宗教情感、痛心财产损失、恐惧、失恋和嫉妒"等"道德原因"导致的。这篇文章总结道，"这些道德魔鬼是可怕的，它导致每 34 个人中就有一个是疯子"，坚信精神疾病与道德因素具有密切关系。根据这篇文章，人口普查数据证明黑人"不仅在蓄奴州比在自由州更幸福，而且我们认为他们是美洲大陆最幸福的阶层"。[49]

《南方文学信使》看似客观的结论像海啸一样引起了美国社会的巨大反响，也再次证明了道德统计的力量。从那时起，约翰·卡尔霍恩等南方领导人开始没完没了地引用 1840 年人口普查得到的惊人数据，而爱德华·贾维斯和约翰·昆西·亚当斯（John Quincy Adams）等北方人，以及新成立的美国统计协会，则竭尽所能地让官方承认普查数据是错误的。[50]

到了 19 世纪 30 年代，人们普遍认为精神疾病是市场关系和传统阶级社会消亡带来的压力的副产品。这种观点在 1837 年大恐慌之后变得极为流行，这一事件的名字（很像 20 世纪使用的"经济萧条"一词）揭示了伴随着信贷和生产突然收缩而来的精神痛苦。伍斯特精神病院（Worcester Lunatic Hospital）院长塞缪尔·伍德沃德（Samuel Woodward）是美国精神疾病统计领域的顶尖专家之一，他认为美国精神疾病患者的比例在世界所有国家中排名第四。为什么美国的排名如此之高？伍德沃德在1837年大恐慌之后给出了明确原因："过度贸易、过多负债、大量破产、突然的挫折和破灭的希望。"著名的《道德科学杂志》（*Magazine of Moral Science*）曾援引过伍德沃德的这一观点。[51]

贾维斯认同这些原因。回想一下，他最初就认为北方黑人患精神疾病的比例远高于南方是完全正常的，因为他认为南方奴隶生活在一个没有压力的家长制世界中，而北方黑人不得不承受自由的自谋其力劳动带来的压力。贾维斯强调："在这个国家，儿子不必子承父业，所有劳动、利润或荣誉都向任何愿意努力的人敞开大门，所有人都被邀请加入这场为了自己的斗争。"正如伍德沃德和贾维斯的理论揭示的那样，每当有人引用、提及或使用精神问题统计数据时，就表明了一个内在观点：市场自由充满压力，它可能会让你发疯。[52]

正如人口普查中精神疾病统计丑闻表明的那样，北方美国人不是确保道德统计数据作为这个时代主要社会指标的唯一群体。毕竟，虽然《南方文学信使》仅是一本面向南方精英的弗吉尼亚杂志，但是它的一篇文章将贾维斯的统计发现从一本读者很少的医学杂志中的一个小范围观察转变成了一场全面的地区冲突。这篇文章揭露了真相，告诉世人该杂志的编辑利用了错误的精神疾病统计数据，提醒南方精英们应当审视当时所有的重要道德统计数据。《南方文学信使》毫不费力地将精神疾病和犯罪统计数据联系在了一起，指出"1831年时（费城）东部监狱每9名犯人中仅有4名是黑人；但是到1841年时，每9名犯人中有7名是黑人！并将这些数据与"白人罪犯几乎是有色人种罪犯人数三倍"的弗吉尼亚监狱进行了比较，最后得出结论认为黑奴"比他们在自由州的同族人更受到尊重"。[53]

1840年人口普查数据丑闻引起的争议越大，越表现出南方美国人在道德统计方面的精明。在贾维斯和美国统计协会就1840年充满错误的人口普查数据向国会递交了请愿书后，人口普查局局长威廉·韦弗（William Weaver）——他是这次人口普查的负责人，一个自豪的弗吉尼亚人——为国会向贾维斯和美国统计协会提供了冗长的回应。韦弗通过从"监狱和教养院看守"手中收集的数据以及"工业或济贫院里的囚犯数量"计算得出，波士顿、纽约和费城"被关押的"黑人比例分别为6%、4%和3.35%。而在南方，里士满和查尔斯顿"被关押的"黑人数量仅分别为2%和1.57%。[54]

南方人特别热衷于利用北方精英们喜欢的改造协会、监狱和收容所，以及这些机构产生的统计数据反击他们。作为回应，北方人反击说，道德统计数据之所以让南方看起来很好，是因为奴隶社会不需要收集这些数据。一家北方报纸抱怨道："我们有北方罪犯的完整记录，但是没有南方的。奴隶的罪行和惩罚，除了重罪和绞刑外，均未记录在案。在南方大部分地区，很少记录诸如酗酒、打架斗殴、扰乱公共秩序等轻微违法行为，因此这些罪行也不会像在北方城市那样受到严格处理——因为北方有时刻警戒的警察。"北方评论者确实说得有道理。在一个以农业为主的奴隶社会里——大多数劳动者未获得自由，奴隶主可以对奴隶施行暴力，因此南方人不需要建立资产阶级式的社会治安制度——这一制度是道德统计的主要推动力。正如改革家和废奴主义者西奥多·帕克（Theodore Parker）认识到的那样，只有在"自由州"，"人们才会推动社会改革监狱，预防犯罪，减少贫穷、酗酒、卖淫和无知"。[55]

也就是说，虽然南方对道德统计数据的使用必定是策略性的，但是并非完全自私自利。一些南方精英们确实对这些数据感兴趣。有一次，《南方文学信使》赞扬了《美国年鉴》中的数据，"尤其是对美国主要慈善机构的记录"。在另一篇关于教育的文章中，《南方文学信使》引用了弗吉尼亚州立法机构的一份报告，该报告称弗吉尼亚州有58787名文盲，而马萨诸塞州只有4448名，马萨诸塞州的小学有160257名学生，而弗吉尼亚州只有35321名小学生，这是令人困扰的巨大差异。最后，19世纪30年代，南卡罗来纳学院（South Carolina College）历史与政治经济学教授弗朗西斯·利伯（Francis Lieber）向国会递送了一封请愿书，建议大幅扩大人口普查道德统计数据的区域范围。[56]

正如《南方文学信使》对道德统计数据的兴趣所表明的那样，尽管南方人喜欢让北方人看起来很糟糕，但这不是唯一让他们接受道德统计数据的原因。正如历史学家詹姆斯·奥克斯（James Oakes）指出的那样："富裕的南方种植园主和家庭主妇们会根据为北方中产阶级编写的指导手册养育他们的孩子。"重要的是，因为南方奴隶主认同制度性监督的惩戒作用，所以他们看起来确实被北方的道德统计数据吸引住了。虽然在南方可能没有那么多的收容所或济贫院，但是有很多露天监狱，在这些露天监狱中每天都在上演着实行全面社会控制的梦想。这些露天监狱被称为种植园。[57]

对道德统计数据的广泛兴趣使得南方城市查尔斯顿和新奥尔良的人口普查模仿了沙特克开创性的波士顿人口普查量化技术，亚拉巴马州莫比尔市的医生兼统计学家约西亚·诺特（Josiah Nott）也开展了类似调查。诺特了解当时所有欧洲顶尖道德统计学家的最新情况，并在整个19世纪40年代都与沙特克保持着联系。就像卡尔霍恩和其他南方人一样，诺特喜欢通过比较自由黑人和被奴役黑人的状况支持奴隶制合法化。一个典型例子是，诺特使用重要统计数据告诉人们，在费城每年每26个黑人就有一个死亡，但在查尔斯顿，这个比例仅是41∶1。他声称，在非洲，"黑人的平均寿命（像在所有野蛮国家一样）比南方奴隶短"，诺特用道德统计数据的家长式语言表达了自己的观点："历史上不存在任何一个时代，地球上也不存在任何一个地方的黑人，他们的身体状况或精神状况能超越美国南方奴隶的现状。"不管正确与否，诺特和卡尔霍恩等南方人熟练运用道德统计数据宣扬了自己的家长式自我叙述——在道德上，奴隶制对奴隶比自由劳动更有利。统计专家约翰·卡尔霍恩宣称："我们必须让他们相信奴隶制本身是正确的，不是对上帝的冒犯，在道德或政治上都不是罪恶的。"[58]由于美国国内奴隶贸易的迅速发展已经摧毁了无数种植园和他们的黑人大家庭，这种家长式的统计论证在杰克逊总统时期的美国非常受欢迎。[59]

∾

道德统计数据没有以货币为单位度量社会福利，因为整个19世纪40

年代美国人民普遍排斥为进步定价。在 19 世纪 30 年代和 40 年代，对"无价"（priceless）一词的使用激增进一步证明了这一点。这一语言上的变化也反映了人们普遍认为，有些东西不能也不应该用金钱度量。根据一个历史数据库，自 1810 年到 1840 年，"无价"一次出现在出版物中的频率翻了两番。另一篇报道称，1805 年至 1815 年间，这个词在美国报纸上出现了 29 次，而 1835 年至 1845 年间出现了 668 次。1815 年到 1825 年间，《新罕布什尔前哨报》（New Hampshire Sentinel）上没有一篇文章提到"无价"这个词。但在 19 世纪 40 年代，这个词出现了 21 次。[60]

无论是在工业化的北方还是在以棉花种植为主的南方，市场关系的增强都开始将越来越多的社会活动拉入货币化大潮，但是美国人试图创造孤立的生活空间，不屈服于用交换价值度量所有事物。这些生活空间被认为是"无价的"，它们所包含的远不止珍贵艺术品。在纽约市，一名劳工活动家向一群杰克逊主义民主党人发表演讲时，言辞激烈地问他的同事们是否"杰斐逊的无价遗产［将］从我们手中被夺走"。《伊利诺伊自由贸易报》（Illinois Free Trader）谈到了无价的"选举权"，《拉特兰先驱报》（Rutland Herald）提到了年轻人拥有的"无价特权"。早期的美国家长们想把女性与市场隔离开来，在杰克逊总统时期，他们继续这样做，宣称"女性美德"和"爱"是无价的。童年，作为资产阶级发明的一个新奇事物，也被认为是无价的。《杰斐逊共和报》（Jefferson Republican）上一首给孩子们的诗中写道："运动吧！运动吧！因为你们是无价的。"废奴主义者尤为喜欢宣布"生命""自主"和"自由"无价。《解放者报》（The Emancipator）谴责奴隶制"最大限度地贬低了人类生命，因为人的灵魂是无价的"。尽管弗吉尼亚州数十万居民被标价出售，但该州的《南部阿格斯》（Southern Argus）也把灵魂描述为"无价且永不褪色的宝石"。[61]

杰克逊主义的民主党人尤其直言不讳地表达了他们对用金钱度量进步的不满。反银行业改革家威廉·古奇（William Gouge）批判纽约商人认为"财富是实现幸福的唯一手段"这一观点，他把纽约商人比作"喜鹊，它们喜欢把银匙藏在窝里，这些纽约商人喜欢把钱袋堆在钱袋上。除了积累财富，商人们没有其他目标"。纽约激进的劳工主义者吉尔伯特·韦尔（Gilbert Vale）驳斥了英国古典经济学的物质主义观点，认为政府"应该关注人民的幸福，但是古典政治经济学只关注国家财富"。韦尔敦促美国经济思想家不要"以牺牲家庭的道德原则、健康或合理的生活改善为代价积累财富"。[62]

　　虽然杰克逊总统时期的美国对价格统计数据和财富数据的不信任在某种程度上是美国早期思想观念的延续，但是这一时期的美国人对货币化度量标准的拒绝也有一些不同之处：他们对货币标识价值能力的信心急剧下降。尽管更早期的美国人对定价进步不屑一顾，但是他们中的许多人仍然相信商品价格准确体现了劳动价值。拥有财产的自耕农或工匠生产者——他们大多数经历过可以实现公平交换的市场——普遍持有上述观点。然而，到了杰克逊总统时期，实行部分准备金的银行制度、不断上升的通货膨胀，以及一无所有的工薪阶层的出现，严重削弱了劳动与价格之间的关系。早在 1809 年，约翰·亚当斯（John Adams）*就宣称："如果银行票据的票面价值超过了金库中的金银数量，则超出部分的美元是没有价值的，是对人民的欺骗。"并不是只有亚当斯一个人这样认为。生活成本的上升和议价能力的下降促使城市劳动者抨击现金的代表性能力。在工人领袖兰登·拜尔斯比（Langdon Byllesby）等人的带领下，一场新兴劳工运动开始了，试图组织工会抵制市场估值，要求"根据制造一件东西所需的平均时间"固定工资水平。[63]

　　一些美国人甚至完全拒绝货币理念。约西亚·沃伦（Josiah Warren）在辛辛那提创办了一家"时间杂志"（Time Magazine）合作社，这家合作社根据商品的劳动时间成本处置它们。就像罗伯特·欧文（Robert Owen）在印第安纳州新哈莫尼乌托邦社区中使用的"劳动券"（以及欧文 1832 年在伦敦创建的"公平劳动交换市场"）一样，沃伦的顾客用写有"木匠工作三小时"等语句的纸片付款。走进沃伦的时间商店，你会发现门上有一块牌子：

---

* 美国第一任副总统（1789—1797 年），其后接替乔治·华盛顿成为美国第二任总统（1797—1801 年）。——译者注

所有人都欢呼来到了知识鸿沟时代！

当劳动价值按照时间显示时，

当人类的祸害——金钱必定贬值时，

时间，无与伦比的时间，就成了贸易媒介。[64]

城市劳动者和合作商店的所有者都拒绝货币估价方式。甚至连波士顿精英也是如此。霍勒斯·曼恩嘲笑英国政治经济学评价进步的"异教徒标准"——不关注共同平等，只关注物质增长。曼恩称："政治经济学只关心资本和劳动、供给和需求、利息和租金、贸易顺差和逆差，不考虑广泛的智力发展因素，是极其愚蠢和毫无价值的。"沙特克在他的波士顿人口普查中强烈谴责为进步定价的行为：

有人反对开展任何可能显示该城市某一区域比另一区域更不卫生的调查，只是因为这样的调查会影响该地房地产的价值！……在我们看来，人的生命比地主从一个不卫生的地方的佃户手里多收几块钱租金更有价值……疾病和死亡的私人、社会或公共后果都无法用金钱度量。这是一个非常重要的问题，与之相比，所有其他调查都不重要。[65]

许多南方精英也拒绝为进步定价。例如，约西亚·诺特对货币化计量完全没有兴趣——部分是由于他致命的种族主义。在开展 1850 年人口普查之前，诺特成功游说国会不增加那些他没有什么兴趣的市场统计数据，而是增加了"黑白混血儿"这一种族类别。诺特之所以这么做，是因为他想从统计学上证明"黑白混血"的身体比"纯"黑人或白人更弱、生育能力更差。他相信这样的统计发现会证实他的人种多元化理论，即黑人和白人不是同一人种。诺特对于沙特克在其波士顿人口普查中不打算区分黑人和白人感到震惊，因为诺特的主要目标是使用统计数据分隔而不是融合白人和黑人。由于金钱的一个主要优点是它可以使一切事物——甚至是黑人和白人的生命——都可以用货币度量，那么就很容易明白为什么诺特喜欢对日常生活进行定价了。[66]

然而，诺特在人寿保险方面的著述表明，种族主义并不是他不喜欢市场定价方式的唯一原因。19世纪40年代，随着为奴隶生命投保的政策越来越受欢迎，南方商业杂志《德博评论》(De Bow's Review) 请诺特——他是研究奴隶预期寿命的专家——写了一篇关于这一主题的文章。南方种植园主们开始把人寿保险视为天赐之物，因为它大大降低了购买奴隶的风险。但是，诺特坚决反对奴隶保险做法，他没有向《德博评论》提供可以让奴隶主计算奴隶折旧率或确定某一特定保费是否物有所值的精算表、奴隶价格或基于年龄的生产力数据。他给出的理由是基于道德的。事实上，他关于保险带来的激励风险的观点现在被称为"道德风险"：

> 只要黑人是健康的，而且其价值超过了投保金额，利益就会促使奴隶主保全奴隶的生命；但是，如果奴隶变得不健康了，并且没有希望完全恢复，则保险公司就不能指望公平竞争了，因为保险金比奴隶更值钱，奴隶主会像对待一匹老马一样对待奴隶。许多人会像北方佬船长对待其投保的船一样——"该死的破船，让它沉到水里吧，反正我是安全的"？"万能美元"很快就会让温和微弱的人性声音沉寂下来。

19世纪40年代，即使是像约西亚·诺特这种强烈支持奴隶制的卑劣种族主义者，也担心金钱关系会破坏他们眼中把主人和奴隶紧密联系在一起的传统社会关系。[67]

随着南北危机越演越烈，美国也变得越来越资本主义了，美国精英量化世界的方式将发生巨大变化。在1836年华盛顿·欧文（Washington Irving）首次使用"万能美元"这一说法之后，到了19世纪50年代，南北分界线两边的富人和掌权者开始接受这个在那十年中突然爆发的术语。[68]

注释

1. *Appendix to the Congressional Globe,* Senate, 28th Congress, 1st Session, February 1844, 708.

2. 关于卡尔霍恩写给帕克南（Pakenham）的信，参见 "Proceedings of the Senate and Documents Relative to Texas," 28th Congress, 2nd Session, 1844, Senate Document 341, 52.

3. 关于欧洲"道德统计"的最重要研究成果，参见 Society for the Education of the Poor, *Moral Statistics of the Highlands and Islands of Scotland* (Inverness, 1826); André-Michel Guerry, *Essai sur la Statistique Morale de la France* (Paris, 1833); Joseph Fletcher, "Moral and Educational Statistics of England and Wales," *Journal of the Statistical Society of London* 10 (1847): 193–221 and 12 (1849): 151–176。关于这一术语在美国的使用，参见 *American Tract Society Annual Reports,* 1845, 73; Nahum Capen and Jesse Chickering, *Letters Addressed to the Hon. John Davis, Concerning the Census of 1849* (Washington, DC: T.Ritchie, 1849); *Minutes of the General Assembly of the Presbyterian Church* (Philadelphia, 1840), 4。关于道德统计，参见 Frank Hamilton Hankins, *Adolphe Quetelet as Statistician* (New York: AMS Press, 1908), ch.IV; Michael J. Cullen, *The Statistical Movement in Early Victorian Britain: The Foundations of Empirical Social Research* (New York: Barnes and Noble, 1975)。

4. Patricia Cline Cohen, *A Calculating People: The Spread of Numeracy in Early America* (Chicago: University of Chicago Press, 1982), 175–205.

5. *Anti-Slavery Bugle,* March 2, 1850. 关于反奴隶制年鉴，参见 Teresa Goddu, "The Antislavery Almanac and the Discourse of Numeracy," *Book History* 12 (2009): 129–155。

6. 关于这一时代发生的社会变化，参见 Paul Johnson, *A Shopkeeper's Millennium: Society and Revivals in Rochester, New York, 1815–1837* (New York: Hill and Wang, 1979); Michael Zakim, *Ready-Made Democracy: A History of Men's Dress in the American Republic, 1760–1860* (Chicago: Chicago University Press, 2003); Mary Ryan, *Cradle of the Middle Class: The Family in Oneida County, New York, 1790–1865* (New York: Cambridge University Press, 1983); Seth Rockman, *Scraping By: Wage Labor, Slavery and Survival in Early Baltimore* (Baltimore: Johns Hopkins University Press, 2009)。

7. 关于对南方家长式奴隶制正当性的辩护，参见 Lacy K. Ford, *Deliver Us from Evil: The Slavery Question in the Old South* (New York: Oxford University Press, 2009); Jeffrey Young, *Domesticating Slavery: The Master Class in Georgia and South Carolina, 1670–1837* (Chapei Hill: University of North Carolina Press, 1999); Stephen Stowe, *Intimacy and Power in the Old South: Ritual in the Lives of the Planters* (Baltimore: Johns Hopkins University Press, 1990); Eugene Genovese, *The World the Slaveholders Made: Two Essays in Interpretation* (New York: Vintage, 1974), 195–235。

8. Michel Foucault, *Discipline and Punish: The Birth of the Prison* (New York: Vintage, 1995); Michel Foucault, "Governmentality," in *The Foucault Effect: Studies in Governmentality,* trans. R.Braidotti, ed. G.Burchell, C.Gordon, and P.Miller (Chicago: University of Chicago Press, 1991) .

9. 关于金钱，参见 Jeffrey Sklansky, *Sovereign of the Market: The Money Question in Early America* (Chicago: Chicago University Press, 2017); Stephen Mihm, *A Nation of Counterfeiters: Capitalists, Con Men, and the Making of the United States* (Cambridge, MA: Harvard University Press, 2009); Bray Hammond, *Banks and Politics in America from the Revolution to the Civil War* (Princeton, NJ: Princeton University Press, 1991), 326–369; Peter Temin, *The Jacksonian Economy* (New York: Norton, 1969)。

10. Joseph Worcester, *The American Almanac of Useful Knowledge* (Boston: Bowen, 1838), 189; *American Almanac* (Boston, 1836), 87.

11. 关于道德统计在欧洲的兴起，参见 Cullen, *Statistical Movement*; Felix Driver, *Power and Pauperism: The Workhouse System, 1834–1884* (New York: Cambridge University Press, 2004), 10–11; Nikolas Rose, "Calculable Minds and Manageable Individuals," *History of Human Sciences* 1 (October 1988): 179–200; F.Mort, *Dangerous Sexualities: Medico-Moral Politics in England since 1830* (London: Routledge, 1987), 11–47; Ian Hacking, "Biopower and the Avalanche of Printed Numbers," *Humanities in Society* 5 (1982): 279–295; Libby Schweber, *Disciplining Statistics: Demography and Vital Statistics in France and England, 1830–1885* (Durham, NC: Duke University Press, 2006)。

12. 关于自由和统计，参见 Schweber, *Disciplining Statistics*, 1–7; Ted Porter, *Trust in Numbers: The Pursuit of Objectivity in Science and Public Life* (Princeton, NJ: Princeton University Press, 1996)。关于统计和"人口群体"，参见 Michel Foucault, *Security, Territory, Population: Lectures at the Collège de France, 1977–1978* (New York: Palgrave Macmillan, 2009); Michel Foucault, *The Birth of Biopolitics: Lectures at the Collège de France, 1978–1979* (New York: Palgrave Macmillan, 2009); Bruce Curtis, *The Politics of Population* (Toronto: University of Toronto Press, 2001)。关于统计的兴起，参见 Ian Hacking, *The Taming of Chance* (Cambridge: Cambridge University Press, 1990); Ted Porter, *The Rise of Statistical Thinking, 1820–1900* (Princeton, NJ: Princeton University Press, 1986), 41–55; Cullen, *Statistical Movement*, 78–89。

13. Cullen, *Statistical Movement*, 20–42. 关于法尔，参见 John Eyler, *Victorian Social Medicine: The Ideas and Methods of William Farr* (Baltimore: Johns Hopkins University Press, 1979)。关于查德威克，参见 Richard Lewis, *Edwin Chadwick and the Public Health Movement, 1832–1854* (London: Longmans Green, 1952)。

14. 关于曼彻斯特统计学会，参见 Cullen, *Statistical Movement*, 105–119; James Phillips Kay, *The Moral and Physical Condition of the Working Classes in the Cotton Manufacture in Manchester* (London, 1832), 61。关于曼彻斯特的工业革命，参见 Sven Beckert, *Empire of Cotton: A Global History* (New York: Knopf, 2015), 56–82。

15. Kay, *Moral and Physical Condition*, 63; Cullen, *Statistical Movement*, 105–112, 143. 关于格雷戈斯，参见 Michael James, *From Smuggling to Cotton Kings: The Greg Story* (Cirencester, UK: Memoirs, 2010)。

16. Cullen, *Statistical Movement*, 108; *Report of a Committee of the Manchester Statistical Society on the Condition of the Working Classes in an Extensive Manufacturing District* (London, 1838) .

17. William Farr, *First Annual Report of the Register-General of Birth, Deaths and Marriages in England* (London, 1839), 89.

18. *Mechanics Magazine and Register of Inventions and Improvements* 4, no.1 (1834): 14; Francis Lieber, "The Approaching Census," *United States Magazine and Democratic Review* 5 (1839): 79. Lemuel Shattuck to J.H. Lister, Register General of England, February 20, 1839; Shattuck to Thomas Rowe Edmonds, June 29, 1839; Shattuck to Dr.Rothenberg, April 21, 1849, March 14, 1850; Shattuck to Adolphe Quetelet, August 27, 1849; all in Lemuel Shattuck Papers, Massachusetts Historical Society, Boston (henceforth LSP) . 关于沙特克和美国统计协会，参见 Walter F. Wilcox, "Lemuel Shattuck, Statist, Founder of the American Statistical Association," *Journal of the American Statistical Association* 35 (1940): 224–235; Paul Fitzpatrick, "Leading American Statisticians in the Nineteenth Century," *Journal of the American Statistical Association* 52 (1957): 301–321; ASA circular dated April 4, 1840, LSP。

19. *Green-Mountain Freeman*, January 1, 1846. 关于美国"欧洲化"社会关系的兴起，参见 Jonathan Glickstein, *American Exceptionalism, American Anxiety: Wages, Competition and Degraded Labor in the Antebellum United States* (Charlottesville: University of Virginia Press,

2002) .

20. Walter Licht, *Industrializing America: The Nineteenth Century* (Baltimore: Johns Hopkins University Press, 1995), 21–45; Sean Wilentz, *Chants Democratic: New York City and the Rise of the American Working Class, 1788–1850* (New York: Oxford University Press, 2004), 23–107; Bruce Laurie, *Artisans into Workers: Labor in Nineteenth-Century America* (New York: Hill and Wang, 1989) .

21. Licht, *Industrializing America,* 34–44; Wilentz, *Chants Democratic,* 107–145; Jonathan Prude, *The Coming of Industrial Order: Town and Factory in Rural Massachusetts, 1810–1860* (Amherst: University of Massachusetts Press, 1983); Alan Dawley, *Class and Community: The Industrial Revolution in Lynn* (Cambridge, MA: Harvard University Press, 1976); Amy Dru Stanley, *From Bondage to Contract: Wage Labor, Marriage and the Market in the Age of Slave Emancipation* (New York: Cambridge University Press, 1999) .

22. 关于工业纪律，参见 Prude, *Industrial Order,* 28, 111; Thomas Dublin, *Women at Work: The Transformation of Work and Community in Lowell, Massachusetts, 1826–1860* (New York: Columbia University Press, 1981), 59–61。关于不同阶级的快速变化和空间分隔，参见 Stephen Thenstrom, *Poverty and Progress: Social Mobility in a Nineteenth Century City* (Cambridge, MA: Harvard University Press, 1980)。关于这一时代急剧变化的政治，参见 Samuel P. Hays, "The Changing Political Structure of the City in Industrial America," *Journal of Urban History* 1 (November 1974): 6–37。

23. 关于洛厄尔和作为非情愿革命者的婆罗门波士顿协会，参见 Robert Dalzell, *Enterprising Elite: The Boston Associates and the World They Made* (Cambridge, MA: Harvard University Press, 1987), Appleton quote on 12。

24. Joseph Sturge, *A Visit to the United States in 1841* (London, 1842), 143–145. 道德统计数据也出现在当地报纸中。例如，参见 *Lowell Offering,* December 1843, 47; Rev. Henry A. Miles, *Lowell, As It Was, and As It Is* (Lowell, 1845), 128, 131。

25. Ryan, *Cradle of the Middle Class,* 105–107, quote from 116.

26. *Twentieth Annual Report of the American Tract Society* (New York, 1845), 73. 关于正在发生的宗教变化，参见 Johnson, *Shopkeeper's Millennium;* Daniel Walker Howe, *What Hath God Wrought: The Transformation of America, 1815–1848* (New York: Oxford University Press, 2009), 164–202。关于布道的统计，参见 Robert Abzug, *Cosmos Crumbling: American Reform and the Religious Imagination* (New York: Oxford University Press, 1994), 90–99。

27. "Lemuel Shattuck Diary," LSP; "The University of Michigania's Primary School," *Michigan Alumni Quarterly Review* 55 (1948): 41.

28. Lemuel Shattuck, *Report to the Committee of the City Council Appointed to Obtain the Census of Boston for the Year 1845* (Boston, 1846), iv; prospectus of "The Philanthropist" in LSP, box 1.

29. *Minutes of the General Assembly of the Presbyterian Church* (Philadelphia, 1840), 4; American Temperance Society cited in *The Farmer's Cabinet and American Herd-Book* 5, no.10 (1841): 326–327; *Annual Report of the New York Magdalen Society,* 1830; Ryan, *Cradle of the Middle Class,* 61, 109.

30. Ryan, *Cradle of the Middle Class,* 125; New York, Oswego County, *R.G. Dun & Co. Credit Report Volumes,* vol.512, 69, Baker Library, Harvard Business School, Boston. 关于商业征信行，参见 Scott Sandage, *Born Losers: A History of Failure in America* (Cambridge, MA: Harvard University Press, 2006)。

31. Josiah Quincy, *Massachusetts, General Court, Committee on Pauper Laws* (Boston, 1821); Blanche Coll, *Perspectives in Public Welfare: A History* (Washington, DC: U.S. Social and Rehabilitation Service, 1969), 25. 关于州政府监狱，参见 Edward Ayers, *Vengeance and*

Justice: Crime and Punishment in the 19th Century American South (New York: Oxford University Press, 1985); Adam Hirsch, *The Rise of the Penitentiary: Prisons and Punishment in Early America* (New Haven, CT: Yale University Press, 1980)。关于精神病院的兴起，参见 David Rothman, *Discovery of the Asylum: Social Order and Disorder in the New Republic* (Boston: Little, Brown, 1971)。

32. Quoted in Rothman, *Discovery of the Asylum,* 84.

33. 关于殖民地时期，参见 "Schedule of Expenditures for the Maintenance of the Poor of New-Castle County, from Jan. 1802 to Jan. 1803 by the Trustees of the Poor," *Early American Imprints,* Series 2, no.50380; *An Account of the Philadelphia Dispensary Instituted for the Medical Relief of the Poor, April 12, 1786* (Philadelphia, 1803), 17; New York Secretary of State report cited in *Yazoo City Whig,* May 23, 1845。

34. Shattuck, *Census of Boston,* 107, 125–126; Capen and Chickering, *Letters,* 9.

35. *Congressional Globe,* 25th Congress, 3rd Session, February 1839, 209; *The Man,* November 27, 1834; Sklansky, "William Leggett and the Melodrama of the Market."

36. Humphrey quoted in Abzug, *Cosmos Crumbling,* 90–99.

37. Isaac Richmond Barbour, *A Statistical Table Showing the Influence of Intemperance on the Churches* (Boston, 1831)。关于沃克的数据，参见 *The Voice of Freedom,* November 30, 1839。关于禁酒和工业化，参见 Johnson, *Shopkeeper's Millennium,* 79–93。

38. *McDowall's Journal,* February–May 1834; *Annual Report of the New York Magdalen Society,* 1830. 关于"妓女调查"，参见 "Report by the New York Female Reform Society," in Butt Ender, *Prostitution Exposed, or, A Moral Reform Directory* (New York, 1839); *Licentiousness, Its Effects and Causes* (Boston, 1846)。关于辛辛那提的"妓女调查"，参见 *Cincinnati Daily Gazette,* December 13 and December 15, 1858. 也可参见 Timothy J. Gilfoyle, *City of Eros: New York City, Prostitution, and the Commercialization of Sex, 1790–1920* (New York: Norton, 1994), 57–59; *Encyclopedia of Prostitution and Sex Work,* ed. Melissa Hope Ditmore (Westport, CT: Greenwood Press, 2006), 293。

39. George Templeton Strong, quoted in Lawrence Friedman, *Crime and Punishment in America* (New York: Basic Books, 1993), 367; *The Sun* and Foster in Gilfoyle, *City of Eros,* 59.

40. William Sanger, *History of Prostitution* (New York, 1858), 458.

41. "The Slave Power—Morally," *The Liberty Almanac* (New York, 1849), 40.

42. Horace Mann, *Third Annual Report of the Board of Education* (Boston, 1840), 50–56, 74–78; Mann, *Sixth Annual Report of the Board of Education* (Boston, 1843), 55. 关于曼恩，参见 Michael Katz, *The Irony of Early School Reform* (Cambridge, MA: Harvard University Press, 1968)。

43. Katz, *Irony of Early School Reform,* 28–29, 43; Horace Mann, *Twelfth Annual Report of the Board of Education* (Boston, 1849), 60.

44. William Woodbridge, *American Annals of Education* (Boston, 1834), 255; *American Republican and Baltimore Daily Clipper,* December 11, 1845; *Niles National Register,* March 9, 1841; *New York Tribune,* March 14, 1844.

45. Shattuck, *Census of Boston,* 119.

46. *The Spirit of Democracy* (Woodsfield, OH), February 5, 1848; *Carrollton* (OH) *Free Press,* July 2, 1847; *Antislavery Bugle,* July 6, 1850. 关于政府报告，参见 Oz Frankel, *States of Inquiry: Social Investigations and Print Culture in Nineteenth Century Britain and the United States* (Baltimore: Johns Hopkins University Press, 2006)。

47. Edward Jarvis, "Statistics of Insanity in the United States," *Boston Medical and Surgical Journal* 27, no.7 (September 21, 1842). 关于围绕精神疾病统计的丑闻，参见 Cohen, *Calculating*

People, 175–205。关于贾维斯，参见 Gerald Grob, *Edward Jarvis and the Medical World of the Nineteenth Century* (Knoxville: University of Tennessee Press, 1978)。

48. Edward Jarvis, "Statistics of Insanity," *Boston Medical and Surgical Journal* 27, no.17 (November 30, 1842) .

49. *Hunt's Merchants Magazine* 8 (1843): 290; "Reflections on the Census of 1840," *Southern Literary Messenger* 9 (June 1843): 340–342, 350.

50. Cohen, *Calculating People,* ch.6.

51. Samuel Woodward, *Tenth Annual Report of the Trustees of the State Lunatic Asylum at Worcester, Massachusetts* (Boston, 1842); *Phrenological Journal and Magazine of Moral Science* 17 (1843): 318.

52. Jarvis quoted in Rothman, *Discovery of the Asylum,* 115–116.

53. "Reflections on the Census of 1840."

54. "Errors in the Sixth Census," 28th Congress, 2nd Session, 1845, House Document 116.

55. *The Examiner* (Louisville, KY), June 23, 1849; Theodore Parker, "Letter on Slavery," *Collected Works of Theodore Parker,* vol.5, *Discourses on Slavery* (London, 1863), 51.

56. "American Almanac," *Southern Literary Messenger* 2 (1835): 68; "Popular Knowledge the Necessity of Popular Government," *Southern Literary Messenger* 19 (1843): 298. 利伯的纪念文参见 "Approaching Census," 79。

57. James Oakes, *Slavery and Freedom: An Interpretation of the Old South* (New York: Norton, 1990), 41. 关于对种植园的社会控制，参见 Caitlin Rosenthal, "Slavery's Scientific Management: Masters and Managers," in *Slavery's Capitalism,* ed. Sven Beckert and Seth Rockman (Philadelphia: University of Pennsylvania Press, 2016), 62–87; Drew Faust, *James Henry Hammond and the Old South: A Design for Mastery* (Baton Rouge: Louisiana State University Press, 1985)。关于种植园是监狱的说法，参见 Walter Johnson, *River of Dark Dreams: Slavery and Empire in the Cotton Kingdom* (Cambridge, MA: Harvard University Press, 2013), 209–244。

58. Josiah Nott, "Life Insurance," *De Bow's Review* 3 (May 1847); Reginald Horsman, *Josiah Nott of Mobile: Southerner, Physician and Racial Theorist* (Baton Rouge: Louisiana State University Press, 1987); Nott to Shattuck, October 20, 1846, LSP; Josiah Nott, "Statistics of Southern Slave Population," *De Bow's Review* 4 (November, 1847): 275–277; Calhoun quoted in William Dexter Williams, *A Discourse on Slavery* (Concord, 1839) .

59. Michael Tadman, *Speculators and Slaves: Masters, Traders and Slaves in the Old South* (Madison: University of Wisconsin Press, 1989), 12. 关于美国国内奴隶贸易，参见 Walter Johnson, *Soul by Soul: Life inside the Antebellum Slave Market* (Cambridge, MA: Harvard University Press, 1999); Walter Johnson, ed., *The Chattel Principle: Internal Slave Trades in the Americas* (New Haven, CT: Yale University Press, 2004)。

60. Corpus of Historical American English, corpus.byu.edu/coha/; Google Ngram, Newsbank's American Historical Newspapers.

61. *The Madisonian,* September 8, 1838; *Illinois Free Trader and LaSalle County Commercial Advertiser,* June 24, 1842; *Rutland Herald,* June 13, 1837, and April 19, 1842; *American Sentinel,* February 10, 1830, *Carroll Free Press,* August 5, 1836; *The Emancipator,* November 15, 1838, July 19, 1838, and March 29, 1838; *Philadelphia Inquirer,* May 5, 1830; *Southern Argus,* November 14, 1837.

62. William Gouge, *History of Paper Money and Banking* (New York, 1835), 97; Vale quoted in Joseph Leon Blau, *Social Theories of Jacksonian Democracy: Representative Writings* (New York: Hafner, 1974), 237.

63. Adams quoted in Gordon Wood, *The Radicalism of the American Revolution* (New York: Vintage, 1991), 318; Byllesby quoted in Joseph Dorfman, *The Economic Mind in American Civilization* (New York, 1946), 1: 638. 关于美国劳动剥削的观点，参见 James L.Huston, *Securing the Fruits of Our Labor: The American Concept of Wealth Distribution 1765–1900* (Baton Rouge: Louisiana State University Press, 1998), part II; Wilentz, *Chants Democratic,* 145–255。关于金钱和这一时代的代表性危机，参见 Sklansky, *Sovereign of the Market,* part II。关于通货膨胀及其政治影响，参见 Temin, *Jacksonian Economy,* 59–91; Hammond, *Banks and Politics,* 115–144。关于第二次大觉醒运动对人们对金钱感情产生的巨大影响，参见 Mark Noll, *God and Mammon: Protestants, Money and the Market, 1790–1860* (New York: Oxford University Press, 2001)。

64. Josiah Warren's poem quoted in Dorfman, *Economic Mind,* 1: 671, Josiah Warren, *Equitable Commerce: A New Development of Principles* (New York, 1852); Darryl Jones and Donald Pitzer, *New Harmony Then and Now* (Bloomington: Indiana University Press, 2011), 74. 关于公平劳动交换市场，参见 Robert Owen's letter to the *London Times,* October 5, 1832。时间银行观点没有消逝，参见 Edgar Cahn, "Time Banking: An Idea Whose Time Has Come?" *Yes Magazine,* April 7, 2013。

65. Mann, *Twelfth Report,* 54; Shattuck, *Census of Boston,* 137–138.

66. Nott to Shattuck, October 20, 1846, LSP. 关于诺特未能使用统计数据证明他的种族主义理论，参见 Nott to Samuel George Morton, October 15, 1844, July 20, 1845, and July 15, 1845, Samuel Morton Papers, Library Company of Philadelphia, Philadelphia; Nott, "Statistics of Southern Slave Population"。关于诺特、人口普查、"黑白混血"统计，参见 Margo Anderson, *The American Census: A Social History* (New Haven, CT: Yale University Press, 1988), 37–40; Jennifer Hochschild, "Racial Reorganization and the United States Census 1850–1930: Mulattoes, Half-Breeds, Mixed Parentage, Hindoos, and the Mexican Race," *Studies in American Political Development* 22 (2008): 59–96。

67. Nott, "Statistics of Southern Slave Population." 关于奴隶人身保险的兴起，参见 Sharon Murphy, *Investing in Life: Insurance in Antebellum America* (Baltimore: Johns Hopkins University Press, 2010)。

68. Washington Irving, "The Creole Village," *Knickerbocker Magazine,* November 12, 1836. 参见 Google Ngram 对 19 世纪 50 年代所爆发术语的统计。

寻求增长

对圣路易斯市商人来说，1880 年 6 月 19 日将是一个让其感到耻辱的日子。就在那一天，1880 年的美国城市人口普查结果公布了，这个河之城 * 的杰出市民们惊恐地发现，这座美丽的城市在 1870 年到 1880 年间，人口仅从 310804 人增加到 333570 人。《圣路易斯邮报》（*St. Louis Post-Dispatch*）指出："今天该市对人口普查结果感到不安。"《圣路易斯环球民主报》（*St. Louis Globe-Democrat*）编辑约瑟夫·麦卡拉（Joseph McCullagh）写道："公众似乎对目前的人口普查结果有些不安……并且开始担心城市人口数不会达到，或者至少不会超过 400000 人。"《伊利诺伊州纪事报》（*Illinois State Register*）补充说，这样的结果"震惊了城市普通市民的灵魂，人们大声而深沉地释放着心底的诅咒"。[1]

虽然这些报纸将人口普查结果视为对"城市""公众""普通市民"和"人民"的沉重打击，但实际上似乎只有这个城市的报纸编辑、商人、制造商、银行家和房地产业主对这一人口统计结果感到不安。一个商人担心人口普查结果"将使我们的房地产大幅贬值，并损害圣路易斯的贸易和商业，其程度将影响我们各个阶层的市民"。《圣路易斯邮报》的编辑惊呼，这次人口普查"是对我们经济增长的一种诽谤"，并警告说，圣路易斯"将会成为一个衰败、倒退的城市"，其后果将是灾难性的："它将使我们的人民沮丧，抑

---

* 圣路易斯市位于密西西比河和密苏里河的交汇处，因此也被称为"河之城"。——译者注

制资本流入，降低房地产价值，扼杀繁荣的工业。"麦卡拉向他的读者解释说，令人失望的人口数量"不仅仅是一种情感上的伤害，更是对圣路易斯社会繁荣和商业利益的沉重打击。这一令人沮丧的人口普查结果对我们的贸易、房地产、铁路、市政和私人信贷等，都造成了伤害"。[2]

不到一周的时间，圣路易斯的资产阶级又遭受了一次毁灭性的统计打击。人口普查结果已经在他们的北部宿敌芝加哥市被制成了表格，这个风之城*自夸地宣布它的人口已经超过了 50 万大关。圣路易斯商人们深感震惊：对于那些坚信只要人口持续增长，圣路易斯终有一天会作为国家首都取代华盛顿特区的城市精英们来说，事情本不该如此发展。就在十年前，在 1870 年的人口普查中，圣路易斯还被列为美国第三大人口城市。在 1880 年人口普查的前几个月，圣路易斯的报纸仍然对它们城市的发展充满信心，调侃地说："圣路易斯新任命的人口调查员应该明白……要么他必须打败芝加哥，要么就得离开这个城市。"芝加哥人口快速增长的消息传到圣路易斯后，气氛更加阴沉。麦卡拉写道，圣路易斯人一直"希望能在人口增长上以绝对压倒性的优势碾压芝加哥"，但是结果恰好相反，"十年后黯然落后的"是圣路易斯。更糟糕的是，"无耻的芝加哥人"沉醉于他们新发现的统计优势，芝加哥报纸嘲讽地说，可能是圣路易斯的城市恶臭造成了人口突然减少。[3]

坏消息爆发几天后，一群"杰出市民"在林德尔酒店（Lindell Hotel）举行了一场集会，讨论如何应对人口普查。尽管"房间里酷热无比"，但是圣路易斯的这家酒店还是挤满了面粉商、佣金商、银行家、制造商、杂货商、干货批发商和其他商人，由于人太多，一些人被挤到了走廊里。当在场人士大声表达他们的不满时，一项计划也正在悄然酝酿，他们打算向华盛顿派出一组商人代表，要求人口普查局局长弗朗西斯·阿马萨·沃克（Francis Amasa Walker）重新进行统计。这是沃克负责的第二次人口普查，他已经很熟悉这些情况了。1870 年，他同意在纽约、费城和印第安纳波利斯进行

---

* 芝加哥市位于密歇根湖西南岸、芝加哥河河口，夏季酷热，冬日不寒，终年多风，被称为"风之城"。——译者注

重新统计。沃克在华盛顿会见圣路易斯代表时答应说，他将召集重新统计。经过一个月的紧张等待和报纸每天铺天盖地的报道，新的统计结果终于出来了。但是结果几乎没有多大变化。圣路易斯新的人口统计结果是 350518 人，而不是原先的 333570 人。圣路易斯的经济精英们受到了沉重打击。[4]

圣路易斯商人们似乎坚信最初的人口普查结果是不正确的，他们似乎不太关心他们城市的实际人口增长，更关心人口普查产生的抽象统计意象。从他们的悲叹和沮丧中，我们可以得知，他们对 1880 年人口普查结果的恐慌性反应源于他们的假设，即一个城市的人口增长直接影响其吸引资本的能力。正如他们所指出的那样，令人失望的人口普查结果将导致信贷受损、资本缩水、工业停滞和房地产贬值。我们还可以推断说，这些人口统计数据不能作为某种晴雨表衡量美国拓荒者在中西部严酷冬季生存的能力。尽管商人们的语气相当恐慌，但其实圣路易斯城没有经历过什么可怕的灾难，也没有造成人口的大量死亡。甚至人口数量还在增长，只是很明显这个增长还远远不够。是的，人口统计数据与能否生存无关，与资本主义发展密切相关。为什么快速增长的人口普查数据可以成为一个城市吸引投资者的磁石？人口增长与资本收益、人力增长与财富增长之间有什么联系？简而言之，计算人口与计算利润有什么关系呢？

为了找寻这些问题的答案，我们必须回溯到近半个世纪前，研究美国历史上第一本全国性商业期刊《亨特商人杂志》的统计数据。为了在 1837 年大恐慌之后将资本投资合理地解释为一种"商业科学"，弗里曼·亨特推出了一本杂志，该杂志在将城市人口增长转变为经济指标方面发挥了决定性作用，有助于读者决定美国的哪些西部城市、城市的哪些地段值得投资。在一个西部开拓者和一个南方经济学家的帮助下，亨特用大量人口数据将美国人口的空间集中程度与流向西部的资本未来回报联系了起来。《亨特商人杂志》改变了东部资本家看待美国居民的方式，让其认识到美国人口——特别是那些没有土地、房屋或生产性财产的城市居民——的高效生产劳动和物质需求中蕴含的巨大投资机会。在《亨特商人杂志》之前，投资者在决定将资金投向何处时，很少分析美国人口的有关数据。到镀金时代时，总死亡人数既可以让任何一个渴求资本的城镇起死回生，也可以让这个城镇破产，同时还有助于重新把美国人口视作巨大的潜在利润源泉。[5]

这一统计视角中嵌入的是一套新社会和文化价值观。《亨特商人杂志》的数据没有像早期美国人那样，强调自耕农的独立性优势，而是赞美了人口增长、城市集中、资本积累和无地的城市居民劳动者。由于担心人口增长迫使自立的农民离开土地，进入城市工厂成为依赖他人的无产工薪劳动者，大多数早期美国人对将人口增长视为工业进步和国家繁荣的终极引擎持谨慎态度。《亨特商人杂志》却没有表现出这样的恐惧或忧虑，因为它认为更多的人口和城市将带来更大的市场和进步。亨特宣称："不是农业，而是商业促成了美国城市和城镇的成倍增长，并使它们以惊人速度扩张——商业用二十年时间建成了芝加哥，用五年时间建成了旧金山。"《亨特商人杂志》毫不掩饰地预示美国资本主义的新时代即将来临，它颂扬的不是自我美德、家长式独立性和道德改革，而是全国性市场、日益增长的城市化、资本收益和经济增长。[6]

虽然美国人对经济增长统计数据的迷恋通常被认为是 20 世纪的事，但是 19 世纪中叶时，美国商人就迷恋上了定量增长概念。《亨特商人杂志》在这一统计转变过程中发挥了重要作用。这本几乎被人遗忘的商业杂志揭示了我们当代政治痴迷增长的最初原因。在这本商业杂志以营利为目的的人口统计数据中，我们能够发现美国为进步定价的第一次重大飞跃。[7]

与今日抽象的经济增长数据汇总了所有生产和消费商品价格不同的是，美国的第一个经济增长统计数据更加注重人口。就像被它们最终取代的道德统计数据一样，该杂志的增长表主要统计的是人口，而不是金钱。然而，这种对人口增长的关注并不意味着人就是这一统计观的核心——就像道德统计关注的那样。事实上恰恰相反。虽然两种社会量化方式——道德化统计数据和资本化统计数据——都关注人口增长统计数据，但是《亨特商人杂志》的人口增长统计数据被用作一种指引投资的金融工具。它把美国人口变成了一种实现资本积累的统计手段，对自己精心统计的城市主体是属于学生、妓女、乞丐还是囚犯不感兴趣，只关心数字的增长速度。

不同的经济、社会和文化背景导致了不同的统计观。美国基于道德统计的治理术是当地商人的产物，这一治理方式仍然在这片土地上根深蒂固，努力应对自家后院的工业化变革。另一方面，《亨特商人杂志》的投资术是国家和国际资本洪流的产物，这些投资人可能永远不会造访他们购买的城镇。由于投资者与其投资地之间存在巨大的社会和空间距离，《亨特商人杂志》的受众们几乎不关心他们的资本对当地社会的影响，他们只关心资本收益。《亨特商人杂志》向投资者们保证，他们的资本收益将随着城市居住人口的增加而增长。

⌒

1836 年，当弗里曼·亨特还是《美国旅行者》(*American Traveler*) 杂志的一个年轻记者时，他决定开展一次哈得孙河之旅，以书信形式告诉杂志编辑该地区的真实情形。在其第一封信中，亨特一上来没有描述波基普西市*及其周边环境，而是定价了这个城市。亨特说："专业人士认为，这个地区土地、矿山和工厂的每年总产出接近 500 万美元。"接下来，亨特的统计描述很快就谈到了那个时代的投机热潮。他兴趣盎然地写道："18 个月前售价600 美元的地块，现在可以卖 4000 美元了；附近一个农场 20 个月前的售价是 2.2 万美元，最近以 6.8 万美元卖掉了。"[8]

当时大多数旅行者的文学作品都没有这样的内容。《1825 年时尚之旅》(*The Fashionable Tour in 1825*) 仅简单地描述波基普西市为："这个村庄的规模和纽堡**差不多大，地理位置优越，贸易发达。"《1825 年时尚之旅》没有列出土地价值或总产出，而是谈到了哈得孙河谷"令人叹为观止的迷人风景"。但是，亨特的书信用数字取代了浪漫主义，这似乎是一个更浪漫的话题。他写道："如果你美丽的城市里有年轻人需要妻子……我劝你马上送他

---

*　位于美国纽约州哈得孙河畔，是达奇斯县的县治。——译者注

**　位于哈得孙河畔，1865 年建市，由纽约州奥兰治县负责管辖，距离纽约市约 100 公里。——译者注

们来这个地方……因为根据刚刚完成的人口普查，这个村里有 1113 名未婚年轻女子，一些女子的确非常漂亮。"[9]

亨特也许意识到了自己在统计数据方面扯得太远，他特意向编辑解释了自己独特写作风格和观点背后的原因。他写道："我认为，统计数据、商业和地理知识的广泛传播，对于有进取心的北方人来说非常重要。"亨特创立并编辑了《美国有用和有趣的知识杂志》(*American Magazine of Useful and Entertainment Knowledge*)，这是一本典型的杰克逊总统时期的杂志，包含了大量道德统计数据，也由此开启了他的新闻职业生涯。但在这趟沿着哈得孙河的旅程中，亨特没有提及波基普西的乞丐和酒鬼数量。他没有用当地精英们的眼光看待这座城市，而是用北方资本的眼光看待它。在这次旅行中，亨特找到了自己的人生使命：向金融家们提供健康的经济情况、数据和图表，帮助他们发现远方的投资获利机会。[10]

亨特只用三年时间就将这一愿景变成了现实。1839 年，他开始出版《亨特商人杂志》，这是一份月刊，其使命是向美国商人提供为占领新市场、评估房地产，或者选择铁路和银行证券——简而言之，就是用钱生钱——需要的所有信息。在接下来的二十年里——直到美国内战爆发和亨特英年早逝（根据《纽约时报》的讣告，他有"嗜酒癖好"），《亨特商人杂志》成为对美国感兴趣的严肃投资者——无论是美国人还是欧洲人——都不能不看的一本杂志。[11]

弗里曼·亨特的数据收集生涯始于他对哈得孙河沿岸城镇的访问，这并非偶然。伊利运河十年前开通，将哈得孙河与纽约州北部和五大湖连接了起来，它对于该杂志在统计前沿领域的崛起发挥了重要作用。在伊利运河开通之前，大多数东部商人都是国际贸易商，主要从事农业出口和制造业进口。除了投资联邦债券或偶尔投机农业土地外，商人们积累的大部分资金几乎又被投入商业活动。即使这些商人们投资银行股——这是在 19 世纪初银行热潮之后的普遍做法，他们仍然将大部分现金投入商业，因为几乎所有贷款都是由早期极为保守的美国银行以 60 天或 90 天"商业票据"形式借出的。这些短期信贷流入西部或南部腹地，为小麦种植者和棉花种植者种植与运输主要农作物提供资金。但是，这些信贷资金在西部或南部停留的时间并不长，一旦农场主出售了小麦或棉花，就会偿还贷款，资本就会回流到东部。虽然这种短期商业资本促进了农业市场经济的发展，但是并没有颠覆它。[12]

早期美国商人主要涉足短期商业资本的一个原因，是他们几乎没有其他投资选择。考虑到廉价土地的丰富性、廉价劳动力的匮乏性以及美国家庭追求财产独立，大多数期望从大规模佃农耕作中获得持续回报的尝试都以失败告终。早期美国经济的基本单位——家庭农场——不是一项资本化的资产。美国农业仍然是一项小规模自营活动，富裕的食利者无法直接投资农业，更不用说从中获利了。因此，早期的美国没有多少资本。在 1805 年到 1840 年间，每年只有 6.5% 的国民生产总值凝结成投资资本。（到 19 世纪末，资本形成将占经济的 20%。）尽管汉密尔顿作出了努力，但是其他国家不认为年轻的美国是一个特别好的投资目的地。从 1820 年到 1830 年，流入美国的国际资本净额几乎为零。虽然英国银行向农民和种植园主提供短期资本，但是美国没有成为长期资本的投资地。怎么会这样呢？因为杰斐逊主义者否决了汉密尔顿的联邦债务计划后，美国资本市场上就几乎没有外国投资者可以安全投资的金融资产了。[13]

然而，当亨特 1836 年游览哈得孙河时，伊利运河的开通引发了美国东北部地区政治经济的巨变，数百万美元的长期资本开始向西流入革命性的新渠道，如西部银行股票、政府运河债券、信托基金型的农业抵押贷款和城市空间。在纽约州征税权的担保背书下，近一半纽约州政府发行的伊利运河债券迅速被海外投资者买走了，其中大部分是伦敦投资者。在 1825 年至 1835 年间，价值 400 万美元由巴林银行背书的资本涌向了运河，这让运河债券的美国承销商们——普莱姆（Prime）-沃德（Ward）-金（King）公司——非常高兴，因为这可以让其宣称自己是美国第一家投资银行公司。[14]

按照一个历史学家的说法，伊利运河的巨大成功带来了 19 世纪 30 年代一股外国资本（仍然主要是英国）涌入美国海岸的热潮，可以说这是"19世纪最重要的资本流入"。在 19 世纪 20 年代快速下降之后，净流入的国际资本在 30 年代激增至 1.73 亿美元。尽管出现了 1837 年大恐慌，但资金还是源源不断地涌入美国。1835 年至 1858 年间，美国的资本积累率以每十年50% 的惊人速度增长。美国正在以缓慢却坚定的步伐成为资本投资的新宠。[15]

然而，这些资本都流向了哪里呢？外国投资者大多购买的是俄亥俄州、伊利诺伊州、密歇根州和威斯康星州发行的政府支持的伊利运河债券。在安德鲁·杰克逊抨击美国第二银行（Second Bank of the United States）之后，数百家州银行涌现出来，其中约三分之一资本投资于这些银行。甚至美国城市也向海外借款，如华盛顿特区在荷兰阿姆斯特丹发行市政债券，费城和巴尔的摩在英国伦敦发行市政债券。当 1837 年大恐慌来袭时，海外投资者持有 2.22 亿美元美国证券，其中大部分投资于运河。[16]

但是，对运河的投资也是对美国城市、工业和美国市场崛起下的赌注。运河和城市发展具有内在联系，运河促进了商业枢纽城市的崛起。这就是为什么第一张芝加哥房地产地图只是为伊利诺伊州和密歇根州运河专员绘制的。只有当航运、贸易和制造业中心——也就是城市——涌现在运河终点和岸边时，运河才有利可图。当欧洲投资者坚守政府支持的运河债券时，新一代美国商人转向了投资城市空间。正如一个历史学家解释的那样："这些蓬勃发展的城市和乡村社区，对律师、报纸商、城市规划者、高利贷者、土地投机商和代表东部资本家的土地经纪人来说，具有巨大吸引力。"[17]

对城市空间的投资首先始于纽约等大型港口城市。19 世纪初，住宅已经成为曼哈顿一项资本投资，因为繁荣的国际港口把这座城市变成了一个热闹的大都市，需要数量众多的搬运工、工人、职员、零售商、商人、水手、工匠、批发商和佣人。正如伊丽莎白·布莱克玛解释的那样，在殖民地时期，工匠们"为一个已知客户定制产品，这是一种简单的本地商品交换经济"。换句话说，想要一栋房屋的人将自己雇人建造它。在殖民地时期的纽约，住宅通常已被商品化——你付钱请人为你建造一栋可分割的建筑，你可以把其作为自己的家或卖给别人——但它不是一种资本化的、能带来收益的投资。19 世纪初，随着企业家的出现，情况开始发生变化，企业家们建造了许多房子，尽管他们没有一个已知买家，也不打算在那里安家。布莱克玛解释说："决定这种新建筑的不是社会住房需求，而是利润率。"[18]

很少有人能比约翰·雅各布·阿斯特（John Jacob Astor）更能揭示住房领域的这一重大变化。阿斯特起初是个商人，靠皮毛贸易起家，到19世纪30年代时，他已是纽约市最大的房地产食利者之一。在美国历史上，商人们第一次成功地把城市空间变成一项可以产生稳定收益的投资。1837年大恐慌前，这一城市房地产业务发展迅速。例如，基特里奇（Kittredge）和梅纳德（Maynard）是那个时期典型的波士顿商人。他们1831年的账目记录了134箱奶酪、25桶蔓越莓和30蒲式耳土豆的交易。但是，到19世纪30年代中期时，这些商人的注意力已不再放在食品行业，而是大部分用在了在波士顿、比尔里卡和新罕布什尔州戈夫斯敦买卖城镇土地上。[19]

英国圈地运动的空间寻租逻辑最终开始占据美国海岸。当纽约市房地产大亨塞缪尔·拉格尔斯（Samuel Ruggles）同意将其位于第三大道上的五栋房屋卖给一个名叫亨利·贝茨（Henry Betts）的男子时，为了决定未来租金收益的当前资产价格，两个人使用了17世纪出现在英格兰的"购买年数法"。如两人签署的合同展示的那样，贝茨之所以同意以2.25万美元的价格购买这些房屋，很大程度上是因为他认为自己每年可以赚2000美元租金。拉格尔斯和贝茨实际上是按11年回报期限计算的，利率约为10%——这一回报率远远高于英国，反映了高风险和资本稀缺如何使美国蓬勃发展的房地产市场异常有利可图。[20]

在早期的美国，丰裕的土地和稀少的人口破坏了英国地主将新世界资本化为一项赚取租金收益的资产的企图。地主们根本无法垄断土地。但是，运河的出现改变了这一切，因为运河具有将不起眼的土地变成稀缺特有资源的巨大能力。阿斯特、拉格尔斯、贝茨和其他寻租资本家之所以能够开始从纽约市的土地投资中获取丰厚利润，很大程度上是因为只有一个终点的伊利运河在曼哈顿岛及其周边创造了一种极端稀缺的空间。任何想要从运河廉价运输或接收欧洲商品和西部农作物用途中获益的人，都必须为获得这种独特空间服务付出高昂代价。[21]

伊利运河还把纽约市变成了一个贸易和制造业枢纽，是大量财富的生产、流通、交换和再生产地。小麦需要储存，棉花需要运输，衣服需要缝制，进口商品需要销售，劳动力需要再生——所有这些都需要在伊利运河附近或周边进行。因此，无论纽约市地块最终成为仓库、补给站、住宅、零售商店、干货店、工厂、酿酒厂，还是银行，都没有什么区别。现在，由于运河的存在，城市土地所有权使得人们可以从运河及其周边产生的大量财富中获取丰厚收益。[22]

塞缪尔·拉格尔斯的著作有助于说明统计数据在运河和城市崛起中发挥的重要作用。当拉格尔斯建立自己的房地产帝国时，他同时也担任纽约州运河专员。他由此了解到了市场统计数据的重要性，因为他编制的报告汇总了流向下游的产品和通行费收入。内战结束后，拉格尔斯因为这一经历作为美国代表参加了1869年的国际统计会议。在那次会议上，他关于美国"人均蒲式耳"产量发表了一份令人印象深刻的"表格式说明"，这成为那次会议的骄傲，也是纽约繁荣的象征。[23]

随着这一市场的增长，塞缪尔·拉格尔斯没有忽视城市人口增长与租金上涨的相关性。当纽约州国会议员本杰明·塔尔梅奇（Benjamin Tallmadge）要求拉格尔斯提供"有关纽约市收益率的一些统计数据"时，后者向塔尔梅奇回复了一封关于人口增长的长信，这封信让我们能够一窥这个美国首批房地产资本家的计算能力。拉格尔斯将纽约比作伦敦，他在这封信的开头强调："1000英亩土地最多容纳10万居民。"他指着24街以南的街区说："我们接下来将全部投到这些街区。"如果知道这些街区所在的区域就是拉格尔斯花费18万美元从沼泽地改造成的新格拉姆西公园（Gramercy Park）社区，人们可以认为，拉格尔斯在选择城市空间投资地点之前，已经做了这些精确计算。[24]

这不是拉格尔斯用城市人口增长统计数据预测未来利润的唯一方式。他向塔尔梅奇解释说，纽约市人口以每年15000人的速度增长。因此，这座城市每年将需要新建1500栋房子，"按每栋房子2000美元算，每年需花费300万美元"。拉格尔斯强调，大部分用于房屋建造的资本都必须通过借贷获得，在新奥尔良，这种融资方式的利率是10%。塔尔梅奇曾经担任过菲尼克斯分行行长，他对这一信息并不陌生。贷款利息对拉格尔斯而言也是一件大事：在整个 19 世纪 30 年代，他向其他房地产开发商提供了大量贷款。[25]

城市土地向投资资本的转化从运河终点迅速向外扩展到整个运河走廊。当伊利运河建成的时候，城市房地产生意不仅仅在纽约市蓬勃发展，从布法罗到布鲁克林的许多地段都是如此。受伊利运河巨大成功的激励，当 19 世纪 20 年代和 30 年代伊利诺伊州和俄亥俄州开始规划它们自己通往五大湖的运河时，东部投资者非常愿意将大量资本投入这些未来运河沿线的潜力城市。在发达的东北部地区，城市投资通常意味着建造新房屋。在西部边疆，城市投资意味着建设整个城镇——从图纸开始。投资者在购买了一片被认为具有城市开发潜力的土地后，会先绘制地图，然后根据地图分块开发。与地籍土地测量过程类似，一旦绘好地块图，土地就会成为一种商品（但不一定是资本，因为资本需要持续获取租金的能力）。投资者以地图为索引，可以随意买卖城市地块。[26]

投资者确实积极性很高。东海岸投资者争相直接投资运河流经的城市地块和股份制土地公司，或间接投资当地银行和其他抵押贷款金融机构，比如俄亥俄信托保险公司（Ohio Trust and Insurance Company）。到 1833 年时，人口只有 350 人的小城芝加哥的地块价格已经从 1829 年的 33 美元飞涨到 10 万美元。1854 年，一个西部旁观者在回顾这段历史时挖苦地说："城镇地块是这个国家的主要商品，而且是唯一的出口商品。"在不到十年的时间里，对美国城市土地的投资就从一件新鲜事变成了全国性的狂热。即使是以前保守的商业银行，也非常愿意接受一个未开发城镇的地块作为抵押，为城市建设提供资金。因此，那些投资银行股票的人是在间接投资城市。在银行家的推动下，城市土地被资本化了。[27]

与当初引发英国资本主义革命的土地租金竞争非常相似，为了弥补高昂的土地成本，美国城市不断上涨的房地产价格促使城市居民提高生产率。独栋住宅变成了廉价公寓，临时作坊变成了疯狂的工厂，小商店变成了大型商场。房地产繁荣不仅增加了市场生产力，而且加剧了不平等，因为高房价很快就使得一些新城市移民无法拥有自有住房了。事实上，城市发展越快，就越不平等。1800年，40%的费城人拥有不动产。60年后，这一数字骤降至10%。作为资本主义土地投资诞生的西部年轻城市更加不平等。1848年，17个人拥有旧金山40%的土地。难怪亨利·乔治（Henry George）在旧金山湾区写成的《进步与贫困》（*Progress and Poverty*）一书中提到：到1860年时，旧金山市最富有的10%居民拥有该市90%的房地产。[28]

$\backsim$

在弗里曼·亨特的哈得孙河游记受到波士顿和纽约商界精英的热烈欢迎之后，他的创业本能被激发了。到1837年时，他已制定了一项编辑出版一本专门针对资本人士的月刊计划。1838年，他向纽约商业协会（New York Mercantile Association）——该组织旨在向公司员工传授复杂的商业知识——推销了自己的想法。亨特对他的听众说："目前没有一本刊物能让商人了解许多可能对其非常重要的信息。他除了从报纸专栏收集信息外……还不得不设法从历史和《商业统计》（*Statistics of Commerce*）中收集大量信息。"纽约商业图书馆协会（New York Mercantile Library Association）的董事会一致投票同意"以个人和联合方式，向公众推荐亨特的杂志；并且尽可能使这本杂志成为本协会的一部分"。[29]

东部商人们的热情并不让人感到意外。他们迫切需要数据帮助自己管理这个新的投资领域。纽约商业协会会员亚瑟·布朗森（Arthur Bronson）是美国城镇地块和西部抵押贷款最大的投资者之一，他一直在寻找能够帮助自己作出正确投资决策的信息。布朗森从自己的土地代理人那里直接了解人口变化与投资收益之间的重要联系。北卡罗来纳州的一个经纪人写信给布朗森说："大量人口正从这一地区向西南部迁移，他们带光了这个地区的钱。"他在另一封信中解释说："人口向西南迁移使得这里的生意难做了。"这个经纪人在第三封信中警告说："人们正成群结队地离开这个地区，我认为这个地区的土地没有六年前值钱了。"[30]

然而，尽管布朗森知道人口统计数据非常有用，但是当他在1833年开启准备购买西部城市土地的考察任务时，他仅有一本农民"移民指南"可用。虽然这一指南也许可以满足自耕农的安家需要，但是对于寻找投资地的东部资本家来说，它缺少详细的统计数据。当地报纸也落后于时代，上面充斥的各种商业数据（市价表、汇率、国际航运新闻）和道德统计数据无法满足像布朗森这样的土地投机商的需要。因此，布朗森和他的搭档查尔斯·巴特勒（Charles Butler）不得不另辟蹊径。例如，他们通过计算当地学校有多少孩子，估计他们所访问的村庄的规模。由于缺乏可靠数据，1837 年大恐慌之后发生的大量怪事就不足为奇了：投资者认为自己购买的城镇地块应该建筑密布、街道平整、人丁兴旺，但实际上这些都是不存在的。[31]

事实上，正是由于 1837 年大恐慌，亨特的统计刊物才得以问世。亨特的第一期刊物于 1839 年出版，与其第一篇游记发表时的 1836 年相比，这一年的情况已经大相径庭。随着 1837 年大恐慌的到来，19 世纪 30 年代对运河债券和城市土地的疯狂投资戛然而止了。到 1839 年时，大多数美国资本家已不再向西部投资，而是回家休养生息。然而，恐慌对亨特来说是一件好事，因为他利用了 1837 年大恐慌给商人们造成的创伤。亨特强调需要建立一个理性的数据驱动的资本投资机制，他警告说："如果投资是以鲁莽的投机精神开始的，则最终结果将如预料的那样以失败告终，因为在这一投资热情中，忽略了一些成功必需的因素或冒险必需的信息。"[32] 亨特严厉批评了商业报纸仅提供"眼前贸易信息"的做法，宣称其刊物的目标是"构建商业科学"，向商人们提供各种各样的"研究国家资源、商业地理、生产过程、财富法则或政治经济"的文章和统计数据。[33]

把商业变成科学不是亨特创办杂志的唯一目的。他一再提醒其读者，在他的杂志出现之前，"没有一本杂志……代表和宣传商业利益"。亨特赞扬了美国商人带来的普遍繁荣，提醒他的读者，商业是"除了宗教之外，推动文明、知识、进步和自由的最活跃力量"。在该刊物的每一页以及特别增刊中，《亨特商人杂志》的订户们看到的都是热情洋溢的"美国商人的生活"。亨特还为急于成功的年轻商人们写了一本对其个人建议的书，这是同类书的最早版本之一。在这本名为《价值与财富》（*Worth and Wealth*）的指导手册中，亨特告诉年轻读者，他们应该用金钱衡量自我价值和成功。他解释说："在一个共和国里……决定社会地位的主要是财富。在社会中，社会地位等级是由股权证明、出租名册和银行账户决定的。"正如这句话所揭示的那样，亨特认为经济进步不取决于传统商业贸易，而是取决于以城市房地产和金融证券形式存在的新型资本主义投资。[34]

《亨特商人杂志》是第一本内容和发行范围都涵盖全国的商业杂志。就连《经济学人》（*Economist*）——英国版的《亨特商人杂志》——也才于1843年问世。在《亨特商人杂志》之前，大多数商人是从当地报纸上获取消息的。《亨特商人杂志》作为一本全国发行的刊物，涵盖的内容既包括传统商业问题，也包括新型商业活动，如制造、铁路、采矿、土地投机等，因此这一刊物迅速变成了一个论坛，来自不同地区和行业的人士可以在此联合起来，携手把分散的、碎片化的美国经济转变成一个广阔的国内大市场。亨特希望将他的杂志"打造成连接全国不同商业协会的纽带"，到19世纪40年代末时，亨特致力于形成资产阶级的努力已经取得了成效，因为全国所有最重要的商业图书馆协会，包括纽约、费城、波士顿、巴尔的摩、路易斯维尔、查尔斯顿和辛辛那提分支机构，都承诺支持《亨特商人杂志》，并接纳亨特成为其机构的荣誉会员。纽约、圣路易斯和辛辛那提商会以及巴尔的摩、芝加哥、匹兹堡和费城贸易委员会也通过决议称赞该杂志的优点。[35]

虽然没有订阅记录得以保存下来，但似乎到19世纪50年代中期时，美国上层社会的大多数人都在阅读这一杂志。那个时代的主要商人和政治家，包括最高法院法官列维·伍德伯里（Levi Woodbury）、密苏里州参议员托马斯·本顿（Thomas Benton）、马萨诸塞州资本家内森·阿普尔顿（Nathan Appleton）和帕特里克·特雷西·杰克逊（Patrick Tracy Jackson）等，都订阅了该杂志，有些人甚至还向杂志投了稿。参议员亨利·克莱（Henry Clay）赞扬该杂志收集了"大量有价值的统计数据和其他信息，这些数据和信息不仅对商人们非常有用，而且对政治家、农民、制造商、水手等——简而言之，对所有人都很有用"。波士顿制造业巨头阿博特·劳伦斯（Abbot Lawrence）描述了他是如何在家中以及商务旅行中阅读《亨特商人杂志》

的，认为"这本杂志不仅对商人有价值，而且对政治家、外交官、法学家、制造商、机修工、农业学家和经济学家都很有价值"。甚至，米勒德·菲尔莫尔（Millard Fillmore）*总统也称赞该杂志是"有史以来最有价值的期刊之一"。[36]

各家报纸对亨特和他的杂志也不吝赞美之词，尤为强调这一杂志的广泛发行量。1846 年，在《哥德杂志》（*Godey's Magazine*）的一篇文章中，埃德加·爱伦·坡（Edgar Allan Poe）专门写了一篇关于亨特的文章。他颇有感触地说："这本杂志在商业事务中被视为绝对权威，它不仅在这个国家广为流传，而且传到了欧洲甚至更远的地方。"爱伦·坡并没有就此打住，他强调说《亨特商人杂志》"受到高度评价，英国商业当局经常称赞它，几乎世界上每家银行、每位领事、每位船东和每个航海家都是其忠诚订阅者，每个图书馆都将其作为权威文献，据说世界上有一半国家将亨特排在美国名流榜前三位"。1844 年，当法国工程师查尔斯·米纳德（Charles Minard）决定绘制一幅全球棉花商品流通统计地图时，他的地图数据不是来自法国或英国期刊，而是来自《亨特商人杂志》。这一杂志似乎不仅改变了美国资本家对美国的看法，也影响了全世界商人的视野。[37]

《亨特商人杂志》中充满了许多开创性的统计图表，这些图表反映了商人们的兴趣从短期国际市场交易向长期国内资本主义投资的转变。早期出版的《亨特商人杂志》仍然主要以传统商业统计数据为主，如全球商品价格、海上保险费、银行股票数据、每个国家的黄金数量、公共债务比较、进出口贸易余额和外汇汇率等。在头几年里，亨特更多的是以一个进口商而非制造商的眼光看世界，他刊登的关于欧洲制造业的统计表格与他关于美国制造业的一样多。然而几年后，亨特开始用人们之前从未见过的数据取代了这些传统表格，新的数据包括洛厄尔工厂的股息、纽约的租金回报率、宾夕法尼亚的煤矿开采收益、布法罗运河的收入和西部铁路的收入等。传统商

---

* 美国第 13 任总统（1850—1853 年），他对奴隶制一直采取妥协态度，是美国历史上最具争议的总统之一。——译者注

业统计数据的比例从 1840—1842 年间的大约 70% 下降到 1850—1852 年间的 47%。[38]

然而，该杂志最大的统计创新是其对人口数据的使用。在早期美国，很少有商人对人口统计数据感兴趣。人口普查结果很少出现在像《纽约商业广告》这样的报纸上。商人们的资本主要投资于国际贸易而非国内扩张，他们没有动力研究这些人口数字。由于人口普查数据决定了国会代表如何分配，因此报纸更关注人口普查数据的政治影响而非经济影响。当时的统计公报都是为商人们写的，比如蒂莫西·皮特金（Timothy Pitkin）的《统计观察》（Statistical View）充斥着国际进出口数据，但是几乎没有人口数据图表。[39]

《亨特商人杂志》改变了这一切。从这本杂志的第一期开始，亨特就在"其他统计数据"栏目下加入了大量人口数据表。到第四期时，他在杂志的统计部分中单列了人口统计数据，与制造业数据、商业数据和银行数据并列。亨特的这一做法在商业刊物中是前所未有的，他想借此告诉读者，美国人的去向、集中程度和数量对商人们很重要。亨特很快就成了人口流动方面的顶尖专家。当波士顿人杰西·奇克林（Jesse Chickering）希望获得有关移民信息，完成其对 19 世纪 40 年代美国人口增长的统计数据研究时，他首先想到的是弗里曼·亨特。[40]

但是，亨特只是其杂志对美国投资者进行人口统计教育的推动者之一。要想了解为何 19 世纪 20 年代商人们对人口增长数据视而不见，而在 1880 年又对此如此痴迷，我们必须把目光转移到《亨特商人杂志》最重要的两个作者身上：西部冒险家杰斯普·威克曼·斯科特（Jesup Wakeman Scott）和南方经济学家乔治·塔克（George Tucker）。

෴

杰斯普·威克曼·斯科特在康涅狄格州一家农场——一个富有的纽黑文家庭——出生和长大。1831 年，斯科特为了照看其岳父在伊利湖南岸投资的土地，来到了西部的俄亥俄州。1825 年，俄亥俄州立法机构批准了一项运河疏浚工程，这条运河将连接辛辛那提和伊利湖。包括斯科特在内的许多投机者争相买下了大量沿湖土地，希望将来运河的终点站会落在他们的地块上。斯科特与其他投资者一起，帮助在莫米河畔规划了托莱多市（Toledo）*。托莱多从一开始就是一家资本主义企业，甚至之所以选这个名字也是出于市场营销的考虑；正如一个投资者指出的那样，这个名字"容易发音，听起来让人愉悦，而且在美洲大陆没有其他城市使用这个名字"。19 世纪 30 年代，斯科特和他的托莱多投资者伙伴们与其他湖畔城镇激烈争夺运河终点，就像进行一场高风险的地理轮盘赌博游戏一样。正如斯科特岳父理解的那样，这是一项高风险投资，他在写给女婿的信中说："运河终点城市所在地的幸运土地拥有者将大赚一笔。"[41]

虽然到 1836 年时运河还没有到达伊利湖附近的任何地方，但是斯科特已经设法在俄亥俄州西北部购置了价值 40 万美元的房地产。由于房地产价格在 1837 年大恐慌中暴跌，斯科特被迫变卖了几乎所有资产，包括位于康涅狄格州的家族宅邸。然而，斯科特仍然愿意赌一把，他决定继续持有托莱多的土地。事实证明，这是一项正确的决定。1843 年，沃巴什-伊利（Wabash-Erie）运河终于开通了，托莱多运河成为通往大湖的出口。如果斯科特能够说服东部资本家相信托莱多运河注定会成功，他会成为一个非常富有的人。那一年，他为《亨特商人杂志》写了之后许多文章中的第一篇。[42]

就像其他许多投资于仅在纸面上存在的城市的人一样，斯科特渴望吸引资本，这促使他成为一名新闻记者。在到达俄亥俄州后不久，斯科特就创办了俄亥俄州西北部第一家周刊——《迈阿密湖》（Miami of the Lake）。后来，他短暂担任过该市知名日报《托莱多刀锋报》（Toledo Blade）的编辑。然而，在斯科特的写作生涯中，他的主要受众从来都不是当地农民，而是东部资本家，因为斯科特希望说服他们将资本投到将来的全球帝国中心托莱多，他认为："如果我们的报表能让东部投资者看到，可以纠正他们很多对西部的错

---

* 建于 1833 年，是美国俄亥俄州第三大城市、著名的美国"五大湖"区港口城市，也是著名的"美国制造业带"的核心。——译者注

误印象。"[43]

正如斯科特理解的那样，为了说服东部资本投资托莱多，他需要深入投资者的家中和他们的小圈子。虽然斯科特编辑的地方报纸从未到达过纽约、波士顿或伦敦，但是他通过频繁为《亨特商人杂志》撰稿，成功地让东海岸乃至欧洲投资者听到了他的声音。从1843年的第一篇文章开始，在接下来的十年里，斯科特发表了大量文章，称赞西部边疆的经济潜力，将自己塑造成该杂志城市投资和西部开发方面的专家。虽然当时已有一些城市狂热者用地理决定论证明美利坚帝国将来应定都伊利诺伊州奥尔顿市或密歇根州弗拉特罗克市，但是斯科特是第一个用人口统计数据进一步论证和推销自己观点的城镇倡导者之一。[44]

在斯科特为《亨特商人杂志》撰写的第一篇文章中，他对城市人口统计数据进行了深入分析，这一分析后来成为他的特色。为了解释美国人口（和美国首都）的未来变化趋势，斯科特一开始引用了英国人口普查结果。他指出："每次英国人口普查，从事农业的人口比例都在明显下降。"他引用了一份英国报告，该报告说："在英国，从事制造业和机械行业的人口与从事农业的人口之比，1801年是6∶5；1821年是8∶5；1830年是2∶1。"在1830年和1840年人口普查的帮助下，斯科特通过计算美国城市人口的增长率，接着证明了美国已开始出现类似英国的人口结构变化趋势，从事农业的人口比例已经在下降了。[45]

在其几乎所有的文章中，斯科特都将自己所在的俄亥俄州作为城市化和工业化正在兴起的最好例子，说明尽管这个七叶树之州（Buckeye State）[*]的人口在过去十年中总体上增长了62%，但是其中最大城市中心的人口增长了138%。他预测，到1890年时，将只有三分之一的人口是农民。斯科特认为，未来西部将实现完全劳动分工，大多数美国人将居住在城市中，从事制造业工作。城市居民用生产的工业产品与少数农民进行交换，城市仍然需要依靠这些农民供应食物和原材料。大多数美国人将不再依靠土地而是依靠

---

[*] 俄亥俄州的州树是"七叶树"，因此也被称为"七叶树之州"。——译者注

市场为生。他们将不再分散居住在北美大平原（Great Plains）上，而是会向大城市聚集。[46]

但是，这些大城市会落在哪里呢？斯科特自问自答道："我们怎么能事先有把握地知道哪些城市注定会展示出如此惊人的发展速度呢？"再一次，斯科特认为答案在于人口数量。"在这69个城市中……它们的人口数量在十年内翻了一倍，其中有61个城市位于西部平原，"斯科特写道，"新英格兰地区的制造业优势是暂时的，会被临近湖区和密西西比河上游的区域取代。"斯科特的文章告诉《亨特商人杂志》的读者，人口统计数据可以准确表明他们应该把资金投到哪里，他的文章中经常包括计算一个城市人口翻倍需要多少年的图表。斯科特通过这些统计排名，将城市人口数据转化为经济指标，帮助东部投资者决定投资哪些城市，即"投向人口密度最高的西部地区，因为产业会向这个地方集聚"。正如威廉·克罗农（William Cronon）指出的那样，这样的图表具有欺骗性：城镇越小，人口越容易翻倍。然而，这样一个表格为斯科特提供了他想要的精确统计效果，因为这一表格把托莱多列为美国十大最赚钱的城市之一，远远超过新英格兰地区或大西洋沿岸更成熟的城市。[47]

斯科特的所有统计分析都隐含着一个简单观点：没有土地的人口的激增有助于投资者获取巨额利润。斯科特试图说服他的广大读者，托莱多的人口正在增加，美国的自耕农很快就会大规模地从乡村搬到城市，并且美国的新制造业中心将在西部崛起，他希望以此向东部投资者证明，西部地区不单单是投资者无法获取持续利润的自耕农场主的土地。相反，斯科特的统计数据表明，西部已经存在的大量失地人口促进了许多制造业的发展，就像马萨诸塞州的洛厄尔和林恩一样。他认为，由于这些人口结构的变化，美国资本家可以安心投资西部城市的时机正快速到来，因为劳动力供给的增加需要建造房屋、开办工厂、疏浚运河以及发展城市。

在人口统计数据的帮助下，斯科特告诉美国投资者，只了解运河终点的位置对于房地产投资决策是远远不够的。投资需要知道"人喜欢到哪里去"。美国资本家仅跟着运河流向是不够的，还需要跟随劳动力的流向，统计上可以监测他们的空间移动情况。斯科特曾经大赚过40万美元，但是转眼间就在大恐慌中灰飞烟灭了。他虽然后来赢得了运河选址轮盘赌游戏，但是拥有的仍然是只存在纸面上的一个小镇。斯科特明白，只有当自己拥有的地块成为工厂、仓库和公寓时，才能从中发财，因此仅垄断这些土地是不能使自己致富的。决定城市土地价值的不仅仅是它们的空间稀缺性，还有它们为制造商、零售商、房东或房地产开发商带来的收益潜力大小。斯科特已经意识到，城市土地投资依赖工业化资本主义社会的兴起。你需要人民的劳动能力和物质需求，不是任何人都能满足这一要求的。你需要的是那些可以在工厂工作、住在租赁公寓里的人，是那些没有生产性财产或自有住房的人。简言之，你需要大量没有土地的人。斯科特的统计信息暗示，要想让城市地块变成有利可图的资本投资，必须把图纸上规划的城市变为现实，杰斐逊主义的美国自耕农政治经济状况必须有所改变。[48]

　　斯科特在《亨特商人杂志》中描绘的国家进步概念与早期美国的观点大相径庭，这一转变甚至在他的个人发展中也很明显。当斯科特刚到中西部时，他编辑的第一份刊物是《俄亥俄和密歇根移民指南与农民簿记》（*Ohio and Michigan Emigrant Guide and Farmers Register*），这是那个时代的一本典型期刊，读者对象不是东部资本家，而是拓荒农民。在这一刊物中，斯科特听起来像是一个彻头彻尾的杰斐逊主义者，他劝说东部农民到西部去，这样他们就不会成为"没有前途、只能勉强维持生计的日结工人"。他使用了一种截然不同的推销说辞，强调农业的"正直与节制"，把家庭关系（而非市场关系）放在首要位置，认为"在土地便宜的地方，农民的孩子们通常会定居在他们父亲身边"。当斯科特在当地一个剧场演讲时，他表达了同样的意思。在这次演讲中，斯科特不仅强调了托莱多的人口增长，而且强调托莱多应该以成为"美国的道德和知识中心"为目标。更重要的是，他对自己的数据远没有那么乐观。斯科特说："虽然托莱多一些街道的名字很好听，但坦率地说，我们必须承认到目前为止……这座城市还只是一个骨架。"他用"微不足道"和"无足轻重"等词形容托莱多，同时激励他的读者"把这座耻辱之城从无到有发展起来"。仅仅几年后，为了吸引资本，斯科特讲述了一个完全不同的故事。[49]

◆

正如镀金时代的经济学家理查德·伊利（Richard Ely）曾经指出的那样，人们普遍认为内战前"南方在经济学上领先于北方，弗吉尼亚大学领先于哈佛大学"。如果我们相信伊利的这一说法，这将使得乔治·塔克——弗吉尼亚大学历史上首位政治经济学教授——成为美国著名经济学家。弗里曼·亨特显然赞同伊利后来对塔克的评价，因为他的杂志充满了塔克的经济理论和增长数据。从杂志第二期开始，亨特就把塔克聘为《亨特商人杂志》的"住房经济学家"，每月刊发一篇塔克的《工资、利润和租金调查》（The Laws of Wages, Profits and Rent, Investigated）。几年后，亨特连载了塔克的《近 50 年美国的人口和财富增长》（Progress of the United States in Population and Wealth in Fifty Years）系列文章，这是一项开创性的统计分析，不仅强调了城市人口增长与资本主义收益之间的联系，而且包含了基于人口普查收集到的市场产出资料获得的美国历史上首个收入和财富统计数据。很快，亨特就决定同时以书的形式出版这些文章。[50]

在 19 世纪 40 年代和 50 年代早期，塔克的文章一直是《亨特商人杂志》上关于经济理论和统计增长方面的主导观点，他对该杂志的读者如何认知他们所处的经济世界产生了深远影响。由于美国大多数学院或大学尚未教授英国的政治经济学，而且大多数美国人都没有上过大学，因此，一代有商业头脑的美国人首先是通过乔治·塔克发表在《亨特商人杂志》上的文章，了解亚当·斯密的"看不见的手"和大卫·李嘉图的边际租金理论的。此外，塔克通过将城市人口和市场生产力统计数据描述为反映社会进步的最重要标识，不仅向《亨特商人杂志》的读者们展示了人类迅速发展的奇迹，而且宣传了进步可以和应该被定价的思想。[51]

乔治·塔克进一步证明，美国的现代增长统计数据、日常生活资本化以及对进步的定价都与加勒比奴隶制密切相关。虽然塔克成年后的大部分时间是在弗吉尼亚度过的，但是这位第一个从联邦人口普查中获得原始 GDP 指标的美国人，是在家族拥有近两百年的百慕大蔗糖种植园出生并长大的。塔克出自一个种植者精英世家，这一家族可以追溯到百慕大第一批英国定居者。他的祖先是主要的奴隶商人、甘蔗种植园主和岛屿管理者。事实上，塔克这一名字是岛上最早出现的六个奴隶姓氏之一。就像亚历山大·汉密尔顿一样，由于其特殊的加勒比成长经历，塔克自然地将人视为可以创造收入的要素，将社会视为一项资本化投资，尽管他——像汉密尔顿一样——也不支持美国奴隶制的扩张。[52]

在南北战争之前，塔克未在弗吉尼亚州找到合适的投资机会。他似乎对投资运河、城市和银行比对投资奴隶、烟草或棉花更感兴趣。当塔克受命管理另一个人的财产时，他考虑购买的不是奴隶和土地，而是银行股票，他相信"费城吉拉德银行（Girard Bank）或纽约州银行的股票，在现价水平上，每年可以获得超过 8% 的收益"。在塔克大量不拘一格的著作中——从科幻小说、种植园浪漫小说到讽刺性幽默和标准的经济散文，可以清晰看出，他希望将南方转变为一个拥有大城市、大工厂、大量工薪劳动者且没有奴隶的工业重地。[53]

塔克在其一篇匿名发表的南方讽刺作品《译自法语的弗吉尼亚来信》（Letters from Virginia Translated from the French）中，批评了奴隶制"故作体面的懒惰"，认为运河可以促进南方尤其是诺福克*的经济进步和城市发展。（塔克在罗阿诺克运河投入巨资，并在诺福克拥有大量土地。）作为美国优秀种植园小说的先驱，塔克在《谢南多厄山谷》（The Valley of Shenandoah）一书中向世人们展示了种植园文化——过于注重美德、荣誉和公共精神，缺乏谨慎、理性的商业意识。塔克的《月球之旅：莫罗索菲亚人和其他月球人的风俗与习惯、科学与哲学》（Voyage to the Moon; with Some Account of the Manners and Customs, Science and Philosophy, of the People of Morosofia, and Other Lunarias）是美国文学史上最早的科幻小说之一，他在这本书中描述了一种

---

* 美国弗吉尼亚州第二大城市和港口，世界著名的深水港之一，位于伊丽莎白河畔，扼切萨皮克湾咽喉。——译者注

乌托邦式的月球文明，这一文明刚开始时与早期的美国很相似，但是逐渐发展（在塔克看来是合理的）成为一个不平等的工业化和城市化社会，土地所有者可以从中赚取"巨额利润"。[54]

然而，塔克在他的经济学著作中留下了自己的印记。作为一个希望"超越马尔萨斯"的马尔萨斯主义思想家，塔克是一个迷恋人口增长的经济学家。1798 年，托马斯·马尔萨斯（Thomas Malthus）提出了一个著名观点：由于人口呈指数级增加，而粮食产量仅以几何级数增长，自然的匮乏将使人类只能过上维持基本生计的贫困生活。塔克赞同马尔萨斯的观点，认为随着一个国家人口的不断增加，工资将不得不下降，因为"人口增加将导致劳动阶层竞争加剧"。然而，与马尔萨斯不同的是——他描绘了一幅可怕的人类命运图景，塔克欢迎这一不可改变的人口法则，认为正是由于工资不断下降，才使得资本家们最终能够在不必奴役美国人民的情况下，从他们的劳动中获利。塔克表达的意思很清晰：人口增长是好事情。[55]

塔克指出，由于新大陆"土地丰富，人口稀少，初级产品通常按照生产这些产品所需的劳动进行交换"。就像本·富兰克林、托马斯·杰斐逊和其他早期美国思想家一样，塔克认识到，低人口密度给了美国白人农民讨价还价的能力，使他们能够从自己的劳动成果中获得充分的回报。然而，与其他早期美国人不同的是，塔克认为这是一件坏事情。他对未来感到乐观的原因与杰斐逊感到悲观的原因完全相同：随着美国人口的增加，这种普遍拥有土地所有权的平等主义仙境将会终结。许多自耕农将被迫离开土地，进入城市，在那里他们将遭遇劳动力市场竞争导致的低工资。这对土地和其他生产资料所有者来说将是一件好事情，因为人口增长不仅会导致工资下降，而且会增加人们对食品和其他制成品的需求。从高商品价格和低工资缺口中产生的利润，将"随着人口数量的持续增加不断提高"。[56]

这样的人口增长还将终结奴隶制。塔克认为，当"最终可以很低的价格获取劳动力，以至于奴隶带来的劳动收入无法弥补供养他们的成本时，奴隶主就会将其看作一个负担，而不是一个收益来源"。塔克似乎在说，无地城市居民的大量增加之所以会结束奴隶制，不是因为奴隶制具有剥削性，而是因为与工薪劳动者相比，奴隶制的剥削程度还不够。[57]

1840 年人口普查结果公布后，塔克迅速从理论转向实践，为了探究美国未来发展趋势，他开始仔细研究人口普查数据。这一分析的最后结果体现在塔克撰写的《美国的人口和财富增长》（*Progress of the United States in Population and Wealth*）一书中。在这一著作中，塔克创造了一系列前所未有的复杂统计指标，这些指标把美国人口增长率按地区、种族、州和城市进行了比较。和斯科特一样，为了验证自己的理论是否已经奏效，以及没有土地的城市劳动者数量是否在增加，塔克将美国从事农业的劳动人口与从事制造业的人口，以及将生活在农村地区的人口与居住在新兴城市的人口数量进行了比较。正如书名中"增长"一词所揭示的那样，塔克对结果很满意。他利用美国人在农场工作和在城市生活的人口数量百分比等指标，得出了城市化正在加快的结论。很快，在塔克看来，他的乌托邦式月球殖民地上的城市发展、雇佣劳动力和巨额利润将在地球上成为现实。[58]

接下来，塔克迈出了从度量人口增长到度量经济增长的革命性一步。在该书的倒数第二章，为了对美国居民和资源创造的年收入进行定价，塔克利用了 1840 年人口普查新收集到的农业和工业数据。通过一些创造性的计算，他分析了各州农场、工厂、森林、渔业、商铺和矿山的盈利能力。例如，这使得《亨特商人杂志》的任何读者都能很快看到，缅因州森林创造的年收入为 1877663 美元，宾夕法尼亚州养猪业创造的年收入为 4518192 美元。[59]

塔克不仅定价了伐木业和养猪业，还定价了美国的人均创收能力。在加总了每个州的收入流后，塔克用市场总产除以居民总数。现在，读者就可以在一张简单图表中比较不同州的人均生产率了。然而，与往常一样，政治会影响统计选择，塔克需要决定是否将奴隶算入居民。《亨特商人杂志》是支持奴隶制合法化，还是承认非洲裔美国奴隶的人权身份呢？最后，塔克决定不得罪他的任何读者，将这两个指标并列放在了一起。正如塔克的双重图表显示的那样，是否将奴隶视为居民对战前人均增长数据具有巨大影响。例如，如果将奴隶也算入居民的话，则每个密西西比州居民创造的收入只有79 美元，远远低于马萨诸塞州的 102 美元。但是，如果只将密西西比州白人算入居民的话，那么这个数字就会跃升至创纪录的人均 164 美元。[60]

塔克不满足于仅仅根据 1840 年人口普查得出的美国市场生产力统计概况。他把时间看作一个永无止境的资本积累过程，该书的最后一章名为"财富的增长"（The Increase of Wealth），旨在展示"年收入高于年支出的少量超额收入是如何不断增加资本规模的，这是一种如此高效的生产方式"。塔克的逻辑思维成为 19 世纪经济思想的主流。他把国家看成一个企业，认为国家收入（市场产出）超过支出（市场消费）的数额产生了收益，这些收益可以增加"国家财富"。收入统计可以显示美国作为一个企业的年收益流，财富统计可以显示收益总额——这些收益汇聚成资本，随着时间的推移不断积累。[61]

∽

乔治·塔克没能活到美国内战爆发，这场战争结束了美国奴隶制，极大推动了工薪劳工阶层的发展。塔克这个试图用市场机制消灭奴隶制的奴隶主，最后却死于这些事情。1861 年 3 月 21 日，当塔克在亚拉巴马州莫比尔市等候登船时，一捆由奴隶采摘的棉花从一艘驶往上游的驳船上掉了下来，正好击中了塔克的脑袋，把他砸死了。然而，塔克在《亨特商人杂志》上发表的文章——尤其是他的人口和经济增长指标——对美国人产生了深远影响。塔克在他去世前几年的自传中写道："关于人口普查结果分析的小文章比我以前写的任何东西都流传更广，被更多人阅读和使用。"斯科特的城市人口图表也出现在其他出版物中，其中最著名的是《商业实用指南》（*Practical Guide on Business*），这是一本面向商人和投资者的指南式大众读物。甚至远在英格兰，一些书如《从哥伦布发现新大陆到 1847 年美国的进步》（*The Progress of America from Discovery of Columbus to 1847*），也再版了斯科特关于人口增长的统计著作。[62]

19 世纪 50 年代的当地报纸显示，在 1880 年席卷圣路易斯市的生存危机爆发很早之前，商人们就开始认同《亨特商人杂志》有关人口统计数据的重要观点了。在 1850 年人口普查之前，《俄亥俄政治家日报》（*Ohio Daily*

Statesmen）就提醒其读者，人口数据"非常重要"，因为它们"指明了正确的资本投资方向"。人口普查结果出来后，一张张城市人口统计数据表格刊登在西北地区的几十家报纸上，几乎俄亥俄州每个破败城镇的报纸编辑都宣称他们的城镇人口增长是最快的。1870 年，一个观察者对这一城市主义的爆发感到困惑，不懂人们为什么"对人口快速增长感到如此自豪"。[63]

从 1850 年到整个镀金时代，美国报纸上最常出现的一张表格是美国城市的人口排名。这样的排名很快就成为每十年一次的盛事，因为编辑们提供了丰富多彩的评论，如解释为什么波士顿的人口排名会从第三位降至第五位，而辛辛那提的人口排名会从第十二位升至第六位。这些文章读起来经常更像是令人兴奋的体育赛事，而不是乏味的经济统计数字。一家俄亥俄州报纸声称："克利夫兰市、哥伦布市和代顿市早在 1840 年就开始参加这项比赛了，自那以后，每个城市的人口都翻了一番。1850 年的人口普查将很快决定他们的相对地位。"在中西部城市开始争夺棒球冠军的前几十年，它们就已在为争夺人口增长而战了。[64]

各个城市竞相争夺人口使得许多报纸编辑认为，这些人口增长数据不仅反映了潜在的投资获利能力，而且是反映总体进步的重要指标。所有这些报纸文章都内含一个潜在假设，即城市居民和城市资本家的利益是相同且一致的。到 1880 年时，圣路易斯商人努力将促进人口增长转变为全市居民的共同目标，宣称城市"繁荣"有利于"所有商业"，认为不合预期的人口普查结果不仅会"打击资本"，而且会"挫伤人心"。

《亨特商人杂志》的影响不仅仅局限于中西部城市和东部资本。詹姆斯·德·博（James De Bow）是一个被忽视的资本主义倡导者，他生活在可能是美国历史上最被忽视的资本主义城市——新奥尔良 *。德·博的身份包括统计学家、奴隶主义辩护者、帝国主义支持者和商业记者，他是从梦想成为南方的弗里曼·亨特开启自己漫长的职业生涯。当 19 世纪 40 年代中期亨特创办其杂志时，年轻的德·博给亨特写了一封信，说他计划出版一本南方

---

* 美国路易斯安那州南部的一座海港城市，同时也是该州最大的城市。——译者注

版的《亨特商人杂志》。德·博接着就那样做了。一篇名为"亨特和德·博的观点：农业、商业、工业进步和资源"（Hunt's and De Bow's Review: Agricultural, Commercial, Industrial Progress and Resources）的对比文章揭示了两个人共识远大于分歧的世界观，即使亨特强烈反对奴隶制，而德·博极力支持奴隶制。[65]

德·博在其早期一期杂志中，重申了亨特对数据驱动的"商业科学"的看法。德·博将统计分析与资本利得联系了起来，称如果没有统计数据，"就不可能进行任何事先计算，就不能确定一项投资是否划得来"。他在另一篇文章中警告说："对于无知者来说，商业就是一场靠运气的赌博，而对于有成就的商人来说，商业是一门科学。"和亨特一样，德·博也把自己视作一个启蒙者，认为有必要教授南方人掌握统计分析技巧，使其成为理性的商人。他抱怨说："在棉花种植者中，几乎没有传授过专业知识和实践，每个农民都生活在自己的农业世界里。"[66]

可以从德·博的编辑偏好中清晰看出他试图模仿亨特。他经常发表来自遥远的得克萨斯州边疆南方支持者的文章，这些支持者试图说服奴隶主用他们的奴隶资本向西部进军。这些文章使用人口增长统计数据作为其观点的主要支撑，听起来很像杰斯普·斯科特等西部城市鼓吹者在《亨特商人杂志》上发表的观点。一个得克萨斯支持者在他后来发表的给德·博的一封信中写道："现在南方各州大约有 300 万奴隶，以每 10 年近 30% 的速度增长。"他警告说："在这十年内，必须为新增加的 100 万人找到家园和可耕种的土地。"[67]

⌇

在《亨特商人杂志》的启发下，到 19 世纪中期时，城市人口增长统计数据已成为美国文化和社会中无处不在的一部分。但是，对这些数字的看法是存在分歧的。许多美国农民对未来感到悲观，因为人口增长会使他们的孩子成为无地工薪劳动者。这些美国人在公开和私人场合都对人口增长表示了不屑。正如人口学家已经认识到的那样，南北战争前的美国人发起了人类历史上力度最大的节育行动。虽然几乎不可能从历史资料中找到战前日常生活中非精英女性对人口增长的看法，但是这个时代女性避孕用品使用的快速增加强烈表明，许多美国女性并不认同《亨特商人杂志》宣扬的人口增长福音。[68]

但是，这个时代最强烈的反对人口增长的声音可能来自19世纪50年代席卷美国的反移民本土主义运动。本土主义者把盎格鲁-撒克逊人的血统纯洁性、财产独立性和白人高薪放在首位，反对亨特、塔克和斯科特对人口数字增长的推崇。1844年，纽约市的美国共和党——一无所知党（the Know-Nothing Party）的前身——出版了一本政治小册子，直面了这个话题：

> 看到我们国家的人口以如此快的速度膨胀，看到我们的公共土地被外国人占有，而我们的子孙却被排除在外——他们被骗走了每寸好土地和政治权利，一些人却对此感到高兴，真是匪夷所思。对于这些人口数字的观点和吹嘘人口数字力量的态度感到高兴，真是一件令人奇怪的事。[69]

道德统计学家担心城市人口增长带来生活放纵和社会失控，因此也不认同亨特的观点。霍勒斯·曼恩沿用了杰斐逊在其《弗吉尼亚笔记》（*Notes on Virginia*）中使用的人口密度计算方法，对马萨诸塞州的人口增长感到担忧，因为"人口密度是导致社会不平等的直接原因之一"。到1845年时，虽然莱缪尔·沙特克知道城市人口增长对波士顿制造商非常重要，但是这没有阻止他描绘一幅丑陋的波士顿城市人口普查统计图像——第八区的人口密度令人窒息，也没有阻止他公开批评那些夸大的宣传者——他们误导大量移民背井离乡来到波士顿。沙特克的一个举动必定让竞争对手城市感到高兴，他努力证明波士顿1840年的人口普查结果是虚高的，因为当时城里的所有水手都被统计在内了，而不仅仅是那些住在波士顿的人。[70]

未来的总统詹姆斯·布坎南在其1847年与统计学家杰西·切克林（Jesse Chickering）的通信中也表达了类似观点。切克林是一个与婆罗门协会制造业精英关系密切的波士顿人，他在 1848 年出版了一本关于人口增长的开创性著作，这本书首次努力严肃计算了进入美国的移民数量。在这本书中，切克林发现马萨诸塞州大部分城市的人口增长归因于移民。切克林的分析告诉人们，外来移民的涌入对该州制造业和房地产业极为重要。他指出："在一些地方，人们认为没有移民，工厂几乎无法运转。"他还记录了移民带来的后果："移民提高了某些地区的房地产价格，之前这些地区的房地产很便宜；因为移民必须找地方住，必须大规模建造房屋，众所周知，需求的增加带来了价格的上涨。"从切克林这些支持人口增长的言论来看，他是《亨特商人杂志》的高频供稿人也就不足为奇了。[71]

布坎南非常反对接收外国人。他对切克林回信说："内陆的土地所有者和投机商将很高兴移民提高了他们的土地价值，这一想法将影响大城市中的许多房地产所有者。"然而，在布坎南的眼中，这样靠人口增长推动的房地产繁荣并不意味着进步："总的在我看来，这个国家将成为旧世界最贫困人口的聚集地，这些人之所以变得贫困，部分是由于他们无法控制的原因，但主要是他们的放纵、懒惰、无能导致的。"[72]

即使到了 1880 年，亨特的人口增长福音也没有成为主流。圣路易斯编辑约瑟夫·麦卡拉对该市人口普查结果感到担忧，将矛头指向了该市商人，认为"大多数对目前统计数据的不满来自这个市民阶层"。随后，麦卡拉又将这一令人失望的结果归咎于圣路易斯的大多数居民，认为他们出于某种奇怪的原因不像城市精英那样关心人口普查结果。他气愤地说："由于对普查事务缺乏公众热情和兴趣，普查结果报告的人口比实际人口少了 5 万到 10 万。"[73]

在一些美国历史上最著名的统计分析中——如人口普查局局长弗朗西斯·阿马萨·沃克 1874 年绘制的人口地图，可以找到《亨特商人杂志》的城市人口增长统计观点未在镀金时代占据主导地位的进一步证据。沃克的《美国统计地图集》(Statistical Atlas of The United States) 以近一个世纪的人口普查数据为基础，描绘了每十年美国人口增长的变化，这一地图集催生了弗雷德里克·杰克逊·特纳 (Frederick Jackson Turner) 的边疆假设 (frontier thesis ）[*]。但是，这些地图对边疆的定量解释与《亨特商人杂志》大相径庭。

沃克作为人口普查负责人和城市人口重新计点的仲裁者，对美国商人痴迷城市人口增长心知肚明。尽管如此，他选择在其地图集里向美国人民展示的景象——已通过学校和图书馆在美国广为传播——在某种程度上是《亨特商人杂志》看来有点负面的统计形象。沃克没有为城市人口和无地工薪劳动者的迅速增加而欢呼，他的地图——按照县而不是城市分类——极大地淡化了美国令人震惊的城市化速度。沃克没有描写不断增长的无产城市工薪劳动者，而是把读者的注意力引向了由"单个农场主、猎人和渔夫、小型采矿者和伐木工棚"构成的"边疆线"。他把美国描绘成已成过往的自耕农共和国，并将这些地图命名为"国家的进步"（The Progress of the Nation）。虽然这一想法在当时非常受欢迎，但其核心观点即关于进步的理念，很快就被淘汰了。[74]

注释 ————————————————————————————————————

1. *Post-Dispatch* quoted in Jeanette C. Lauer and Robert H. Lauer, "St. Louis and the 1880 Census: The Shock of Collective Failure," *Missouri Historical Review* 76 (1982): 152; *St. Louis Globe-Democrat,* June 19, 1880; *Illinois State Register* quoted in *St. Louis Globe-Democrat,* June 22, 1880.

2. *St. Louis Globe-Democrat,* June 19, 1880; *Post-Dispatch* quoted in Lauer and Lauer, "St. Louis and the 1880 Census," 154; *St. Louis Globe-Democrat,* June 20, 1880.

3. *St. Louis Globe-Democrat,* June 19 and June 24, 1880; Lauer and Lauer, "St. Louis and the 1880 Census," 153-154.

4. *St. Louis Globe-Democrat,* June 22, 1880; Lauer and Lauer, "St. Louis and the 1880 Census." 关于人口普查重新计票，参见 Margo Anderson, *The American Census: A Social History* (New Haven, CT: Yale University Press, 1988), 78; Robert G. Borrows, "The Ninth Federal Census of Indianapolis: A Case Study in Civic Chauvinism," *Indiana Magazine of History 73,* no.1 (March 1977): 1-16。

5. 杂志上很少刊登这些数据。参见 Richard Hofstadter, *Anti-Intellectualism in American Life* (New York: Vintage, 1966), 245-254; Frank Luther Mott, *History of American Magazines,* vol.1, *1741-1850* (Cambridge, MA: Harvard University Press, 1930), 696-697。

————————————

* 1893 年，特纳在其《边疆在美国历史上的意义》一文中提出了这一概念，强调了西部殖民进程对美国历史的重要意义。——译者注

6. Freeman Hunt, *Lives of American Merchants* (New York, 1856), 1: iv. 关于商业精英和城镇扩张之间的关系，参见 Harvey Molotch, "The City as a Growth Machine: Toward a Political Economy of Place," *American Journal of Sociology* 82, no.2 (September 1976): 309–322。关于对这一增长文化的欢呼，参见 Daniel Boorstin, *The Americans: The National Experience* (New York: Random House, 1965), 113–161。

7. 关于 20 世纪中的增长，参见 Robert M. Collins, *More: The Politics of Economic Growth in Postwar America* (New York: Oxford University Press, 2000); Andrew Yarrow, *Measuring America: How Economic Growth Came to Define American Greatness in the Late Twentieth Century* (Amherst: University of Massachusetts Press, 2011)。

8. 亨特的信件非常受欢迎，因此他结集出版了这些信件。参见 Freeman Hunt, *Letters about the Hudson River and Its Vicinity* (New York, 1836), 1, 12, 13–14; Gideon Miner Davison, *The Fashionable Tour in 1825: An Excursion to the Springs, Niagara, Quebec and Boston* (Saratoga Springs, NY, 1825), 40。

9. Hunt, *Letters about the Hudson,* 19. 关于这一时代流行的旅行文学，参见 Richard H. Gassan, *The Birth of American Tourism: New York, the Hudson Valley, and American Culture, 1790–1830* (Amherst: University of Massachusetts Press, 2008), 73–77。

10. Hunt, *Letters about the Hudson,* 15. 亨特没留下几篇文章。关于亨特的职业生涯，参见 Burton R. Pollin, "Poe, Freeman Hunt, and Four Unrecorded Reviews of Poe's Work," *Texas Studies in Literature and Language* 16, no.2 (Summer 1974): 306; Henrietta Larson, "Plutarch's Lives of Trade: The First Series of American Business Biographies," *Bulletin of the Business Historical Society* 20 (February 1946): 28–32; Jerome Thomases, "Freeman Hunt's America," *Mississippi Valley Historical Review* 30 (1943): 395–407; "Freeman Hunt on the Science of Business," *Business History Review* 18 (1944): 9–10。

11. 关于亨特的讣告，参见 *New York Times,* March 4, 1858。

12. Bray Hammond, *Banks and Politics in America from the Revolution to the Civil War* (Princeton, NJ: Princeton University Press, 1991), chs.6–7; John Denis Haeger, *The Investment Frontier: New York Businessmen and the Economic Development of the Old Northwest* (Albany: State University of New York Press, 1981), 8–12; Alfred Chandler, *The Visible Hand: The Managerial Revolution in American* (Cambridge, MA: Harvard University Press, 1977), 15–47.

13. Lance E. Davis and Robert J. Cull, *International Capital Markets and American Economic Growth, 1820–1914* (New York: Cambridge University Press, 2002), 1, 4–10.

14. Mira Wilkins, *The History of Foreign Investment in the United States, 1914–1945* (Cambridge, MA: Harvard University Press, 1989), 55–62; Myers, *Financial History,* 106–113; William Roy, *Socializing Capital: The Rise of the Large Industrial Corporation in America* (Princeton, NJ: Princeton University Press, 1997), 57–77; George Taylor, *The Transportation Revolution, 1815–1860* (New York: Routledge, 1977); Carter Goodrich, *Canals and American Economic Development* (New York: Columbia University Press, 1961) .

15. Davis and Cull, *International Capital,* 6.

16. Wilkins, *History of Foreign Investment,* 55–67; Myers, *Financial History,* 143–147.

17. Paul Gates, "Frontier Land Business in Wisconsin," *Wisconsin Magazine of History* 52, no.4 (Summer 1969): 306; "The Role of the Land Speculator in Western Development," *Pennsylvania Magazine of History and Biography* 66, no.3 (July 1942): 314–333. 关于运河和城市投资，也可参见 William Cronon, *Nature's Metropolis: Chicago and the Great West* (Chicago: Chicago University Press, 1991), ch.1; Patrick McLear, "Speculation, Promotion and the Panic of 1837 in Chicago," *Journal of the Illinois State Historical Society* 62 (Summer 1969): 135–146。

18. Elizabeth Blackmar, *Manhattan for Rent, 1785–1850* (Ithaca, NY: Cornell University

Press, 1991), 184–189. 关于城市房地产投资的意义，参见 Thomas C. Cochran, "The Entrepreneur in American Capital Formation," in *Capital Formation and Economic Growth* (Princeton, NJ: Princeton University Press, 1955), 337–394。

19. John Haeger, *John Jacob Astor: Business and Finance in the Early Republic* (Detroit: Wayne State University Press, 1991). 关于阿斯特的房地产投资观，参见 John Jacob Astor Business Records, 1784–1892, box 5, volumes 36–38, Baker Library, Harvard Business School, Boston; "Kittredge and Maynard Account Book, 1831–1837," Records Relating to Estate, Real Estate and Private Investment Management, 1765–1914, series II, Baker Library, Harvard Business School, Boston。

20. Contract between Henry Betts and Samuel Ruggles, Samuel Ruggles Papers (henceforth SRP), Manuscripts and Archives Division, New York Public Library, box 1, folder 21. 关于拉格尔斯，也可参见 Daniel Thompson, *Ruggles of New York: A Life of Samuel E. Ruggles* (New York: Columbia University Press, 1946)。

21. 关于作为资本化投资的城市，参见 David Harvey, *The Urban Experience* (Baltimore: Johns Hopkins University Press, 1986), 17–59, 90–109; Molotch, "City as a Growth Machine"。

22. Goodrich, *Canals and American Economic Development,* 224–232; Jeffrey Williamson, "Antebellum Urbanization in the American Northeast," *Journal of Economic History* 25, no.4 (December 1965): 592–608.

23. Samuel Ruggles, *Tabular Statements from 1840 to 1870, of the Agricultural Products of the States and Territories of the United States of America* (New York, 1874). 关于 1869 年国际统计会议和拉格尔斯如何准备他的报告，参见 Department of State invitation from May 14, 1869, Ruggles to Bureau of Statistics, July 9, 1869, documents dated February 8 and December 26, 1869, box 1, folder 16, SRP; 关于"人均蒲式耳"，参见 circular dated June 19, 1869, box 1, folder 16, SRP. 也可参见 box 1, folder 27, SRP。

24. Benjamin Tallmadge to Samuel Ruggles, December 18, 1831, and Ruggles to Tallmadge, January 23, 1832, box 1, folder 15, SRP.

25. Ruggles to Tallmadge, January 23, 1832, box 1, folder 15, SRP. 关于他得到的回报，参见 October 17, 1833, box 1, folder 21; box 2, folder 19, SRP。

26. 关于地图，参见 Jon Petersen, *The Birth of City Planning in the United States* (Baltimore: Johns Hopkins University Press, 2003), 1–22; John Reps, *The Making of Urban America: A History of City Planning in the United States* (Princeton, NJ: Princeton University Press, 1965)。关于城市和运河，参见 Harry Scheiber, *Ohio Canal Era: A Case Study of Government and the Economy, 1820–1861* (Athens: Ohio University Press, 1968)。

27. Thomas Ford, *A History of Illinois: From Its Commencement as a State in 1818 to 1847* (Chicago, 1854), 123. 关于芝加哥的土地价格，参见 Homer Hoyt, *One Hundred Years of Land Values in Chicago: The Relationship of the Growth of Chicago to the Rise of Its Land Values, 1830–1933* (Chicago: University of Chicago Press, 1933), 36–38。关于土地投机，也可参见 Robert Swierenga, *Pioneers and Profits: Land Speculation on the Iowa Frontier* (Ames: Iowa State University Press, 1968); McLear, "Speculation, Promotion, and the Panic"。

28. Michael J. Doucet, "Urban Land Development in Nineteenth Century North America," *Journal of Urban History* 8, no.3 (May 1982): 317–318.

29. "Proposals for Publishing a Monthly Periodical, to Be Called the Merchants' Magazine and Commercial Review," *American Broadsides and Ephemera,* series 1, no.5313 (1838); *Hunt's Merchants' Magazine and Commercial Review* (henceforth *HMM*) 1 (1839): 192.

30. George White to Arthur Bronson, September 21, 1833, November 13, 1833, April 1, 1834, June 26, 1834, Bronson Family Papers, box 18, Manuscripts and Archives Division, New York

Public Library.

31. 参见华盛顿特区国会图书馆查尔斯·巴特勒资料夹中他与布朗森 1833 年西部考察之行的日记。关于这一时期资本家如何渴求经济知识，参见 Michael Zakim, "Producing Capitalism," in *Capitalism Takes Command: The Social Transformation of Nineteenth-Century America,* ed. Michael Zakim and Gary John Kornblith (Chicago: University of Chicago Press, 2012)。

32. *HMM* 1 (1839): 1.

33. Hunt cited in "Freeman Hunt on the Science of Business," 9–10. 关于 1837 年大恐慌，参见 Jessica Lepler, *The Many Panics of 1837: People, Politics and the Creation of a Transatlantic Financial Crisis* (New York: Cambridge University Press, 2013); Scott Nelson, *A Nation of Deadbeats: An Uncommon History of America's Financial Disasters* (New York: Vintage, 2013), 48–95。

34. *HMM* 21 (1849): 143; Freeman Hunt, "The Moral End of Business," *HMM* 1 (1839): 390; Freeman Hunt, *Worth and Wealth: A Collection of Maxims, Morals, and Miscellanies for Merchants and Men of Business* (New York, 1856), 106. 参见 Richard Weiss, *The American Myth of Success: From Horatio Alger to Norman Vincent Peale* (New York: Basic Books, 1969), 37–47。

35. 赞助和称赞过这一杂志的组织机构名单会刊登在每期刊物的封底上。关于亨特之前的商业新闻历史，参见 David Forsyth, *The Business Press in America* (Philadelphia: Chilton Books, 1964)。

36. "Letter from the Hon. Henry Clay," *HMM* 21 (1849): 368; letter from Abbot Lawrence to Freeman Hunt printed in *Daily National Intelligencer,* July 15, 1854; *HMM* 31 (1854): 262; *HMM* 24 (1851), back cover.

37. Edgar Allan Poe, "The Literati of New York," *Godey's Magazine and Lady's Book* 32 (1846), 269–270. 关于米纳德的地图，参见 Arthur H. Robinson, "The Thematic Maps of Charles Joseph Minard," *Imago Mundi* 21 (1967): 95–108。

38. 仅指每期杂志统计专栏中出现的数据，不包括文章中出现的统计数据。

39. 随机选取 1800 年至 1825 年间出版的 50 期《纽约商业广告》可以发现，这一时期 80% 关于人口普查的文章都与国会代表席位如何分配有关，而不是与经济有关。也可参见 Timothy Pitkin, *A Statistical View of the Commerce of the United States* (New York, 1817)。

40. Chickering to Hunt, July 17, 1847, Jesse Chickering Papers, David M. Rubenstein Rare Book and Manuscript Library, Duke University, Durham, NC, box 2.

41. Jesup Wakeman to Jesup Scott, 1833 (?), Jesup Scott Papers (henceforth JSP), Toledo Public Library, Toledo, OH, box 1, folder 1; Federal Writers' Project, *Ohio: The Ohio Guide* (Columbus, 1940), 326; Scott quoted in Charles Glaab, "Jesup W. Scott and a West of Cities," *Ohio History* 73 (1964): 3–12. 关于斯科特最初是出于商业理由而渴望搬到这一地区的，参见 Jesup Scott to John E. Hunt, July 1828, box 1, folder 1, JSP. 关于托莱多土地投机，参见托莱多公共图书馆中的地图集，这些地图详细标明了这个城市每块土地归谁所有。也可参见 Harry N. Scheiber, "Entrepreneurship and Western Development: The Case of Micajah T. Williams," *Business History Review* (1963): 345–368; H.E. Davis, "Elisha Whittlesey and Maumee Land Speculation," *Northwest Ohio Quarterly* 15 (1943): 139–158。关于斯科特，参见 Cronon, *Nature's Metropolis,* 35–46; Henry Nash Smith, *Virgin Land: The American West as Myth and Symbol* (Cambridge, MA: Harvard University Press, 1971), 155–164。

42. 参见 JSP 中准确揭示了斯科特在托莱多所拥有的土地位置的地图；Jesup Scott, "Note in Reply to an Attack on JW Scott in the Maumee River Times," 1844, box 1, folder 1, JSP.

43. 关于斯科特在西部边疆的生活，参见其儿子弗兰克（Frank）未出版的自传："Autobiography—Frank J. Scott," box 1, folder 8, JSP; Jesup Scott, *Miami of the Lake,*

December 11, 1833。

44. 关于这些争论，参见 Jesup Scott, "The Progress of the West," *HMM* 14 (1846): 163–165; Jesup Scott, "Commercial Cities and the Towns of the United States," *HMM* 19 (1848): 385; Jesup Scott, "The Growth of Towns in the United States," *HMM* 25 (1851): 559–565; Jesup Scott, "Our American Lake Cities," *HMM* 31 (1854): 403–413。斯科特对《亨特商人杂志》的供稿明细，参见 box 1, folder 12, JSP。

45. J.W. Scott, "The Internal Trade of the United States," *HMM* 8 (1843): 32. 斯科特引自一位英国国会议员的话。

46. Ibid.

47. Scott, "Our American Lake Cities," 404, 410–411; Scott, "Growth of Towns," 562; Scott, "Internal Trade," 35; Cronon, *Nature's Metropolis,* 398 n.68.

48. Scott, "Internal Trade," 35.

49. Jesup Scott, *Ohio and Michigan Emigrant Guide* 1 (1833): 2, 25, in box 1, folder 12, JSP; Jesup Scott's lecture before the Maumee City Lyceum, November 29, 1842, box 1, folder 3, JSP.

50. Ely quoted in Tipton Snavely, *George Tucker as Political Economist* (Charlottesville: University of Virginia Press, 1964), 14. 关于系列文章的文集，参见 George Tucker, *The Laws of Wages, Profits and Rent* (New York, 1837)。也可参见 George Tucker, *Progress of the United States in Population and Wealth for Fifty Years* (New York: Hunt's Merchants' Magazine Press, 1843)。关于塔克的经济思想，参见 Joseph Dorfman, *The Economic Mind in American Civilization, 1606–1865* (New York: Viking Press, 1949), 2: 538–551, 881–889; Paul Keith Conkin, *Prophets of Prosperity: America's First Political Economists* (Bloomington: Indiana University Press, 1980), 152–166。

51. 关于早期美国的政治经济学研究，参见 Dorfman, *Economic Mind,* 2: 503–512, 695–713。

52. 关于百慕大的塔克家族，参见 Julia C. Mercer, "Genealogical Notes from Bermuda," in *Tyler's Quarterly Historical and Geographical Magazine,* various issues from 1942 to 1947。关于奴隶姓氏和奴隶贸易，参见 Virginia Bernhard, *Slaves and Slaveholders in Bermuda, 1616–1782* (Columbia: University of Missouri Press, 1999), 74, 231。

53. George Tucker to J. Meredith, May 2, 1837, George Tucker Papers, University of Virginia Library, Charlottesville. 关于塔克不拘一格的写作，参见 Robert C. McLean, *George Tucker: Moral Philosopher and Man of Letters* (Chapel Hill: University of North Carolina Press, 1961)。

54. George Tucker, *Letters from Virginia Translated from the French* (Baltimore, 1816); George Tucker, *The Valley of the Shenandoah* (New York, 1824); Christopher Michael Curtis, *Jefferson's Freeholders and the Politics of Ownership in the Old Dominion* (New York: Cambridge University Press, 2012), 90–93; George Tucker, *Voyage to the Moon* (New York, 1827), 82.

55. 关于马尔萨斯主义思想，参见 Robert L. Heilbroner, *The Worldly Philosophers: The Lives, Times and Ideas of the Great Economic Thinkers* (New York: Touchstone, 1953), 75–105; Snavely, *Tucker,* 57。关于美国的马尔萨斯主义，参见 Joseph J. Splenger, "Population Theory in the Antebellum South," *Journal of Southern History* 2 (August 1936): 360–389; Joseph J. Splenger, "Population Prediction in Nineteenth Century America," *American Sociological Review* 1, no. 6 (December 1936): 905–921。

56. George Tucker, "Theory of Profits," *HMM* 2 (1840): 91.

57. George Tucker, "Progress of Population and Wealth," *HMM* 8 (1843): 429.

58. Tucker, *Progress of the United States,* 58, 101–118, 127–143.

59. Ibid., 195.

60. Ibid., 195, 200–201.

61. Ibid., 201–211.

62. George Tucker, *The Life and Philosophy of George Tucker* (Bristol: Thoemmes Continuum, 2004), 84; Edwin Troxell Freedley, *A Practical Treatise on Business* (Philadelphia, 1853), 275; John Macgregor, *The Progress of America from the Discovery by Columbus to 1847* (London, 1847), 747–754.

63. *Daily Ohio Statesman* (Columbus), January 18, 1851; *Boston Daily Advertiser,* September 26, 1870. 俄亥俄州的报纸最为重视人口统计数据，这其中又以辛辛那提市为最。辛辛那提《每日公报》(*Daily Gazette*) 编辑查尔斯·西斯特（Charles Cist）和《辛辛那提纪事报》(*Cincinnati Chronicle*) 编辑爱德华·曼斯菲尔德（Edward Mansfield）制作的统计图出现在全国各地的报纸中。西斯特还出版了许多统计公报，并受雇于人口普查局。曼斯菲尔德后来成为俄亥俄州首任统计专员。

64. *Ohio State Journal* (Columbus), July 23, 1850.

65. 虽然德·博写给亨特的这封信已找不到了，但是我们能从亨特的回信中洞悉他说了什么，参见 Hunt to De Bow, July 23, 1850, De Bow Papers, Rubenstein Library, Duke University, Durham, NC. For De Bow, see Ottis Clark Skipper, *J.D.B. De Bow: Magazinist of the Old South* (Athens: University of Geogia Press, 1958)。关于德·博的帝国主义计划，参见 Walter Johnson, *River of Dark Dreams: Slavery and Empire in the Cotton Kingdom* (Cambridge, MA: Harvard University Press, 2013), 312–339。

66. James De Bow, "A Professorship of Commerce," *De Bow's Review* 6 (August, 1848): 111.

67. "Public Lands of Texas," *De Bow's Review* 13 (July 1852): 53.

68. 关于生育率下降与担心自己的孩子成为无地工人之间存在密切联系的证据，参见 Michael Haines and J. David Hacker, "The Puzzle of Antebellum Fertility Decline in the United States: New Evidence and Reconsideration," National Bureau of Economic Research Working Paper No.12571, October 2006。关于这一时期的女性避孕用品，参见 Janet Brodie, *Contraception and Abortion in Nineteenth Century America* (Ithaca, NY: Cornell University Press, 1987)。

69. *The Crisis! An Appeal to Our Countrymen, on the Subject of Foreign Influence in the United States* (New York, 1844), 23. 到 19 世纪 20 年代时，反人口增长思想充斥着纽约市。参见 William Jackson's letter to the *Working Man's Advocate* against the city's population growth. Jackson's letter was reprinted in the *Free Enquirer* (New York), June 12, 1830。关于工人阶级意识和种族主义，参见 David Roediger, *The Wages of Whiteness: Race and the Making of American Working Class* (New York: Verso, 1999), 43–94。

70. Horace Mann, *Twelfth Annual Report of the Board of Education* (Boston, 1849), 56; Lemuel Shattuck, *Report to the Committee of the City Council Appointed to Obtain the Census of Boston for the Year 1845* (Boston, 1846), 11, 31.

71. Jesse Chickering, *Immigration into the United States* (Boston, 1846), 48–49.

72. Buchanan to Chickering, July 9, 1847, Jesse Chickering Papers.

73. *St. Louis Globe-Democrat,* June 20, 1880.

74. 关于边疆假设与人口普查地图之间的关系，参见 Gerald Nash, "The Census of 1890 and the Closing of the Frontier," *Pacific Northwest Quarterly* 71 (July 1980): 98–100; Francis Amasa Walker, *Statistical Atlas of the United States* (Washington, DC, 1874), 1, 4。关于沃克的人口普查相关著作，参见 Matthew G. Hannah, *Governmentality and the Mastery of Territory in Nineteenth-Century America* (New York: Cambridge University Press, 2000)。

6
资本君主的加冕

19 世纪 50 年代后期，统计指标再次被推到了关于奴隶制激烈争论的风口浪尖上，这场争论引发了美国国会历史上最长的一次众议院议长选举争端。这一事件源于一本名为"迫在眉睫的南方危机"（The Impending Crisis of the South）的书，这本书的出版和发行得到了国会共和党议员的支持和资助。它的作者是一个名叫辛顿·黑尔珀的北卡罗来纳人，这部强烈反对奴隶制的小册子成为共和党最有效的政治宣传工具。《纽约论坛报》的编辑霍勒斯·格里利以及一些纽约市最富有和最有权势的人的游说宣传使得这本书的影响力大增；1859 年，后者资助了该书的再版。到 1860 年秋时，这本书已经发行了 20 多万册，成为美国历史上最畅销的书之一。共和党国会议员对这本书的直接资助引起了激烈的众议院议长选举争端，因为南方国会议员拒绝投票给任何支持这本书的政客。[1]

历史学家乔治·弗雷德里克森（George Fredrickson）将黑尔珀的书称为"分裂危机的前奏"，他认为，"就政治影响而言"，《迫在眉睫的南方危机》很可能是"美国出版过的最重要的书"。南方人当然明白黑尔珀这本书的威力，因此他们逮捕了这本书的经销商，甚至在阿肯色州绞死了三个持有这本书的人。然而，人们忽视的一个事实是，黑尔珀的书中包含了自 1850 年人口普查数据中获得的一系列经济指标。黑尔珀相信，哈丽特·比彻·斯托（Harriet Beecher Stowe）说教式的《汤姆叔叔的小屋》（Uncle Tom's Cabin）一书不会引起商界理性人士的共鸣，受这一信念的驱使，他在该书前言中强调，虽然"北方佬的妻子"已为读者提供了"虚构的奴隶制"，现在是时候"让男人们说出事实真相了"。[2]

黑尔珀将男性与经济量化指标联系在了一起，一种特殊形式的"事实"——定价美国人民生产商品能力的市场产出数据——占据了这本书的大部分篇幅。这本书不像过去几十年里那样把注意力集中在道德统计数据上，在该书长达 100 多页的第一章里，黑尔珀通过把从南方和北方土地上开采出来的农产品的现金价值制成表格，度量了南北地区的"进步和繁荣"。由此，黑尔珀计算出：1850 年北方生产了价值 351709703 美元的农产品，而南方只产生了价值 306927067 美元的农产品。在这本书的其他部分，黑尔珀继续编制了一系列令人眼花缭乱的其他为进步定价的指标。举几个例子，黑尔珀证明了北方在屠宰业（56990237 美元 vs.54388377 美元）、制造业（842586058 美元 vs.165413027 美元）中创造了更多价值，并且拥有更多的银行资本（230100058 美元 vs.165078940 美元）。[3]

通过将资本积累、市场生产力、城市发展和工业制造视作衡量人类进步的主要指标，黑尔珀极力称赞了北方资本家——他们中的一些人后来资助了这本书的再版。黑尔珀在该书的其中一页说，马萨诸塞州纺织工业家阿博特·劳伦斯的"热诚投资使周围人都从中受益"。黑尔珀称，劳伦斯曾经想在弗吉尼亚州建造纺织厂，但低效率的奴隶制改变了他的想法，他最后把钱投到了新英格兰地区，在那里"他把自己的资本用于建设洛厄尔和劳伦斯市，这两座城市的物质基础和社会繁荣程度已经远远超过了弗吉尼亚破败肮脏的黑人村庄"。作为一个极端种族主义者，黑尔珀是最早使用经济数据掩饰自己偏见的美国人之一，但他不会是最后一个这样做的人。[4]

正如黑尔珀这本书展示的喧嚣环境那样，反对奴隶制的原因以及支持这一观点的统计数据在 19 世纪 50 年代发生了巨大变化。在杰克逊总统时期的美国，经常听到的反对奴隶制的观点大多数是建立在道德基础之上的，因此主要引用的是道德统计数据。但是到 19 世纪 50 年代时，北方人将他们反对奴隶制的依据转移到了经济因素上，因此主要引用的是货币化产出数据。正如当时一个持怀疑态度的波士顿人所言，典型的自由州言论包括"三分之一支离破碎的事实、滥用误导的数据以及夸大的虚荣之词，目的是证明南方总体上是最贫穷、最卑鄙和最低效的"。随着争论的焦点不再围绕奴隶困境展开，北方主流社论开始使用"无利可图、发展缓慢和生产低效"等词语定义南方（及其非洲裔美国居民）。商人纳撒尼尔·班克斯（Nathaniel Banks）——他后来成为参议院人口普查特别委员会主席——在对波士顿和纽约资本家的一次演讲中称南方是"所有工业进步和最高物质繁荣的敌人"。[5]

19世纪50年代，北方转向"从经济上反对奴隶制"，这在一定程度上被视为对19世纪40年代后期出现的支持奴隶制声音的反击。在黑尔珀用他的市场生产力统计数据激怒南方国会议员的十年前，情况已经发生了很大的逆转：当马萨诸塞州国会议员霍勒斯·曼恩发现弗吉尼亚人埃尔伍德·费希尔（Elwood Fisher）支持奴隶制的小册子"大量散布在国会众议院各处时"，他感到非常愤怒。费希尔的这本小册子很有影响力，使用了一系列市场产出和经济增长数据——他称之为"进步的标尺"——证明南方比北方先进得多。奴隶制似乎又一次走在了定价美国进步的曲线的前面。[6]

费希尔在该小册子的开头几页认为"文明生活的首要目标是积累财富"，为了"比较不同地区白人的进步状况"，人们需要比较人均财富。费希尔随后用几十页篇幅做了精确分析，他比较了三组不同州平均每个白人拥有的财产价值：马里兰州（531美元）和马萨诸塞州（406美元），弗吉尼亚州（758美元）和纽约州（260美元），肯塔基州（456美元）和俄亥俄州（276美元）。当然，费希尔在这些比较中未作强调的是，他没有把非洲裔美国奴隶视作人，而是将其视作资本。这一统计选择使得南方的人均财富数据看上去特别高，费希尔自豪地指出，在一些州，如弗吉尼亚，奴隶的价值"约为1亿美元"。虽然北方人宣称费希尔的数字游戏是假的，但可悲的事实是，从把非洲裔美国人视为财富的南方奴隶主角度来看，费希尔的统计数据是准确的。如这些量化决策揭示的那样，美国内战前流传的数字是有失客观的——每个数据点都夹杂了该数据制造者的意识形态色彩。[7]

当19世纪50年代末黑尔珀写作《迫在眉睫的南方危机》一书时，费希尔小册子中的内容已经在《德博评论》中重新刊发了，南方到处充斥着宣称

"棉花为王"的文学作品，这些作品试图通过展示奴隶制惊人的经济生产力和盈利能力，将奴隶制合法化。这些叙事主要基于棉花产量统计数据，旨在证明奴隶制对美国社会意义重大。1855年，南方人戴维·克里斯蒂（David Christy）指出，过去39年中的南方棉花出口额"已经超过了面包和食品的总出口额，达到了14.22亿美元！无可置疑，棉花为王！"南方人萨缪尔·卡特莱特（Samuel Cartwright）宣称，从路易斯安那州政府报告中收集的数据来看，"毫无疑问……奴隶人口给每种财产都带来了最高价值和最大生产力"。[8]

如南北双方在奴隶制辩论中使用的统计数据表明的那样，美国在内战前的十年中，发生了一场缓慢、不平衡但又清晰可辨的统计革命。事实上，19世纪50年代是为进步定价的一个分水岭，黑尔珀这本书的整个叙述都围绕着这个转折点展开。在1850年之前，使用价格衡量社会福祉的情况是少见且非主流的。市场、资本和收益统计数据仅出现在阐释经济政策的辩论中，例如1832年为确定联邦关税的有效性，由财政部长路易斯·麦克伦（Louis McLane）委托进行的制造业调查。道德统计数据主导着当时的社会热点问题，是衡量社会进步的核心指标。然而，1860年之后，货币化数据逐年发展壮大。虽然道德统计数据肯定不会在一夜之间消失，但经济生产率、市场产出和人均收入或财富统计数据开始成为衡量美国进步和繁荣的首要指标。[9]

随着人们逐渐认为市场增长和资本积累有利于经济社会发展，不用考虑个人对伦理、政治或社会的看法，货币统计数据的兴起有助于将经济与道德区分开来。黑尔珀在该书前言中解释说："我的目的不是要对奴隶主进行无端谴责，也不是要对黑人表现出特别的友好或同情。对于白人，我主要考虑的是经济角度，较少考虑人道主义或宗教角度。"其后，黑尔珀补充说，他的目的不是"划定是非界线，指出道德的正当性及其相对于不道德的优势"。简言之，对于黑尔珀来说，奴隶制度需要消失不是因为它不道德，而是因为它"无利可图"。奴隶劳动之所以应该被工薪劳动取代，不是因为自然权利或道德义务，也不是因为需要考虑非洲裔美国人的身心健康，而是因为美国社会将从集体责任中得到更多好处。[10]

　　然而，当黑尔珀试图将金钱与道德分开来时，19世纪50年代的其他美国人开始将金钱收入视为衡量道德操守水平高低的决定性指标。这样的道德货币化似乎在商业征信行中很有市场。在狂热的道德改革家刘易斯·塔潘1849年退休后，他的商业征信行最终被商人邓（R.G. Dun）收购。邓以自己的名字重新命名了该公司*，但是公司名字不是这一机构的唯一变化。进入19世纪下半叶后，该公司大部分说教性的小道消息都被冰冷坚硬的价格取代，这些价格衡量了商人客户的"价值"。例如，酒店老板约翰·穆尼（John Mooney）刚工作时被标注为一个"谨慎且稳重的年轻人"。但是到1869年时，他破产了。最后一篇关于他的条目指出，他"过去一文不值，将来也一文不值"。摩根·弗罗斯特（Morgan Frost）在1846年时仅仅被标注为"非常勤奋和专注的"。然而到1862年时，他被标注为"身价"1万美元。1849年，帆船制造商罗伯特·格林（Robert Green）被标注说"拥有一套好房子和一块好地块"。到19世纪60年代时，邓氏公司对这块地进行了定价。[11]

　　不管价格统计数据是将道德边缘化还是将其货币化，它们的政治影响——尤其是在地区冲突方面——都是巨大的。正如罗伯特·福格尔（Robert Fogel）承认的那样，反对奴隶制的理由从道德转向经济后，"将反奴隶制运动从一个次要的政治因素转变为一股能够控制全国的政治力量"。正如黑尔珀的《迫在眉睫的南方危机》一书展示的那样，经济指标在将北方精英拉入反奴隶制阵营方面发挥了重要作用，推动这场边缘运动发展壮大，促进了共和党的成立，并帮助亚伯拉罕·林肯（Abraham Lincoln）当选总统。[12]

　　对于北方为什么转向在经济上反对奴隶制，历史学家们主要从实用主义角度揭示这一变化。虽然确实如此，但是仍然需要回答一个关键问题：为什

---

* 即邓白氏公司，它是国际上最著名、历史最悠久的企业资信调查类信用管理公司之一。——译者注

么到 19 世纪 50 年代中期时，美国的政治精英开始相信美国公众更接受资本化统计数据，而不是道德统计数据？在 19 世纪中期的美国，为什么经济增长数据能"控制国家"，而道德指标却不能？[13]

为了回答这些问题，我们必须深入研究两个重大历史发展，这两个发展——资本化的铁路和资本化的奴隶向西部的扩张——触发了 19 世纪 50 年代对进步的定价。尽管投资铁路和投资棉花种植园大不相同，但是它们产生了令人惊讶的相似量化观。向西流入铁路公司的资本极大地改变了北方精英看待（并量化）农民和城市劳动者的方式，同时，向西流入棉花种植园的资本也改变了南方精英看待（并量化）其奴隶的方式。在这两种情况下，新的社会关系正在形成，在这种关系中，人们自然而然地把美国人民——无论是奴隶还是自由民——看作资本商品，把社会看作一项投资，把社会进步看作货币化的增长。道德统计的治理术正让位于经济指标治理术。

毫无疑问，奴隶制将人视作私有财产的原则与自由主义的自我所有原则是水火不相容的，或者说，奴隶主和奴隶之间的基本社会关系不是由市场契约关系调节的，通过社会量化数据这一历史透镜审视这个时代，使得人们更难理解为什么说美国内战是一场资本主义北方与新封建、非资本主义南方之间的战争。无论是在北方还是在南方，精英们都更偏好用货币计价的生产力和经济增长数据，道德统计正在失去精英阶层的支持。无论是在北方还是南方，富裕的白人男性都转向信奉彰显市场生产力、资本积累和利润最大化的经济统计数据。南北精英对社会评价有很大的相似之处，这表明南北战争更多是两种相互矛盾的资本主义发展形式之间的斗争：一种发展形式是由铁路和钢铁财产驱动的，另一种发展形式是由人和棉花资产驱动的，但两者都是资本君主加冕。[14]

∽

1798 年和 1815 年，战争带来的财政压力迫使联邦政府不得不做一些它本不想做的事——征收"直接的"联邦财产税。这一财产税自然包括了人身财产，因此，正如 1798 年的法律明确规定的那样："所有年龄在 12 岁以上、50 岁以下的奴隶，无论是黑奴、黑白混血奴还是麦士蒂索人*（mestizos）……都按 50 美分计税。"这是一个典型例子，说明了非资本主义美国是如何看待和评估奴隶的：虽然毫无疑问这些男人和女人都是财产，但是他们的估值都一样，都被标为"应缴什一税"财产类别。这一划分奴隶的方法也被用于日常生活中。弗吉尼亚人罗伯特·卡特（Robert Carter）经营着早期美国最大的奴隶种植园之一，他说："我在离这里 5 英里的地方有一个种植园，种植园中有 16 个黑人——其中 9 个是课什一税的。"对卡特和征税者来说，重要的不是奴隶的创收能力，也不是他们的市场价格，而是他们的劳动年龄。在由烟草种植园主控制的弗吉尼亚州，虽然所有奴隶都被视为财产，但很少将他们量化为资本。[15]

在经历了 19 世纪中叶的棉花繁荣和西部奴隶制扩张之后，奴隶作为财产的概念发生了变化，奴隶开始被资本化了。也就是说，奴隶不再被作为父权制财产——为其所有者提供了共和美德、物质能力、家长式身份和财产独立——来被对待、组织和估值，而是更多地被视作可流动的生产性资产——可为其所有者提供源源不断的收入，可以在国内奴隶贸易中买卖。与英国圈地时代早期出现的现代土地财产制度相似，一个奴隶的价值变成了其未来收入流的函数。随着奴隶被定价、出售、投保、抵押、租赁和证券化，旧方式和旧社会关系迅速消失。正如福格尔指出的那样："种植园主定价奴隶的方式与他们定价其他资本资产的方式差别不大。"[16]

到 19 世纪 50 年代时，奴隶已经成为一项梦幻投资。投资奴隶的收益非常稳定，奴隶具有很高的市场流动性且价值不断攀升，并且与机器或土地不同的是，奴隶既可以自我复制，又可以很容易地从一个地方转移到另一个地方。南方人明白这一切。一个南方评论员在《德博评论》的一篇文章中说："这一特别机制使得奴隶成为全国最赚钱和最安全的投资。"詹姆斯·亨利·哈蒙德陶醉于这一事实——奴隶在田间和集市上为他们的主人赚取了丰

---

* 指欧洲血统与美洲印第安人血统的混血儿，其人口主要分布于拉丁美洲。——译者注

厚利润，他指出，"1828年时，一名身强力壮的黑人奴隶仅值400美元，在30年后的今天可以卖800美元"。随着资本主义史学家深入研究南北战争前的南方，越来越多的证据表明当时的奴隶已经普遍资本化了。通过奴隶保险、奴隶抵押或奴隶出租等交易，非洲裔美国人的身体正在不断地被金融化。[17]

弗雷德里克·道格拉斯（Frederick Douglass）是第一位研究美国资本主义的伟大历史学家，他早在1846年就认识到了这一过程的一个特点。他说："我可以给你一个亘古不变的规律，当英国市场棉花价格上涨时，美国奴隶价格就会随之上涨。"经济史学家很久以前就证实了道格拉斯的说法。奴隶的价格之所以与棉花的价格同步上涨，是因为奴隶主开始将他们的奴隶视为可以带来收入的资本。就像任何可以带来收入的资产——无论是一台纺织机、一块城市土地还是一英亩耕地——的价格一样，奴隶给其主人带来的未来收入流决定了他们的市场价值。在南北战争前的南方，这一收入流是由棉花价格决定的。[18]

到南北战争前夕时，关于对每个奴隶——无论他是15岁还是45岁——都可以采用大致相同的"什一"税率对其估值的看法，被认为是荒谬的。近代早期的英国创造了"购买年数"乘数法，这使得人们能够快速和便捷地计算资本化土地的价值。美国南方奴隶主发明了"手"（hand）这个可以优雅量化奴隶创收能力的指标，从而使奴隶市场的交换更加容易（例如，奴隶通常被标识为"全手""半手"或"四分之一手"）。然而，以赚钱为目的的奴隶主考虑的远不止这个粗略衡量标准。越来越多的棉花种植商开始通过每天称重棉花来记录其奴隶的劳动产出。一名成功逃跑的名叫所罗门·诺瑟普（Solomon Northup）的奴隶解释说："当一个不熟悉工作的新手第一次被派到田里干活时，他会被狠狠地揍一顿，这使得他一开始就必须全力工作。在晚上，他采摘的棉花会被称重，由此就知道了他的采摘能力。"作为监督奴隶劳动和资本化奴隶计算的一个重要方法，奴隶和监工每天的会面不仅包括鞭打奴隶，还会用一张石板详细记录每个奴隶采摘的棉花捆数。[19]

一个奴隶的价格不仅反映了他的生产力，还反映了他的身体和性格特征。例如，在 1853 年弗吉尼亚州里士满的一次奴隶拍卖活动中，一个身高 5 英尺的奴隶男孩的价值是 850—950 美元，而一个身高 4 英尺 8 英寸的奴隶男孩的价值只有 700—800 美元。詹姆斯·科尔斯·布鲁斯（James Coles Bruce）是南方最大的奴隶主之一，他的奴隶库存单包含了奴隶的年龄、用"手"表示的生产力、市场价值、性情和健康情况。例如，28 岁的克莱本·韦斯特（Claiborn West）是个"全手"奴隶，被认为是一个"好黑人"，价值 800 美元。鲍勃·斯库纳（Bob Scooner）也是一个 28 岁的"全手"奴隶，但是仅值 700 美元，因为他"虽然脾气很好，但是很懒惰"。显然，布鲁斯估计斯库纳的慢节奏大约价值 100 美元。最后，约翰·米勒（John Miller）是另一个 28 岁的"全手"奴隶，布鲁斯没有说他不是一个高效工人，但是只标价 600 美元，因为他曾逃跑过。显然，布鲁斯从其市场价值中扣减的 200 美元是他可能再次逃跑的风险补偿。[20]

南北战争前奴隶留下的大量书面记录——买卖单据、奴隶库存单、奴隶贩子账簿——为历史学家提供了大量定价奴隶的一手材料。这些档案中经常出现的精确价格——不是粗略的整数——让我们可以想象，在以 675 美元价格出售艾萨克、以 655 美元价格出售卡洛琳、以 420 美元价格出售查尔斯之前，买卖双方进行了激烈的讨价还价。随着南方社会普遍将奴隶看作动产，南方人开始像谈论天气一样谈论奴隶的价格。一个南方人在 1851 年写给一个来自新奥尔良的朋友的信中说："我参加过许多场奴隶拍卖会，昨天我又去了一场，大约有 100 个奴隶被拍卖，包括男人、女人和孩子。我第一次参加奴隶拍卖活动时感觉很难受，因为他们中的很多人将被永远就此分开。"不过，很明显，对这个人来说，已经习以为常看到这样的场景了，因为就在接下来的一句话里，他补充说："我给你讲一讲他们昨天卖了多少钱。"种植园主们谈论奴隶价格的方式，展示了他们的奴隶主权威。与此同时，整个南方充斥着没有尽头的奴隶市价表。弗吉尼亚州里士满市的奴隶拍卖商贝茨（Betts）和格雷戈里（Gregory）写道："请允许我们告诉你黑人市场状况。"南北战争前的南方西尔斯（Sears）目录清单包括的价格信息十分详细，如"一等男人"（1550—1620 美元）和"二等女孩"（900—1100 美元）。[21]

随着种植园主逐渐将奴隶视为资本，他们开始不仅将种植园视为投资，而且将整个社会视为一项投资。詹姆斯·亨利·哈蒙德——后来成为南卡罗来纳州国会参议员——通过妻子的遗产获得了一个种植园，在抵达该种植园的当天，他就进行了一次"奴隶人口普查"。后来，他计算了前任种植园主的资本回报率，发现连 1% 都不到。因此，他将奴隶从基于任务的劳动，转换为生产率更高的工业形式的"团体劳动"。哈蒙德还开始仔细记录奴隶们采摘了多少棉花，并经常通过竞赛方式提高他们的生产效率。据哈蒙德计算，他从每个奴隶身上每年可赚 215 美元。他还密切关注自己的总收入，1841 年他的年平均收入为 12500 美元。几年后，哈蒙德又以利润为导向进行了计算——只不过这次计算的对象是整个美国，而不仅仅是他的种植园。哈蒙德在他著名的"棉花为王"演讲中说："地球上没有一个国家能在人均产量上与我们竞争。我们的人均产出达到 16.66 美元。"哈蒙德接着认真比较了北方和南方的市场产出值，结果显示，南方每年生产 2.2 亿美元，而北方每年仅生产 9500 万美元。[22]

《德博评论》自称是南方版的《亨特商人杂志》，它进一步证明了奴隶的资本化是如何显而易见地迅速改变南方人衡量其种植园奴隶以及整个社会的方式的。19 世纪 40 年代末，当詹姆斯·德·博的杂志刚刚起步时，他发表了几篇引用道德统计数据的文章，其中很多都是他自己写的。然而，到 19 世纪 50 年代初时，他已全身心投入为进步定价中，因为他把整个南方看作一个巨大的追求利润最大化的种植园：

> 最好的棉花地每英亩年产量不超过 300 磅，平均年产量可能不超过 200 磅。假定产出数量是 250 磅，有 1794807 英亩土地可供生产棉花；由于每"手"奴隶的产量不超过 2500 磅，因此需要 195.480"手"奴隶种植棉花。每英亩的土地价值为 25 美元，则土地总价值为 44870175 美元。每"手"奴隶价值 500 美元，则奴隶总价值为 97740000 美元。因此，土地和奴隶的总价值将达到 142610000 美元……为了使估算的数字对种植园主来说足够高，我

们假设他的净收益是每磅 6 美分。按照这个价格，480000000 镑产量大概可以给种植园主带来 29000000 美元的收益。[23]

德·博使用这些计算不仅是为了使奴隶制合法化，还为了让南方吸引更多资本。当德·博说服路易斯安那州立法机构成立美国第一家州统计局时（他担任了该机构首任局长），他明确表达了这一观点。与亨特一样，德·博强调统计局应该通过"对比路易斯安那州不同时期的经济增长，并将这些结果与美国其他州进行比较"，创造可以吸引资本流入路易斯安那州的新统计指标。[24]

对德·博经济指标最感兴趣的是那些向美国西部推广棉花种植的南方人。例如，1849 年至 1851 年间，订阅《德博评论》数量最多的州是密西西比州和亚拉巴马州。显然，德·博的大量价格统计数据让这种新棉花种植园主产生了共鸣，远远超过了其对弗吉尼亚州烟草种植园奴隶主的吸引力。[25]

在《德博评论》上一篇名为"南方的未来"的文章中，德·博用统计数据证明法国废除奴隶制是一场不折不扣的灾难。他说："1836 年，马提尼克岛 4932 '手'奴隶生产了 6056990 磅糖，或者每'手'奴隶生产了一大木桶糖。在 1849 年（1848 年法国废除奴隶制后），平均 34 '手'奴隶才生产一大木桶糖。"德·博暗示了如果解放非洲裔美国奴隶会发生什么，提醒他的读者说"美国 75% 的出口产品是奴隶劳动力生产的"，而且北方纺织厂创造的 123 万美元资本"是建立在黑人劳动这一脆弱基础之上的"。德·博总结说："棉花线逐渐束缚了商业世界，把美国奴隶的命运牢牢地与人类进步联系在了一起，美国文明似乎依赖对美国黑人的持续奴役。"[26]

德·博的论点没有被视而不见。四年后，戴维·克里斯蒂的文章《棉花是君王还是奴隶制经济关系》（Cotton is King or Economic Relations of Slavery）通过更详细的统计数据重申了诺特的许多观点。克里斯蒂认为，全球对奴隶生产力的依赖，已将奴隶制转变为一种"不受道德或身体力量控制，而是完全服从政治经济法则的制度"。那时的许多北方资本家声称，为工资工作的自由黑人可以像南方奴隶一样高效采摘棉花，克里斯蒂的这篇文章反驳了这一观点，认为："对奴隶生产的产品需求量如此之大……在世界现有条件下，推翻这种制度是不切实际的。"为了证明奴隶制的生产力是在不断提高的，这篇文章中的一张表格意在告诉人们，1820 年时的棉花出口-奴隶比是每个奴隶 83 包，1853 年时提高到了每个奴隶 337 包。[27]

不是只有亚拉巴马州内科医生和南方期刊使用了这些支持奴隶制的计算。1835 年，在美国人转向经济数据这一过程中，《纽约先驱论坛报》（*New York Herald*）的编辑詹姆斯·贝内特（James Bennett）聘请了前商人托马斯·凯特尔（Thomas Kettell）在其报纸上撰写"货币专栏"。尽管人们认为贝内特开启了哗众取宠的新闻报道和每日廉价报纸的先河，但这也是一个开创性的举动，凯特尔成为美国报界的第一个财经编辑。正如一个 19 世纪华尔街投资者后来回忆的那样，是凯特尔"让《纽约先驱论坛报》在金融界名声大噪"。凯特尔在 19 世纪 40 年代担任受人尊敬的《美国杂志和民主党评论》（*United States Magazine and Democratic Review*）以及 50 年代担任《美国经济学家》（*United States Economist*）编辑期间，继续为《德博评论》和《亨特商人杂志》撰写了大量文章。在凯特尔的著作中，他因善于使用货币指标证明自己的观点而闻名。凯特尔特别喜欢人均财富统计数据，他经常在前后对比中使用这些数据，以实证方式证明一家银行、一条铁路或一家制造公司为一个城市或城镇带来的好处。[28]

1856 年，凯特尔出版了一本震撼全国的书。这本名为"南方的财富与北方的收益"（Southern Wealth and Northern Profits）的书，使用"统计事实和官方数据"说明了"联邦对未来繁荣和国家福祉的必要性"。凯特尔呼吁南北和解，他在试图证明像奴隶制这样一个可以获取丰厚收益的制度不应该被废除时，使用经济指标作为他衡量"福祉"的标尺。凯特尔在这本书的开篇中反问："未来历史学家会怎么谈论北方？北方仅因一个微不足道的借口就毁掉了自己的利润来源？"他驳斥了关于南方生产力低下和落后的观点，把人类奴役问题说成"微不足道的借口"，他使用自己专有的一系列前后对比财富统计数据证明奴隶制是多么"美好"。"奴隶的市场价值从 250 美元上升到 1500 美元和 2000 美元，仅仅这一简单事实就说明不仅奴隶劳动对基督教世界作出了重大贡献，他们的主人也是如此，因为为了保持每'手'奴隶价格高于 1200 美元或 1800 美元，必须给他们最好的精神和物质照顾。"令人难以置信的是，凯特尔不仅用奴隶价格衡量奴役者的福利，还用其衡量被奴役者的福利。[29]

凯特尔坚定地参与了北方民主党的"铜头蛇"（Copperhead）*分支机构，坚决支持奴隶制。但是，铁路记者亨利·瓦纳姆·普尔应对分离危机的方法表明，支持共和党的反奴隶制北方精英们正在使用非常相似的统计指标和经济论点。1860 年，内战威胁迫在眉睫，普尔应《纽约时报》编辑要求撰写了一系列关于即将到来的危机的文章。普尔不是一名政治分析家或公共知识分子，而是《美国铁路杂志》（*American Railroad Journal*）的一名编辑，这本杂志中有大量金融统计数据，旨在帮助投资者决定他们应该投资哪些铁路线。从要求普尔撰写这些文章一事中可以看出，美国的政治话语是如何从道德责任转向经济诉求的。[30]

和他那一代许多中产阶级美国人一样，普尔在年轻时也涉猎过道德统计。他在一次造访英国时，甚至要求会见英国伟大的道德统计学家埃德温·查德威克。然而，当普尔 1860 年为《纽约时报》撰写文章时，他的观点已经随着时代改变了。多年来，普尔一直在编辑一本面向铁路投资者的杂志，这使他的统计观完全转到了货币收益率上。[31]

在为《纽约时报》撰写的文章中，一些文章被冠以诸如"商人如何看待政治危机"这样的标题，反对奴隶制的普尔批评分离主义者将奴隶视为固定资本的观点。他说："南方必须继续生产棉花，不仅是为了生存，而且因为南方劳动者没有其他用途。根据南方人的估计，他们在劳动者身上投入了40 亿美元，这些劳动者主要从事棉花这一主要经济作物的种植。按照 6%的利率计算，这笔投资的利息就是 2.4 亿美元。如果没有其他更好的选择，他们不会让这笔巨额投资闲置。"在这篇文章和其他文章中，普尔继续坚持认为，由于南方对北方发达的工业和金融社会的依赖，南方可能承受不起独

---

* 指南北战争时同情南方的北方人。——译者注

立的代价。为了证明北方的优势，普尔使用了与黑尔珀、费希尔和凯特尔相同的财富统计数据。普尔引用了《德博评论》（他坦承和德·博是密友）的数据，证明南卡罗来纳州人均年收入为 41 美元，而马萨诸塞州人均年收入为 172 美元。普尔对北方自由民创收能力的定价方式与种植园主对奴隶的估值方式很相似，认为这一数据表明北方社会要先进得多，因此不用害怕南方搞分裂。[32]

马萨诸塞州的亨利·瓦纳姆·普尔和纽约州的托马斯·凯特尔用来衡量进步的人均财富统计数据，与南卡罗来纳州的詹姆斯·亨利·哈蒙德和亚拉巴马州的约西亚·诺特使用的数据相同。普尔通过使用当前利率折算奴隶的机会成本来证明自己的观点，这表明南北分界线两边都对人进行了资本化，无论是在南方还是在北方，奴隶制都是通向一种新投资术的重要垫脚石，这一投资术把人视为资本，把进步视为货币化增长。然而，奴隶制不是推动北方对进步进行定价的唯一主要力量。毕竟，普尔没有花时间买奴隶或称重棉花。相反，他将自己的生命献给了铁路。

∽

1851 年，为了纪念"多条铁路线的竣工——这些铁路线在波士顿交汇，将加拿大、美国西部和沿海平原连在了一起"，这个富有的波士顿铁路投资者决定组织一次庆祝活动。波士顿是南北战争前的美国铁路金融中心。为了筹备庆祝活动，组建了许多委员会，其中一个委员会负责"安排商人会议"，一个委员会负责"放烟花"，还有一个委员会负责组织一场"港口旅行"。另有一个专门委员会负责制作"关于波士顿铁路设施、外国商业、人口、财富和制造商现状介绍的表格"。为了在这些统计表格中准确估计每日客流量，该委员会聘请了一支由 55 人组成的私人警察力量，请他们于 1851 年 9 月 6 日早上 6:30 到晚上 7:30 之间在全市布点统计进（41729）出（42313）城市的乘客数量。正如这一报告的结果自豪地宣称的那样，现在越来越多的人乘铁路进城：11963 人乘火车来，14310 人步行来，只有 127 人骑马来。同时，这个委员会通过计算铁路公司从客运和货运中获得的总收入，迅速将客流量转换成了美元和美分收入。这份统计报告向它的读者保证："净收益率超过6%。"正如委员会的表格清楚显示的那样，铁路公司还有降价空间，人们可以从中获利，就像理查德·怀特（Richard White）主张的那样，日常生活"离不开钱"。[33]

铁路在许多方面给美国社会带来的革命性变化，可与20世纪后期互联网的发明相媲美。铁路公司是美国历史上第一个大型且由多个主体组成的以营利为目的的公司；它们开创了新型公司管理形式、管理层级和成本会计核算方法；它们从世界上最富有的人手里吸引了大量资本，一举把美国股票市场从一个几乎可以忽略不计的区域市场变成了一个全球性市场；它们对美国自然环境和本土美国人产生了巨大影响；它们打造了一个由城市节点和乡村卫星镇组成的全国性市场；在19世纪的大部分时间里，它们是最大的雇主，也是美国工人运动的摇篮；它们在劳工骑士团、意外保险、格兰其和民粹主义运动（the Granger and Populist movements）、西尔斯目录以及芝加哥市的形成中发挥了重要作用。很多时候，它们被认为是通向外部世界的唯一信息传递者（当前似乎只有谷歌有这样的力量），从根本上改变了美国的政治、政府监管和权力关系。它们不仅"拉近了时间和空间"，还将其私有化了。当火车相撞时——就像它们经常发生的那样，会导致许多人丧生。当铁路股票崩溃时——就像它们经常发生的那样，整个经济都会随之崩溃。铁路在规模、范围和实力上都超过了其他所有企业；在19世纪大部分时间里，当美国人谈到"公司"时，他们通常指的是铁路公司。[34]

波士顿资本家们不只用放烟花、港口旅游庆祝这些新铁路线的建成，还用"表格式说明"揭示了铁路革命经常被忽视的另一面，即铁路从根本上改变了美国精英们定价和量化周围世界的方式，在道德统计的衰落和资本化统计的崛起过程中，铁路发挥的作用与棉花奴隶制一样重要。正如威廉·克罗农（William Cronon）承认的那样，铁路"产生了大量新的统计数据，这些统计数据使得对贸易和生产进行越来越复杂的分析成为可能，从而促进了美国经济的革命"。对此我们必须补充一点，铁路统计数据也使得对人和进步进行日益复杂的贸易和生产分析成为可能。在这十年里，随着铁路在全国范围内的大发展，东部资本控制了铁路经过的西部城镇，这不仅催生了一个全国市场和公司资本主义，也催生了一种新统计制度，在这一制度下，美国社会及其居民被重构为可以创造收入的抽象财富单位。[35]

因此，19世纪50年代对定价进步和美国铁路来说都是至关重要的十年，这并非巧合。阿尔弗雷德·钱德勒（Alfred Chandler）在他的铁路分析中建议"要特别关注19世纪50年代"，并且给出了很好的理由。1847年，美国铺设了263英里铁路。1857年，这一数字将跃升至2077英里。1850年，有172条特许铁路。1860年，这一数字达到474条。19世纪40年代，美国铺设了6000英里铁轨。19世纪50年代，这一数字将膨胀到21000英里，到50年代末时，东西部之间的铁路大动脉已经形成。[36]

然而，比规模更重要的是铁路投资性质的变化。在1850年之前，投资铁路的大部分资金来自当地居民、邻近的县和最近的大城市，他们购买铁路证券不是为了赚取回报，而是为了将他们的社区与新兴的全国市场连接起来。这些早期铁路投资的直接目标更多的是完善基础设施，而非赚取利润。但是，这一切在19世纪50年代发生了变化，这时美国东部投资者和欧洲投资者逐渐认识到铁路的赚钱能力，开始向其居住地区以外的铁路投入巨额资金。到19世纪50年代末时，铁路投资资金已主要不是由当地商人和地方政府，而是由全国和国际资本市场提供的。到1856年时，纽约证券交易所的铁路公司证券数量已超过了银行股票，成为美国的主要投资对象。1850年，投资于铁路的资金是3.18亿美元。到1860年时，这一数字增加了两倍多，达到11.49亿美元，任何想要筹集资金修建铁路到自己城市的城镇开发者，都必须通过华尔街投资银行获取资金。早在18世纪90年代时，汉密尔顿就梦想将向西扩张的美国自耕农家庭和手工作坊劳动者资本化为源源不断的东部生息资本，铁路使他的这一梦想成为现实。[37]

19世纪50年代东部精英们的投资组合的变化也揭示了这些改变。以亨利·格鲁（Henry Grew）和他的妻子简·威格斯沃斯·格鲁（Jane Wigglesworth Grew）的账簿为例。格鲁夫妇是波士顿婆罗门派协会的核心人物，他们非常富有，因为简的父亲是成功的波士顿商人托马斯·威格斯沃斯（Thomas Wigglesworth）。威格斯沃斯是英国东印度公司在波士顿的代理人，通过国际贸易发家。然而，正如亨利的账簿清楚显示的那样，到1851年时，格鲁一家已经将他们近一半的身家投入了十几个铁路证券中，包括佛蒙特中央铁路公司（the Vermont Central），佛蒙特和加拿大铁路公司（the Vermont & Canada），波士顿、康科德和蒙特利尔铁路公司（the Boston, Concord & Montreal）以及北方铁路公司（the Northern Railroad）。富裕的波士顿人不是唯一把其资本转投到铁路公司上的人。19世纪20年代，塞缪尔·芬利·文顿（Samuel Finley Vinton）从新英格兰移民到了俄亥俄州，后来成为一名成功的律师和国会议员。起初，文顿的大部分财富都投在城市地块和俄亥俄公司的土地上。然而，在他1863年去世两年后，他的财产账户显示，他每年85%的资本年收入（11114美元）来自数千股铁路证券，而只有15%（1955美元）来自其持有的房地产。[38]

铁路并非一直被视为资本积累的主要手段。波士顿医生查尔斯·考德威尔（Charles Caldwell）1831年向列克星敦学院（Lexington Lyceum）发表的题为"关于铁路的道德和其他间接影响的思考"的演讲，反映了那个常常用道德统计数据衡量进步的时代。考德威尔在这个演讲中声称，铁路将"改善公共学校教育，提升道德、品位和礼貌水平"。考德威尔认为，铁路将使贫穷的城市居民更容易向西部迁徙，助其成为自由民。他相信，拥有铁路的美国将"免于贫穷、不幸及伴随其而来的罪恶，以及大城市病"。许多人都同意考德威尔的观点。1839年，宾夕法尼亚州众议院认为，铁路将增加"聪明睿智、文明礼貌、道德高尚和具有宗教美德的自由民"的数量。纽约州立法机构将铁路视为促进公共利益的引擎，而非仅是一种私人投资的资产，认为铁路的积极道德影响"比单纯的盈利预期更能让慈善家和爱国者感到高兴"。[39]

这些杰克逊总统时期的美国人像对待其他公司一样，认为铁路的主要目标应是提升社会福利，而不是增加私人收入。亨利·瓦纳姆·普尔之前的《美国铁路杂志》编辑将铁路称为"民主机制"，这个编辑在1845年告诉他的读者说："我们不认为一条铁路赚钱了就必须支付大量红利。如果一些铁路公司不付 5% 甚至 3% 的红利，更多的人可以从中受益。"但是，到 19 世纪 50 年代初时，如果普尔的这个前辈再说铁路公司不需要支付 3% 收益的话，那么这个说法将会被认为是荒谬的。1849 年，普尔收购了《美国铁路杂志》，很快将其改头换面为一份几乎完全致力于帮助资本家获得健康回报的杂志；到 1852 年时，普尔公开承认铁路"是纯粹的商业企业，应该按照商业原则行事"。[40]

普尔的话反映了美国人对铁路和公司的态度发生了重大转变。到 19 世纪 50 年代中期时，《亨特商人杂志》的追捧者、美国总统米勒德·菲尔莫尔（Millard Fillmore）在庆祝纽约和伊利铁路（New York & Erie Railroad）通车时，不是将其视作一个伟大的公共工程项目，而是将其视作"那个时代一家伟大的私人企业"。与此同时，西部支持者称赞铁路（很多人在《亨特商人杂志》中读到过）更多的是因为它推动了房地产价格的上涨，而不是因为它传播了更高水平的文明。1856 年，新泽西州立法机构的一名议员通过"比较该州拥有铁路的县与没有铁路的县的财富情况"，展示了铁路带来的"繁荣"。这些正是托马斯·凯特尔用来衡量奴隶制利弊的价格统计数据。事实上，凯特尔喜欢描述铁路的奇迹，就像他喜欢描述奴隶制的好处一样。他在一篇经典文章中说道："为什么马萨诸塞州铁路只花费了 5000 万美元，而该州的财富在十年内增加了 3 亿美元或 6 倍。也就是说，从欧洲人登陆普利茅斯*到 1840 年，经过两百年的发展，马萨诸塞州的财富才达到 299878327 美元。铁路这十年增加的财富相当于这两百年的总额。这难道不是一种铁路速度吗？"[41]

当来自全国的渴求资金的铁路开发者们着手撰写招股说明书，希望说服纽约、伦敦和柏林的投资者将他们的资金投入圣路易斯和密尔沃基之间或路易斯维尔和巴尔的摩之间的铁路建设上时，这些募资者认识到，他们的潜在

---

* 位于美国东海岸马萨诸塞州波士顿市 40 英里以南，1620 年 12 月，五月花号带着 102 名殖民者与清教徒抵达今天的普利茅斯湾。——译者注

投资者不关心这些城市当地人感兴趣的教堂、学校、恶习、妓女或道德协会之类的信息。铁路开发者们知道，为了说服东部和欧洲资本为他们可能永远都不会乘坐的铁路线提供资金，告诉他们某条铁路可以增进距他们数千英里远的社区的文明或道德水平是没用的。简而言之，华尔街不需要道德统计数据。相反，要想吸引资本，就必须使用反映成本和收益的金钱话语，并通过稳定的收益统计数据支持他们的观点。[42]

招股说明书确保在铺设铁轨之前就完成了这条铁路的定价。铁路收入主要来自两部分：客运费和货运费。选择购买哪个铁路证券的资本家知道这一点，因此当他们研究用一条铁路联通两个社区的可能性（和可盈利性）时，他们最感兴趣的是这条铁路的潜在客运量和货运量。在一份寻求为哈特福德和纽约之间的一条铁路提供资金支持的典型招股说明书中，铁路开发者们统计出了"线路附近的企业数、货运量和游客量，以及铁路开通后的年收入"。正如另一份兜售在普罗维登斯和伍斯特之间修建一条铁路的招股书解释的那样，这些统计数据旨在"引诱资本家为铁路建设提供必要的资金支持"。[43]

仔细研究普罗维登斯—伍斯特铁路线的招股说明书可以发现，这种"引诱"包括一系列关于人口、农业产出和工业生产率的统计数据。招股说明书提供了涵盖铁路沿线每个村的所有社区细分数据，下面是关于一个典型城镇——罗德岛的瓦利福尔斯（Valley Falls）——的描述：

> 包括毗邻的家庭印刷厂的总人口数：1500人。
>
> 这是一个制造业村，村里有5家棉纺厂，共22340个纺锤、627台织布机，每周生产101970码布料，每年生产2543包棉花，还有3家机械修理厂。有女职工276人，男职工205人。
>
> 估计每年的商品吨数：1900吨。
>
> 估计每年铁路乘客支付的总额：2400美元。
>
> 估计每年商品运输支付的总额：1900美元。

为了以最容易理解的方式展示他们的计算，这份招股说明书的撰写者们在报告结尾处将所有这些逐村描述合并成了一张表格。读者现在可以立即比较瓦利福尔斯（4300 美元，来自客运和货运）、波塔基特村（40465 美元）、沃特福德村（5450 美元）、阿克斯布里奇村（7119 美元）以及其他数十个社区的收入潜力了。[44]

一旦铁路建成并投入运营，第二轮市场统计数据就会接踵而至，因为有关货运和客运交通的收入数据将不再是估算数，而是年度股东报告中的实际收益。在 19 世纪 40 年代，许多年度报告（例如 1849 年波士顿和缅因州铁路公司的年报）提供的客运和货运交通信息很少，只相当含糊地宣称"这条铁路的净收益，除了运营和维修费用外，一直是……平均每年 8%"。但是，一年之后，波士顿和缅因州铁路公司董事长在 1850 年年报中增加了一个更详细的客运和货运收入表，他在 1851 年提供了一份可以让读者比较年度收入的表格。该报告还包括一个新颖且精细的逐月和逐镇收入分析，这样读者们可以立即看到，3 月来自马尔登的"客运、租金和邮件"收入是 416.66 美元，而来自萨默维尔的当月收入仅有 118.40 美元。第二个表格包括类似的逐镇／逐月收入数据，只是这个表列的仅是货运收入。这一表格显示了铁路统计的作用：例如，劳伦斯 4 月创造的货运收入为 2539.40 美元，黑弗里尔为 1423.70 美元，恰好在汉密尔顿等人失败半个世纪后，波士顿和缅因州铁路公司成功地定价了美国人民的市场产出。表格成为全国股东报告的主要内容，因为铁路证券投资回报率与伍斯特铁焊工、辛辛那提干货商人、芝加哥女裁缝或加利福尼亚小麦农场主的市场产出密切相关。[45]

有了这些数据，人们就可以从铁路公司报告中提取各种新经济指标了。这正是亨利·瓦纳姆·普尔作为《美国铁路杂志》主编所做的事情，他取得了巨大的成功。仅 19 世纪 50 年代，就新诞生了五份铁路周刊和两份铁路月刊，但是普尔的《美国铁路杂志》仍然是其中的佼佼者。《美国铁路杂志》的订阅数从 1849 年的 1.2 万份增至 1854 年的 3 万份，这反映了格鲁夫妇和文顿夫妇等美国精英对金融数据需求的急剧上升。普尔加工了大量有关铁路运营成本和收益的数据——这些数据是他从铁路公司年度报告中或向铁路公司经理发送通函收集到的，他将这些数据转换为易于阅读的指标，包括"每英里成本""超过盈余的债务""净收益""每英里净收益""股息率""股票价格""总收益"或"实缴股本"等。这些表格允许投资者通过比较如资本化和成本、总收益与净收益，或净收益与股息百分比，快速判定一条铁路的投资价值。[46]

铁路统计数据使得美国乡村、城镇、城市和国家的市场生产力清晰可见，美国人透过这些数据不仅了解了美国铁路交通，也了解了美国整体经济情况。以芝加哥伯灵顿和昆西铁路公司（Burlington & Quincy Railroad Company）1855年的年度股东报告为例，这份报告不仅为读者了解铁路公司的收支提供了一个窗口，还让读者看到了以前看不到的芝加哥市场规模和范围。通过铁路公司的报告，美国人现在可以看到，1855年铁路将132598578磅小麦、9062243磅"杂物"、13347130磅生猪运入了芝加哥，并将195766120磅木材、22603980磅木瓦和7568672磅钢铁运出了城市。[47]

普尔认识到铁路可以让美国人一览正冉冉兴起的全国市场，开始认为"可以将铁路系统当作整个工业系统的晴雨表"。普尔尽管承认自己"只涉及国家工业或生活的一个部门"，但是认为"这个部门几乎涵盖了绝大部分工业产品，这些产品是通过铁路从生产者手中运送到消费者手中的。因此，这一运输数量非常准确地衡量了本国产业生产力和国家财富每年取得的进步情况"。在这里，我们看到普尔是如何将对某些铁路的具体分析转变为对国家财富和进步更全面的陈述的。普尔在与其妻子的私人通信中也表达了这一观点，宣称他的铁路统计数据"记录了世界上最伟大的物质发展成就"。[48]

$\backsim$

在其作品成为畅销书多年后，辛顿·黑尔珀告诉人们是1850年的人口普查数据促使了他转而反对奴隶制：

> 在我从支持奴隶制向反对奴隶制观点的转变过程中，如果我可

以这么说的话，自我出生至今，没有什么事情能比仔细通读一份公开文件——第七次人口普查报告——对我有这么大的影响了，能如此激发我对两个冲突的社会制度仔细审视的渴望，如此加速我对白人自由劳动者的支持，如此让我坚定反对黑人奴隶制。[49]

黑尔珀的说法具有一定的讽刺性，因为他所指的"公开文件"不是别人所编，而是詹姆斯·德·博编制的。1853年，德·博利用他的统计专业知识，获得了最令人垂涎的人口普查局局长职位。当德·博到华盛顿任职时，1850年的人口普查工作已由约瑟夫·肯尼迪（Joseph Kennedy）设计和执行完成了，是德·博将这一人口普查成果汇总成面向大众出版的成果概要，这一成果概要被北方人和南方人广泛引用。如果黑尔珀被这些精心组织的市场生产力表格深深迷住的话，他至少要感谢奴隶制和它最热心的支持者（詹姆斯·德·博），因为人口普查局史无前例地出版了32万份人口普查概要。[50]

同时，黑尔珀的话揭示了一个更大的事实：如果不是政府决定在1840年和1850年人口普查中花费大量资源系统收集市场产出数据的话——1850年人口普查被大多数历史学家视为美国历史上第一次"现代"人口普查，那么为进步定价不可能发展得这么快。国家收集的这些市场统计数据使得黑尔珀和其他人能够将关于奴隶制的局部争议，转变为对北方和南方生产能力的定价活动。1845年，托马斯·凯特尔给参议员塞缪尔·蒂尔登（Samuel Tilden）写信，索要人口普查数据和许多其他"商业和金融方面的公开文件"，这表明即使最虔诚的私人资本主义企业信奉者也依赖国家收集的市场统计数据。[51]

回到杰克逊总统时期，很明显，如果没有可以描绘美国人民生产力的人口普查数据，很难激发潜在铁路投资者的兴趣。19世纪20年代，当知名报纸编辑内森·黑尔（Nathan Hale）作为首批美国人呼吁建设铁路，很少有人听得进去。黑尔在他的回忆录中说，当他试图说服他最亲密的朋友们相信铁路的巨大作用时，他的朋友们"充满同情"地离开了他家。波士顿一家报纸评价黑尔提出的修建波士顿—奥尔巴尼铁路计划时说："每个略懂算术的人都知道这是不切实际的项目，这一项目的成本相当于马萨诸塞州的市场价值；而且，即使可行，每个有常识的人也都知道修一条从波士顿到月球的铁路是毫无用处的。"[52]

黑尔迫切希望开发一个新"算术法则"，挑战一向关注国际贸易胜过国内发展的商人们习惯使用的传统计算方法。黑尔试图通过计算"波士顿和奥尔巴尼铁路给全国带来的好处"，说服波士顿精英们相信投资铁路具有"可行性"。但是由于没有人口普查数据，例如新英格兰农民平均每年生产的小麦吨数，黑尔试图创造美国历史上第一份铁路招股说明书的努力失败了。黑尔被迫雇佣私人"代理机构"做一项需要国家能力才能胜任的工作，但无法"达到他希望的准确度"。[53]

黑尔不是唯一一个对此感到沮丧的人。正如一个宾夕法尼亚铁路支持者15年后严肃指出的那样："所有股票持有者、资本家和交易商，所有对联邦金融历史和现状感兴趣的人，长期以来都对缺乏必要的准确信息感到遗憾。"如果一个人想了解任何情况，他需要查找分散在各处的各种文件，并且它们给出的数据总是令人生疑，通常多数是不正确的。在1850年人口普查前，即使是州政府也依赖私人收集数据。1853年美国财政部的一份报告指出："在国家权威机构不发布统计报告的情况下，1850年之前，必须从《亨特商人杂志》《德博评论》《美国铁路杂志》和《银行家杂志》（*Banker's Magazine*）中挑选最有价值的信息。"[54]

随着对政府推出市场统计数据需求的增加，要求人口普查时动用资源收集这些数据的要求也增加了。这方面的主要呼声是阿奇博尔德·拉塞尔（Archibald Russell）提出来的。拉塞尔在1839年一举成名，当时他撰写了一本书，详细描述了在即将到来的十年一次人口普查中应该收集的工业和农业统计数据类型。拉塞尔是在道德统计占据主导地位时写就这本书的，他在书的开头几页就清晰介绍了他的另一个统计目标，称他"非常希望听到商人们关于最能反映各种制造业和农业投资回报的表格形式的意见"。[55]

拉塞尔先从制造业入手，但是，他很快就遇到了亚历山大·汉密尔顿和坦奇·考克斯几十年前经历过的同样难题：美国工匠和自耕农家庭将自己的制造活动视为自营生计的延伸，而不是作为一家以营利为目的的企业。然而，拉塞尔提出了一个非常有用的定义解决了这个难题：

> 如果一个村庄的鞋匠被称为制造商，他无法计算出自己的利润，他不知道自己做了多少双靴子，也不知道自己修理过的那些鞋子的价值，他没有对每天的工作进行精确记录，而不过是为了应付生计，获取微薄收入。因此，总的来说，我们认为"制造"一词应该严格地适用于批发或出口贸易的物品，而那些仅供应生产所在地的物品更适合作为贸易产品而非制造品。

拉塞尔通过简单地根据自己的意识形态定义统计类别，解决了这些矛盾：如果制造商没有赚取大量货币收入，他们就不应该被视为制造商。他的观点暗示制造业的目标不是制造东西，而是赚钱。[56]

虽然拉塞尔在这种情况下选择忽略任何他无法定价的东西，但是他的工作是非常严格的。拉塞尔担心出现"重复计算"——这也是未来的国民生产总值（GNP）倡导者担心的事情。他警告说："如果我们将羊毛统计在国家农产品产出中，我们必须将其从制成品中排除，因为如果我们不这样做的话，它将被计算两次。"拉塞尔对人口普查细节的关注使他的统计观点给人一种客观、精确和严谨的印象，这是他的前任经济统计学家们（如塞缪尔·布洛杰特）所缺乏的。拉塞尔还通过重新强调效率，预见了现代经济指标的主要目标之一。虽然早期的制造业普查仅追踪工业总产值，但是拉塞尔认为，人们可以通过每日生产力指标衡量劳动力效率。因此，他建议人口普查增加一类指标——"一年总工作时间"。[57]

拉塞尔认为，政府不仅应该像以往人口普查那样继续收集制造业数据，还应该收集农业统计数据，这是他作出的最持久贡献。除了纽约州人口普查局和联邦专利局等机构做过一些特别尝试之外，1840 年前，美国政府没有收集过农作物和牲畜的相关统计数据。拉塞尔认为，在美国这样一个以农业为主的社会，这样的统计盲点是不可接受的。他建议，人口普查不仅应该收集小麦、棉花和大麦等主要作物的产量，而且应该收集"每亩平均收益"数据，因为这将使人们能够衡量美国土地和劳动力的相对效率。拉塞尔声称："这类收益数据的最大用途，就是可以准确展示进步情况……展示整个国家不断增长的财富。"[58]

在拉塞尔的书出版一年后，1840年的人口普查恢复了制造业普查，并开始收集有关牲畜、谷物、棉花、干草和其他农产品数量的数据。通过比较人口普查报告与拉塞尔的著作，可以清楚地看到，虽然目前尚不清楚究竟是谁把农业问题增加到1840年人口普查中的，但是这个人一定看过拉塞尔的书，因为人口普查表中的谷物顺序——小麦、大麦、燕麦、黑麦、荞麦、玉米——与拉塞尔书中的排序完全相同。这一前所未有的市场产出数据不会长期闲置不用。很快，乔治·塔克就能在《亨特商人杂志》上创制生成总财富和总收入统计数据了。几年后，密歇根人埃兹拉·希曼（Ezra Seaman）也步其后尘。希曼在他的《国家进步文集》(*Essays on the Progress of Nations*)一书中——这本书后来多次再版——写道："任何民族的繁荣，他们享受的舒适，他们的财富和权力，都完全依赖他们的生产性行业。"希曼现在可以将棉花、面料、帽子、靴子、猪肉、牛肉、小麦、黑麦、牛奶、奶油和鸡蛋等产品的美元价值加总在一起了，他将"繁荣"定价为865269561美元，或者人均59美元。[59]

然而，当时的美国人（以及未来的历史学家）认为，1840年的人口普查数据是极不可靠的，部分原因是一项关键普查工作没有遵循拉塞尔的建议。1840年人口普查的设计师们不是通过逐个农场调查获取普查数据的，而是依靠助理法官——可能是因为这样做节约费用——对每个地区的估计做出的。因此，在收集可信的农业生产率数据方面，真正的飞跃来自1850年的人口普查。这次人口普查要求助理法官直接从"所有农场和种植园"收集信息。普查表格除了关于小麦蒲式耳数或棉花磅数等产量问题外，还涉及"农场的现金价值"以及改良和未改良的土地面积等。就像拉塞尔十年前提议的那样，人们现在可以计算每英亩土地的生产效率了。1850年人口普查的农业表格之所以遵循了拉塞尔的要求，丝毫不令人感到奇怪，这是因为这些表格由拉塞尔自己绘制。[60]

ᔕ

人口普查不是拉塞尔推动市场统计数据的唯一手段。他还是美国地理与统计协会（American Geograph and Statistical Society，AGSS）的创始成员。1851 年 10 月的一个寒冷夜晚，拉塞尔和一群商人在纽约名流约翰·蒂斯特耐尔（John Disturnell）家的图书馆举行了一场聚会。蒂斯特耐尔一开始是一名地图绘制师，19 世纪 30 年代初时，他转行专为有创业精神的商人，尤其是那些对铁路投资感兴趣的商人收集信息。他在 1840 年写了第一本美国铁路指南，他的《纽约现状》系列文章和《统计公报》在纽约商人中广为流传。[61]

参加那晚聚会的人对美国未来社会的观点，与蒂斯特耐尔书架上《统计公报》的观点非常一致。纽约商界的一些领军人物很快就成了美国地理与统计协会的成员，其中包括亨利·E. 皮耶罗蓬（Henry E. Pierrepont）、航运巨头亚历山大·艾萨克·科希尔（Alexander Isaac Cotheal）和亨利·格林内尔（Henry Grinnell）、跨大西洋电报电缆推广商塞勒斯·W. 菲尔德（Cyrus W. Field）和商人 S. 德威特·布拉德古德（S. DeWitt Bloodgood）。和拉塞尔一起参加这场聚会的还有美国顶级商业记者和经济统计学家，包括弗里曼·亨特、亨利·瓦纳姆·普尔、J. 卡尔文·史密斯（J. Calvin Smith）博士，以及辛辛那提编辑、铁路鼓吹者和全能统计奇才爱德华·曼斯菲尔德（Edward Mansfield）。一些 19 世纪的顶尖报纸编辑也加入了进来，这说明了商业统计数据是如何进入美国主流媒体的，其中包括《纽约太阳报》（*New York Sun*）的查尔斯·达纳（Charles Dana）、《纽约晚报》（*New York Evening Post*）的希拉姆·巴尼（Hiram Barney），以及《纽约时报》的亨利·雷蒙德（Henry Raymond）——他是商业统计数据的强力支持者，曾负责发表普尔关于局部危机的经济分析文章，这些文章受到了读者的广泛关注。[62]

建立一个全国性市场既需要影响深远的铁路，也需要有远见卓识的统计数据，对于这一点，没有人比美国地理与统计协会成员更清楚的了。1859年，该协会创办了一本由亨利·瓦纳姆·普尔编辑的统计杂志，并建立了世界上最好的经济统计图书馆。至于在其协会会议上提交的文章，大多数都是为那些追求利润的美国资本家准备的，如《农业统计》《增长、贸易和棉花生产》《连接大西洋和太平洋的铁路》和《钢铁的统计和地理分布》。在早期关于新兴美国帝国主义的表述中，许多讨论根本不是关于美国的，而是关于南美地区经济潜力的，如巴拉圭、奇里基和新格拉纳达。[63]

美国地理与统计协会不是一个消极等待的组织，它积极推动联邦和州政府收集越来越多的与商业相关的统计数据。例如，美国地理与统计协会说服纽约州立法机构在 1855 年的州普查中加入了工业和农业统计数据，因为该协会的成员不想再等上整整十年才能得到他们想要的产出数据。从 1857 年的协会图书馆目录——这一目录中有大量银行监察官、运河专员和州财政部门撰写的各种统计报告——可以看出，美国地理与统计协会在说服州政府（特别是纽约州、威斯康星州和俄亥俄州）提升数据收集能力方面取得了很大成功。在美国地理与统计协会图书馆中，大量呈现的铁路统计数据清楚说明了一些成员是如何利用这种突然涌现的数据的。[64]

美国地理与统计协会成员不仅仅充当外部说客。与 1850 年人口普查中的拉塞尔一样，许多人在收集政府经济数据方面继续扮演官方角色。1857年，辛辛那提推动者、《铁路记录》(*Railroad Record*) 编辑爱德华·曼斯菲尔德被任命为俄亥俄州统计专员。亨利·瓦纳姆·普尔为财政部一份有关五大湖贸易往来的开创性报告作出了重大贡献。也许最有影响力的是约瑟夫·肯尼迪，他是美国地理与统计协会的主要成员，也是 1850 年和 1860 年人口普查的负责人。

部分由于美国地理与统计协会的努力，19 世纪 60 年代中期的商人们在作出投资决策时，可以找到大量统计数据，包括《芝加哥每日论坛报》(*Chicago Daily Tribune*) 编制的年度铁路、银行、木材、仓库和包装工厂数据，西弗吉尼亚对油井的"工业统计"，新成立的明尼苏达州统计局关于该州的"进步和能力"数据，或波士顿贸易委员会令人印象深刻的棉花制造数据等。私人利益集团和国家官僚机构的共同努力促成了经济数据的爆发，但是美国内战的爆发也极大助推了这种统计数据的发展。[65]

1864年秋天，戴维·埃姆斯·威尔斯（David Ames Wells）此时还是一个默默无闻的年轻人——之后他成为镀金时代美国最受欢迎的经济作家，他给一群来自纽约北部迅速工业化的特洛伊市商人做了一次演讲。房间里的气氛很紧张，理由很简单：内战既是一场军事噩梦，也是一场经济噩梦。在那天晚上的演讲中，威尔斯没有提到这场悲惨战争的巨大人力成本，而是选择只关注财政支出。这些数字是惊人的。1860年时，美国国债仅为6480万美元。到1864年时，这一数字已经超过了20亿美元。[66]

国家债务每天增加100万美元，这已经成为北方人公认的事实，如果国家债务达到30亿美元，无论是奴隶制向西扩张，还是南方暴乱结束，战争都将不得不结束。联邦的命运并不是摆在人们面前的唯一问题。由于杰伊·库克（Jay Cooke）杰出的营销能力，美国北方中产阶级——包括威尔斯的特洛伊市听众——将毕生积蓄投入了政府战争债券这项金融资产上。随着战争费用滚雪球般地快速膨胀为金融灾难，这些人害怕再也见不到他们的宝贵积蓄，更不用说投资回报了。[67]

威尔斯演讲的目的是让美国的债券持有人尽快冷静下来，"消除他们内心的焦虑和恐惧"。他以前所未有的方式使用令人难以置信的人口和财富统计数据，极力证明由于"我们国家人口的增加及其在财富和资源方面的快速发展"，在继续负担战争或偿还债务方面没有任何问题。威尔斯引用人口普查数据、火灾保险记录、州银行专员的报告，甚至估计全国羊只数量的增加，煞费苦心地证明了自己的观点，即应将美国及其居民视为一笔庞大的资本投资。他精心地将日常生活定价为一系列财富和收入流，通过计算美国总资本存量及由这种资本化财富产生的年收入流量，缓解其听众的焦虑。威尔斯自信地总结道:"我们重新统一后的国家实现和平时将有 200 亿美元资本,每年增加的财富肯定不会低于 20 亿美元。"他解释说,即使以很低的税率征税,如此不断扩大的存量资本也可以支付政府的战争债务。[68]

其后,威尔斯将他的演讲写成一本名为"我们的负担和我们的力量"(Our Burden and Our Strength)的小册子,他目睹了自己的演讲一夜成名,特别是在美国最富有和最有权势的人中——他们已经把国家视为一项投资。铁路资本家约翰·默里·福布斯(John Murry Forbes)热情洋溢地谈到了这本小册子,指出"很多人愿为他们赞同的事情付出代价",这些人包括"银行和保险董事会主席,以及其他希望我们坚守信用的半爱国者"。三十多年后,《国家》(Nation)杂志的编辑埃德温·戈德金(Edwin Godkin)在与威尔斯通信时说,他仍然能够"记住在战争中最艰难的时刻,你的话是多么让人感到安慰"。[69]

在威尔斯的演讲被广为传播一年之后,他因自己突出的统计能力被林肯总统聘为国家税务特别专员——这是亚伯拉罕·林肯总统生命最后阶段作出的少数行动之一。林肯希望威尔斯能以一份关于美国经济主要趋势的年度报告的形式,再现其演讲中的复杂经济计算。威尔斯在财政部内成立了一个新机构——统计局(Bureau of Statistics),这个机构负责帮助威尔斯收集所有他需要的数据。威尔斯报告的年度发布很快就成为美国内战后一个有巨大影响力的事件,也成为许多政治辩论的焦点。政府如此介入经济量化领域是前所未有的。然而,战争改变了一切,因为它显著扩张了联邦政府的行政能力——数据收集也不例外。[70]

威尔斯的报告完美展示了美国的投资术,将美国的历史视为一个永不停息的资本积累过程。他认为,"自欧洲人首次发现并殖民北美以来",美国的财产性财富总量"代表了自那时起,所有居住在这片土地上的人通过劳动和经济活动创造的累计收入超过支出的部分"。(在威尔斯看来,美洲原住民显然不能创造价值,因为他们没有创造金钱。)威尔斯就像分析损益表和资产负债表一样剖析一个国家,认为"国民生产"和"国民消费"之间的差异决定了"新资本的积累水平"。威尔斯在其 1869 年第四份报告中预测了 GDP

和国民收入，他计算出"年度产出价值"每年上升 13.4%，"人均年度产出价值"为 121.03 美元。尽管如此，威尔斯仍认为美国资本的积累"比其应有的速度慢得多，不是没有增加，而是太慢了"。在其后几年里，这些数据使得威尔斯认为美国劳动者的效率不够高，因为他们的生产性产出慢于他们的消费性投入。[71]

亚伯拉罕·林肯之所以聘用戴维·埃姆斯·威尔斯并不让人感到奇怪，林肯总统赞成提升美国政府的统计能力。自从政的最初几年到他去世前的最后几天，林肯一直依靠定量经济信息制定公共政策和推动社会变革。1848年，林肯主张联邦政府应该收集更多的市场数据，这样联邦政府就可以选择对经济影响最大的内部改善项目了。美国内战爆发后，林肯总统为了在哥伦比亚特区实施他的补偿性解放奴隶计划，开始收集价格数据。为了执行他在 1862 年签署的解放奴隶法案，林肯成立了一个委员会，该委员会的工作是评估城市中每个奴隶的价格，这样政府就可以决定需要多少联邦资金补偿忠于联邦的奴隶主了。林肯任命丹尼尔·古德洛（Daniel Goodloe）担任该委员会的主席，古德洛积极运用统计数据批判奴隶制，就像黑尔珀一样，他利用经济指标证明奴隶制"阻碍了财富积累"，这使他一举成名。由于不知道如何确定城市中奴隶的价值，古德洛聘请巴尔的摩奴隶贸易商作为顾问。在 90 天的时间里，他们定价了 3000 多名奴隶，平均每人价值 300 美元左右。[72]

很多林肯传记的作者都忽视了他的量化偏好。很少有人提醒我们，在1862 年林肯震动国会的第二次国情咨文演讲——称美国正在经历一场"烈火中的考验"（fiery trial）——的几分钟之前，为了证明未来美国公民的赚钱能力可以轻松支付他的逐步补偿性解放奴隶计划，他的很多演讲引用了人口增长统计数据。林肯在一次演讲中五次使用"经济"一词为自己的补偿性解放奴隶计划辩护，称"劳动者与市场上任何其他商品一样"，为了表明美国人的创收能力可以承受 6% 的国债成本——这笔钱被支付给了奴隶主，以换取其奴隶的自由，他毫不费力地拿出了一系列人口普查数据。林肯在一次演讲中发问，这次演讲分析了通过战争手段和赎买手段解放奴隶的成本与收益："我们可以用战争之外的手段保护联邦的利益，这种手段花的钱更少，或者更容易拿得出，这样做不是很经济的事吗？"虽然这种语言不像他结束时的呐喊——美国人民不会"轻易失去最后最美好的希望"——那样令人鼓舞，但到了 19 世纪 60 年代时，这种对资本流动和创收人口增长的朴实计算也许更能打动中上阶层美国人已经资本化的思想。[73]

注释

1. 关于黑尔珀及其著作，参见 David Brown, *Southern Outcast: Hinton Rowan Helper and the Impending Crisis of the South* (Baton Rouge: Louisiana State University Press, 2006); George Fredrickson, *The Arrogance of Race: Historical Perspectives on Slavery, Racism and Social Inequality* (Middletown, CT: Wesleyan University Press, 1988), 28–54; David Potter, *The Impending Crisis, 1848–1861* (New York: Harper and Row, 1976), 386。关于黑尔珀统计的不准确性，参见 Robert Fogel and Stanley Engerman, *Time on the Cross: The Economics of American Slavery* (New York: Norton, 1974), 158–191。关于当时对其数据的批评，参见 Samuel Wolfe, *Helper's Impending Crisis Dissected* (Philadelphia, 1860)。

2. Fredrickson, *Arrogance of Race,* 28; Hinton Rowan Helper, *The Impending Crisis in the South: How to Meet It* (New York, 1857), v.

3. Helper, *Impending Crisis,* 35, 39, 54, 64–66, 71, 283, 286.

4. Ibid., 107–108.

5. Eric Foner, *Free Soil, Free Labor, Free Men: The Ideology of the Republican Party before the Civil War* (New York: Oxford University Press, 1970), 42, 43, 50, 62; Robert Fogel, *Without Consent or Contract: The Rise and Fall of American Slavery* (New York: Norton, 1989), 310–388.

6. *Congressional Globe,* 30th Congress, 2nd Session, February 26, 1849, 318; Elwood Fisher, *Lecture on the North and South Delivered before the Young Men's Mercantile Library Association of Cincinnati, Ohio* (Cincinnati, 1849), 20.

7. Fisher, *Lecture on the North and South,* 6–9. 费希尔的演讲稿在多个地方出版过。参见 *Southern Quarterly Review,* July 1849, 273–311; *De Bow's Review* 7 (1849): 134–145; *De Bow's Review* 15 (1857): 304–316; *Southern Literary Messenger* 25 (1859): 81。在费希尔写给卡尔霍恩的一封信中，他声称这本小册子售出了 20 万本。参见 Elwood Fisher to Calhoun, John C. Calhoun Papers, October 29, 1849, Library of Congress, Washington, DC.

8. David Christy, "Cotton Is King or Economic Relations of Slavery," in *Cotton Is King and Pro-Slavery Arguments,* ed. E.N. Elliot (Augusta, GA, 1860), 221; Samuel A. Cartwright, "The Education, Labor and Wealth of the South," in *Cotton Is King and Pro-Slavery Arguments,* ed. E.N. Elliot (Augusta, GA, 1860), 879.

9. 参见 Louis McLane, *Documents Relative to the Manufacturers in the United States,* 2 vols. (New York, 1869)。关于报告的内容，参见 Naomi Lamoreaux, "Rethinking the Transition to American Capitalism," *Journal of American History* 90 (2003): 444–445。

10. Helper, *Impending Crisis,* v.

11. R.G. Dun & Company Credit Report Volumes, Oswego County, New York, 1847, vol. 512, Baker Library, Harvard Business School, Boston. 关于邓白氏公司以及这一征信公司的变化，参见 Rowena Olegario, *A Culture of Credit: Embedding Trust and Transparency in American Business* (Cambridge, MA: Harvard University Press, 2006)。关于对人的价值的定价，也可参见 Scott Sandage, *Born Losers: A History of Failure in America* (Cambridge, MA: Harvard University Press, 2006)。

12. Fogel, *Without Consent,* 326 n.3. 关于共和党的崛起以及林肯总统，参见 Eric Foner, *A Fiery Trial: Abraham Lincoln and American Slavery* (New York: Norton, 2011)。关于反奴隶制和资本主义之间的关系，参见 Amy Dru Stanley, *From Bondage to Contract: Wage Labor, Marriage and the Market in the Age of Slave Emancipation* (New York: Cambridge University Press, 1998); Thomas Bender, ed., *The Antislavery Debate: Capitalism and Abolitionism as a Problem of Historical Interpretation* (Berkeley: University of California Press, 1992)。

13. Foner, *Free Soil,* 44.

14. 关于南北方之间的意识形态分歧，参见 Foner, *Free Soil; James Oakes, Slavery and Freedom: An Interpretation of the Old South* (New York: Knopf, 1990); David Brion Davis, *The Problem of Slavery in the Age of Revolution, 1770–1823* (Ithaca, NY: Cornell University Press, 1975); Eugene Genovese, *The Political Economy of Slavery: Studies in the Economy and Society of the Slave South* (New York: Pantheon, 1965)。关于资本家对奴隶制的态度，参见 Sven Beckert and Seth Rockman, eds., *Slavery's Capitalism: A New History of American Economic Development* (Philadelphia: University of Pennsylvania, 2016)。

15. "An Act to Lay and Collect a Direct Tax within the United States," July 14, 1798, in *The Public Statutes at Large of the United States of America,* ed. Richard Peters (Boston, 1845), xxxvi; Robert Carter Letter and Day Book, Robert Carter Papers, Rubenstein Library, Duke University, Durham, NC.

16. Robert Fogel, "American Slavery: A Flexible, Highly Developed Form of Capitalism," in *Society and Culture in the Slave South,* ed. J.William Harris (New York: Routledge, 1992), 83. 关于特定奴隶租赁，参见 American Slavery Documents Collection (henceforth ASDC), 1757–1867, Rubenstein Library, Duke University, Durham, NC, box 1, folder 83; box 1, folder 90; box 2, folder 12。关于特定奴隶保险政策，参见 "Life Insurance Policies for Two Slaves," June 7, 1859, ASDC, box 2, folder 29。

17. *De Bow's Review,* quoted in Frederic Bancroft, *Slave Trading in the Old South* (Columbia: University of South Carolina Press, 1931), 342; James Henry Hammond, *Selection from the Letters and Speeches of James H.Hammond* (New York, 1866), 345. 关于奴隶抵押，参见 Bonnie Martin, "Slavery's Invisible Engine: Mortgaging Human Property," *Journal of Southern History* 76 (2010): 817–866。关于奴隶的高流动性特征，参见 Richard Holcombe Kilbourne Jr., *Debt, Investment, Slaves: Credit Relations in East Feliciana Parish, Louisiana, 1825–1885* (Tuscaloosa: University of Alabama Press, 1995)。关于金融和奴隶，参见 articles by Daina Ramey Berry and Kathryn Boodry in *Slavery's Capitalism,* 146–178; Ed Baptist, *The Half Has Never Been Told: Slavery and the Making of American Capitalism* (New York: Basic Books, 2014), chs.7–8。

18. Frederick Douglass, "American Slavery, American Religion, and the Free Church of Scotland: An Address Delivered in London, England, on May 22, 1846," in *American Slavery: Report of a Public Meeting* (London, 1846); Fogel and Engerman, *Time on the Gross,* 60–78.

19. Solomon Northup, *Twelve Years a Slave* (New York, 1853), 165. 关于"手"，参见 Caitlin Rosenthal, "Slavery's Scientific Management: Master and Managers," in *Slavery's Capitalism,* 62–86。关于棉花称重，参见 John Wesley Monett's "The Cotton Crop" in Joseph Holt

Ingraham, *The Southwest by a Yankee* (New York, 1835), 2: 281–291。

20. William Chambers, *Things as They Are in America* (Philadelphia, 1854), 270–280; "List and Inventory of the Negroes on the Plantation of Messrs Bruce, Seddon and Williams," November 22, 1849, box 11, Bruce Family Papers, University of Virginia Library, Charlottesville.

21. New Orleans market observer quoted in "Auction Notes and Prizes," March 14, 1851, New Orleans, ASDC, box 2, folder 7. 关于贝茨和格雷戈里，参见 "Documents Detailing the Prices of Betts and Gregory Slave Market," 1860–1861, ASDC, box 2, folder 36。关于奴隶价格的日常通信，参见 "Letter on Relative Prices of Men, Women, and Children," January 4, 1860, ASDC, box 2, folder 32; "Auctioneer's Letter," January 15, 1860, ASDC, box 2, folder 101; "Slave Pricing Sheets," ASDC, box 2, folder 94; "Amounts Acquired from Sales of Slaves," ASDC, box 2 folder 97; "Letter Detailing the Dropping and Unsustainable Price of Slaves," ASDC, box 2, folder 38。

22. Hammond Diary, November 5, 1841, box 34, reel 17, James Henry Hammond Papers, microfiche, Library of Congress, Washington, DC; Drew Gilpin Faust, *James Henry Hammond and the Old South: A Design for Mastery* (Baton Rouge: Louisiana State University Press, 1982), 111; Hammond, *Speeches and Letters,* 312–315. 更多生产力数据参见 Hammond's article "Report of the Committee of the Barnwell Agricultural Society," *Farmers Register* 9 (October 31, 1841)。

23. James De Bow, *The Industrial Resources of the Southern and Western States* (New Orleans, 1852), 234. 关于道德统计数据，参见 De Bow, "Physical and Moral Condition of the Blacks," *De Bow's Review* 4 (1847): 290–291; De Bow, "Productive Energies and Spirit of Massachusetts," *De Bow's Review* 4 (1847): 459–474。关于类似的资本化计算，参见 "Agriculture of the South and West," *De Bow's Review* 2 (1846): 340–345; "Southern Agriculture," *De Bow's Review* 4 (1847): 442–445, 579–585; "Sea Island Cotton in Florida," *De Bow's Review* 4 (1847): 250–256。

24. James De Bow, "Professorship of Public Economy, Commerce, Statistics in the University of Louisiana," *De Bow's Review* 4 (1847): 414. 关于路易斯安那州统计局，参见 Ottis Clark Skipper, *J.D.B. De Bow: Magazinist of the Old South* (Athens: University of Georgia Press, 1958), 83, 以及 *De Bow's Review* 6 (1848): 79; 8 (1849): 32, 422; 9 (1850): 286。

25. 部分订阅记录出现在德·博的报纸中，虽然这使得我们可以了解订阅用户的增长情况，但是无从得知总订阅数是多少。参见 Ledger 1, part 1, De Bow Papers, David M.Rubenstein Rare Book and Manuscript Library, Duke University, Durham, NC。

26. James De Bow, "Future of the South," *De Bow's Review* 10 (February 1851): 132–146.

27. Christy, "Cotton Is King," 21, 27; 也可参见第 125 页的生产力图表。

28. Quote from Matthew Hale Smith, *Twenty Years among the Bulls and Bears of Wall Street* (New York, 1896), 523. 对凯特尔几乎没什么描述。参见 Alfred Chandler, *Henry Varnum Poor: Business Editor, Analyst and Reformer* (Cambridge, MA: Harvard University Press, 1956), 335; 讣告见 *Daily Alta California,* October 23, 1878。关于贝内特和廉价报刊的兴起，参见 Dan Schiller, *Objectivity and the News: The Public and the Rise of Commercial Journalism* (Philadelphia: University of Pennsylvania Press, 1981)。关于凯特尔财经新闻的例子，参见 "Progressive Wealth and Commerce of Boston," *Hunt's Merchants' Magazine* 15 (1846): 34; "The Commercial Growth and Greatness of New York," *Hunt's Merchants' Magazine* 5 (1841): 30–44; "Influence of Railroads," *De Bow's Review* 12 (June 1852): 671–673; "Progress of American Commerce, Agriculture and Manufacture," *De Bow's Review* 4 (September 1847): 85–95。

29. Thomas Prentice Kettell, *Southern Wealth and Northern Profits* (New York, 1860), 3–4.

30. 关于普尔的评论文章，参见 Alfred Chandler Papers, box 10, folder 5, Baker Library, Harvard Business School, Boston。普尔的文章被结集出版，书名为：*Secession: Its Effect upon the Commercial Relations between the North and South, and upon Each Section* (London, 1861)。关于普尔代表了这一时代金融资本的缩影，参见 Noam Maggor, *Brahmin Capitalism: Frontiers of Wealth and Populism in America's First Gilded Age* (Cambridge, MA: Harvard University Press, 2017)。

31. 关于普尔对道德统计数据的兴趣，参见 Chandler Papers, box 11, folders 2-4。

32. Poor, *Secession,* 16. 关于普尔和德·博的友情，参见 *American Railroad Journal* 23 (1850): 693。

33. Ellis Sylvester Chesbrough, *Tabular Representation of the Present Condition of Boston, in Relation to Railroad Facilities, Foreign Commerce, Population, Wealth, Manufactures* (Boston, 1851), 16. 关于波士顿如何成为一个铁路金融中心，参见 Arthur Johnson and Barry Supple, *Boston Capitalists and Western Railroads: A Study in the Nineteenth Century Railroad Investment Process* (Cambridge, MA: Harvard University Press, 1967); Maggor, *Brahmin Capitalism,* ch.3; Richard White, *Railroaded: The Transcontinentals and the Making of Modern America* (New York: Norton, 2012), 42, 141, 146。

34. 参见 Alfred Chandler, *The Railroads: The Nation's First Big Business* (New York: Harcourt, 1965); Dorothy Adler, *British Investment in American Railroads* (Charlottesville: University of Virginia Press, 1970); Thomas Cochran, *Railroad Leaders, 1845-1890: The Business Mind in Action* (Cambridge, MA: Harvard University Press, 1953); Nick Salvatore, *Eugene V.Debs: Citizen and Socialist* (Urbana: University of Illinois Press, 2007)。

35. Cronon, *Nature's Metropolis,* 81.

36. Alfred Chandler, *The Visible Hand: The Managerial Revolution in American Business* (Cambridge, MA: Belknap Press, 1977), 89; U.S. Department of Commerce, *Historical Statistics of the United States, Colonial Times to 1970* (Washington, DC: GPO, 1975), series Q 329-345; William Roy, *Socializing Capital: The Rise of the Large Industrial Corporation* (Princeton, NJ: Princeton University Press, 1997), 88-99.

37. Margaret Myers, *A Financial History of the United States* (New York: Columbia University Press, 1970), 120; U.S. Department of Commerce, *Historical Statistics,* series Q 346-355.

38. Henry Grew Account Book, 1851-1862, Records Relating to Estate, Real Estate and Private Investment Management, 1765-1945, Baker Library, Harvard Business School, Boston, vol.1; Samuel Finley Vinton Estate Accounts, vol.1, 29-34, Manuscripts and Archives Division, New York Public Library.

39. Charles Caldwell, "Thoughts on the Moral and Other Indirect Influences of Railroads," *New-England Magazine* 2 (April 1832): 288, 292, 298; Pennsylvania House of Representative quoted in John Lauritz Larson, *Internal Improvement: National Public Works and the Promise of Popular Government in the Early United States* (Chapel Hill: University of North Carolina Press, 2002), 235; "Report of the Committee on Railroads," *Documents of the State Senate of New York,* Senate No.38, February 14, 1839, 8.

40. 普尔和之前的编辑引自 James A.Ward, *Railroads and the Character of America 1820-1887* (Knoxville: University of Tennessee Press, 1986), 70, 129。关于公司的演变观点，参见 Oscar and Mary Handlin, "Origins of the American Business Corporation," *Journal of Economic History* 1 (1945): 22-23; Pauline Maier, "The Revolutionary Origins of the American Corporation," *William and Mary Quarterly* 50 (January 1993); 51-84。

41. 关于菲尔莫尔，参见 Lyle Emerson Nelson, *American Presidents Year by Year* (New York: Routledge, 2015), 252; Jesup Scott, "Railroads of the Great Valley," *HMM* 27 (July 1852): 44-

51; J.E. Bloomfield, "Our Canals and Our Railways," *HMM* 41 (November 1859): 547–553; Kettell, "Influence of Railroads," 673。

42. 铁路招股章程不是美国首创的，19世纪30年代时伦敦就已经发行了很多。参见 *Prospectus of the Great Leinster and Munster Railway* (London, 1836)。关于常见的投资招股说明书，参见 Baring Archives online collection, www.baringarchive.org.uk。

43. *Report of Committee upon the Statistics of Business and of the Engineer upon the Survey of the Several Routes for the Contemplated New York and Hartford Railroad via Danbury* (Hartford, CT, 1845), 4; *Facts and Estimates Relative to the Business on the Route of the Contemplated Providence and Worcester Railroad* (Providence, RI, 1844) . 关于潜在交通的重复性，参见 Chandler, *Henry Varnum Poor,* 48–49, 107。也可参见 *American Railroad Journal* 33 (1860): 404。

44. *Facts and Estimates Relative to ... Providence and Worcester Railroad,* 7, 23–26.

45. *Report of the Directors of the Boston and Maine Railroad to the Stockholders at Their Annual Meeting* (Boston, 1849), 5; *Report of the Boston and Maine* (Boston, 1850), 10; *Report of the Boston and Maine* (Boston, 1851), 6, 12, 13; *Report of the Boston and Maine* (Boston, 1852), 14; *Report of the Boston and Maine* (Boston, 1853), 11–12. 所有来自公开报告中的引用都源自 National Archives 2, College Park, MD。

46. 关于普尔准备的抽样表格，参见 *American Railroad Journal* 25 (1852): 232, 410–411, 506–507, 552, 561–562, 600, 776, 689–690。关于早期印刷品，参见 "Photostat of 1854 Questionnaire," August 21, 1854, Chandler Papers, box 10, folder 11。如想了解这一问卷是如何随着时间发展变化的，参见 "Statistical Returns" form filled out by the Kansas Pacific, December 31, 1878, Chandler Papers, box 10, folder 16。如想了解普尔如何成功，参见 Chandlex, *Henry Varnum Poor,* 34, 47。

47. *Report of the Chicago, Burlington and Quincy Railroad Company* (Chicago, 1855), 31.

48. Poor, *American Railroad Journal* 25 (1852): 506; Chandler, *Henry Varnum Poor,* 218.

49. Hinton Helper, *Noonday Exigencies in America* (New York: Bible Brothers, 1871), 162.

50. 关于人口普查的汇编，参见 J.D.B. De Bow, *Statistical View of the United States* (Washington, DC, 1854); Margo Anderson, *The American Census: A Social History* (New Haven, CT: Yale University Press, 1988), 53。

51. Thomas Kettell to Samuel Tilden, January 7, 1845, Samuel Tilden Papers, box 4, Manuscripts and Archives Division, New York Public Library.

52. *Boston Courier,* June 27, 1827.

53. Nathan Hale, *Report of the Board of Directors of Internal Improvements ... on the Practicability and Expediency of a Railroad from Boston to the Hudson River* (Boston, 1829), 30. 黑尔显然内化了这一"新数据统计"。参见 Hale Family Papers, box 5, folders 5–8, Sophia Smith Collection, Smith College, Northampton, MA。

54. John Hammond, *Tabular Statement of the Cost, Revenue and Expenditures of the Several Finished Lines of the Canals and Railroads of the Commonwealth* (Harrisburg, PA, 1841), iii; Israel Andrews, *Trade and Commerce of the British American Colonies and upon the Great Lakes and Rivers,* 32nd Congress, 1st Session, Senate Doc.112 (Washington, DC, 1853), 4.

55. Archibald Russell, *Principles of Statistical Inquiry* (New York, 1839), iv. 关于拉塞尔，参见 Anderson, *American Census,* 36–37; U.S. Dept. of Agriculture, Statistical Reporting Service, *The Story of U.S. Agricultural Estimates* (Washington, DC, 1969), 7。

56. Russell, *Principles,* 5; Michael Zakim, "Inventing Industrial Statistics," *Theoretical Inquiries in Law* 11 (2010): 290–294.

57. Russell, *Principles,* 64–65.

58. Ibid., 115–117. 关于专利局统计数据，参见 U.S. Senate, Document No.105, 25th Congress,

2nd Session (1837) U.S. Congress, House of Representatives, Document No.109, 27th Congress, 3rd Session (1842), 4–5。

59. 比较二者：Carroll Wright, *History and Growth of the United States Census* (Washington, DC: GPO, 1900), 234; Russell, *Principles,* 100; Ezra Seaman, *Essays on the Progress of Nations* (New York, 1846), 127, 302–305. 关于 1840 年的人口普查，参见 Patricia Cline Cohen, *A Calculating People: The Spread of Numeracy in Early America* (Chicago: University of Chicago Press, 1982), ch.6。

60. Wright, *History and Growth,* 235, 312. 关于 1850 年人口普查的科学性，参见 Carroll Wright, "Address," *Journal of the American Statistical Association* 1 (1908): 7; Anderson, *American Census,* 53。

61. John K. Wright, "The American Geographical Society, 1852–1952," *Scientific Monthly* 74, no.3 (March 1952): 121–131; Paul J.Fitzpatrick, "Statistical Societies in the United States in the Nineteenth Century," *American Statistician* 11 (1957): 13–21; "American Geographical Society," *Hunt's Merchants' Magazine* 25 (1851): 648–649; John Disturnell, *A Gazetteer of the State of New York* (New York, 1840); *The Western Traveller: Embracing the Canal and Railroad Routes from Albany* (New York, 1844); *New York as It Is* (New York, 1837) .

62. "Origin of the Society," *Bulletin of the American Geographical and Statistical Society* 1, no.1 (August 1852): 3–14; 每期公告会刊登更新后的成员名单。曼斯菲尔德是《辛辛那提纪事报》、《辛辛那提公报》(*Cincinnati Gazette*) 和《铁路记录》的编辑。他以 "Veteran Observer" 为笔名，为《纽约时报》撰写了大量文章。关于《纽约时报》编辑亨利·雷蒙德如何重视商业统计数据，参见 Henry Raymond to George Jones, March 11, 1846, folder 17, Henry Raymond Papers, Manuscript and Archives Division, New York Public Library。

63. 关于相关文章，参见 "Transactions of the Society," *Bulletin of the American Geographical and Statistical Society* 1, no.1 (August 1852): 13, 61, 105; "Transactions of the Society," *Bulletin of the American Geographical and Statistical Society* 11 (January 1857): 23, 33, 39, 47。

64. E.C. Strazinsky, *Catalogue of the Library of the American Geographical and Statistical Society* (New York, 1857); "Transactions of the Society," *Bulletin of the American Geographical and Statistical Society* 11 (January 1857): 6–11; "Memorial," *Bulletin of the American Geographical and Statistical Society* 11 (January 1857): 16–18. 关于游说努力，参见 *Report of the Joint Special Committee of the Chamber of Commerce and American Geographical Statistical Society on the Extension of the Decimal System to Weights and Measures of the United States* (New York, 1857); John Jay, *A Statistical View of American Agriculture … with Suggestions for the Schedules of the Federal Census in 1860* (New York, 1859)。关于典型的对铁路的追捧，参见 Henry V. Poor, "Railroad to the Pacific," *Bulletin of the American Geographical and Statistical Society* 1, no.1 (August 1852): 83–100。

65. Chicago Daily Tribune, *Chicago in 1864: Annual Review of the Trade, Business and Growth of Chicago and the Northwest* (Chicago, 1865); J.R. Dodge, *West Virginia: Its Farms and Forests, Mines and Oil Wells* (Philadelphia, 1865); Minnesota Bureau of Statistics, *Minnesota: Its Progress and Capabilities* (St. Paul, 1862); Boston Board of Trade, *Statistics of Cotton Manufacture* (Boston, 1861); Lorin Blodget, *The Commercial and Financial Strength of the United States* (New York, 1864) .

66. 关于美国内战债务，参见 Robert Wright, *The US National Debt, 1787–1900,* vol.4 (London: Pickering and Chatto, 2005)。

67. 关于美国内战的经济成本和融资，参见 Heather Cox Richardson, *The Greatest Nation of the Earth: Republican Economic Policies during the Civil War* (Cambridge, MA: Harvard University

Press, 1997); Henrietta Larson, *Jay Cooke, Private Banker* (Cambridge, MA: Harvard University Press, 1936)。关于戴维·威尔斯，参见 Herbert Ferleger, "David A.Wells and the American Revenue System," Ph.D. diss., Columbia University, 1942; Nancy Cohen, *The Reconstruction of American Liberalism, 1865-1914* (Chapel Hill: University of North Carolina Press, 2002), 86–95, 151–157, 179–186。

68. David A.Wells, *Our Burden and Our Strength: A Comprehensive and Popular Examination of the Debts and Resources of Our Country* (Boston, 1864), 1–2, 10.

69. John Murray Forbes to Edward Atkinson, August 26, 1864, box 12, folder 13, Edward Atkinson Papers, Massachusetts Historical Society, Boston. 关于众多称赞威尔斯小册子的信件，参见 the incoming letters from the fall of 1864 in David Wells Papers, Library of Congress, Washington, DC, box 1, reel 1. The list includes some of the most influential men in America: William Seward, William Cullen Bryant, Edward Everett, and Henry Carey. Godkin quoted in Ferleger, "David A. Wells," 10。

70. 关于财政部统计局的介绍很少，参见 *Report on the Commission on the Bureau of Statistics of the Treasury Department* (Washington DC, 1877)。关于内战如何提升了联邦政府的能力，参见 Richard Bensel, *Yankee Leviathan: The Origins of Central State Authority in America, 1859-1877* (Cambridge: Cambridge University Press, 1991)。关于内战统计数据，参见 New York Bureau of Military Statistics, *Annual Report* (Albany, 1864); E.B. Elliot, *On the Military Statistics of the United States* (Berlin, 1863)。

71. David Ames Wells, *Report of the Special Commissioner of the Revenue upon the Industry, Trade, Commerce, Etc.* (Washington, DC: GPO, 1869), 10–22, 28.

72. Abraham Lincoln, "Speech in United States House of Representative on Internal Improvements," *Collected Works of Abraham Lincoln,* ed. Roy Basler (New Brunswick, NJ: Rutgers University Press, 1953), 1: 489. 关于哥伦比亚特区奴隶的解放，参见 Foner, *Fiery Trial,* 199–200; Daniel Reaves Goodloe, *Inquiry into the Causes Which Have Retarded the Accumulation of Wealth and Increase of Population in the Southern States: In Which the Question of Slavery Is Considered in a Politico-Economic Point of View* (Washington, DC, 1846)。

73. "The President's Message," *New York Times,* December 2, 1862; 这篇文章包含大量统计图。关于很少提到的林肯总统对量化的追捧，参见 Anderson, *American Census,* 67。

7
统计之战

　　1893 年 3 月 3 日，身为罗得岛州国会参议员的百万富翁、实业家纳尔逊·奥尔德里奇向国会提交了一份名为"批发价格、工资与运输"（Whole Prices, Wages, and Transportation）的报告，他还担任极具影响力的参议院财政委员会主席，也是未来的联邦储备制度设计者。这份报告在当时被称为《奥尔德里奇报告》（Aldrich Report），在美国历史上具有里程碑意义。为什么这样说，其中缘由一看便知。这份长达 658 页的政府文件，在简介之后便是一系列无穷无尽的表格，逐一记载了 1840 年至 1891 年间美国社会中各种主要商品（包括劳动力）的价格波动情况。然而，这些繁冗的价格图表背后隐含着剧烈的社会变化。我们往往通过最平常的细节才能最好地理解伟大的历史变革，在描述 19 世纪晚期的经济、政治和意识形态变化方面，鲜有其他文献能与《奥尔德里奇报告》相提并论。[1]

　　《奥尔德里奇报告》包括了至少 11 个统计附录，仅附录 A 就有 84 个统计表。在编制一份时间跨度长达 50 年的食物价格表时，该报告跟踪了从"波士顿饼干"到豆蔻共 53 类食物的价格变化。该报告中的"布料和服装"部分表格，列举了从"漂白被单布"到"俄亥俄细绒"共 28 类商品的价格。为了创建 50 年的劳动力价格变化时间序列表，该报告追踪了从纺织品"废物分拣员"到"瓦匠助手"共 500 多种职业的工资变化情况。《奥尔德里奇报告》以前所未有的方式完成了一项非常技术性的工作：为美国人的日常生活定价。[2]

《奥尔德里奇报告》跨越 50 年的统计表格反映了美国政府从最初南北战争前分权的"法院和政党"体系向一个集权的庞大行政政府扩张的转变过程，这是一项浩大的政府统计工作。收集数据的两个国家机构——劳工部（the Department of Labor）和农业部（the Department of Agriculture）——在南北战争之前甚至都还未成立。该报告还预示了现代国家认可的经济指标的诞生。货币的可比性使得《奥尔德里奇报告》中无数图表和附录中的大量价格数据能够汇聚成几项基础度量指标，产生了诸如"生活成本""购买力""生活水平"和"价格水平"等新的统计概念。这些指标将对美国社会产生深远影响。[3]

虽然工资数据的收集、整理及制表是由当时新成立的劳工部的专员、美国镀金时代卓越的劳动统计学家卡罗尔·赖特（Carroll Wright）完成的，但是《奥尔德里奇报告》的统计数据也得到了商人们及其所在机构的大力协助。美国历史上第一所商学院——沃顿商学院的罗兰·福克纳（Roland Falkner）教授将繁杂的价格数据指数化成了若干简洁的大类，如"食物""服装"和"生活成本"。化学制造商协会（the Manufacturing Chemists' Association）提供了药品的价格数据，美国羊毛制造商协会（the National Association of Wool Manufacturers）提供了羊毛的价格数据，而波士顿的阿克莱特（Arkwright）俱乐部提供了棉纺织品的价格数据。如果没有成立同业商会，《奥尔德里奇报告》就向私营企业主寻求帮助。美国螺丝公司（the American Screw Company）提供了螺丝的价格，罗克斯伯里地毯公司（Roxbury Carpet Company）提供了地毯价格，纽约刀具公司（New York Knife Company）提供了折刀价格，尼科尔森锉刀公司（Nicholson File Company）提供了锉刀价格。《奥尔德里奇报告》不仅是联邦政府行政能力增强的产物，还反映了政府在很大程度上依赖美国企业的良好信誉（及优质数据）。它主要基于卡特尔和企业共同收集的价格数据，是专业技术官僚与资产阶级集团携手合作的产物。[4]

参议院财政委员会将一种新颖的统计方法用于长达百年的政治争论中，委托制作了《奥尔德里奇报告》，因为它认为商品价格时间序列统计数据能够最终解答保护主义政策和高关税是否对美国有利这一问题。在此之前，威廉·凯利（William Kelley，绰号"生铁"）等政治家利用反抗英国这一旧说辞为高关税辩护，他们声称任何支持自由贸易的人都被英国资本家"收买了"。然而到 19 世纪 90 年代时，政府开始用一种新治理形式摒弃上述民粹主义说辞，这种治理形式不仅用价格评价商品，而且用价格评估公共政策和经济繁荣程度。纳尔逊·奥尔德里奇解释说，假如没有这一报告提供的数据，"即使想粗略评价我国人民取得的成就以及他们所处时代的变化，都将是无法实现的"。[5]

这一事件具有划时代意义：尽管政府通过扩大联邦人口普查和其他数据收集机构的调查范围，在 19 世纪中期向定价进步转变过程中发挥了重要作用，但是大多数货币化指标的形成和传播都源自私人部门而非公共机构。正如《奥尔德里奇报告》明确指出的那样，货币化指标可以精确衡量美国取得的进步，进而指导美国的政策，到 19 世纪末时，这一观念已在美国专家管理型政府中根深蒂固了。

在奥尔德里奇的领导下，参议院财政委员会指导政府官员"利用准确充足的价格和工资统计数据弄清楚已经发生的变化，例如刚过去的半个世纪中本国广大人民收入的相对购买力变化"。《奥尔德里奇报告》将美国人视为市场消费者和工资劳动者（不仅 1890 年时如此，1840 年时也是如此），其基本假设是如果想度量美国人民的富裕程度的话，只需比较工资与生活成本就可以了。[6]

对于那些想以这种方式度量进步的人来说，结果没有让他们失望。《奥尔德里奇报告》根据 2561 个"标准家庭"的家庭消费调查，构建了加权生活成本指数（通过设定权重，可以使面包的价格比肉桂的价格更为重要）。报告称，美国人民的生活成本自 19 世纪中期以来下降了约 5%，而工资则上涨了大约 60%。后来的分析证明，这种估计过于乐观了，因为它们仅关注熟练劳动者。但是，最重要的不是实际结果如何，而是对于明确、具体的社会进步度量指标的运用。报告解释说（好似这一点再明显不过）："要获得不同时期的相对生活水平，当然只能将价格与平均收入或工资结合在一起看。"[7]

　　然而，《奥尔德里奇报告》中的所谓"生活水平"并非显而易见的。如同所有形式的社会量化工作一样，它是基于许多意识形态原则、价值判断和文化偏好的。首先，《奥尔德里奇报告》为了度量社会"条件"，计算了工资购买的消费品比以往多还是少，这反映了过去 20 年中消费主义已经取代了镀金时代思想。与 19 世纪大部分时间内占主导地位的生产主义"自由劳动者"理论不同，《奥尔德里奇报告》不关注美国劳动者是否能够控制他们的工作节奏或日常产出，不关注他们是雇员还是老板，不关注他们的劳动是否得到了足额回报，也不关注在一个将普遍生产性财产视为自由基石的国家中，雇佣劳动制度本身是否合法。相反，《奥尔德里奇报告》受到了迅速发展的新兴消费主义的激励，这一消费主义将美好生活定义为终身工薪劳动者能够享受工业进步的物质成果，无论他们的雇主在工厂里对其拥有怎样的权力。[8]

　　这种以消费者为导向的世界观没有忽视工人的福利，如果美国劳动者的工资购买到了更多商品，那么他们的物质生活显然变好了。这种世界观也并非自上而下的精英统治的唯一产物。在开始构想《奥尔德里奇报告》前，南北战争后的工人们就已明确表达了"基本生活工资"的想法，到 1890 年时，这一想法已成为美国劳工运动的主要诉求，并且贯穿了整个 20 世纪。此外，当我们关注能通过购买活动获取的物质资料时，基本生活工资指标不仅对美国定价进步发挥了重要作用，同时也对工业资本主义的合法化发挥了重要作用。早期的美国人将雇佣劳动与从属关系、剥削、缺少所有权自由，甚至奴隶制联系了在一起。实际上，1860 年时，美国人对雇佣劳动的印象仍然很差，以至于在人口普查报告中，将工资统计数据与贫困和犯罪统计数据放在了一页纸上。然而到 19 世纪 90 年代时，随着雇主与雇员之间的合同工资关系成为工人自由的象征，工资统计数据也上升为表示人们"生活条件"的核心政府指标。[9]

　　政府将消费与福利、工资与自由等同的做法，呼应了工厂车间内出现的社会关系——在工厂车间内，雇主教育工人们不应关注自己做什么，而应关注自己赚了多少钱。举例来说，以下摘自著名效率专家弗雷德里克·温斯洛·泰勒的《科学管理》(*Scientific Management*)一书，泰勒在书中试图使用工资激励鼓吹自我价值，提升一名移民工人的工作节奏和产出水平：

> "施密特 (Schmidt)，你是一个高价值的工人吗？"
>
> "呃，我不懂你说的什么意思。"
>
> "不，你明白的，我想知道你到底是不是一个高价值的工人。"
>
> "好吧，我还是不懂你是什么意思。"
>
> "噢，别这样，你要回答我的问题。我想知道你是一个高价值的工人，还是也跟这里的廉价工人一样。我想知道你想一天赚 1.85 美元，还是和那些廉价劳动者一样，每天赚 1.15 美元就心满意足了。"
>
> "你问我想一天赚 1.85 美元吗？那样就算一个高价值的工人了吗？好吧，那我是一个高价值的工人。"

泰勒接着从细微处管理工人，告诉工人为了达到最大产出该如何搬运生铁。泰勒吼道："好吧，如果你是一个高价值的工人，你明天从早到晚都必须完全按照我告诉你的那样干活。当我叫你捡起一块生铁然后走时，你就把它捡起来走；当我告诉你坐下休息时，你就坐下。"我们只需听听泰勒那令人讨厌的专制语气，就会明白对于施密特这样的人来说，成为"高价值的工人"是以巨大社会成本为代价的。然而，19 世纪 90 年代涌现的泰勒主义效率研究中看不到这些社会成本，《奥尔德里奇报告》的生活成本数据中也没有体现这些社会成本。[10]

《奥尔德里奇报告》隐含的另一个假设，是在劳动者和资本之间构建了一个思想藩篱。在美国生产主义者思想以及古典经济学中，工资和利润都来自生产过程中产生的剩余价值部分。根据这种零和世界观，工资和利润是此消彼长、互相冲突的，因为资本家通过剥夺大部分盈余积累起了财富。因此，要确定工资水平是否公平，需要同时审视利润率和工资率。然而在《奥尔德里奇报告》中，资本几乎是隐身的。通过仔细研读《奥尔德里奇报告》

中的数百张工资表，人们可以获得大量关于劳动力成本的信息，但几乎没有关于利润的信息。人们可以追踪几乎所有人类已知的商品的价格波动情况，但是对财富分配或经济不平等情况却一无所知。就像 19 世纪 90 年代迅速传播的新古典主义经济学，以及随后由约翰·贝茨·克拉克（John Bates Clark）和欧文·费雪等人发展起来的主观效用理论一样，《奥尔德里奇报告》用消费主义价值理论取代了生产主义的劳动价值理论，这使得经济生活变得非政治化。《奥尔德里奇报告》描绘了一个新世界，在这个世界中，工资和利润是经济生产中两个完全独立的要素，是由完全不同的市场力量决定的。[11]

这就引出了《奥尔德里奇报告》背后的另一个基本假设，即将劳动者抽象为一个工业生产要素。如果我们从工业资本家而非消费的劳动者视角看生活成本统计数据，《奥尔德里奇报告》可以为美国商人提供的信息很多，这一切并非巧合。注重成本的制造商们对于生活成本数据的形成发挥了重要作用。他们积极追踪这些数据，因为其意识到通过利用家庭调查记录工人消费的商品（食品、衣服、住房等）数量，他们可以据此计算维持生产劳动者生存和工作的总成本。

然而，不是政府而是管理资本主义（managerial capitalism）发明了这一基于数据的劳动力成本监测法。19 世纪中叶，为了寻求如何进一步提高生产率，宾夕法尼亚铁路公司等企业对"成本表"进行了仔细研究；19 世纪 80 年代时，安德鲁·卡内基（Andrew Carnegie）等实业家们也做了同样的事情。无论卡内基身处世界何地，为了能够看到所有工厂投入——无论是焦炭、煤、矿砂还是人力——的运营成本，他每周都要求向他报送这样的成本表。1888 年，卡内基给他新开的霍姆斯特德工厂的一个经理写信说："我发现霍姆斯特德工厂每吨钢锭的劳动力成本达到 4.5 美元，是贝瑟默工厂成本的两倍以上。"在仔细检查了工资单后，他要求知道为什么"我们每小时支付劳动者 14 美分工资——这比埃德加·汤普森（Edgar Thompson）*的工资

---

* 宾夕法尼亚铁路公司董事会主席。——译者注

还高。如果要求每个获得了更高工资的人完成更多的工作，那么人力数量可以减少10%"。作为监督员工和实现最大生产率的重要工具，这种成本核算技术使得卡内基相信，如果他的霍姆斯特德工厂要通过降低价格提高竞争力的话，就必须从工会化的熟练劳动者手中夺取对车间的控制权，只有这样，工业产出才能由他一个人说了算。到19世纪90年代时，泰勒的科学管理理论也得出了相同的结论。[12]

正如成本核算技术可以通过密切监测机械化生产过程中的投入品价格，帮助制造商降低成本一样，生活成本数据也可以通过密切监测人类生存过程中的投入品价格降低生活成本。许多镀金时代的改革者、商人、医生、经济学家，甚至化学家都开始相信，就像我们可以计算铁炉的燃料成本和能源效率一样，人们也可以定价劳动人民的生活成本和卡路里摄入量（该时代的另一个统计发明）。简而言之，生活成本统计数据展示了成本核算技术如何从企业扩展到人们的日常生活中，进而在经济政策的形成中发挥核心作用。[13]

很少有人能比爱德华·贾维斯更好地说明人的机械化过程了，他长期担任美国统计协会主席，也是内战前美国精神和公共卫生统计领域的领导者。贾维斯是19世纪40年代道德统计兴起的重要推动者，他的统计工作主要集中在美国人的身心状况上。然而，随着机械化的蓬勃发展，如同格罗弗·克利夫兰（Grover Cleveland）*总统所言，美国的工人们开始变得"就像是一台伟大机器上的一个配件"。贾维斯的统计观还受到了工业革命的影响。为了回应人口普查委员会主席（也是未来的美国总统）詹姆斯·加菲尔德（James Garfield）**改进1870年人口普查的建议，贾维斯要求收集能够让人们计算一个人"生命价值"的数据，具体包括"一个人的培养成本，或者说是制造一台生产机器（人）的成本，以及他对于国家的

---

* 第22任（1885年3月—1889年3月）和第24任（1893年3月—1897年3月）美国总统，是美国历史上唯一一位两度当选且任期不连续的总统，也是美国内战后第一个当选总统的民主党人。——译者注
** 美国第20任总统，1881年7月任职仅四个月后被刺杀，是美国第二位被暗杀的总统。——译者注

价值"。[14]

价格指数还促使美国商人将世界看作一个团结的企业团体，而非分裂的、相互竞争的独立个体。虽然我们可以翻到《奥尔德里奇报告》的第 67 页，查看半个世纪以来美国法兰绒衬衫的价格变化，但是这不是纳尔逊·奥尔德里奇或参议院财政委员会的主要目的。相反，《奥尔德里奇报告》的指数旨在让读者跳出单一商品或行业，发现美国商人在此之前从未能看到的东西：社会整体价格水平。陡然间，棉花制造商、牧场主和钢铁巨头们可以超越其所在行业的政治差异，了解他们与商业伙伴共同享有的进步或面临的挑战，不管这些进步或挑战是劳动力成本的上升，还是商品价格的下降。[15]

对于奥尔德里奇参议员来说，这种合成的指数化宏观社会观点极大地背离了他以前实践的微观政治学。作为整个 19 世纪 80 年代参议院财政委员会的负责人，奥尔德里奇留下的大部分个人信件都是关于他如何处理无尽的狭隘部门利益的。虽然这些通信中包含了相当数量的价格统计数据，但都是关于特定商品的。例如，一些制造商试图利用价格数据提高纽扣和陶土的关税，其他制造商想利用价格数据降低铁杉树皮和甘草膏的税收。只有割裂、分散的商业阶层才会这样做。[16]

与此相反的是，《奥尔德里奇报告》将波士顿饼干、豆蔻和其他 51 种可食用物品合成了一类，即"食物"。为了计算社会整体价格水平，《奥尔德里奇报告》又将"食物"汇总到一个更大的度量指标中——这个指标还包括了其他合成类别，如"服装"和"燃料"等。《奥尔德里奇报告》没有区别对待纽扣贸易商和搭扣制造商，反而向美国商人们传达了这样的信息：最终他们都在同一条船上——这艘船随着指数化的总平均价格的波动而上下起伏。[17]

生活成本指数令通常掌控着商人命运的整体价格波动情况变得清晰可见，在动荡不安的现代资本主义世界中，它们还发挥着价值锚的作用。价格表示交换价值，而众所周知，交换价值是难以定义的。《奥尔德里奇报告》之所以并非简单收集不同时代的工资数据——当代经济学家们称之为"名义"价格，就是因为这些数据不能告诉读者什么。只有看看工人们能够用工资购买多少东西时，工资才有意义。19世纪70年代，政府大量发行美元引起通货膨胀急剧上升，而后回归金本位又导致了骤然通缩，这一切都极大影响了美元的购买力和价值。因此，将任一特定历史时刻的名义价格转为"实际"价格的唯一方法，是比较两个不同时期的名义价格。这正是生活成本数据的作用，它是一个量化的价值锚，通过它可以清晰地看出某个特定商品（包括工资）的相对价格实际是上升还是下降了。[18]

《奥尔德里奇报告》揭示了到19世纪90年代时，美国政府如何将企业资本主义的管理价值观和消费主义价值观推崇为衡量社会整体进步的晴雨表。然而，这一统计霸权不是天然或轻易形成的，它是一系列激烈政治斗争的产物。当美国内战结束时，另一场战争随之爆发，这场战争与工业化进程中美国政府应如何度量社会进步有关。概括来说，这场统计战争是两派人之间的对抗，一派是那些根深蒂固、持有美国早期私有生产主义意识形态（19世纪中期改称"自由劳动者"，但实际上并无太大变化）的人，另一派是那些抛弃了上述观点、转而支持消费主义和管理原则的美国人——《奥尔德里奇报告》中的价格表充分展现了这一消费主义和管理原则。虽然这两个群体互不买账，但是任何一方都不是完全崇尚自由放任或者反政府的。相反，双方都认为，政府应当在确定如何度量美国进步程度方面发挥核心作用。[19]

这场数字战争的士兵来自各行各业。自由劳动者一方混杂着工会组织者、八小时工作制倡导者、共和党激进派、民粹派农民、单一税狂热派、劳工骑士团统计学家、游手好闲的毕业生，以及出人意料的大量中层政府官僚。这些人（包括男人和女人）不愿意通过比较劳动力与消费品价格来度量进步，而是竭力衡量不平等、剥削、债务、租赁、房屋所有权、独立性、谋取暴利、闲暇时间、社会流动性、权力、贫困，甚至亨利·乔治的所谓非生产性"租金"的概念。战争的另一方是纺织品制造商、政府统计人员、婆罗门派改革者、强盗式资本家、面包和黄油产业联合、铁路巨头、几位总统、一个人口普查主管以及发明卡路里的化学家等。这些人（这一方几乎都是男人）认为，价格统计数据应当成为美国进步程度的核心晴雨表。他们推广这些数据是为了控制劳动力成本、稳定社会和维持商业利润，同时也因为他们认为这些统计数据是美国劳动者物质富足的体现，从而反映了劳动者的幸福感。

$\backsim$

这场统计大战从南北战争后的波士顿市开启。令马萨诸塞州制造业精英们感到恐慌的是，在 19 世纪 60 年代后期该州的选举中，新成立的劳工改革党（Labor Reform Party）赢得了令人惊讶的 10% 选票。面对这一新崛起的政治威胁，马萨诸塞州立法机关惊慌失措，急于找到一种缓和工人阶级愤怒的方法。共和党激进派温德尔·菲利普斯（Wendell Phillips）提出了一项要求建立州劳工统计局的决议，这一决议在 1869 年 6 月 23 日获得表决通过，这也是世界上第一个劳工统计局。[20]

菲利普斯与高级机械师、劳工知识分子、马萨诸塞州八小时工作制运动领导人艾拉·斯图尔德（Ira Steward）一起游说要求建立州劳工统计局，认为劳工统计局可以作为一个平台，增强人们的"劳工问题"意识，说服工人、公众以及政府为每天八小时工作制立法。1865 年，在斯图尔德的八小时工作制联盟的一次会议上，菲利普斯称，既然"这个国家是由其大脑统治的"，则劳工们需要建立"一个平台"，通过这一平台可以"进入州议会大厦的辩论议程，促使他们讨论八小时工作制"。四年后，马萨诸塞州劳工统计局（MBLS）成立了，菲利普斯被赋予任命该局主管和副手的权力。菲利普斯通过与斯图尔德合作，选择了两个劳工倡导者入主该局，他们分别是著名的教育改革者亨利·K. 奥利弗（Henry K.Oliver），以及工薪机械师、八小时工作制联盟波士顿分会主席乔治·麦克尼尔（George McNeill）。[21]

19 世纪中期时，要使信息被视为事实，需要"区分其是描述性信息，还是解释性信息"，因为公认的假设是"系统知识应仅来自非解释性的描述"。马萨诸塞州劳工统计局的第一份报告并没有做到这一点。大多数关于工资和工时的定量信息都源于劳工个人的口述。劳工统计局认为它有"比收集工业回报数据更重要的"使命，明确表示它不会仅成为"单纯的事实收集者"。奥利弗和麦克尼尔将该机构视为一种政治工具和道德指引，他们希望马萨诸塞州的人们在阅读他们的报告时，"会油然而生一种混合了惊讶、羞耻和愤慨的呐喊声，要求全面改革工资收入和支付方式"。劳工统计局将令人心碎的对城市贫困和工厂条件的描述，与令人瞠目的关于社会流动性、经济独立性和女工微薄工资等的统计数据混杂在一起，极力利用其收集的数据证明"无论从身体健康、道德、社会和思想哪个方面来看，工厂生活都是值得诟病的"，雇佣劳动只不过是"现代化的入室盗窃工具"。[22]

与后来的《奥尔德里奇报告》设计者不同的是，马萨诸塞州劳工统计局的创始人也不认为可以给进步打上价格标签。他们写道："只有把钱和人放在天平的两端，才能了解制造业对共和国真实繁荣和长久利益的最终实际价值。"因此，对于许多无法被定价的东西，他们通过发放调查问卷收集相关数据，包括房屋所有权、晚餐时间、"道德和思想进步"、图书馆、社会流动性、睡眠时长、儿童教育、家中的房间数量、充足的排水系统、每日通勤时长、娱乐时间、预期寿命、合作社以及儿童必须步行上学的里程数等。[23]

作为八小时工作制的倡导者，马萨诸塞州劳工统计局的管理者认为，每日工作时长是评判社会进步的主要指标之一。选择闲暇时长作为评估社会进步的主要指标，乍看起来好像与此并非一回事，但它是对工业理想的强烈谴责，因为它摒弃了增长信条，暗示较少的市场产出有时比较多的更好。马萨诸塞州劳工统计局指出："制造业无疑增加了国家的物质财富，但这是以牺牲制造业工人为代价的。"减少工作时长的要求也伴随着对生产主义者的尖锐批评。虽然马萨诸塞州劳工统计局的领导者没有读过其成立两年前马克思出版的《资本论》（*Das Kapital*）中有关工作日的章节，但是不需要看马克思的书，就可以得出同等工资下较少工时意味着较少剥削这一结论。丝毫不令人感到奇怪，马克思亲自索要并阅读了马萨诸塞州劳工统计局报告后，发现它"非常有价值"。[24]

然而值得注意的是，马萨诸塞州劳工统计局也对市场统计数据很感兴趣，并将其视为统计学家工具箱中的另一个重要工具。在马萨诸塞州劳工统计局的前两份报告中，它收集了大量工资数据，甚至还有一小部分生活成本数据。马萨诸塞州劳工统计局还试图通过比较工资与利润数据衡量不平等和剥削情况。但事实证明这是不可能的，因为向企业发送的关于利润或经理薪水的调查问卷没有收到一份答复。愤怒的奥利弗找到州立法机关，要求赋予他传唤企业主的法律权力。但是，他的这一请求被否决了。[25]

在城市的另一边，波士顿婆罗门制造业和金融业精英们对马萨诸塞州劳工统计局的前两份报告感到非常震惊。他们最初试图通过削减劳工统计局预算让该局闭嘴，甚至试图彻底废除这一机构，但是都未能得逞。难点似乎在于马萨诸塞州劳工统计局不仅在劳动者当中，而且在各行各业美国人中都获得了大量追随者。虽然具有商业头脑的《波士顿广告者日报》(*Boston Daily Advertiser*)不断质疑其问卷结果，但是许多美国人认为该局的第一批报告非常有说服力。《洛厄尔公民日报》(*Lowell Daily Citizen*)认为，马萨诸塞州劳工统计局的统计报告是"战争以来政府做的……最好事情"，因为"信息是劳动者真正需要的，也是他们事业成功的首要条件"。《芝加哥论坛报》(*Chicago Tribune*)编辑霍勒斯·怀特(Horace White)称赞它是"虚拟的经济学家殿堂"，因为"统计数据取代了文本，而事实和数字取代了赞美诗和祈祷者"。《纽约自由贸易者报》(*New York Free Trader*)将马萨诸塞州劳工统计局的统计数据与小查尔斯·弗朗西斯·亚当斯(Charles Francis Adams Jr.)*的铁路"系统调查"进行了比较，称赞该局采用了"令人钦佩的方法"并有"非常详实的事实"。从著名作家到政治经济学教授，再到各商业图书馆协会成员，都写信赞扬马萨诸塞州劳工统计局的报告，这些人的名单合在一起就是一份名副其实的战后中产阶级改革者名人录。[26]

而其他人关注更多的是马萨诸塞州劳工统计局报告令人不安的结论，他们同样热情高涨。辛辛那提的一份报纸对该报告"展现了纺织业巨头如何完全掌控工人"感到异常兴奋。在《亚特兰大宪章报》(*Atlanta Constitution*)一篇题为"马萨诸塞州的衰落"的文章中，南方作者兴高采烈地宣称"劳

---

* 亚当斯家族成员，其曾祖父是美国第二任总统约翰·亚当斯，祖父是美国第六任总统约翰·昆西·亚当斯，内战后担任马萨诸塞州铁路委员会主席，后来成为联邦太平洋铁路公司总经理。——译者注

工统计数据显示了文明的倒退……这将激发人们暂时放下外部世界，转而更加关注自身问题"。甚至广受好评的《国家》杂志——如果说有中立派的话，这个杂志就是沉默的中立派核心——也加入了这一阵营，该杂志首席经济记者 J.R. 霍奇金斯（J.R. Hodgkins）认为："由于马萨诸塞州劳工统计局的出色工作，人们无法再夸大劳动者的作用了。"他继续说道：

> 虽然几乎令人难以置信，但有无数不容置疑的证据证明了一个事实，即整个马萨诸塞州工人阶级的状况正在变差，雇主和雇员之间相对状况的差距持续扩大，极少人能摆脱体力劳动，雇主和雇员之间的关系愈发敌对和反叛……当我们读到这些东西时，才得知还存在这样一种不为人所知的情形。[27]

正如《国家》杂志认为的那样，马萨诸塞州劳工统计局揭露了一个令人十分不安的现实：雇佣劳动只是白人实现所有权独立、社会流动和共和制平等道路上的一小步，这一广泛传播的观点似乎已然成为一个神话。1854 年时，亚伯拉罕·林肯还可以站在独立厅（Independence Hall）的台阶上，自信地宣布"我们中间没有终身雇佣劳动者"。但是到 1870 年时，马萨诸塞州劳工统计局的数据使得这一说法完全站不住脚了。[28]

马萨诸塞州劳工统计局在中产阶级中获得如此广泛的支持，表明南北战争后的美国人还未接受这样一种观念，即美国应该成为一个雇佣工薪劳动者为主的工业国家。1867 年，即使是由精英组成的马萨诸塞州劳工委员会（由美国社会科学协会创始人领导，强烈反对政府干预劳动力市场）也赞同"人应该是自己的主人，而不是其工作的仆人"，雇佣工人通过"经济实践"可以"成为自己的资本家"，并进而"成为自己的时间和自己的生活的主人"。将雇佣劳动与自由如此进行比照，这在 19 世纪 90 年代之前的官方政府委员会中从未出现过。直到此时，自由和雇佣劳动的概念才得以携手并进，而消费主义正是联通它们的桥梁。[29]

对于新英格兰制造业既得利益者而言，对终身雇佣劳工阶层的普遍反对显然是一件让其感到危险的事情。中西部期刊或南方报纸质疑马萨诸塞州的工业进步观念是一回事，而从最受尊敬的纽约出版物（如《国家》杂志）听到这种质疑又是另一回事。对于马萨诸塞州的商人，特别是那些纺织制造商来说，这是不可接受的，必须有所行动。通过阅读《国家》杂志，我们可以发现，他们很快就采取了行动：霍奇金斯赞扬马萨诸塞州劳工统计局的社论成为他在该杂志的绝唱。波士顿人仅出于对霍奇金斯文章的不满，就集结了自己的统计大部队。爱德华·阿特金森是著名的波士顿棉花制造商、经济思想家和统计学专家，他对从关税改革到棉花产量等各方面的统计都非常精通。阿特金森撰文对霍奇金斯的文章进行了严厉批驳，并将其发送给了《国家》杂志编辑埃德温·戈德金。针对"储蓄银行存款快速增长"证明工厂工资高到了足以让操作工人积累财富并且有一天可以创立自己的企业这一说法，阿特金森认为马萨诸塞州劳工统计局的这一观点"没有任何事实根据"。[30]

　　阿特金森的信反过来困扰了他，因为马萨诸塞州劳工统计局 1872 年春天发布了第三份年度报告，重点分析了马萨诸塞州储蓄银行的统计数据。它仔细研究了银行储蓄记录后发现，超过 50% 的存款超过了 300 美元，这一数额显然不是工薪劳动者能够获得的。通过汇总这些神秘存款，马萨诸塞州劳工统计局计算出七分之一的储蓄账户占据了存放在银行总财富的一半左右。它不仅反驳了阿特金森经常提到的关于劳动者储蓄能力的论点，还创造了美国历史上第一个反映不平等的统计数据。马萨诸塞州劳工统计局更落井下石地指责马萨诸塞州资本家利用储蓄银行逃税，因为存款的税率远低于其他形式的财产。[31]

　　波士顿的资产阶级再次迅速行动起来。马萨诸塞州劳工统计局的报告在被提交给立法机构之后，就被迅速转交给了金融与银行委员会，要求其审查马萨诸塞州劳工统计局的统计方法。当马萨诸塞州劳工统计局的主管们被该委员会传唤参加一个闭门听证会并作证时，他们惊讶地发现一些银行家是该委员会成员。经过快速调查后，该委员会得出结论说，该局的"推断和结论……是基于不充分的表单和数据做出的"。波士顿精英们一心想除掉劳工统计局，他们试图说服立法机关通过一项废除该局的决议。他们将《波士顿广告者日报》作为自己的宣传喉舌，声称在阅读了马萨诸塞州劳工统计局局长"难以言喻、充满恶意的"报告后，他们"对他的厚颜无耻"感到震惊，并指责他"一开始就把自己出卖给了一个虚假且站不住脚的劳动力理论，这使得他只收集支持自己这一理论的统计数据"。[32]

然而，大多数马萨诸塞州中产阶级反对废除该劳工统计局，他们仍然信任其统计结果。斯普林菲尔德*的《共和党人报》（Republican）写道："马萨诸塞州劳工统计局报告的价值每一年都在增加，有时甚至翻倍增加。"《波士顿联邦报》（Boston Commonwealth）是小资产阶级的首选报纸，它也为马萨诸塞州劳工统计局辩护。它驳斥了《波士顿广告者日报》对马萨诸塞州劳工统计局动机的质疑，反驳说"资方之所以……反对马萨诸塞州劳工统计局的调查方法"，是因为"富人紧抱着他们的钱不愿松手，反对变革"。最后，甚至金融与银行委员对储蓄银行统计数据不可靠的指控，也被州立法机构驳回了。[33]

随着局势迅速失控，展现波士顿"个人英雄"的最佳时机到来了。小查尔斯·弗朗西斯·亚当斯在《伊利湖宪章》（Chapters of Erie）中强烈谴责了杰伊·古尔德（Jay Gould）的邪恶铁路计划，他旋即成为该州最受尊敬的改革者。此外，作为马萨诸塞州铁路委员会主席，他被视为政治中立的统计分析专家。亚当斯在精英们爱读的《北美评论》（North American Review）上写了一篇长达十几页的针对马萨诸塞州劳工统计局第三份报告的文章，他指责该局未完全利用现有统计数据得出自己的结论。亚当斯说："我们有非常有意思的事实和毫无任何价值的观点，这些事实和观点与富有争议的工业理论搅和在一起，在文中被当作确定的事实呈现出来，并饰以最糟糕的花言巧语。"与其他波士顿商人不同的是，亚当斯反对废除劳工统计局。与阿特金森和戈德金一样，亚当斯是新成立的美国社会科学协会的积极领导者，该组织对于公务人员在立法机构中没有更多使用统计数据"有效"替代党派政治，感到十分失望。[34]

亚当斯等自由派改革者称，统计数据是非常客观的事实，应该摒弃任何

---

* 美国伊利诺伊州首府。——译者注

政治利益，他们将有关马萨诸塞州劳工统计局的争论转变为看似非政治化的科学和经验主义问题，借此占据了上风。小查尔斯·弗朗西斯·亚当斯等人拥有自己的社会科学期刊和哈佛大学文凭，在大多数中产阶级美国人眼中，他们具有制度声望、文化影响力和思想资本，因此极大地破坏了劳工统计局的工作。由于亚当斯和阿特金森等人是该州最富有、最有权势的社会圈子的一部分，他们自然不会失利。在这个时代，中产阶级的"主流观点"往往是劳资双方阶级冲突胜负的决定性因素，婆罗门商人们将令天平向对自身有利的一方倾斜。在劳工统计局富有争议的报告发布不到一年后，马萨诸塞州州长解除了该局主要管理者的职务，任命前州参议员卡罗尔·赖特担任新局长——他曾多次投票反对将工作时长限制在每日十小时。[35]

赖特反复称赞超越党派、保持客观性的口号，如"数字不会撒谎，骗子不会记数"，很快就赢得了大多数经济精英和中产阶级的尊重与信任。直到 1885 年被任命为新成立的美国劳工局局长之前，赖特一直担任马萨诸塞州劳工统计局局长。1894 年，由于中产阶级将赖特视为无党派的化身，他受命担任调查芝加哥普尔曼罢工（Pullman strike）的委员会的主席。简而言之，在短短几年内，卡罗尔·赖特成为美国历史上最重要的政府统计学家。马萨诸塞州劳工统计局的创始人已成过眼烟云，赖特被广泛视为"美国劳工统计之父"。赖特的统计观主要关注工资和生活成本数据，它将在镀金时代被联邦政府制度化。[36]

赖特后来回忆说，在他上任之前，"马赛诸塞州的制造商们相当害怕劳工统计局，从某种程度上来说是非常抵触它的"。紧接着，他自豪地指出："现在他们通常是我们的朋友。"马萨诸塞州的制造商们有充分的理由将赖特视为朋友。在 1875 年赖特发布的第一份报告中，他将美国的工资与欧洲的工资进行了比较，相较而言，美国劳工的工资表现得非常好。在谈到对每天八小时工作制立法这一问题时，赖特主张"劳动时间由劳动者自己决定"。在其剩余的职业生涯中，赖特一直对专家主导的委员会和仲裁听证会情有独钟，对国家主义劳工立法不太感冒。在其第二份报告中，他得出的结论是，雇佣劳动是一种合法的经济制度，"想破坏这一制度的人将会损失丰硕成果或永久利益"。对于储蓄银行问题，赖特在他的第一份报告中确实进行了调查，发现该局当初的计算基本上都是中肯的，后来他就再也没有调查过储蓄银行。[37]

◇

在担任马萨诸塞州劳工统计局局长的头几年中，赖特发布了很多关于学校教育、卫生条件、识字率、闲暇时间、"妇女堕落"、妇女健康、合作社、贫困救济、犯罪、罪犯劳动和工厂安全的报告。然而到了 19 世纪 80 年代时，其报告中出现的道德统计数据越来越少。赖特几乎完全转向了工资和生活成本统计数据的比较。例如，在他 1884 年发表的长达 468 页的报告中，有 334 页是工资和生活成本数据。虽然马萨诸塞州劳工统计局的初创者也收集了一些生活成本数据，尤其是在其之后的报告中，他们将生活成本统计数据视为评估工人是否有能力储蓄并"成为自己的老板"的一个重要指标，但是，对于赖特来说，将生活成本与工资进行比较是其统计工作的核心。此外，赖特主要将生活成本统计数据视为度量消费者舒适度的指标，而非社会流动性的指标。他在一份报告中解释说："任何对于工业群体繁荣程度的比较都是不恰当的，除非考虑了这些群体中的工人获取生存资料的相对容易程度，以及他们付出一定时间和精力后可以获得的相对舒适度。"[38]

正如上述评论表明的那样，赖特不是一个完全对资产阶级精英唯命是从的统计人士。如赖特在生活性工资测算中反映的那样，他对工人物质福祉的关注是真心实意的；此外，他还支持劳动者组织工会。虽然赖特是制造业精英的"朋友"，但是他与技术劳工组织的关系也很密切，这些组织在他的统计观形成中发挥了重要作用。事实上，如果没有得到美国劳工联合会（American Federation of Labor, AFL）领导人塞缪尔·冈珀斯（Samuel Gompers）和乔治·冈顿（George Gunton）的大力支持，赖特就不可能提出工人生活成本这一议程。冈珀斯和冈顿在推动旨在提高工资的"面包和黄油产业联合"的过程中，不仅接受了雇佣劳动制度，而且将雇佣劳动市场视为进步的标志。根据冈顿的说法，工资是"社会、政治和工业地位的晴雨表"。在为美国劳工联合会撰写的檄文中，冈顿驳斥了自由劳动者对雇佣劳动合法性的质疑，他赞同冈珀斯的观点，认为工资是"必要且持续的一种社会进步"。[39]

赖特反感大多数集权形式的经济干预（如最低工资立法）和工人罢工（他喜欢定价罢工给社会带来的"成本"），支持社团主义社会——这一社会在政府收集的统计数据以及专家主导的委员会的协助下，通过大型工会与大企业的集体谈判确定工资水平。虽然他从未打算度量不平等或财富分配情况，但是他坚信工资应该足以确保劳动者过上舒适的生活，并且政府应该积极提供帮助实现这一目标所需的相关数据。[40]

透过赖特在美国镀金时代最富争议但又最具说服力的地点之一——伊利诺伊州普尔曼市的经历，可以更好理解赖特的世界观。19世纪80年代早期时，赖特为全国的州劳工统计局专员组织了一次年度会议（那个时候很多州都已经成立了劳工统计局），1884年，他认为这些委员应该到芝加哥郊外的普尔曼市进行一次联合实地考察。在访问乔治·普尔曼（George Pullman）前所未有的公司化城市时，该市官方统计师杜安·多蒂（Duane Doty）接待了他们，杜安与其他会计师一起，详细报告了该市从用水量到购物趋势再到租金支付等一切情况。这些人将普尔曼视为一项投资项目，而非一座城市。例如，在1894年，"投资于房屋包括商场、市场、教堂、校舍、砖房别墅等，以及修缮街道、公园等的资本"的"投资收益率"为3.82%。[41]

赖特对于普尔曼市的统计广度和深度深感吃惊，对购物商场、自来水和其他物质的详细统计非常着迷，他赞不绝口地写下了关于该市的报告，称赞它是新美国的典范。赖特没有注意到该市明显的专制性治理方式，也没有提到乔治·普尔曼在经营一座私人城市时积累的利润。在其整个统计工作中，权力、公司专制、劳动者独立性、不平等和强制等问题鲜有提及，因为他的统计关注点主要放在了经济稳定和消费者福利上。然而，正是赖特对消费者福祉和生活成本的关注，最终促使他严厉批判了普尔曼的管理技巧。十年之后，当赖特作为负责人受命调查自吹自擂的普尔曼罢工事件时，他责备乔治·普尔曼降低了工人的工资而不是他们的租金。在那份报告之后，美国许多工人都将赖特视为他们的支持者。[42]

∽

在南北战争结束后发表的开创性报告中，税务专员戴维·埃姆斯·威尔斯一直强调美国最大的问题是消费品价格过高。对此，威尔斯给出了诸如纸币发行过多、关税设置和税收过高等原因，但他列出的首要原因是美国的劳动力问题。威尔斯感叹劳动力成本持续增加，认为美国劳动者的工作时间太少但赚得太多。威尔斯在他的第一份报告中特别强调："从广大制造商的实际情况来看，从他们企业参军的操作人员一般都不会再回到原来的工作岗位上。"尽管威尔斯简要地指出，这一定程度上是由于其中许多人在战争期间阵亡了，但是他也对这一令人不安的发展趋势给出了其他解释：

> 一些人从事了棉花种植，以及南方的其他各种工业活动；而更大比例的人在偏远的西部或太平洋沿岸找到了新家园和就业机会；还有一些人通过将参军奖励及之前的储蓄作为资本，成为企业主而非雇工。[43]

对于那个时代的大多数美国人而言，威尔斯这样的感叹听起来让人感到奇怪。他没有庆祝更多人可以自谋职业及实现财产独立这一事实，反而对此感到不满。霍勒斯·格里利号召那些在美国内战中幸存下来的年轻劳工"去西部！"，但是威尔斯则非常希望他们前往最近的工厂工作。他写道："1866年夏季时，即使以这一制造行业有史以来的最高工资为诱饵，新英格兰棉纺织厂也无法雇到女操作工，这导致它们的产出下降了 5%—25%。"根据威尔斯的说法，"劳动者相对于资本的独立性"产生了可怕的后果，损害了美国的经济增长。在他看来，政府需要在不降低美国整体市场产出的情况下，帮助雇主找到削减劳动力成本的方法。然而，在政府着手制定这样的政策时，它首先需要知道这些劳动力成本是如何构成的，即政府需要了解美国的生活成本。[44]

　　这一降低劳动力成本的动力促使威尔斯从美国工人的家中寻找数据。在一份报告中，威尔斯利用一所新英格兰寄宿公寓的数据估算了生活成本，该公寓服务于工厂操作员，其中许多人是法裔加拿大移民。他强调这些家庭"生活节俭和简单"，例如"包括妇女和儿童在内，平均每人每年的黄油消费支出约为 16.51 美元"。然后他给了一个附录，其中包括了"新英格兰工厂寄宿公寓消耗的食物及其他生活必需品的数量和成本"。威尔斯在总结中自豪地指出："美国之前从未进行过如此精确的类似调查。"威尔斯是对的，人们从未收集过如此详细的生活成本统计数据。一个新的统计时代拉开了大幕。[45]

　　如同钢厂努力降低其维持钢炉燃烧所需的煤炭成本一样，威尔斯也希望能降低劳动者维持其生存所需的食物、服装及住房成本。这是成本会计的一种表现形式，只不过这是在社会层面而不是企业层面。威尔斯之所以依赖生活成本统计数据，并非出于他个人的制造业经验，实际上他根本没有这种经验。但是，工厂车间、资本与劳动者的关系以及管理技术无疑都促进了威尔斯观点的形成，尽管有些是间接的。正如 19 世纪 60 年代后期威尔斯在私人通信中明确表述的那样，他所引用的生活成本统计数据，以及数据所呈现出来的经济景象，都来自一个特定源头：波士顿纺织品制造商爱德华·阿特金森（就是后来抨击马萨诸塞州劳工统计局的那个阿特金森）。因此，要理解生活成本统计数据的兴起，关键不仅要看卡罗尔·赖特和戴维·威尔斯等政府统计学家的著作，还要了解爱德华·阿特金森等商人的成本意识。

　　爱德华·阿特金森首先是一个棉花制造商、一个职业经理人、一名会计师和一个资本家。他出生于马萨诸塞州的布鲁克莱恩市，1851 年成为奥格登纺织厂的财务主管，几年后他就管理了从缅因州到罗得岛的六家工厂，包括位于林肯、科霍斯、肯纳贝克和印第安奥查德的工厂。从阿特金森与工厂老板的通信中可以看出，显然他主导一切：他批阅所有文件，包括工资单；他计算了利润并确定给股东的分红；如果支出太高，他决定是否关闭工厂；他从南方采购原棉；他决定每个工厂应该设置多少个纺锤。作为工厂经理的阿特金森很快就迷上了如何进一步削减成本。例如，当1858年被聘请管理一家工厂时，他立即要求这家工厂每月向他报送成本报告，而不是像以前那样每半年才报送一次。多年来，阿特金森一直对劳动力成本表现出浓厚兴趣，并仔细研究了其所有工厂的工资单。1861年时，他甚至写了一本名为"廉价棉花和自由劳动者"（Cheap Cotton and Free Labor）的畅销书，认为废除奴隶制不会给美国纺织品生产带来末日，因为雇佣劳动制度会降低棉花种植的劳动力成本。威尔斯曾经问过自称为利润最大化者的阿特金森，他是否愿意帮助员工购买他们目前租住的工厂房屋，阿特金森生气地回答说："我不认为帮助那些有能力却不愿支付房租的人是一种善举。"[46]

阿特金森对成本的浓厚兴趣直接源于他在纺织工厂的工作。虽然成本核算的诞生总体上与铁路相关，但在此技术产生之前，19世纪50年代的新英格兰纺织工厂就已进行了较为初步的计算。例如，莱曼磨粉厂（Lyman Mills，很像阿特金森管理的工厂）在1850年前就曾计算过每码布的人工成本和棉花成本。[47]

虽然阿特金森始终惦记着纺织品制造业，但他同时也是一位政治巨头。他的个人著作涉猎广泛，共计七十八卷、五万多页。尽管阿特金森从未正式步入政治舞台，但毫无疑问，他是近半个世纪以来美国最强大的政治力量之一。他一生出版了数量惊人的291本小册子、文章和书籍，以令人眼花缭乱的速度与美国最有权势的人进行互动，从商人约翰·默里·福布斯、安德鲁·卡内基到总统格罗弗·克利夫兰、威廉·麦金利（William McKinley）和詹姆斯·A.加菲尔德（James A.Garfield），就像历史学家詹姆斯·利文斯顿（James Livingston）所说的那样，在这个时代最重要的政治争端中——无论是货币和关税改革、劳工问题，还是外交政策——都可以发现爱德华·阿特金森的身影。[48]

阿特金森特别擅长将重要政治岗位上易受影响的人士转化为他的利益代

理人。他与戴维·威尔斯的大量互动是教科书般的案例。1865年，林肯只是聘请威尔斯撰写了一份税收报告，但是阿特金森却帮助他永久获得了这一工作岗位。在确保了威尔斯的职位后，阿特金森开始将他当作自己在华盛顿政界的耳目，要求他挖掘尚未公布的法案信息或影响正在起草的最新关税法案。威尔斯非常依赖阿特金森，不断寻求他的帮助和建议。因此，阿特金森对威尔斯的统计报告施加了巨大影响。尽管威尔斯刚到华盛顿任职时非常支持高关税，但是阿特金森很快就说服他，美国最大的问题在于劳动力价格过高。阿特金森向威尔斯解释说，降低关税和实行自由贸易将降低基础消费品的成本，从而降低劳动力工资。他与威尔斯的长期通信表明，阿特金森对高劳动力价格的关注显然源自其对削减成本的关注。当威尔斯正准备撰写他的第一份报告时，阿特金森在写给他的一封信中再三强调了自己的主要观点：

> 由于强制劳动分流，以及部分劳工退出工作、进入了军队，劳工的地位提升了，并且变得过于独立。这个国家大部分劳工的工资现在都高得不合规律，劳工们不会工作一整天。虽然所有材料和厂家的商品的价格也都高得离谱，但是这一价格却可能仍然无利可图，在许多情况下甚至是亏损的。

阿特金森关于劳工独立性的字眼听起来很熟悉，那是因为威尔斯在他的最终报告中使用了相同的表达方式。阿特金森不仅为威尔斯提供了统计数据，还提供了文字。威尔斯在他的税收报告中使用的生活成本数据是由阿特金森提供的，其著作中很多关于劳动力的统计信息也是如此。由于担心暴露这些数字与他自己的制造业利益之间的联系，阿特金森要求在最终报告中隐去其工厂的名字。[49]

1873年的经济危机让阿特金森不再操心劳动力成本了，如同他兴奋地向威尔斯表示的那样，这场危机导致"愿意以低工资工作的劳动力过剩了"。然而，到了19世纪80年代中期时，他又回到了原点。1884年秋天，阿特金森向美国社会科学协会发表了一场题为"是什么决定了工资率？"的演讲。他告诉在座受人尊重的听众，"任一事物的真实成本是其生产中需要的劳动者数量或人类付出的精力"，明确表达了自本杰明·富兰克林时代以来统治美国的传统劳动价值理论思想。然而，在接下来的演讲中，阿特金森把这个理论的逻辑带到了一个富兰克林从未想过的地方。阿特金森坚称："现在，如果我们将人视为自动机器，类似于任何其他机械动力或力量，则他（任何特定物品）的真实成本是给定数量的物质材料转化成产品过程中消耗掉的食物和燃料数量。"阿特金森将人看作一台纺织机器，认为人工成本就像他的纺锤成本一样，不是由机器生产的产品决定的，而是由维持机器生产所需的成本所决定的。[50]

阿特金森把人当作机器，并将人的生活当作资本主义生产的一个发展过程，然后做了他最擅长的事情——成本会计，在这里指生活成本。1885年夏天，在阿特金森向许多制造商发出了无数请求，希望他们提供劳动者消耗的食物统计数据之后，他终于幸运地从一家名叫"Hooper and Sons"的马里兰纺织厂获得了食物消费及成本数据。阿特金森欣喜若狂地说："在这家工厂给我这些非常有价值的数据之前，很难获得关于维持劳动人民生存真实成本的详细描述，这将成为所有统计局各项工作的着力点。"[51]

到1885年时，阿特金森已经对州劳工统计局有了很大影响力，尤其是对马萨诸塞州劳工统计局局长卡罗尔·D. 赖特。几个月前，阿特金森给赖特写了一封信，说他未能收集到有关食物成本的信息，解释说"非官方人员探究这个问题有很大难度"。果然，在一年后出版的马萨诸塞州劳工统计局第十七份报告中，就有很长的一个章节介绍了关于工人阶级食物消费成本和效率的详细统计数据。凭借充裕的政府资金和可差遣的庞大数量的数据挖掘人员，赖特的劳工统计局成功地编制了几十张洛厄尔、林恩和劳伦斯等工厂寄宿楼的"日常饮食安排表"，生成了东剑桥和波士顿工薪阶层家庭的详细生活成本数据。阿特金森对他能够影响马萨诸塞州劳工统计局的调查感到沾沾自喜，经常吹嘘他有能力影响州劳工统计局。他在一封信中说："我已经为所有统计局和卡罗尔·赖特准备好了问卷。"阿特金森在另一封信中乐观地说："卡罗尔·赖特将采用我的计算公式，其他十三个州的统计局也将很快效仿。"[52]

正如马萨诸塞州劳工统计局当年的统计表揭示的那样，阿特金森的生活成本计算中增加了一个新东西：全面分析劳动者摄入的每美分食物中的蛋白质、碳水化合物和脂肪含量。这一统计创新背后的设计者也是阿特金森。1885 年 5 月，当阿特金森向卡罗尔·赖特求助时，他还写了一封信给卫斯理大学（Wesleyan University）的化学教授威尔伯·奥林·阿特沃特（Wilbur Olin Atwater），后者对人体营养和新陈代谢问题很感兴趣。阿特金森写道："你已从自然主义者或生物学家的角度……对食物的必要元素进行了研究，作为一名经济学家，我也一直在研究这个主题，但是非常缺乏准确的信息。"他建议和阿特沃特携手与卡罗尔·赖特合作，创建基于营养的成本统计学。阿特沃特热情地同意了。一年后，在一篇给《世纪》（Century）杂志的文章中，阿特金森解释了为什么他对食物成本如此感兴趣。谈到美国劳工时，阿特金森指出："劳工的食物就是他的燃料，他的体力必须有充足的食物供给维持，就像蒸汽机的锅炉必须用煤燃烧一样，二者的供给规律性和确定性是一样的。"[53]

阿特金森对于营养成本核算的探究没有止步于马萨诸塞州劳工统计局的报告。1888 年，他要求阿特沃特提出一个企业主向工人提供餐食时能够用得上的食物配给建议。虽然马萨诸塞州劳工统计局 1885 年的报告发现工人每天花费大约 24 美分（即每周花费 1.50 美元）购买食物，但是阿特金森敦促阿特沃特提出一个每周仅花费 1 美元却能保证同样营养的食物配方。几年后，阿特金森在其《营养科学》（The Science of Nutrition）一书中自豪地说，一次他在自己的惠斯特俱乐部（whist club）招待几个朋友，由于他的新发明——一个用灯加热的"阿拉丁烤箱"——的神奇作用，这次有七道菜晚餐的燃料成本仅为每人 13 美分，甚至低于餐后雪茄的成本。由于安德鲁·卡内基对削减成本十分痴迷，我们毫不奇怪他决定购买 3500 本阿特金森的书，并将其捐赠给国内各个主要图书馆，他们俩自 19 世纪 90 年代开始就保持频繁通信。[54]

得益于阿特金森从农业部获得的慷慨资助，阿特沃特在 1896 年制造了世界上第一台呼吸量热计。如当时的报纸描述的那样，这个呼吸器是一个密闭的房间，"大小跟普通牢房一样"，其内部通过三层玻璃窗可见。虽然以前曾使用类似的东西测量过发动机的燃烧效率，但是这个新舱室却是为人而非机器设计的。当一个人处在呼吸器里时，他所有的摄入和产出都可以通过一系列仪器进行记录，这些仪器测量了他摄入的食物量和排泄量。进入这个房间的第一个实验对象是学校门卫，他被要求举哑铃，这时温度计会测量玻璃房内的温度升降情况。显然，这种量热计从一开始就是为特定阶层男士专门设计的。[55]

随着镀金时代让位于进步时代，阿特金森的日常饮食安排表也在中产阶级改革组织中传播开来。赫尔大厦（Hull House）*定居点、纽约改善穷人状况协会（the New York Association for the Improvement of the Condition of the Poor）、工业基督教联盟（the Industrial Christian Alliance），甚至连塔斯克基学院（Tuskegee Institute）**都复制了阿特金森、赖特和阿特沃特的研究报告。然而，并不是每个人都对这种新潮流感到满意。《费城调查者报》（*Philadelphia Inquirer*）谴责说："对劳动力的压迫将达到一个新高度，我们身边的化学仪器、重量减半的秤、节俭的饮食单以及消化不良检查员们，将时时提醒我们吃得太多了。"尤金·德布斯（Eugene Debs）给阿特金森写了一封私人信件，控诉这些研究是"科学耻辱"，将美国工人的劳动力成本降到极低。一位波士顿劳工领袖认为，省下来的钱将成为雇主的利润，而不是工人的工资。[56]

调查中，许多工人拒绝回答有关其生活成本的问题。一个匹兹堡工匠的妻子拒绝透露她的家庭购买并吃掉了多少食物，并解释道："邻居们都相信这是个阴谋，了解一个人实际生活成本的目的是为了降低他的工资。"一些寄宿公寓的工人在检查员来测算他们生活成本的那天，故意用平时两倍的食

---

* 位于芝加哥，由简·亚当斯（Jane Addams）创办，是一个帮助劳工阶层家庭的机构，外人常把这些中心称为"殖民之家"。——译者注

** 成立于1881年，是历史上一所招收黑人为主的私立大学，位于美国亚拉巴马州的塔斯克基地区。——译者注

物塞饱自己。美国劳工即便无法影响州统计局收集哪种类型的劳工统计数据，也仍然可以操纵实际数字。[57]

§

卡罗尔·赖特并不是劳工专员这一令人眼红的联邦职位的唯一竞争者，这个岗位基本上意味着将担任联邦劳工统计局局长。1884年，劳工骑士团的伟大领袖特伦斯·鲍德利（Terence Powderly）也花费了大量时间和精力谋求这一职位。虽然多数劳工史学家都看不上支持罢工、工会和政党政治的劳工统计局（只是将其作为有价值的资料来源），但是出身底层的劳工骑士团却将这些统计局视为支持其社会运动的核心制度之一。例如，1878年，劳工骑士团宪章序言中列出的第三项诉求就是要求建立劳工统计局，以帮助美国人"了解生产大众在教育、道德和经济上的真实状况"。[58]

因此，我们并不惊讶鲍德利1884年夏天亲自向时任总统切斯特·A. 阿瑟（Chester A. Arthur）[*]申请劳工专员这一职位时，随身携带了1567份请求提名他的请愿书，这些请愿书由劳工骑士团分支机构或其他劳工组织签署。他还提供了支持任命他的37份劳工报和115份日报的剪报。然而，作为回应，阿瑟交给鲍德利一份他自己的文件，这份文件是由一群制造商发给他的，其中写道：

> 劳工雇主们担心如果阁下任命鲍德利先生担任劳工专员，他将会发挥其影响力，从而损害雇主的利益。我们还担心他对共产主义者表示同情，担心他很容易受到该阶级的影响和引导。

因而，这一职位最终被授予了卡罗尔·赖特而非特伦斯·鲍德利。[59]

对马萨诸塞州劳工统计局的争夺也许是政府劳工统计数据形成中围绕政

---

[*] 詹姆斯·加菲尔德总统遇刺死亡后，接任为美国第21任总统。——译者注

治权力的最激烈斗争，但是这并非典型的争斗。从 19 世纪 70 年代至 80 年代，超过 20 个州建立了劳工统计局。其中许多统计局，例如在俄亥俄州、伊利诺伊州、康涅狄格州、宾夕法尼亚州、马里兰州等正在工业化的州中，最初都是由工会积极分子或熟练劳工组织直接或间接控制的。库珀国际联盟（Cooper's International Union）和美国机械工程师协会（National Association of Mechanical Engineers）推动了俄亥俄州立法机构批准建立劳工统计局。在宾夕法尼亚州，费城贸易理事会（Philadelphia Board of Trade）抱怨该州统计局过于"共产主义"。伊利诺伊州劳工统计局与劳工骑士团有着密切关系，以至于他们反驳了赖特关于罢工无用的说法。例如，在呈现干草市场罢工（Haymarket strike）带来的好处时，该州劳工统计局证明，"在 17029 个每天仅工作八小时的工人中，有 11316 个人之所以能缩短工作时间，恰是由于 1886 年 5 月的罢工"。[60]

正如劳工骑士团在其宪章序言中阐明的那样，他们形成了一种明确拒绝对进步进行定价的统计观，并努力使"工业和道德价值而不是财富，成为衡量个人和国家是否伟大的真正标准"。他们非常关注不平等和权力关系。鲍德利在准备谋求提名时强调："劳工局的法定目标是搞清楚劳动力和资本的收益到底是多少，以便对两者都作出正义的判断，也为了防止雇主肆无忌惮地剥夺劳动者应得的报酬，以及防止雇主将劳动力和资本共同创造的利润都用于夸大自身的作用。"鲍德利强调公开信息的重要性，批评雇主仅仅提交关于劳动力条件的统计数据而不提交资本条件的数据。他指出，雇主"很乐意陈述他们为劳动力支付了多少、劳动力依靠什么生存、工人花多少钱喝烈酒、工人对罐头食品的喜爱程度；以及其他类似的本来最好由工人自己给出的信息"。鲍德利还明确批判了卡罗尔·赖特和爱德华·阿特金森的生活成本数据，不仅如此，他还抨击劳工统计局只将劳动者作为统计调查对象，而资本家的"私人事务被认为是不适合进行公众监督的议题"；"资本家没有义务陈述自己的利润是多少，或者他花了多少钱喝烈酒，对这些微不足道的琐事他丝毫未提"。[61]

劳工骑士团还打破了令统计工作极其男性化的性别壁垒。在 19 世纪 80

年代早期，劳工骑士团统计学家莉奥诺拉·巴里终结了社会量化中的男性统治。她是一名爱尔兰移民，在 1881 年丧偶。巴里后来描述道："我丈夫离开了我，我没有商业知识，没有工作知识，不了解世界是什么样的，只有三个没有父亲的孩子向我要面包吃。"这些悲惨情况或许导致了其大孩子的死亡。她竭尽全力想找份工作养活其他孩子，后来在一家袜子工厂找到了一份每天赚 11 美分的工作。在工厂工作期间，巴里加入了劳工骑士团。她对于组织劳工非常在行，并在两年内不仅成为她所在分支的工人领袖，而且成为整个地区代表团 52 位本地领袖之一。1886 年，她当选为所在地区的全国大会代表，是 660 名全国代表中的 16 名女性之一。在全国大会期间，巴里成为新的妇女工作部负责人。她的主要任务是在全国推动收集有关妇女劳动的统计数据，这些统计数据将揭示"我们因性别受到无良雇主的侵害"以及"同工同酬"的必要性。[62]

到 19 世纪 80 年代后期时，劳工骑士团约有 65000 名女性成员，而巴里因她为年度大会编制的统计报告名声大噪。巴里的统计报告对美国女性工人工作情况的描述尤为引人注目，并将统计数据与对工业资本主义的强烈道德批判结合在了一起。她的报告同时关注了劳动者的工资和雇主的利润，这使她能够衡量美国工作场所中的剥削程度。巴里在一个例子中指出："雇用 5 名操作员的承包商每天从每人身上赚到 30 美分，即每天 1.50 美元，而每个工人在一整天的工作中只得到了 30 美分。"她在第二个例子中说道："每件男士背心的外包费用是 10 美分，机器操作员得到 2.5 美分，整理员得到 2.5 美分，制作完成一件背心可赚 5 美分。"根据巴里的计算，一天的工作量是 20 件背心，"一个雇用 5 名操作员的承包商每天可以不劳而获 1 美元，而他的工人们消耗了 11 到 12 小时精力只得到 50 美分"。然而到了 19 世纪 90 年代时，巴里被迫再次回到工厂工作。由于特伦斯·鲍德利已不在联邦政府中任职，且劳工骑士团几乎全军覆没，再没有哪个统计机构能让巴里发声了，而其他无数女性也是如此。尽管如此，在进步时代，弗洛伦斯·凯莉（Florence Kelley）和克里斯特尔·伊斯门（Crystal Eastman）等运用统计数据的工人活动家将继续遵循巴里的开创性统计先例。[63]

农民联盟（the Farmers' Alliance）是民粹运动的产物，他们也将劳工统计局作为一种可以带来社会变革的政治工具。该联盟在州和联邦两级积极推动政府采取反映其自身价值观和关注点的统计方法。这个时代最著名的民粹主义文献经常包含旨在推动教育、激励和赋权的统计数据。民粹主义者与劳工骑士团中的雇佣劳动兄弟们持有相同的生产主义价值观，同时他们也关注衡量财产独立性、不对称权力关系和社会不平等的指标。然而作为农民，他们的注意力自然会侧重一系列不同的指标，例如抵押贷款债务、农业租赁和非生产性租金。[64]

在阿奇博尔德·拉塞尔的努力下，自 1850 年以后，人口普查就开始收录农业统计数据了。但身为美国地理与统计协会成员，拉塞尔收录的这些数据主要关注的是产量，且主要用于预测农作物产量或操纵期货市场。像拉塞尔这样的人很少关心债务、独立或权力这类问题，并且在接下来的几十年里，人口普查中的农业清单几乎完全是关于农产品产量和现金价值的。1862年农业部的成立也并未带来多少改变，因为该部门早前就决定，部门宣传通告仅限于"两个有用的主题"：农产品价格和每英亩平均产量。[65]

由于取消抵押品赎回权浪潮的打击，以及受到亨利·乔治抨击土地垄断的激励，19 世纪 80 年代后期民粹主义的关注点成功地渗透进了州劳工统计局。例如，内布拉斯加州劳工局的第一份报告调查了拥有农场的农民的百分比、他们的抵押贷款利率，以及除去费用支出后他们是否有存款。康涅狄格州、伊利诺伊州、密歇根州和俄亥俄州的劳工统计局也收集了类似的数据。然而，完成这一行政任务是耗费巨大的，民粹主义者很快就意识到他们需要联邦政府的大笔资金支持，以及只有全国人口普查才能提供的统计范围。[66]

两名支持乔治的来自圣路易斯的单一税活动家领导了这项请愿活动，他们寄送了数千份请愿书，要求联邦人口普查局局长提供房屋所有权和债务数据来满足其统计要求。请愿书引用了一系列与卡罗尔·赖特或《奥尔德里奇报告》完全不同的经济统计数据，声称"人们越来越感觉到农民和其他财富生产者的辛勤劳作没有得到公平合理的报酬……95% 的财富掌握在不到

30000 人手中；拥有强烈自尊的农民正在成为美国的佃农"。[67]

请愿活动开始后的几个月内，人口普查局被来自全国各地的农民联盟成员、劳工骑士团成员和单一税支持者的数百封信件淹没，他们要求人口普查局满足这两位圣路易斯人的诉求。尽管参议院人口普查委员会主席和卡罗尔·赖特都不支持他们的要求，但生产主义联盟罕见地赢得了统计上的胜利，政治压力初见成效，这些统计数据类别被加入了人口普查中。这些数据将在 19 世纪 90 年代的民粹主义崛起中发挥作用，评论家们利用这些数据证明"垄断"不仅"让群众流血""让财富集中"，更"滋生了贫困"。威廉·詹宁斯·布莱恩（William Jennings Bryan）的内布拉斯加州报纸引用了这些数据，以证明"1890 年的人口普查显示，租户比例在整体且以惊人的速度上升，而房屋所有者的比例却相应减少了"。[68]

其他民粹主义者则朝着不同的方向前进。虽然亨利·乔治可能并未在其最畅销的《进步与贫困》一书中使用这些数据，但是他的一些追随者们组建了单一税俱乐部，且急于用统计数据证明他的土地垄断理论。芝加哥西区单一税俱乐部负责人马特·罗奇（Matt Roche）写信给美国内政部部长，要求在人口普查中将房地产的市场价值从社会进步产生的价值中剥离出来。罗奇试图动员政府建立一个统计指标，通过计算市场价格和社会进步之间的价值的差异，揭示单纯通过拥有空间获得的"非生产性租金"。有了这样的数据，乔治的单一税就可能从理论变为现实，但罗奇的请求被否决了。[69]

巴里和罗奇早就被人们遗忘了。19 世纪 80 年代早期的哥伦比亚大学学生、"扒粪者"*亨利·德马雷斯特·劳埃德（Henry Demarest Lloyd）的密友查尔斯·巴尔齐莱·斯帕尔（Charles Barzilai Spahr）博士也不例外。在一篇论文中——后来以"关于当前美国财富分配的论文"（An Essay on the Present Distribution of Wealth in the United States）为题发表，他精心挖掘了手头的税收数据，提出了一个基本观点：随着时间的推移，美国的财富分配日益变得不均等。斯帕尔总结说："（在美国）八分之七的家庭拥有这个国家八分

---

* 指探听丑闻的人。——译者注

之一的财富，而 1% 的家庭却拥有了剩余部分的 99%。"在托马斯·皮凯蒂（Thomas Piketty）或者"占领华尔街"运动之前的一个多世纪，斯帕尔就已经发现了这"1%"。[70]

虽然一些社会主义者会在 20 世纪头十年继续引用斯帕尔书中的观点，但他的研究结果大都被忽略了。哥伦比亚大学教授里士满·梅奥-史密斯（Richmond Mayo-Smith）在这个时代最主要的学术期刊上发表的尖刻评论，不仅有助于解释为何斯帕尔在历史上默默无闻，还解释了主流学院派经济学家如何背叛了针对 1% 富豪正在扭曲财富分配的指控。作为爱德华·阿特金森的追随者和工业资本主义的热心倡导者，梅奥-史密斯在 1888 年撰写了自己的经济统计学著作，主要包括了生活成本数据、经济增长指标和其他市场产出指标，这些指标使得资本主义一切看起来都很好。尽管梅奥-史密斯非常热衷于将 1880 年美国的总体财富定价为 430 亿美元，但他明确表示不支持对财富分配的统计调查，因为"产品中唯一一部分我们可以进行统计跟踪的就是工资，因此试图通过估算总产值并与原材料和工资总支出进行比较得出利润，所有这种做法都是荒谬的，因为他们没有考虑到风险"。[71]

梅奥-史密斯不愿意将他的统计视角转向不平等，他谴责斯帕尔收集这些不宜泄露的数据。他反对统计不平等数据的论点与《奥尔德里奇报告》的消费主义世界观遥相呼应。梅奥-史密斯写道："斯帕尔博士证明财产和收入分配不均，并且（他认为）不平等正在加剧之后，他似乎认为其任务已经结束。但这只是一个开始。关键问题在于这种财富集中对整个社会来说是不是一件好事。"接着梅奥-史密斯建议，作为评判社会进步的标准来说，英国经济学家罗伯特·吉芬（Robert Giffen）爵士的生活成本统计数据远好于财富分配，因为"个人的幸福感不是根据他们对财产的所有权来衡量的……而是根据他们对快乐生活的掌控度来衡量的"。简单通过消费者视角淡化权力的不对称并衡量社会，会令我们难以更好地清晰阐述美国镀金时代为进步定价产生的文化价值观。[72]

注释 ————————————

1. U.S. Senate Committee on Finance, *Wholesale Prices, Wages, and Transportation: Report by Mr. Aldrich from the Committee on Finance, Part I* (Washington, DC, 1893); 较早的版本只包括两年时间序列数据，参见 U.S. Senate Committee on Finance, *Retail Prices and Wages: Report by Mr. Aldrich from the Committee on Finance* (Washington, DC, 1892)。关于《奥尔德里奇报告》背后的政治学，参见 Thomas Stapleford, *The Cost of Living in America: A Political History of Economic Statistics* (New York: Cambridge University Press, 2009), 41–50。

2. Finance Committee, *Wholesale Prices*, 27–184.

3. 关于 19 世纪后的美国联邦政府，参见 Stephen Skowronek, *Building a New American State: The Expansion of National Administrative Capacities 1877–1920* (New York: Cambridge University Press, 1982); Richard Bensel, *Yankee Leviathan: The Origins of Central State Authority in America, 1859–1877* (Cambridge: Cambridge University Press, 1991); Morton Keller, *Affairs of State: Public Life in Late Nineteenth Century America* (Cambridge, MA: Belknap Press of Harvard University Press, 1977)。

4. Finance Committee, *Wholesale Prices*, 6–7. 关于卡罗尔·赖特的劳动统计学家生涯，参见 James Leiby, *Carroll Wright and Labor Reform: The Origins of Labor Statistics* (Cambridge, MA: Harvard University Press, 1960); Mary O.Furner, "Knowing Capitalism: Public Investigation and the Labor Question in the Long Progressive Era," in *The State and Economic Knowledge: The American and British Experiences,* ed. Barry Supple and Mary Furner (New York: Cambridge University Press, 1990), 241–286。关于美国中产阶级的壮大，参见 Sven Beckert, *Monied Metropolis: New York City and the Consolidation of the American Bourgeoisie, 1850–1896* (New York: Cambridge University Press, 2003)。

5. William Kelley, *Speeches, Addresses, and Letters* (New York: Greenwood, 1969), 273, 289; Committee on Finance, *Retail Prices and Wages*, 1. 关于关税，参见 Joanne Reitano, *The Tariff Question in the Gilded Age: The Great Debate of 1888* (University Park: Pennsylvania State University Press, 1994)。

6. Finance Committee, *Wholesale Prices*, 5.

7. Ibid., 8–12, 60–61, quote on 11; Stapleford, *Cost of Living*, 41–56.

8. 关于自由劳动者生产主义，参见 Eric Foner, *Free Soil, Free Labor, Free Men: The Ideology of the Republican Party before the Civil War* (New York: Oxford University Press, 1970); Christopher Lasch, *The True and Only Heaven: Progress and Its Critics* (New York: Norton, 1991)。关于消费主义和劳动者问题，参见 Lawrence Glickman, *A Living Wage: American Workers and the Making of a Consumer Society* (Ithaca, NY: Cornell University Press, 1997); Roseanne Currarino, *The Labor Question in America: Economic Democracy in the Gilded Age* (Urbana-Champaign: University of Illinois Press, 2011); Jackson Lears, *Fables of Abundance: A Cultural History of Advertising in America* (New York: Basic Books, 1995)。关于这一时期物质福利的改善，参见 Robert Gordon, *The Rise and Fall of American Growth: The U.S. Standard of Living since the Civil War* (Princeton, NJ: Princeton University Press, 2016)。

9. Joseph Kennedy, *Eighth Census of the United States* (Washington, DC, 1864), 512.

10. Frederick Winslow Taylor, *The Principles of Scientific Management* (New York: Harper and Brothers, 1911), 20; David Montgomery, *Workers' Control in America: Studies in the History of Work, Technology and Labor Struggles* (Cambridge: Cambridge University Press, 1979) .

11. Jeff Sklansky, *The Soul's Economy: Market Society and Selfhood in American Thought, 1820–1920* (Chapel Hill: University of North Carolina Press, 2002), 171–190; Ronald L.Meek, *Studies in the Labor Theory of Value* (New York: Monthly Review Press, 1953), 22–70 Mark Blaug,

Economic Theory in Retrospect (New York: Cambridge University Press, 1978), 37–52; Eli Cook, "The Neoclassical Club: Irving Fisher and the Progressive Origins of Neoliberalism," *Journal of the Gilded Age and Progressive Era* 15 (July 2016): 246–262.

12. Andrew Carnegie to W.L. Abbott, October 28, 1888, and Carnegie to Abbott, on July 4, 1888, Andrew Carnegie Papers, box 10, Library of Congress, Washington, DC. 关于卡内基如何痴迷成本，参见 Harold Livesay, *Andrew Carnegie and the Rise of Big Business* (Boston: Little, Brown, 1975), 41. 关于管理资本主义和成本会计的兴起，参见 Alfred Chandler, *The Visible Hand: The Managerial Revolution in American Business* (Cambridge, MA: Belknap Press, 1977), 109–120, 268–279; Paul Garner, *Evolution of Cost Accounting to 1925* (Tuscaloosa: University of Alabama Press, 1954); Gary John Previts and Barbara Dubis Merino, *A History of Accounting in America: An Historical Interpretation of the Cultural Significance of Accounting* (New York: Wiley, 1979), 116–119。关于同时期的管理会计著作，参见 Henry Metcalf, *The Cost of Manufacturers and the Administration of Workshops, Public and Private* (New York, 1885)。

13. 关于把人比作机器，参见 Anson Rabinbach, *The Human Motor: Energy, Fatigue and the Origins of Modernity* (Berkeley: University of California Press, 1992)。

14. Grover Cleveland, "Fourth Annual Message," December 7, 1896, www.presidency.ucsb.edu/ws/?pid=29537. 关于贾维斯的信函，参见 folder on Select Committee on the Ninth Census in Records of the Select Committee of the House of Representatives, ch.22.58, docket number 41A-F28.4, National Archives I, Washington, DC; Edward Jarvis, *Ninth Census of the United States* (Washington, DC: GPO, 1869), 8。

15. James Livingston, *Origins of the Federal Reserve System: Money, Class and Corporate Capitalism, 1890–1913* (Ithaca, NY: Cornell University Press, 1989); Martin Sklar, *The Corporate Reconstruction of American Capitalism, 1890–1916: The Market, the Law, and Politics* (New York: Cambridge University Press, 1988) . 关于这一时期美国人如何"理解市场"，参见 Peter Knight, *Reading the Market: Genres of Finance Capitalism in Gilded Age America* (Baltimore: Johns Hopkins University Press, 2016)。

16. "Miscellaneous Schedules, Petitions, Statements, Statistics, Reports Memoranda, Resolutions and Fragments Relating to the Tariff," Nelson Aldrich Papers, reel 53, Library of Congress, Washington, DC.

17. 关于《奥尔德里奇报告》中的指数，参见 Stapleford, *Cost of Living*, 41–47。

18. Wesley Mitchell, *A History of Greenbacks* (Chicago: University of Chicago Press, 1903). 关于"动荡不安的"资本主义世界和风险，参见 Jon Levy, *Freaks of Fortune: The Emerging World of Capitalism and Risk in America* (Cambridge, MA: Harvard University Press, 2012)。

19. 关于自由劳动者联盟，参见 David Montgomery, *Beyond Equality: Labor and the Radical Republicans, 1862–1872* (Urbana: University of Illinois Press, 1981); Leon Fink, *Workingmen's Democracy: The Knights of Labor and American Populists* (Urbana: University of Illinois Press, 1985); Nick Salvatore, *Eugene V.Debs: Citizen and Socialist* (Urbana: University of Illinois Press, 2007)。关于这一时期的自由放任主义，参见 Sidney Fine, *Laissez Faire and the General-Welfare State: A Study of Conflict in American Thought, 1865–1901* (Ann Arbor: University of Michigan Press, 1956)。

20. 关于马萨诸塞州劳工统计局，参见 Charles F.Pidgin, *History of the Bureau of Statistics of Labor of Massachusetts and of Labor Legislation in the State* (Boston: Wright and Potter, 1876), 23; Leiby, *Carroll Wright*, 39–76; Lauren Coyle, "The Birth of the Bureau: Surveillance, Pacification, and the Statistical Objectivity Metanarrative," *Rethinking Marxism* 22, no.4 (2010): 544–568。

21. *Daily Evening Voice*, November 3, 1865. For Steward, see Montgomery, *Beyond Equality*, 249–

260. 关于奥利弗，参见 Jesse H.Jones, "Henry Kemble Oliver, a Memorial," *Massachusetts Bureau of Labor Statistics* (MBLS), *Seventeenth Annual Report* (Boston, 1886): 14–24。关于麦克尼尔，参见 George McNeill, *The Labor Movement: The Problem of Today* (Boston, 1887)。

22. Mary Poovey, *A History of the Modern Fact: Problems of Knowledge in the Sciences of Wealth and Society* (Chicago: University of Chicago Press, 1998), xv–xvii; MBLS, *First Annual Report* (Boston, 1869/1870), 8, 23, 38, 131.

23. MBLS, *First Annual Report,* 18–23, 25–31, 134.

24. Ibid., 134; Karl Marx, "On the First International," *The Karl Marx Library,* vol.3, trans. and ed.S.K. Padover (New York: McGraw-Hill, 1973), 516. 关于八小时工作制运动，参见 Roy Rosenzweig, *Eight Hours for What We Will: Workers and Leisure in an Industrial City, 1870–1920* (New York: Cambridge University Press, 1985)。

25. MBLS, *First Annual Report,* 7–13, 18–19. 在首份报告中，"财富分配不平等"这一说法出现了三次，参见 38, 185, 187。

26. *Lowell Daily Citizen,* June 2, 1871; *Chicago Tribune,* May 28, 1871. 关于《纽约自由贸易者报》和其他对劳工统计局的赞美之词，参见 MBLS, *Fourth Annual Report* (Boston, 1872/1873), 18–26。关于试图废除这一机构，参见 "Abolishment of Bureau of Labor Statistics," April 23, 1872, Bills Rejected 1872, House Unpassed Legislation (SC$_1$ Series 230), Massachusetts State Archives, Boston。

27. *Cincinnati Gazette,* June 16, 1871; *Atlanta Constitution,* June 13, 1871; "The Labor Question in Massachusetts," *Nation,* June 8, 1871.

28. Abraham Lincoln, *Speeches and Letters of Abraham Lincoln, 1832–1865* (New York: Dutton, 1907), 26.

29. Report of Commission on the Hours of Labor, House Document 98 (February 1866), 29, 35, 49. 也可参见 Nancy Cohen, *Reconstruction of American Liberalism, 1865–1914* (Chapel Hill: University of North Carolina Press, 2002), 34–38。

30. Edward Atkinson, "The Condition of Labor in Massachusetts," *Nation,* June 22, 1871.

31. MBLS, *Third Annual Report* (Boston, 1871/1872), 293–335; MBLS, *Fourth Annual Report,* 172, 228. 与一般财产税不同，对储蓄银行存款的税率低于 1%。

32. "Resolve in Relation to the Bureau of Statistics of Labor," Bills Rejected 1873, House Unpassed Legislation (SC$_1$ Series 230), Massachusetts State Archives, Boston; MBLS, *Fourth Annual Report,* 10–12; *Boston Daily Advertiser,* April 29 and May 4, 1872.《波士顿广告者日报》如何近乎着魔似地打压劳工统计局，也可参见 May 5, 1871, and April 29 and May 12, 1873。

33. Springfield *Republican,* April 26, 1872; *Boston Commonwealth,* quoted in MBLS, *Fourth Annual Report,* 27–29.

34. Charles Francis Adams Jr., "Critical Notices: Third Annual Report of the Bureau of Statistics of Labor,"*North American Review* 115 (1872): 210–220; John Sproat, *The Best Men: Liberal Reformers in the Gilded Age* (New York: Oxford University Press, 1968); Henry Villard, "Introductory Note," *Journal of Social Science* 1 (1869): 5; E.L. Godkin, "Legislation and Social Science," *Journal of Social Science* 3 (1870): 115; Edward Atkinson, "The Inefficiency of Economic Legislation," *Journal of Social Science* 4 (1871): 114. 关于 ASSA，参见 Thomas Haskell, *The Emergence of Professional Social Science: The American Social Science Association and the Nineteenth-Century Crisis of Authority* (Baltimore: Johns Hopkins University Press, 2000)。

35. 关于镀金时代改革"专家"如何成功地将经济争论非政治化，参见 Cohen, *Reconstruction of American Liberalism;* Leiby, *Carroll Wright,* 29。

36. Leiby, *Carroll Wright,* 76–142, 163–171. 关于劳工统计局初始领导者如何被逐渐边缘化，参见 Charles Francis Gettemy, *The Massachusetts Bureau of Statistics, 1868–1915* (Boston:

Wright and Potter, 1915)。

37. MBLS, *Fifth Annual Report* (Boston, 1874), 334; MBLS, *Sixth Annual Report* (Boston, 1875), 447; Pidgin, *History of the Bureau of Statistics of Labor of Massachusetts,* 78, 86, 89.

38. Wright quoted in MBLS, *Thirteenth Annual Report* (Boston, 1882), 419. 关于赖特如何使用道德统计数据，参见 MBLS, *Fifth Annual Report,* ch.3; MBLS, *Sixth Annual Report,* chs.1, 2, 5; MBLS, *Eighth Annual Report* (Boston, 1877), chs.2, 4, 5; MBLS, *Ninth Annual Report* (Boston, 1878), chs.2, 5。关于赖特的生活成本数据，参见 MBLS, *Fifteenth Annual Report* (Boston, 1884), 438; MBLS, *Eighth Annual Report,* 87。关于马萨诸塞州劳工统计局创始人对生活成本的计算，参见 MBLS, *Third Annual Report,* 251–257, 468–529。

39. Gompers and Gunton quoted in Glickman, *Living Wage,* 2–3.

40. Furner, "Knowing Capitalism," 249–261.

41. "Town of Pullman—Revenue from Dwellings, 1894," Pullman Company Archives, Office of the President, George M.Pullman Files, 1867–1897, Business Papers, box 7, folder 101, Newberry Library, Chicago.

42. 关于赖特如何偏爱关于普尔曼市的报告，参见 MBLS, *Sixteenth Annual Report* (Boston, 1885), 3–26; Leiby, *Carroll Wright,* 160. Doty's wife wrote the classic account of Pullman town。参见 Mrs.Duane Doty, *The Town of Pullman: Its Growth with Brief Accounts of Its Industries* (Pullman, IL, 1893). 也可参见 Richard Schneirov, Shelton Stormquist, and Nick Salvatore, eds., *The Pullman Strike and the Crisis of the 1890s: Essays on Labor and Politics* (Urbana: University of Illinois Press, 1999)。

43. *Report of the Special Commissioner of the Revenue for 1866,* First Annual Report (Washington, DC, 1867), 21–22.

44. Ibid., 22.

45. Wells, *Report of the Special Commissioner of the Revenue,* Third Annual Report (Washington, DC, 1869), 16, 31.

46. Atkinson to Wells, October 12, 1875, Edward Atkinson Papers (henceforth EAP), carton 15, vol.7, Massachusetts Historical Society, Boston. 关于阿特金森作为一名会计师所做的一些工作，参见 Atkinson to E.C. Hutchins, September 5, 1857; Atkinson to C.M. Jenkins, September 21, 1857, EAP, vol.1。关于阿特金森如何关注成本，参见 Atkinson to James Brown, February 17 and February 22, 1858, EAP, vol.1。关于阿特金森如何痴迷利润最低，参见 Atkinson to Benjamin Saunders, November 20, 1858, EAP, vol.1。关于阿特金森如何致力于降低劳动成本，参见 Atkinson to Thomas Clegg, April 20, 1858, EAP, vol.1, 在这封信中他提出了一个让逃亡奴隶在自己工厂工作的计划。关于他如何反对奴隶制，参见 *Cheap Cotton and Free Labor* (Boston, 1861)。

47. H.Thomas Johnson, "Early Cost Accounting for Internal Management Control: Lyman Mills in the 1850s," *Business History Review* 46 (Winter 1972); Chandler, *Visible Hand,* 528 n.64.

48. Livingston, *Origins of the Federal Reserve,* 37.

49. Atkinson to Wells, April 11, 1866, EAP, vol.2; Atkinson to Wells, November 21, 1865, EAP, vol.2. 关于阿特金森如何巧妙地"利用"威尔斯，参见 letters to Wells on November 21, 1866, January 9, 1867, and February 6, 1867, EAP, vol.2。关于为何人们认为是阿特金森促成了威尔斯思想的改变，参见 Daniel Horowitz, "Genteel Observers: New England Economic Writers and Industrialization," *New England Quarterly* 48 (March 1975): 65–83。

50. Atkinson to Wells, n.d.[1875], EAP, vol. 6. 阿特金森的演讲随后发表出来，参见 *The Distribution of Products* (Boston, 1885), 59。

51. Atkinson to William E. Hooper and Sons, June 18, 1885, EAP, carton 17, vol.18.

52. Atkinson to Wright, December 13, 1884, EAP, carton 17, vol.18; Atkinson to Putnam, June

13, 1885 and Atkinson to Atwater, May 23, 1885, EAP, carton 17, vol.18.

53. Atkinson to Atwater, April 23, 1885, EAP, carton 16, vol.17. 关于阿特沃特对阿特金森的计划的支持，参见 Atwater to Atkinson, May 8, 1885, carton 16, vol.17, and June 23, 1885, carton 17, vol.18, EAP; MBLS, *Seventeenth Annual Report* (Boston, 1886), 249; Atkinson, "The Food Question in American and Europe," *Century* 33 (December 1886), 242。

54. Andrew Carnegie to Atkinson, 1896, EAP, carton 7; Edward Atkinson, *The Science of Nutrition* (Boston, 1886), 30. 关于"阿拉丁烤箱"，参见 Edward Kirkland, "Scientific Eating: New Englanders Prepare and Promote a Reform," *Proceedings of the Massachusetts Historical Society* 86 (1974): 28–52; Harvey Levenstein, "The New England Kitchen and the Origins of Modern American Eating Habits," *American Quarterly* 32 (1980): 369–386。

55. 关于阿特沃特的呼吸量热计，参见 Nick Cullather, "The Foreign Policy of the Calorie," *American Historical Review* 112 (2007): 337–364; Harvey Levenstein, *Revolution at the Table: The Transformation of the American Diet* (Berkeley: University of California Press, 2003), 73。

56. *Philadelphia Inquirer* quoted in Naomi Aronson, "Nutrition as a Social Problem," *Social Problems* 29, no.5 (June, 1982): 481; Debs to Atkinson, May 4, 1892, carton 5, EAP; E.M. Chamberlin, "Reply to Edward Atkinson," in Atkinson, *The Margins of Profits* (Boston, 1887), 58.

57. Aronson, "Nutrition as a Social Problem," 481.

58. "Preamble to the Constitution of the Knights of Labor, 1881," *Constitution of the General Assembly, District Assemblies, and Local Assemblies of the Order of the Knights of Labor in America* (Marblehead, MA, 1883) . 关于劳工骑士团和劳工统计，参见 Jonathan Grossman and Judson Maclaury, "The Creation of the Bureau of Labor Statistics," *Monthly Labor Review* 98 (February 1975): 27–30; Stapleford, *Cost of Living,* 27–28。关于鲍德利希望成为劳工统计局负责人，参见 head of the labor bureau, see Craig Phelan, *Grand Master Workman: Terence Powderly and the Knights of Labor* (Westport, CT: Greenwood Press, 2000), 48. MBLS, *Seventh Annual Report* (Boston, 1877), xv。

59. Terence Powderly, *Thirty Years of Labor* (Columbus, OH, 1889), 315.

60. William Brock, *Investigation and Responsibility: Public Responsibility in the United States, 1865–1900* (Cambridge: Cambridge University Press, 1984), 158, 168; Department of Commerce and Labor, *Bulletin of the Bureau of Labor* 54 (September 1904); Stapleford, *Cost of Living,* 10–14; Bureau of Labor Statistics of Illinois, *Fourth Biennial Report* (Springfield, 1886), 170.

61. Powderly, *Thirty Years of Labor,* 160.

62. Barry quoted in National Woman Suffrage Association, *Report of the Industrial Council of Women* (Washington, DC, 1888), 155; Knights of Labor, *Proceedings of the General Assembly,* 1886 report (Minneapolis, 1887), 952. 关于巴里，参见 Eleanor Flexner, *Century of Struggle: The Woman's Rights Movement in the United States* (Cambridge, MA: Harvard University Press, 1959), 177, 190–193; Philip S. Foner, *Women and the American Labor Movement: From the First Trade Unions to the Present* (New York: Free Press, 1979), 205–206。

63. Knights of Labor, *Proceedings of General Assembly,* 1888 report (Philadelphia, 1889), 9–10; Knights of Labor, *Proceedings of the General Assembly,* 1887 report (Minneapolis, MN, 1888), 1581.

64. George K.Holmes, "Mortgage Statistics," *Publications of the American Statistical Association* 2, no.9 (March, 1890): 1–21; George K.Holmes, "Tenancy in the United States," *Quarterly Journal of Economics* 10, no.1 (October 1895): 34–53. 关于农民联盟，参见 Lawrence Goodwyn, *The Populist Moment: A Short History of the Agrarian Revolt in America* (New York: Oxford University Press, 1978); Charles Postel, *The Populist Vision* (New York: Oxford University Press, 2009)。

65. U.S. Department of Agriculture, *The Story of U.S. Agricultural Estimates* (Washington, DC, 1969), 7. 关于用于预测的农业统计数据，参见 Jamie Pietruska, *Looking Forward: Prediction and Uncertainty in Modern America* (Chicago: University of Chicago Press, 2017)。关于对期货市场的操纵，参见 Bruce Baker and Barbara Hahn, *The Cotton Kings: Capitalism and Corruption in Turn-of-the-Century New York and New Orleans* (New York: Oxford University Press, 2016)。

66. John Jenkins, *First Biennial Report of the Bureau of Labor and Industrial Statistics of Nebraska* (Omaha, NE, 1886); Samuel Hotchkiss, *Fourth Annual Report of the Connecticut Bureau of Labor Statistics* (Hartford, CT, 1888); *Fifth Annual Report of the Bureau of Labor and Industrial Statistics of Michigan* (Lansing, MI, 1888), 91–355. 关于亨利·乔治，参见 John L. Thomas, *Alternative America: Henry George, Edward Bellamy, Henry Demarest Lloyd and the Adversary Tradition* (Cambridge, MA: Harvard University Press, 1983), ch.5; Postel, *Populist Vision*, 229–232。

67. 这一统计需求出现在几十家报纸中，例如，可参见 "A Demand to Have the Next U.S. Census Show the Mortgage Indebtedness," *Aberdeen* (SD) *Daily News,* November 27, 1889; *Indiana State Sentinel,* November 20, 1889. See also Levy, *Freaks of Fortune,* 186–187。

68. 关于人口普查报告，参见 George K. Holmes and John S. Lord, "Report of Farms and Homes: Proprietorship and Indebtedness in the United States," *Eleventh Census of the United States* (Washington, DC, 1896)。关于围绕债务和租户数据进行的政治斗争，参见 Holmes, "Mortgage Statistics"。关于农民联盟对这一问题的支持，参见 N.A. Dunning, *Farmers' Alliance History and Agricultural Digest* (Washington, DC, 1891), 121。关于如何使用霍姆斯的数据抨击垄断和精英阶层，参见 *The Dawn* (Ellensburg, WA), April 3, 1897; *Anaconda* (MT) *Standard,* January 18, 1897; *Commoner* (Lincoln, NE), October 2, 1901; *Evening Bulletin* (KY) February 26, 1895。

69. Matt Roche to Secretary Bliss, January 26, 1898, Letters Received, Compiled 1894–1904, Record Group 48: Records of the Office of the Secretary of the Interior, National Archives 2, College Park, MD.

70. Charles Spahr, *An Essay on the Present Distribution of Wealth in the United States* (Boston, 1896), 69. 关于斯帕尔的生平我们所知甚少，参见小册子：the pamphlet *In Memory of Charles B. Spahr* (New York: Social Reform Club, 1905)。

71. Richmond Mayo-Smith, *Statistics and Economics* (Baltimore, 1888), 97–101. 关于梅奥-史密斯居住在纽约上东城一处大房子内且雇佣了一个男管家的证据，参见 "Columbia Professor Killed by Fall," *New York Times,* November 12, 1901。

72. Richmond Mayo-Smith, "Review," *Political Science Quarterly* 12 (1897): 346–348.

8
进步主义的定价

"一个 8 磅重的婴儿在出生时的价值是每磅 362 美元，这是一个孩子作为潜在财富生产者的价值。假定他可以活到正常寿命，除去养育他及成人后维持生存的成本，他能额外生产出价值 2900 多美元的财富。上述关于收入能力的数据是由政治经济学教授欧文·费雪给出的。"1910 年 1 月 30 日《纽约时报》上一篇长文的开篇这样写道，这篇文章的题目为"婴儿作为国家资产的价值：去年的产量总价值约为 69.6 亿美元"。[1]

在技术专家治国的进步时代，以磅为单位对婴儿进行定价是极为罕见的，但到 20 世纪早期时，会经常听到在支持社会改革的善意论点中，将美国工人视作"人形作物"而非具有权力的民主公民。对日常生活和日常美国人的定价出现在这些分析中，因为市场生产率成了"效率"这一广受欢迎的进步主义梦想的共识基准。[2]

这篇文章的作者使用的价格数据来自耶鲁大学经济学家欧文·费雪不足为奇。费雪被约瑟夫·熊彼特（Joseph Schumpeter）称赞为"美国有史以来最伟大的经济学家"，并且被当今自由派和保守派经济学家公认为现代数理化新古典经济学和货币主义理论之父。在文化及思想发展，或被称作进步主义的定价中，费雪占据着核心地位。[3]

费雪在他那个时代是一个极具影响力的人物，尽管进步时代的历史学家几乎完全忽视了他——也许是因为费雪不符合他们对进步主义改革者的固有观念。费雪作为《纽约时报》的撰稿人、畅销书作家、健康狂热者、公共知识分子、自称的卫生保健专家、社会改革家、经济预言家、统计奇才、不屈不挠的政客，以及全方位的进步主义专家，将一种新型且缜密的市场经验主义带入了美国大学的经济学系以及更广泛的美国市民社会中。正是费雪通过提出新古典主义的边际效用理论，首先将数学模型引入了美国的经济学中，这种边际效用理论认为市场价格反映了主观价值。在进步时代的政治言论中，费雪或许比任何美国人都更不遗余力地正式化、合法化和普及化价格统计数据的使用。他教导美国人民：如果要争论进步的性质或某项改革是否值当，他们就必须先对其进行定价。[4]

费雪将《纽约时报》文章中引用的价格数据应用在了其针对美国卫生部以及联邦公共卫生监管的游说活动中，他说服西奥多·罗斯福（Theodore Roosevelt）总统，国家自然保护委员会应该制作一份关于"国家活力"的报告，该报告不仅应注重自然资源保护，还应注重人力资源保护。正是在这一报告中，费雪系统性地对不同年龄段美国人的价值进行了资本化。20世纪30年代，美国陆军工程兵团（the Army of Corps of Engineers）将成本—效益分析正式制度化，但是在此之前很久，费雪就已经开始采用成本—效益分析逻辑了，他称考虑婴儿未来收入贴现值减去未来护理成本贴现值的净值，美国婴儿值得保留，他或她的价值为90美元；通过类似计算，5岁孩子的价值为950美元，而美国人的平均价值为2900美元。费雪认为，即使是最年幼的美国人，其价值也超过了其成本，因此政府促进公共健康的改革是一项好的经济投资。费雪总结说，如果将所有年龄段的人加总在一起，并将他们未来的收入流资本化为现有的财富存量，则"我们的人口可以被视为超过2500亿美元的资产"。[5]

老罗斯福总统是费雪投资术的忠实听众，他是进步时代效率运动的狂热支持者。老罗斯福总统在写给费雪的信中，也将人民描绘成人力资本："国民的健康是我们国家最大的资产，防止这一美国资产出现任何可能的恶化，应该是国家追求的目标。"[6]

费雪并不缺乏类似的野心。在接下来的30年中，他将使用类似的价格统计来证明其无数改革计划的可行性，其中许多计划出现在他最畅销的《如何生活》（*How to Live*）一书中。这本书经历了 90 次印刷，售出了近 50 万本。作为战时禁酒委员会（the Committee on War-Time Prohibition）的主席，费雪认为戒酒能"提高经济效率"，每年可为美国社会节省 20 亿美元。在破天荒的对结核病的成本—效益分析中，费雪估计该疾病造成的社会成本为每年 11 亿美元。他认为，放弃对"精神紊乱及失智人群"的治疗可以为公共医疗保险每年节省高达 30 亿美元，进行这些治疗仅为美国经济带来 8500 万美元的价值。[7]

最新的统计数据暗示了费雪对优生学的兴趣，因为致力于追求美国人市场生产率的最大化，他毫不意外地当选为美国优生学会（the American Eugenics Society）第一任主席。在他担任主席期间，学会将价格数据作为宣传口号。在一个优生学"展会"上，闪烁的灯光旁边会有一个标志告诉围观者："这个灯每 15 秒闪烁一次。每 15 秒就要耗费你们 100 美元用于照顾有遗传疾病的人，例如精神紊乱、失智低能、犯罪及有其他缺陷的人。"[8]

虽然进步主义经典丝毫未提及费雪令人感到震惊，但这并不是完全出人意料的。费雪挑战了亲政府的自由主义者与自由市场保守主义者势不两立的传统历史叙事方法（这种叙事方法现在仍然存在），因而受到了从芝加哥学派的米尔顿·弗里德曼（Milton Friedman）到凯恩斯主义的保罗·萨缪尔森（Paul Samuelson）和保罗·克鲁格曼（Paul Krugman）等不同学派经济学家们的欢迎。作为一名数理经济学家，费雪建立了一个完全均衡的自由市场真空模型；同时他也是进步主义改革者的先锋，强烈主张政府实行医疗保健计划，该计划甚至可以让奥巴马的医疗改革甘拜下风。费雪无法被归入统计自由主义对抗自由放任保守主义的阵营，而这恰是自阿瑟·施莱辛格（Arthur Schlesinger）时代以来编年史的主流。[9]

一方面，费雪拒绝自由放任，相信基于量化的官僚政治原则和专家指导的自上而下的政府改革。另一方面，他的改革议程依据一种信念，即社会只不过是一系列创造收入的市场交易和资本投资。因此，尽管费雪的定价和日常生活资本化极大地缩小了经济话语的范畴，并限制了政治可能的范围，但他的量化技术仍然可以被应用在从高福利国家到非政治化货币制度的广泛公共政策制定中。费雪改革议程意识形态的核心基于这样一种观念：社会目标是最大化美国社会的赚钱效率及其劳动者的人力资本，这种想法不能被单纯地称为"自由主义"或"保守主义"。

∽

作为他那个时代的产物，费雪站在其他量化前辈的肩膀之上。如同许多其他进步主义思想那样，定价人和进步的量化实践已经在当时的大西洋两岸各国中占据了相当大的地盘。费雪的经历表明，他资本化人类身体的技术受到了英国统计学家威廉·法尔、J.S. 尼克尔森（J.S. Nicholson）、罗伯特·吉芬爵士以及德国统计学家恩斯特·恩格尔（Ernst Engel）的极大影响，恩格尔甚至创造了一个计算人的价值的数学公式。[10]

费雪也受到了美国国内其他人的影响。他时常引用那个时期美国同仁们所做的成本—效益计算，成了一个行走的价格统计数据库。随着大量货币化指标浮出水面，收集这些数据并不是特别困难的事。进步时代被普遍认为是"自由放任的黄昏时期"，但对自由市场的拒绝以及行政国家官僚机构的崛起并没有终结定价进步，现实恰恰相反。举例而言，1911 年，波士顿商业委员会（Boston Board of Commerce）对普通感冒造成的企业成本进行了调查。通过对 600 名来自"百货商店等大企业"的员工进行调查，政府报告发现，普通感冒导致了人均每月缺勤一天（每个工人损失 21 美元）和 10% 的"精力损失"，以及由此造成的"效率损失"（每个工人额外损失 3 美元）。虽然这项研究严格地将人视为赚钱机器，但它还是敦促政府制定预防性的卫生政策。其他疾病也被打上了价格标签，这些标签通常来自政府官员，如美国公共卫生署的阿兰·麦克劳克林（Allan McLaughlin）博士，或加州传染病局负责人詹姆斯·卡明（James Cumming）博士。据说，美国社会每年为伤寒耗费 2.71 亿美元，为疟疾耗费 6.94 亿美元。[11]

这种计算在蓬勃发展的人寿保险行业中尤其受欢迎，这是 20 世纪初资本积累的主要用武之地。几乎每周都会有来自公平人寿保险协会（Equitable

Life Assurance Society）的 E.E. 里腾豪斯（E.E. Rittenhouse）等人的文章发表，宣称那些本可预防的疾病每年至少耗费美国社会（以及隐晦地说，美国保险公司）15 亿美元。其他精算思想家甚至进行了更深入的分析：保德信保险公司（Prudential Insurance Company）统计学家弗雷德里克·霍夫曼（Frederick Hoffman）将美国每个产业工人的经济价值定为每年 300 美元，他以马克思主义方式计算了"劳工生产的产出价值超过工资的部分"。根据霍夫曼的计算，一个可以工作 50 年的产业劳动者的"社会净收益"为 15000 美元。霍夫曼将这些数字插入其珍贵的精算表，然后计算出了假如产业劳动者英年早逝造成的"社会经济损失"：25 岁时为 13695 美元；35 岁时为 10395 美元；50 岁时则为 4405 美元。《华尔街日报》对这些调查结果非常兴奋并宣称："没有比统计数据更能起到避免浪费、提高人民生产效率的作用的了。"对进步主义的定价以延长美国人寿命的公共卫生政策形式再次呼吁"大政府"。然而，这些人的理念并非是因为人们有权尽可能活得更久，而是受到一种声称活得越久、赚得越多的投资术的驱使。[12]

进步主义定价的一个风暴点是弗雷德里克·温斯洛·泰勒的科学管理及其引发的进步时代"效率运动"。科学管理首先是一项教育运动，旨在教导工人最大化其赚钱机会。隐藏在秒表、动作分析和管理术语背后的是一个相当简单的劳动监督系统，它通过"奖金的差别化计件体系"为工人的每一步行动设置价格标签，以此激励和调动他们。如果一名工人以一定的速度工作，他就获得了基本工资；如果他加快了速度，他就能获得奖金。科学管理希望通过提高劳动生产率，在提高工资的同时降低每单位的劳动力成本，有时生产率的提高甚至超过了奖金的价值。科学管理依赖于劳动者重点关注他们能赚多少钱，而不是关注他们实际生产了什么。如果说霍夫曼使用了剩余价值理论定价人，那么"泰罗制"（Taylorism）则是拜物教的制度化。[13]

然而，进步时代的科学管理及其对人类活动的定价并不仅局限于工厂车间。泰勒主义者不断地将工厂与社会进行类比，正如某位历史学家称赞的那样，泰勒主义"逐渐走出了工厂，促进了全国范围内的科学管理运动"。效率专家们认为，工业定价技术应该被应用到日常生活场景中，经营城市或家庭与经营工厂或化工企业并无不同。例如，虽然女权主义改革家、"家庭经济学家"夏洛特·帕金斯·吉尔曼（Charlotte Perkins Gilman）绝非公司资本主义的信徒，但是她在一篇题为"私人管家的损失"（The Waste of Private Housekeeping）的文章中谈到市场效率时，举例说明了为什么要终结妇女的无薪劳动：

> 根据女佣的工资估算，女性劳动力的当前市场价值为每天 1.50 美元，假设我们有 1500 万名家庭主妇在工作，则她们的劳动力价值为每年 75 亿美元。五分之一的家庭主妇以 15 亿美元的成本就可以完成这项工作，则每年可节省 60 亿美元，每个家庭约 500 美元。[14]

虽然许多进步主义人士关注男性、女性和儿童创造收入的能力，但是他们也没有放过定价自然环境。1914 年，美国农业部的戴维·兰茨（David Lantz）在一篇题为"北美臭鼬的经济价值"（The Economic Value of North American Skunks）的报告中称："臭鼬是这个国家的重要资产，它们每年为美国捕兽者带来 300 万美元的收入。"此外，艾伦·里普利·富特（Allen Ripley Foote）在一篇题为"路灯的经济价值"（The Economic Value of Electric Light）的文章中，通过定价黑暗带来的犯罪行为，说明了为何需要保持人行道照明充足。富特解释说，由于"街道照明成本每人每年约为 60 美分，每晚开启 10 盏弧光灯，晚间照明总成本大致相当于一名警察"。1906 年，《巴尔的摩太阳报》（Baltimore Sun）一份关于水力发电的报告计算得出，尼亚加拉大瀑布价值 1.225 亿美元。与此同时，西海岸的《洛杉矶时报》（Los Angeles Times）正忙着向读者解释，昆虫学家是如何估算出"美国每年因昆虫造成的损失高达 7 亿美元"的。[15]

在当时的知名知识分子圈中也突然出现了用价格度量价值的进步主义倾向，这种倾向甚至在威廉·詹姆斯（William James）关于实用主义的著作中发挥了重要作用。詹姆斯在其 1907 年出版的《实用主义》（Pragmatism）一书中问道："假设一个想法或信念是真实的，它对其他人的现实生活会产生怎样的影响？人们如何意识到这是真理？这与该信念是错误时给人们带来的体验有何不同？简而言之，这一真理在经验论上的现金价值是怎样的？"在选择"现金价值"作为他的习语时，詹姆斯将所有"经验"等同于市场交易。在詹姆斯看来，金钱价值并非虚无缥缈、抽象的，而是真理的具体实现。实用主义是以对人们生活的实际影响衡量思想价值的。从这个比喻来看，詹姆斯认为这种实际影响可以用金钱估值。[16]

詹姆斯使用"现金价值"这个比喻并非一时口误。这一比喻在他的著作中无处不在，尽管受到了外界批评，但他还是反复使用这一说法。在《真理的意义》（The Meaning of Truth）一书中，詹姆斯引用了《实用主义》一书中上述关于现金价值的段落，称其是"本书的核心内容"。几千年来，西方思想家一直小心翼翼地避免将市场价格等同于价值。但是，詹姆斯却使市场价格成为真理认识论的核心。因此，当进步主义改革者寻求用美元和美分衡量政策结果或日常生活时，他们都间接受到了这位美国最受尊敬的哲学家的鼎力相助。[17]

詹姆斯并不是唯一这么做的。在一系列文章中，社会学家查尔斯·库利（Charles Cooley）称，"金钱价值"已经成为美国社会价值及估值的基本形式。与经济学家不同，像库利这样的社会学家认为，这些货币价值是一个人为制度，源自"金钱、银行、市场及其商业阶层"。尽管如此，但库利也认同社会价值与金钱价值的一致性。库利称，认为物品的价格"与其更高的价值无关，而且永远不可能一致"的观点是"坏哲学"。他认为，"金钱价值观与道德和审美价值属于同一种体系"。[18]

ဖ

从进步主义的定价中可以梳理出许多思想链条，如：美国人身体的资本化，尽管奴隶制及其动产原则早已被终结；利用成本—效益分析作为社会政策和资源配置的核心评价方式；将美国的进步等同于市场产出的增长；强调社会整体财富而非财富分配；认为金钱可以作为衡量社会价值的基本单位。

然而，为了理解形成这些计算的思想和前提假设，我们必须首先仔细研究这些计算在进步时代崛起的经济、社会和文化发展背景。

由于资本流入铁路、房地产、工厂以及其他渠道，致使对进步的定价在19世纪下半叶蓬勃兴起，到进步时代时已达到了全盛。这个时代的确也存在不对日常生活定价的其他社会和统计调查方式，典型例子是关于城市生活的里程碑式社会学研究——"匹兹堡调查"，但它们很少像价格统计那样捕捉美国人的生活图景。事实上，历史学家们已经证明了对社会生活的这种描述几乎没有改变主流观点趋势。因此在20世纪的头二十年里，诸如《奥尔德里奇报告》等货币化指标继续在美国人民的观念中长驱直入。即便如弗洛伦斯·凯莉那样见多识广的社会专家也意识到了价格的力量，并且进行了复杂的社区调查以描绘各类居民的工资情况。[19]

这些年价格统计数据之所以能够兴起，主要是因为在19世纪早期占据主导地位的地方的、分散的自有生产主义——自亚历山大·汉密尔顿时代以来为进步定价的最大障碍——正在慢慢消散，取而代之的是现代公司的官僚和管理等级制度及其两个孪生机制，即规制性政府和私人慈善基金会。这场企业资本主义革命（因为这种变革无异于革命）极大地改变了美国的势力平衡。疏远而等级化的社会关系取代了地方的非正式关系，管理型公司的"看得见的手"取代了小生产者的市场竞争，而选举产生的立法者管制经济的能力往往不敌非选举产生的行政管理者，这种曾掌握在生产性财产所有者（以及他们的政治代表）手中的能力开始转移到新生的职业专家阶层（以及他们的官僚老板和企业捐助者）手中。[20]

无论是企业会计师、家庭经济学家、商业顾问、保险销售员、工业心理学家、公立医师、社会工作者、学院派经济学家、机械工程师，还是卡内基基金会的公关人员，这些职业专家中的许多人都试图将美国社会重塑为机械化的"系统"，这一系统需要持续的自上而下的维护、监管和社会规划。这些进步主义人士宣扬效率、系统谋划和专家治理（这不足为奇，因为他们是专家），反对社会应该由个体的市场选择或民主决定的法律法令管理这一理念。相反，他们构想了一个由专业统计数据分析（而非投票或市场交易）治理的社会。欧文·费雪在一篇支持放弃自由放任的文章中，比大多数中产阶层专家更清晰地阐述了这一思想："世界由两类人组成，即受过教育的人和无知的人，而前者应该被允许支配后者，这对于进步来说至关重要。"[21]

为了将杂乱的现实世界转变为一个可以从上层进行治理的易于理解的系统，这些进步主义人士经常求助于统计数据。正如罗伯特·维贝（Robert Wiebe）所言，进步派人士有一种"量化信仰"，因为"貌似这个时代只能从总体上进行理解"。在他们看来，在一个运作良好的社会中，精心收集的各种生活数据将对私营公司、政府管理或慈善基金会中的官僚等级制度起到支撑作用。然后，专家们依据这些量化数据作出的客观有效的决策将层层传递下去。由于美国社会的企业并购潮恰好需要这些新颖的等级化社会协调形式，偏好统计分析的、由笔杆子驱动的官僚统治者们发现自己处于强势地位，因此，集中化的会计核算实践将在进步主义美国分配社会资源和阐释社会问题的过程中成为主要方法。[22]

无论被称作"企业自由主义""管理革命""组织合成"，还是工具理性的"铁笼"，这一划时代转变的不同面貌都被很好地记载了下来。然而，经常被忽视的事实是，管理这个数据驱动的社会的主导统计度量单位是货币价格。即使是从未在市场上进行交换的东西，如婴儿、尼亚加拉大瀑布或伤寒，也会被用现金进行估值。当进步主义者谈到"效率"时，他们通常谈论的是金钱效率。就如伊丽莎白·珀金斯·吉尔曼（Elizabeth Perkins Gilman）所做的那样，当他们度量"浪费"时，他们更多时候是以美元和美分度量的。泰勒主义的两个门徒弗兰克·吉尔布雷斯（Frank Gilbreth）和莉莲·吉尔布雷斯（Lillian Gilbreth）半开玩笑地写了一本关于他们上一辈如何痴迷于效率的书，并取了一个引人瞩目的名字——《量大从优》(*Cheaper by the Dozen*)[*]。在进步时代，"更便宜"和"更好"已成为同义词。现代性的新牢笼描绘了能被货币化的周围社会事物的边界，这一牢笼或许不是由像铁一样坚固的东

---

[*] 这本书以吉尔布雷斯夫妇和他们的 12 个孩子为题材，后来被改编为电影，中文译为《儿女一箩筐》。——译者注

西铸造的，而是由无形的东西比如价格铸造的。[23]

那么，如何解释进步时代传播的不仅仅是统计数据而是价格统计数据，不仅仅是量化数据而是市场量化数据，不仅仅是官僚主义而是资本官僚主义呢？正如奥利弗·赞恩斯（Oliver Zunz）所说："是大企业……而非政府发明了美国的官僚机制。"因此，我们有必要从企业"大并购运动"入手，它不仅撼动了美国经济的基础，还动摇了美国的思想和文化。在1894年到1902年间，成千上万的小工厂主们出售了他们的自营企业所有权（以及折磨人的不稳定性），换取了他们拥有却无法控制的巨头公司的股票。1890年，公开交易的制造类公司的资本总额仅为3300万美元，而到1898年时达到了将近10亿美元；五年之后更是膨胀到了50亿美元。美国的工业成果已被证券化、金融化，并被分割成小股享有分红的资本。到1899年，三分之二制成品是由公司制造的，65%的雇佣劳动者是为公司工作的。到1919年进步时代结束时，上述数字将分别上升到87%和86%。正如托斯丹·凡勃伦（Thorstein Veblen）于1923年指出的那样，公司已成为"文明生活的主要机制"。[24]

私营企业的核心目标是利润，其衡量绩效的基本单位自然是价格。无论是通过内部成本核算表或外部股东报告，还是生产计划表和销售计划表，公司用来衡量成败的都是货币。然而，这种注重成本、以利润为导向的衡量标准并不局限于公司这一私人部门。在镀金时代，公司形式的会计核算和官僚机构成功地打造了"统计型国家"所使用的指标。大并购运动进一步巩固了进步时代的这一发展成果，这些企业巨头产生了大量的量化价格信息，使得政府行政机构能够非常轻易地完成集中化的数据收集。《奥尔德里奇报告》依赖大企业获取其所在特定经济部门的价格数据，进步时代的许多其他政府统计工作也是如此开展的，无论是铁路、公用事业、电信还是制造业。正如马萨诸塞州劳工统计局第一任负责人早在1870年就发现的那样，在已经工业化和资本主义化的美国，如果你没有得到私营企业的帮助和支持，要收集像样的经济数据是极其困难的。[25]

人们通常认为大企业恰好出现在进步时代是必然的。由于它们向政府行政管理者提供了大量数据，伴随这一新兴公司经济而崛起的监管型政府，往往会以他们自己的价格效率标准来评价这些企业。当价格统计数据走出公司并进入世界时，它们成为非常有效的意识形态载体，许多公司的前提假设、世界观、信仰和偏好都是与之联系在一起的。因此，19 世纪的反垄断价值观——困扰生产主义者的企业权力过大问题——很大程度上是被"钱包政治"所取代的，后者主要关注消费者价格和劳动工资的比较。随着通货紧缩的镀金时代的终结，生活成本在进步时代（在 20 世纪 10 年代，这一术语盛行到令人难以置信的程度）成为一个更为突出的政治问题。这导致许多进步主义人士倡导通过科学管理的方式减少浪费，从而降低消费者价格和生活成本，其中就包括路易斯·布兰代斯（Louis Brandeis）律师，他后来成为美国最高法院大法官和反企业活动家。事实上，正是布兰代斯 1910 年在美国州际商务委员会（Interstate Commerce Commission, ICC）公开听证会上的发言才使得泰罗制（泰勒主义）家喻户晓，布兰代斯称提高效率可以代替调高铁路费率。与匹兹堡调查中难以总结的分析不同，这种具有成本意识的叙述引起了新闻界的极大关注，因为它将复杂的政治辩论转化为单纯的价格统计数据。例如，在布兰代斯发言后的第二天，《纽约时报》的头条就大声疾呼："铁路能够每天节约 1000000 美元——布兰代斯说科学管理可以做到这一点。"[26]

布兰代斯和泰勒的惊人一致表明，不同政治领域中的生活成本争论对不同的人来说意味着不同的事。工业家们可能已经推动了利用生活成本数据降低劳动力成本，但对于左倾的天主教神父约翰·瑞安（John A.Ryan）及许多进步主义工人和活动家来说，"基本生活工资"首先是社会正义问题，而非技术治理上的效率问题。[27]

1898 年至 1902 年间，美国工业委员会（United States Industrial Commission, USIC）关于托拉斯和产业联合的大量证词证明，进步主义的定价具有政府认可但公司导向的特点。工业委员会企业专家杰里迈亚·詹克斯（Jeremiah Jenks）的统计著作表明，《奥尔德里奇报告》中的生活成本数据经常成为联邦政府的判定工具，借此区分"好的"和"坏的"公司："好的"公司凭借有效的规模经济降低了成本，而"坏的"公司则利用其规模、市场份额和缺乏竞争提高价格。最激烈的政治问题不再是公司对民主和自由的威胁，而是它们是否符合经济效率且对消费者无害。[28]

由于价格统计数据发挥着如此重要的作用，大量公司监管和监督制度并不是依靠立法章程［如镀金时代的格兰杰法（Granger Laws）］创设的，而是依据为联邦贸易委员会及恢复后的州际商务委员会等独立机构工作的非选举产生的统计专家制定的。此前围绕公司的"公允回报"是多少的政治和道德争论，在最高法院关于史密斯诉埃姆斯案（Smyth v. Ames）等判例的推波助澜下，最终被政府官僚用各种受企业启发的会计核算技术终结了。即便有时决定资源配置的是法官而非官僚，价格统计数据也开始成为政策制定中新的评判者。法院背离了古典法律理论不讲收益的传统，开始更多地使用功利主义标准权衡产权和社会后果，他们经常使用的衡量单位是金钱。正是这种发展导致奥利弗·温德尔·霍姆斯（Oliver Wendell Holmes）认为"掌控未来的是具有统计学和经济学知识的人"。[29]

没有人比欧文·费雪更符合霍姆斯所说的"未来之人"的角色了，通过仔细研读其定价日常生活的动机，我们可以窥见进步主义定价背后的社会、意识形态和政治力量。费雪的"婴儿价值90美元"的言论使得"一些人感到困惑和震惊"，此后他在一封给《纽约时报》的信中认为有必要为自己的这一计算进行解释。在其数据的坚实支撑下，费雪向美国公众阐述了支持进步主义定价的理由：

> 报纸对结核病运动悲惨的一面表现出强烈反感，但当提到结核病带来的成本时，他们总是随时准备"坐起来倾听"。慈善家和立法者基于成本的考虑反对向结核病疗养院提供资金，因为他们证明了即使拯救了这些养家者的生命，他们能够给社会创造的价值也不足以弥补上述资金成本。

费雪继续说道：

虽然人的生命不仅仅是一台赚钱机器，但只有将其假设为一台赚钱机器时，它才具有可计算的货币价值。我在波士顿给出的这些数据，本意并不涉及人类生活中任何附带情感的人类价值观。我们永远无法计算婴儿对其母亲的价值；但是它的价值，或者更确切地说，作为一个未来养家者的婴儿的平均价值，可以并且已经被多次计算了。[30]

这是一封相当引人瞩目的信，因为它证明费雪的进步主义定价在很大程度上是其周遭发展中的公司资本主义社会的产物。在进步时代，如果能够说服全国公民联盟（National Civic Federation）等商业公司团体相信工人的报酬最大程度降低了他们的风险，补偿了他们的劳动成本，那么这项改革很有可能会成为法律。另一方面，如果改革者无法说服大型保险公司相信政府医疗保险将提高其利润率而不是蚕食其市场份额，那么这项改革很可能会被搁置。作为一个富有经验的政治家，似乎费雪之所以求助于进步主义定价，部分是因为他认识到，自己珍视的社会改革命运经常掌握在具有预算意识的立法者或管理精英手中，这些人习惯于将世界视为资产负债表，将美国的"养家者"视作被定价的资本主义生产要素。正如费雪在给编辑的信中明确指出的那样，他愿意公开承认"人实际上是无价之宝"。但他选择用度量效率的成本—效益语言推销他的改革主义议程，将人视为资本，将社会视为投资，因为他认为这一投资术能与美国精英产生共鸣，无论他们是公众舆论制造者（他提到的"报纸"）、商人（"慈善家"），还是政府（"立法者"）。[31]

倡导"组织合成"的历史学家正确认识到了中层管理者、中产阶级改革者和中等官僚在这个时代的崛起，但是他们做这一点往往是以探究金融精英、公司主管和资本主义慈善家的权力为代价的。费雪十分清楚不能忽视顶层精英。正如他提到慈善家时所说的那样，进步主义改革者经常发现自己之所以定价日常生活，不仅是出于一种官僚政治对"秩序的追求"，同时也因为富有的公司利益群体往往成为进步时代改革的守门人。费雪似乎在说，虽然人不仅仅是一台赚钱机器，但只有将人视为一台赚钱机器，他才能创造出那种市场导向的统计数据，以此说服制定政策的美国精英积极支持联邦监管、社会改革以及刚刚萌芽的福利国家。如果你想帮助身处公司资本主义社会中的人民，那你将不得不对他们及其取得的进步进行定价。[32]

这一论点反过来说似乎也是正确的：在推动社会福利计划的资本主义社会中——部分原因是其提高了市场生产率，不对居民进行定价可能更危险。这就是美国原住民的命运：政府统计数据几乎完全忽略了这一社会群体，因为美国人从不打算"清点"那些"不纳税的印第安人"的社会存在，更不用说去定价他们了。结果就是在19世纪和20世纪，印第安人的缓慢淡出和被边缘化，没有对任何人均财富统计数据或人力资本计算产生公认的改变。[33]

＄

进步主义的定价当然是一种政治上、经济上和社会上的发展，但它也是一种思想上的进步。在这一点上，美国资本主义的公司重构发挥了核心作用，因为它彻底改变了许多上层和中产阶层美国人看待（并量化）周遭世界的方式。随着本地商人成为公司股东，财产本身以及它应该如何被估值的概念也经历了变革。19世纪的美国人从个体小生产者的角度考虑财产，将价值等同于劳动力，财产等同于提高或促进劳动生产率的有形事物。无论对象是土地、工具、奴隶还是机器，财产或财富的定义都是相当老套的，因为它指的是物质。当19世纪中期的美国人试图定价某一特定工业企业或铁路中的资本时，他们认为最佳方法是估算提高生产率的有形投资成本，如铁轨或高炉。如果铁路或公司发行的股票金额（在这个时代已被称为"资本化"）高于实体工厂和生产性财产的价值，那么就会引发19世纪美国人民对腐败的怒吼，因为他们觉得这类"注水股票"没有反映公司的"真实"资本金额。"注水股票"这个术语揭示了19世纪价值理论的本质，它源自市场上称重之前让牛暴食的做法。[34]

随着大并购运动将作坊和工厂金融化，使其成为连续产生收益的公司债券和股票，关于如何估值财产的想法开始发生变化，与此同时，关于何为"真实"的概念也发生了转变。越来越多的中产阶层美国人放弃直接控制生产性财产，而选择获取股票红利和债券收益，因此产生了一种缓慢却确定的趋势，财产开始被看作一种抽象权力，其价值源自未来的收入流，而不再是一种价值源于生产性劳动的有形东西。到 19 世纪 90 年代时，这种新方法正在被美国法院制度化。正如约翰·康芒斯（John Commons）在 20 世纪20 年代指出的那样，最初的几个案例之一是 1890 年的明尼苏达州费率案（Minnesota Rate Case of 1890），在这一案件中，最高法院认为："不仅有形事物可以作为财产，这些事物的预期收益能力也是财产。"[35]

华尔街大亨亨利·高盛（Henry Goldman）——将高盛投资公司变成投资帝国的最大功臣——的金融魔术，简洁地展示了有关财产的想法是如何随着企业整合而发生变化的。在 20 世纪初，三家雪茄公司合并为由商人雅各布·沃特海姆（Jacob Wertheim）管理的联合雪茄公司（United Cigar）——后来更名为通用雪茄公司（General Cigar）。沃特海姆急于发行债券筹集长期资本。然而不幸的是，不像铁路或钢铁生产等其他高度机械化的工业部门，联合雪茄公司并没有太多实物资产可以作为发行如此大型证券的抵押物。沃特海姆向高盛寻求帮助，后者没有令他失望。高盛让投资者确信，联合雪茄公司傲人的收入流意味着无论其账面上有多少实物资产，它都是一项安全且有利可图的投资。通过这种做法，高盛将价值定义从建立在物理世界中的客观实物上，转变为由未来期望和"信誉"等主观概念决定的无形之物。[36]

股票市场在财产、财富、价值和资本的概念转变中也发挥了类似作用。虽然美国资本市场自 19 世纪 50 年代以来一直在增长，但是企业并购运动将股票市场推向了美国经济图景的中心。历史学家们已经表明，"经济"一词在 20 世纪之前并不存在，而往往被忽视的一点事实是"市场"这一概念也不存在。只有在美国企业重构之后，美国人才开始将股票市场视为具象化的美国资本主义大脑。正如用 GDP 界定"经济"的边界一样，一项反映"市场"主要表现的经济指标也应运而生，那就是道琼斯工业平均指数。[37]

作为对工业公司合并为大型企业的反应，1896 年 5 月 26 日，《华尔街日报》编辑查尔斯·道（Charles Dow）在其财经报纸充满数据的页面中发布了一个新统计指数。通过跟踪 12 家新成立的工业公司的收盘报价，道将其股票价格加总然后除以 12，从而宣布了道琼斯工业平均指数的诞生。到了 20 世纪初时，道琼斯工业平均指数已经成为任何投资者都不会忽视的信息。道于 1902 年去世后，威廉·彼得·汉密尔顿（William Peter Hamilton）继承了其衣钵，后者是《华尔街日报》的继任编辑。在汉密尔顿的《股市晴雨表》(The Stock Market Barometer)一书中，他将道的每日社论综合成"道氏理论"，认为"市场"不仅是资源配置机制，也是公司资本主义的母巢。理性和消息灵通的投资者仔细阅读穆迪公司（Moody）、标准统计局（Standard Statistics Bureau）、普尔公司（Poor）或《华尔街日报》制作的公司分析报告，根据它们的未来盈利预期买卖证券，因此汉密尔顿认为股市价格体现了公司及其上市证券的真实价值。汉密尔顿称："价格变动代表了华尔街的总体认知，尤其是对未来事件的总体认知。市场体现了每个人知道、希望、相信以及预期的一切，这些经过筛选的认知被参议员斯普纳（Spooner）在美国参议院称为'市场的不流血的判决书'——这一说法源自《华尔街日报》的一篇社论。"[38]

根据亚当·斯密及追随他的古典经济学家的观点，自由市场之所以是个奇迹，并不在于它决定了事物的价值，而在于它将市场价格与事物内在的"自然"价值结合了起来。另一方面，道和汉密尔顿等人表明，不存在所谓的内在价格，存在的只是市场。根据这一逻辑，"注水股票"这一概念是站不住的，因为如亨利·高盛说的那样，公司的价值不是基于其目前的实物资产，而是基于其在投资者眼中的未来潜力。公司的价值是投资者愿意为其股票支付的价格。道和汉密尔顿激进的新价值理论需要几十年时间才能完全被理解。（例如，进步时代的美国州际商务委员仍然认为"虚拟的资本化"是可以被衡量的。）然而，当人们理解价格的这种力量时，"注水股票"一词的使用开始消退，到了今天甚至实际上已经不复存在了。[39]

这种对市场和社会的看法与 19 世纪美国存在的观点完全不同，即便如人们的希望、意愿、信念和预期这样的无形商品，据说现在也可以收集到市场价格了。市场价格不再受到物质界限的束缚，现在已上升到了美国思想的认知中心。因为如果价格仅仅代表主观愿望，那么所有有价值的人类经验都可以用市场术语来理解。如果资本仅仅是对未来的预期，则几乎任何东西，甚至是婴儿，都可以被视为资本。因此，社会应该被重塑为日常生活在股票市场中的一系列投资，美国公民扮演的是公司证券的角色——像证券一样被资本化和估值。[40]

　　欧文·费雪在这场概念革命中发挥了重要作用。他在理论上做了亨利·高盛等商人在实践中所做的事情。在其 1906 年出版的《资本与收入的本质》(*The Nature of Capital and Income*) 一书中，他提出了一种新的"存量和流量"的资本定义，这一定义在现代经济学教科书中变得司空见惯。费雪解释说："特定时刻存在的存量财富被称为资本，一段时间内财富带来的流量收益被称为收入。"与高盛一样，费雪正在将资本转变为一种抽象概念，其价值不是由有形事物而是由未来期望决定的。费雪认为："如果观察股票价格和债券价格的历史，我们会发现它们主要是由不断变化的对将来的预期记录构成的。"这使费雪大大拓展了资本的定义。例如，他认为每个人都是"被拥有的"资本，"要么被另一个人拥有，就像奴隶，要么被他自己拥有，如果他是一个自由人"。[41]

　　这还不是费雪资本化的全部东西。他说："任何时刻食品储藏室中的食物都是资本，每月通过食品储藏室流出的食物就是收入。"令人难以置信的是，在费雪的新价值理论中，价格甚至不需要真实市场。他写道："很少被交换的事物，如公园，通常不被认为是财富，但从逻辑上讲，它们必须被包含在这一类别中。"虽然这可能听起来像是其新资本理论一个相当严重的障碍，但是费雪轻松地回避了它。他辩称："为了产生一个价格，考虑中的交易没必要实际发生，它可能只是一次计划的交易。"[42]

ς

　　"计划的"价值宣称价格反映了主观感受，虽然确实是这么回事，但是让普通民众认同这一点则是另一回事。尽管进步主义的定价理论一直在逐渐崛起，但要注意到，它也一直备受质疑。费雪、道、汉密尔顿和高盛采取的新型估值方法，与新兴的公司股东阶层产生了共鸣，后者认为其股票价值的上升和下跌是基于其他投资者的担忧和希望的。但是，对于大多数没条件参与股票市场的美国人来说，它并没有那么多意义。

总的来说，当谈到进步主义的定价时，只有少数人参与其中。日常生活的货币化主要是中上阶层专业人士和专家的精英式项目。普通美国劳动者，无论是劳工还是农民，都对这种计算持怀疑态度，并且对这种货币化的狂热另有看法。费城的一份日报指出："欧文·费雪教授表示，一个婴儿值90 美元，而一个成人值 4000 美元。毫无疑问，这一说法是非常聪明的，但是众所周知，该数字是不值得信赖的。"该报纸描绘了一个更被普通人接受的愤世嫉俗的人力资本观点。这一报纸打趣地说："我们几乎所有人都知道婴儿是无价之宝，而许多成年人就算押上他的灵魂和所有，也无法从银行获得 4000 美元贷款。"尽管对于那些拥有资本的人来说，将人视作资本是有意义的，但是对那些没有资本且需要信贷的人来说，这种构想没有任何实质意义。[43]

此外，到了 19 世纪末期时，美国劳动人民对于金钱代表价值能力的信念延续了杰克逊式民主时期形成的恶性循环。爱德华·贝拉米（Edward Bellamy）广受欢迎的《回顾》（*Looking Backward*）一书反映了许多美国人是如何看待现金的代表能力的。在贝拉米的乌托邦未来世界中，没有以市场为基础的货币。未来主义者利特（Leete）博士向来自过去的访客们解释道："所有估值都直接与实物相关，如毛皮、铁、木材、羊毛和劳动力，货币和信贷极大地误导了你们对这些实物的认知。"[44]

贝拉米及在其觉醒后涌现的数以百计以社会主义为导向的民族主义俱乐部，都不是独行者。农业民粹主义和农民联盟在一定程度上也是一场拒绝自动将市场价格等同于价值的运动。在他们看来，金钱天生是政治性的，因此不应该仅依据金钱决定价值。相反，民粹主义者希望将货币和信贷的发行国有化，因为这样能够民主地确定市场价值。在《价格哲学》（The Philosophy of Prices）一文中，农民联盟领导人邓宁（N.A. Dunning）要求国会确保人均货币供应量等于 50 美元。许多民粹主义者响应了这个人均 50 美元的政策建议，其中就包括提出奥卡拉诉求（Ocala Demands）*的农民团体联盟，以及 1892 年伊格内修斯·唐纳利（Ignatius Donnelly）著名的奥马哈政纲（Omaha Platform），该政纲标志着人民党的建立。美国社会主义者同样质疑金钱反映价值的能力，他们在进步时代成为重要的政治力量。社会主义者称，由于资本主义关系中存在固有的权力不对称和剥削，劳动力的价格并未反映其真实价值。[45]

人们不必通过民粹主义者、民族主义者俱乐部或社会主义者，就能看到在此期间美国人对价格与价值之间的关系存在多大的疑惑。在纽约银行家协会（New York Bankers' Association）的年度晚宴上，两位受人尊敬的演讲嘉宾质疑了价格的本体力量，而 J.P. 摩根（J.P. Morgan）和其他金融界要人坐在观众席中聆听了他们的发言。第一位发言人嘲讽了信贷机构和市场预测分析师的快速发展使得市场理性化，因此价格反映了价值这一观念，他说道：

> 我们每周都会收到来自华尔街的报告给出的特别建议……给我们有关如何赚钱的充分信息。但是，任何一个现实中理智的人都知道在金融事务中，懂的人不说出来，说出来的人不一定懂，股票经纪人虽然知道任何东西的价格，但不知道它们的价值。

那天晚上的第二位发言人对价格与价值的关联同样持批判态度：

> 今天最赚钱的生意属于那些超额发行股票的人。聘请一家平版印刷公司制造价值，然后请一些公司推销股票卖钱后瓜分，这是最简单的事情。关于华尔街，我无法理解的是当实际价值没有变化时，

---

* 奥卡拉是美国佛罗里达州北部的一座县城，为马里昂县的县治所在，1890 年底由南方农民联盟筹划、全国各州联盟及其他社会改革组织共同参加的"奥卡拉会议"，被认为是孕育美国人民党的会议。——译者注

市场价值却发生了快速变化。[46]

　　显然，此时对进步进行定价和进步主义还并没有占据统治地位。支持者要让它真正流行起来，就必须提出一个简单、合乎逻辑的且令人信服的叙述方式，用上述发言者使用的术语来说，就是将"市场价值"等同于"真实价值"。本书开篇的故事也是试图做到这一点。威廉·配第巧妙地将价格与价值等同起来，他编撰了一个完美故事说明种植一蒲式耳小麦所固有的价值等同于开采一枚银币。这个故事在当时是如此令人信服，以至于它后来成为古典经济学的基础。然而，随着小制造商的垮台和公司资本主义的兴起，这种以劳动为基础的唯物主义价值理论将不复存在。事实上，正如马克思主义社会党人表明的那样，这种说法是十分危险的，因为它可以被当作资本主义剥削本性的论据。在一个日益抽象化、金融化的公司资本主义世界中，经济价值脱离了日常生活中的有形实物，变得主观了，因此，人们需要一个新的"新古典主义"故事呼应美国人民和社会不断变化的价值观和准则。欧文·费雪就是那个把故事讲出来的人。

δ

　　19世纪70年代，三名来自不同欧洲国家的经济学家在几年时间里不约而同地提出了非常相似且相当新颖的经济价值理论，这种理论不是基于客观的劳动价值论，而是基于主观的边际效用原则。根据这些不同思想家的观点，大卫·李嘉图、卡尔·马克思和约翰·斯图亚特·穆勒等古典经济学家都犯了一个错误：商品的价格不取决于生产商品所需的有形劳动量。相反，这些新古典主义经济学家认为价值是主观的：任何商品的价格都是由人们愿意为其支付多少钱决定的，而这反过来又在很大程度上取决于他们从消费这一商品中获得的边际效用。这一边际效用递减原则为历史上第一个数学经济模型打开了大门，因为实现这些细微的效用变化只能通过使用微分和积分计算出的导数这一数学术语来完成。[47]

但是，与所有经济学模型一样，新古典经济学的边际效用理论不是对人类行为的实证研究。相反，它是对人们如何行动的一个主观描述。新古典经济学的边际效用理论是一个故事，而费雪是一个出色的讲述者，他能够将复杂的数学转化为易于理解且符合常识的思想。他关于边际效用的解释如下：

> 假设一个家庭主妇购买了 10 磅糖，每磅 10 美分。当结束讨价还价时，她会大致估计最后一磅糖或第十磅糖的价格是合算的。如果她没有在买第五磅糖的时候停下来，那是因为第六磅糖给她带来的效用高于她花费的 10 美分。[48]

一个理性又精打细算的家庭主妇（费雪如此选择的性别化问题须进一步讨论）会继续购买糖，直到她从商品中获得的边际效用与其市场价格一致。家庭主妇瞬间计算了糖的货币成本与其家庭的效用收益，她不停填充其购物车，直到市场价格和她自己的边际效用达到平衡。简单、有逻辑、善解人意、带有不言而喻的人类主观性假设，这就是典型的费雪。

这些想法在今天是主流的，但在 19 世纪末期，新古典经济学远未盛行。事实上，在 19 世纪 90 年代早期，当年轻的欧文·费雪在博士论文中应用数理经济学时，该学科还是一门新生的、存在争议的学科，因其具有一个主要的弱点：效用，这个处于边际主义革命核心的关键概念，似乎完全无法度量。颇为讽刺的是，这位推动经济学向可量化、数理化方向发展的思想家，发展出了一种不同于劳动时间的无法进行实证计量的概念。"但是效用的单位是什么？"英格拉姆（J.K. Ingram）在《大不列颠百科全书》（*Encyclopaedia Britannica*）的"政治经济学"条目中提出了疑惑："如果我们不能寻找出比这更有形的东西——更不要说更可用的，那么我们就没有太大动力进行这样的研究，因为这些研究实际上不过是学术玩具而已。"[49]

发明边际效用的经济学家受到了对这一概念的严厉批评。英国经济学家弗朗西斯·埃奇沃思（Francis Edgeworth）得出的结论是，如果数理经济学想要有一个未来，那么效用就必须成为一个实证的、可度量的单位。埃奇沃思在 1881 年写的《数理心理学》(*Mathematical Psychics*) 一书中，通过想象一种"快乐测量仪"解决了这个烦人的问题，这种机器可以测量人主观的愉悦和痛苦。埃奇沃思梦想："假定有一个理想的完美工具——一个心理物理学机器，可以不断记录一个人体验到的快乐程度，快乐测量仪每时每刻都在变化，灵敏的指针一会儿随着情绪激动而加快，一会儿又因陷入沉思而慢下来。"[50]

尽管埃奇沃思的"快乐测量仪"显然想确立边际效用理论的科学严谨性，但是这种机器远远无法成为现实，最终只会进一步削弱边际主义者的专业地位。英格拉姆的《大不列颠百科全书》条目或许隐喻了埃奇沃思的机器，他的结论是"数理方法"必定是无价值的，因为"这一推导所基于的基本概念在其性质上是模糊的、相当形而上学的"。看来埃奇沃思只是让事情变得更糟了。然而就在这时，一个不成熟的年轻人欧文·费雪加入了辩论。[51]

费雪在其耶鲁大学博士论文前言中提道："数理经济学家因一个无法解释的东西受到了嘲弄，即什么是一个单位的快乐或效用？"但是，对于自信的费雪而言，这只是一个说辞问题。正如他在下面的句子中解释的那样，他实际上已经解决了这个难题："我一直认为，效用的定义必须能够将其与积极或者客观的商品关系联系在一起。"费雪接着解释道，效用可以借助观察市场交易进行实证计量，尽管这是间接的。虽然我们不可能实际测量痛苦和愉悦，但这么做也是没有必要的：因为消费者会购买商品，直到他们的边际效用与价格一致（正如我们在家庭主妇例子中看到的那样），所以货币可以作为价值计量的基本单位。就好比在人对茶叶的渴望上，价格可以揭示人的需求和意愿。费雪在其 1911 年的教科书中写道，"价值的概念取决于价格的概念"，他在随后的章节中补充说"价格取决于人们的实际需求"。[52]

费雪并不是第一个萌生这一想法的人。威廉·斯坦利·杰文斯（William Stanley Jevons）是上述三位边际主义革命者之一，他在 1871 年出版的具有开创性的《政治经济学理论》(*Theory of Political Economy*) 一书中也提出了几乎相同的观点：

我们无法了解或衡量引力，就像我们无法了解或者衡量一种感觉一样。但就像我们通过引力在钟摆运动中的作用衡量它一样，我们同样可以通过人类思维的决定估计人们对平等或不平等的感受。意愿就是我们的钟摆，它的摆动在市场价格表中得到了详细记录。[53]

然而在19世纪70年代和80年代，这种对于人类行为的享乐主义理解方式受到了当时英国著名思想家的批评，其中包括亨利·西奇威克（Henry Sidgwick）和查尔斯·达尔文（Charles Darwin）。对于这种市场主观性理论，他们与后来的美国实用主义者持有相同的反对意见：谁说人们只根据他们从行为中获得的快乐来作决定的？习俗、习惯或胁迫等其他社会力量呢？决定人们的品位和喜好的首要因素是什么？真的可以将个人从社会中剥离出来吗？考虑到这些问题，费雪对此批评提供了一个解决方案，提出了他自己的人类主观性的存在论"假设"：

心理学和经济学之间的交集是意愿。很难理解为何如此多的理论家都企图抹煞快乐和意愿之间的区别。从未有人否认过经济行为的前提始终都是——意愿。但意愿的必要前提是否是"快乐"，还是与快乐无关——它也许是"责任"或"恐惧"，这涉及第二种从选择的经济行为中剥离出来的现象，并且这完全属于心理学范畴。

因此，我们满足于以下简单的心理经济假设：每个人都按照自己的意愿行事。[54]

这是一种主观性和自我性的激进理论。费雪暗示经济学家不必纠结于偏好由何产生、形成或决定，他概括地将人类主体从他们的生活环境中分离了出去，并将其重新设想为完全个体的、自主的、分散的、已有的生物，其一系列特定需求和意愿应被简单地视为天性。费雪的理论没有去探讨社会阶级、经济环境或过去的文化如何塑造和形成了个体。通过简短的一段话，他

　　　　　　　　为进步定价：美国经济指标演变简史

设法将历史和社会从经济学研究中抹去。所有与强迫相关的因素也都消失了。在费雪的模型中，不存在像权力这种一个人将自己的意志强加给另一个人的社会关系。每个人都按照自己的意愿行事。恰在该时代，威廉·詹姆斯认为意识是"一种外在的关系"。约翰·杜威（John Dewey）则认为，"个性不是与生俱来的，而是在相关生活的影响下产生的"。托斯丹·凡勃伦感叹道，经济学不是一种进化的科学。而在进化的科学中，个体行为人被视为更宏大的历史的一部分。欧文·费雪所说的恰恰相反。[55]

费雪仅仅阐述了古典经济学中的已有论点吗？不，他不是。自亚当·斯密时代以来，所有古典经济学中存在的个性化冲动、他们看待社会的态度并非如此。例如，在《国富论》中，斯密的价值理论就建立在三个主要行为者上：赚取工资的劳动者、赚取房租的房东，以及赚取利润的资本家。这三种收益流共同构成了任一对象的价格。你会说斯密是如何让某些剥削性社会关系合法化的，但他的价值理论仍然是建立在社会关系基础之上的。社会地位和经济环境（例如某人继承了土地或拥有生产资料）是他以及所有其他古典经济学家的叙事核心。[56]

然而，费雪的经济理论中没有社会关系、阶级、权力或文化的概念。只有同质和自主的个体徜徉在无关历史的空间中，当他们根据已有的效用偏好理智地计算出应购买多少磅糖时，他们自愿地与其他自主个体达成契约性且互利的交易协议。这些效用偏好来自哪里？为何该家庭主妇如此嗜甜？费雪认为无需探讨这一点；按照追随费雪的当代经济学家的说法，这是"外生于模型的"。

费雪对人类主观性的态度成为他进行经济建模的基石。例如，几年后，在费雪编写的本科教科书中，他在解释为何有些人最终成为资本家而其他人变成工薪劳动者时，这个理论再次出现。根据费雪的观点，一个人在生产资料中的社会地位取决于"人的天性"和他自己的主观、固有和业已具有的偏好：

让我们假设，依靠一些共产主义或社会主义法律，美国的财富实质上进行了平等的分配。人们认为这种平等或许无法长久存在，仅仅是节俭的差异就会重新形成不平等。我们不能假定人性会变得如此统一，以至于无法用"消费者"和"储蓄者"区分社会。……如果两个人必须以每年 1000 美元的相同收入开始，但是一个人的期望收益高于市场利率，而另一个人的期望收益低于市场利率，则前者将不断放弃未来收入换取等价的当前收入，而后者的行为则完全相反。[57]

请注意，在费雪的叙述中，人和社会开始无限趋同于他的衡量单位——货币。货币是终极的均质器和校平机。交换价值压平了生活中所有的山丘和山谷，将它们全部转化为可衡量的计算单元。费雪模型中的行为者可以说也是如此，因为没有劳动者、资本家或者房东，而只存在扁平化、同质化和效用最大化的消费者，对于他们固有的偏好我们可以观察但无法解释，可以测量但无法剖析。[58]

在上述一段话中，我们也开始看到新古典经济学意识形态的力量。通过消除拥有（或不拥有）生产性财产所固有的阶级关系，费雪的模型描绘了美国的精英统治图景，其中每个人的命运仅由他自己的选择和偏好决定。费雪认为，不要因为你的经济问题去责怪社会制度或财富分配不公，而应责怪你自己以及你不负责任的高于市场利率的期望收益。[59]

这样的政治言论的确符合费雪的理念，他曾把社会主义称为"阶级战争的红旗"，并厌恶工会和农业民粹主义者。在费雪极其抽象且同质化的无阶级的社会模型中，理论上劳动力可以轻易地雇佣资本，就像资本可以雇佣劳动力一样，企业利润不是源于垄断特权或剥削劳动者——这一说法在政治上喧闹无序的 19 世纪 90 年代受到普遍指责，而是来自企业为消费者提供产品的能力，这些产品是消费者完全自主的效用最大化思想所期望的。正如费雪在写作论文时给其兄弟写的信中所说的那样，铁路利润的快速上涨并非由于资本主义者与农民间不对称的权力关系，而仅仅是因为铁路"对于农民在运输小麦上起到的作用大大增强了"。因此，通过将市场价格与主观价值等同起来，费雪创造了一种实用主义逻辑，使得资本主义现状合法化了：如果某家公司在赚大钱，那一定是因为它增加了社会的效用。一百多年后，哈佛大学经济学家格里高利·曼昆（Gregory Mankiw）在一篇名为"捍卫百分之一"（Defending the One Percent）的文章中，提出了同样的使美国巨大收入不平等合法化的观点。[60]

费雪关于市场主观性的激进理论的形成，也缘于其将经济学转变为定量实证科学的渴望，而这种科学是以数据归纳和逻辑演绎为基础的。正如熊彼特宣扬的那样："从一开始，费雪就始终致力于一种统计上可行的理论。"费雪在他的论文中着手解决效用衡量这一棘手难题，因为他认识到只有存在可量化、可观察的度量单位时，数理的、实证的经济学才能蓬勃发展。后来，费雪在年迈时说："在所有数理科学中，最重要的是要有个度量单位。"[61]

在这个首要条件的推动下，费雪提出了一种人类主观性理论，这一理论使他能够将效用、价值和价格关联起来。如果价格能成为一种令人信服的、富有现实意义的效用度量方式，费雪就必须假设市场选择反映了人的内在意愿。因此，他之所以抹去了历史和社会影响，部分是因为关于习俗、压迫、阶级或制度变革的看法会扰乱"人们仅购买他们想要的东西"这一理念。效用、意愿、价格和价值的脱钩在数理上是毁灭性的，因为它不再为费雪宝贵的价格统计数据提供实证支撑。如果家庭主妇购买了 6 磅糖，因为这是她母亲向来的做法，或是因为她受到铺天盖地广告的影响，或是因为大型糖业公司垄断，社区超市不再贩卖其他天然甜味剂了，那么费雪就难以将主观效用与市场价格等同起来。但是，只有通过忽略人的意图和动机背后的历史、文化或社会因素，费雪才能将分析焦点转移到单一的消费者可观察（且可标价）的市场决策上来。

对于人民、地点和事物的定价，费雪的确有所保留。关于这一点的注意事项和限制条件，不仅可以从他给《纽约时报》的信中找到，也散见于他的著作中。费雪明确认为，最大化经济效率和生产率应是生活中凌驾于一切的目标。20 世纪 40 年代，他把社会主义者或左派经济思想家称为"异端"，声称这些理论"始于错误的前提——即经济上的大众福利问题主要在于分配，而在我看来，问题主要在于生产"。在费雪年轻时，他在博士论文写作中途写信给朋友说："在我看来，赚钱的责任是所有人类义务中最直接和最迫切的，虽然这是最自然的责任。尽管这与大多数大学教授的观点背道而驰，但通过仔细观察我认同了这一点。"[62]

无论是医疗保健、世界和平、优生学还是日历改革（费雪认为出于会计核算目的，应该有 13 个月，每个月有 28 天，以便每个月的长度相同），费雪所有政策提议的共通点在于它们都会提高市场生产率，从而最优化人力资本。在结核病大暴发之后，幸存下来的人们掀起了著名的健康狂热，费雪明显地接纳了这种人的资本化，他谈论自己身体时的说法跟卡内基关于冶金高炉的说法一样。他在自传中自豪地写道："运用我以高昂代价获得的卫生知识，尽可能将我的工作量保持在接近 100%。"事实上，人们认为将费雪的经济模型与进步主义改革联系起来的概念桥梁，正是他对市场优化的偏好。在费雪的新古典经济学模型中，一个人为了使自己的福利达到最优，平衡了特定商品的成本和收益。在费雪的改革建议中，他平衡了一项最大化社会进步的特定改革的金钱成本和收益。[63]

ς

在创建现代新古典经济学思想的基础框架时，费雪努力创造了一种将价值等同于价格的叙事，这种叙事既能赢得美国人民的共鸣，同时也使公司资本主义社会合法化。然而，正如费雪所希望的那样，要将货币作为基本单位来衡量交换价值以及社会、文化和政治价值，还需要克服两个主要障碍：通货膨胀和通货紧缩。如果货币将作为日常生活的新标准和度量单位，借此分配经济资源和社会政策，其价值必须保持一致和稳定。

回到费雪自己的例子，他认为糖的价格是由家庭主妇自己的主观偏好决定的。因此，如果糖的价格突然上涨并非由于她对甜食有了更多渴望，而是因为流通货币大幅增加，那么费雪认为的货币和主观价值的评价链接就将崩塌。与此同时，货币价值的标准化和稳定化问题还涉及认识论以及分配领域：由于货币是资本积累的基本单元，因此通货膨胀形式的贬值对资本家而言可能是破坏性的。正如沃伦·巴菲特（Warren Buffett）曾经说过的那样："通货膨胀欺骗了股权投资者。"要使资本主义具有可持续性，就必须保持货币的价值稳定。在未来导向的公司资本主义世界中，如果货币变得不稳定且不可预测（抑或只是担心这种情况会发生），混乱也将接踵而至。费雪告诫道："我们已经对商业中其他所有单位进行了标准化，唯独不包括最重要且最普遍的那个——购买力单位。哪个商人会同意依照布匹的码数或者煤的吨数签订合同，同时却忽略码或吨代表的数量呢？" [64]

但是，如何将货币的价值锚定以免它浮动呢？在 19 世纪，美国人和欧洲人借助金本位制来解决这个难题。金本位制通过大幅限制货币制造避免了价格上涨，但正如民粹主义农民亲身经历的那样，银行精英将金本位制作为一种高效的工具，使得货币不仅不受通货膨胀的影响，而且不受民主压力的影响。对于美国上层阶级来说，金本位的美妙之处并不在于这一金属能闪闪发光，而在于它的数量不由立法机关或政府决定这一事实。虽然农民联盟试图通过法律设定货币水平以实现货币的民主化，但是金本位制使得这个问题变得非政治化了。[65]

欧文·费雪并不是金本位的拥趸。他协助开发了一种基于主观意愿的新颖价值理论，因而他并不认为价格应该由某一年中某人偶然从地下挖出的金属总量决定。更重要的是，费雪期望的是一种比金本位更具弹性的机制，在这种机制中随着经济的扩张或收缩，货币数量会增加或减少。就这一点而言，费雪实际上与民粹主义者达成了一致。作为货币数量理论（该理论声称价格受到流通货币数量的极大影响）的信徒，费雪同意民粹主义者的观点，认为在镀金时代困扰他们的通货紧缩在很大程度上是出于这样一个事实，即美国的黄金储备并没有与美国经济活动同步增长。在 20 世纪初期，当价格开始上涨时，费雪依旧不高兴，因为他将通货膨胀归咎于新开采的金矿带来了太多涌入银行金库的货币。[66]

然而，费雪和民粹主义者之间存在着显著区别。与农民联盟相比，费雪对政府可以民主决定货币价值的想法感到震惊。相反，他认为政府需要建立一个价格稳定机制，这个机制应隔绝于民主或民粹主义压力的影响。起初，费雪认为，政府可以仅建立一个自动管理机制，以确保价格与生活成本价格指数挂钩（费雪被认为是这一统计指标的开创性专家）。费雪称："随着指数的开发，我们现在掌握了所有将美元科学地标准化所需要的材料。"这些指数将使美元标准化，同时"不会将危险的自由裁量权留给政府官员"。费雪对价格抽象变幻莫测这一缺陷的解决方案并不像黄金那样扎实，而是像价格指数一样不可触摸。解决价格不稳定性的方法是使用更多的价格。[67]

尽管费雪进行了激烈的游说，且受到了进步时代经济学家的广泛争论，但这一计划最终还是落空了。随着美国联邦储备委员会于1914年成立，费雪最终有了确保美元稳定的机构，该机构并非依据立法机构而是依据运用指数的金融专家采取行动。费雪先于米尔顿·弗里德曼的货币主义理论半个世纪就认为，美联储除了在信贷紧缩时作为最终贷款人，还应"利用其一切权力"稳定价格水平。费雪和俄克拉何马州参议员罗伯特·欧文（Robert Owen）试图推动国会就此问题通过一项法案，但是最终失败了。只有在大萧条的余波和货币主义政策的兴起之后，费雪的愿景才成为现实。自20世纪70年代后，美联储的任务就一直是在最大化就业的同时，保持美元稳定。作为一个准私人机构，美联储不受制于直接选举产生的官员一时兴起冲动的影响，而其货币干预措施不仅保证了美元的稳定，也保障了美国资本主义的运作。[68]

在成为价格指数大师之后，费雪还利用其专业知识为自己和其他资本家赚了不少钱。在通胀咆哮的20年代，费雪成立了指数研究所（Index Number Institute），这是一家为投资者提供股市投资指导的预测公司。他的预测模型建立在价格指数之上。在他看来，"商业周期"的四季更迭（这一概念在20世纪20年代占据了许多投资者的思想）主要取决于货币供应的增加或减少。[69]

然而，费雪关于"价格反映价值"的信念最终导致了自己的毁灭。如果说大多数美国人都听说过费雪，那么并不是因为他的新古典主义模型或进步主义定价，而是因为在1929年华尔街崩盘前几天，他宣布股票市场达到了

"可以永久维持的高位水平"。虽然大多数商人在崩盘发生后迅速将资金撤出了市场，但欧文·费雪却无法相信股价竟会与现实脱节到如此地步。他把钱留在股市里，最终失去了一切，甚至是他的家。直到最后，费雪仍然相信货币等同于价值，为此他付出了沉重的代价。[70]

ॐ

我们如何看待在进步时代欧文·费雪被从边缘推到了中心？可以肯定的是，没有任何一个改革者可以作为这一运动的替身，因为进步主义太过多元化了。更重要的是，费雪在很多方面都超前于他所在的时代。他的许多货币主义和新古典主义思想，特别是他为了支持市场主观性这一激进观念而摒弃"社会"的思想，在几十年中都没有成为主流。就像丹·罗杰斯（Dan Rodgers）在其很好地概括了费雪论文的一段话中指出的那样，虽然"人性"概念在 20 世纪 20 年代就已经很具影响力，但实际上直到 70 年代和 80 年代，"二战后时代中充斥着背景、社会环境、制度的人性概念，才让位于强调选择、代理人、绩效和意愿的人性概念"。[71]

尽管如此，费雪依旧是透视这个时代的有价值的人物，并非仅因为他将社会价值等同于货币价值的观念（尽管持续不断地经受挑战）反映了 20 世纪头二十年中为进步定价的流行。正如威廉·利奇（William Leach）总体承认的那样，这个时代中"金钱价值……对很多人来说是构成所有其他价值的基本指标"。量化金钱的行动大大缩小了进步时代政治辩论的范畴，因为它只关注美国生活中能被定价的方面，但是仍留下了广泛的政治空间，就像费雪内容宽泛的政策处方一样。正如泰勒主义门徒可以使用价格统计数据使劳动不再需要专业技能，或新古典经济学家用其来使公司利润合法化一样，货币化指标也可以被用来证明政府对公共卫生、环境保护或高基本生活工资的投资需求。20 世纪经济话语的边界就是在公司资本主义巩固的这关键的几十年中形成的，后续还将包括开明的刺激经济的凯恩斯主义，以及保守的里根时代的新自由主义。虽然这些不同的经济方法之间存在巨大差异，但它们都将继续把美国社会首先作为一项产生收入的投资来看待，而这种投资需要被定价、被管理，以及最重要的是，需要不断增长。[72]

注释

1. "What the Baby Is Worth as a National Asset," *New York Times,* January 30, 1910.

2. David Starr Jordan, *The Human Harvest: A Study of the Decay of Races through the Survival of the Unfit* (Boston: Beacon Press, 1907) . 关于进步时代的追求效率运动，参见 Samuel Haber, *Efficiency and Uplift: Scientific Management in the Progressive Era 1890–1920* (Chicago: University of Chicago Press); William Atkin, *Technocracy and the American Dream: The Technocrat Movement, 1900–1941* (Berkeley: University of California Press, 1977), 1–27; David Noble, *America by Design: Science, Technology, and the Rise of Corporate Capitalism* (Oxford: Oxford University Press, 1979)。

3. Joseph Schumpeter, *Ten Great Economists from Marx to Keynes* (New York: Oxford University Press, 1951), 223; James Tobin, "Neoclassical Theory in America: J.B. Clark and Fisher," *American Economic Review* 75 (December 1985): 28–38; "Irving Fisher (1867–1947)," *American Journal of Economics and Sociology* 64 (January 2005): 19–42; Daniel Breslau, "Economics Invents the Economy: Mathematics, Statistics and Models in the Work of Irving Fisher and Wesley Mitchell," *Theory and Society* 32 (June 2003): 379–411.

4. 关于费雪在《纽约时报》上发表的文章——这些文章涵盖了银行改革、禁酒、劳动罢工、优生学、健康保险、学校卫生、关税政策和选举政治等不同主题，参见 "Gold Inflation Makes Living High," July 1, 1917; "Wartime Prohibition," May 27, 1917; "Prof. Fisher's Advice," August 30, 1916; "Novel Suggestion to Curb the High Cost of Living," January 7, 1912; "Empty Cradles Worst War Horror," July 25, 1915; "War Is Teaching Us Not to Waste Human Life," August 20, 1916; "Roosevelt Failed to Get Radical Democratic Vote," January 5, 1918; "Some Probable Economic Effects of the War," August 30, 1914; "Fisher Assails Protection," November 6, 1916. 关于费雪的经济预测，参见 Walter Friedman, *Fortune Tellers: The Story of America's First Economic Forecasters* (Princeton, NJ: Princeton University Press, 2013), 51–86。关于费雪的"进步主义的定价"，参见 "School Hygiene as Profitable Investment," *New York Times,* June 22, 1913; "The Money Value of Human Beings," *New York Times,* March 19, 1916。

5. Irving Fisher, "National Vitality: Its Wastes and Conservation," 61st Congress, 2nd Session, Senate Document 419 (Washington, DC, 1910), 739. 费雪在其报告的第 12 章衡量了"不断提升的生命力"的货币价值。关于《纽约时报》封面文章，参见 "Measuring the Nation's Vitality in Dollars and Cents," October 31, 1909; "Can Easily Add Fifteen Years to Our Average Life," March 5, 1911。

6. Theodore Roosevelt to Irving Fisher, May 8, 1907, box 2, Irving Fisher Papers, Yale University, New Haven, CT.

7. Irving Fisher, *A Clear Answer to President Taft, the Most Prominent Anti-National Prohibitionist* (Boston: Massachusetts Anti-Saloon League, 1918), 4–5; Fisher, "National Vitality," 623, 742; Irving Fisher, *The Costs of Tuberculosis in the United States and Their Reduction* (New Haven,

1909); Irving Fisher and Eugene Lyman Fisk, *How to Live: Rules for Healthful Living, Based on Modern Science* (New York: Funk and Wagnalls, 1916) . 关于费雪和禁酒，参见 Irving Fisher to William Elliot, December 8, 1915; March 3, 1916, box 3, Fisher Papers。

8.　这一说法出现在 1926 年在费城举行的庆祝《独立宣言》签署 150 周年博览会上美国优生学会的一个展品中。关于这一展品的形象，参见 the Fitter Families Collection, American Philosophical Society, Philadelphia, image no. 1565. 关于费雪的优生学思想，参见 Irving Fisher, "Impending Problems of Eugenics," *Scientific Monthly* 13, no.3 (September 1921): 214–231. 关于进步时代优生学和经济学之间的交集，参见 Thomas C. Leonard, "Eugenics and Economics in the Progressive Era," *Journal of Economic Perspectives* 19, no.4 (Fall 2005): 207–224。

9.　Eli Cook, "Gabriel Kolko's Unfinished Revolution," *Jacobin,* June 25, 2014.

10.　参见 J.S. Nicholson, "The Living Capital of the United Kingdom," *Economic Journal* 1 (March 1891); 95–107; William Farr, *Vital Statistics: Memorial Volume of Selections from the Reports and Writings of William Farr* (London: Sanitary Institute, 1885), esp.536; Ernst Engel, *Der Werth des Menschen* (Berlin: Leonhard Simon, 1883); Robert Giffen, *Essays in Finance* (London, 1880)。关于欧洲对进步主义改革的影响，参见 Daniel Rodgers, *Atlantic Crossings: Social Politics in a Progressive Age* (Cambridge, MA: Belknap Press of Harvard University Press, 2000)。

11.　Thomas Reilly, "Head Colds from the Standpoint of the Internist," *American Journal of the Medical Sciences* 153, no.5 (May 1917); *Boston Daily Globe,* February 27, 1911; "America's First Duty," *Wall Street Journal,* July 22, 1916; "Economic Loss by Typhoid Fever," *Hartford Courant,* December 6, 1912; "Malaria Is Cause of Economic Loss," *San Francisco Chronicle,* March 3, 1916; Fisher, "National Vitality," 742. 关于"自由放任的黄昏时期"，参见 Rodgers, *Atlantic Crossings,* 76–111。

12.　"The Cost of Destroying Life," *Austin Statesman,* January 10, 1913; "Social Value of a Man's Work," *Wall Street Journal,* July 13, 1906. 关于保险业和人的生命价值，参见 Dan Bouk, *How Our Days Became Numbered: Risk and the Rise of the Statistical Individual* (Chicago: University of Chicago Press, 2015), ch.6。关于保险和"人力资本"之间的关联性，参见 Jon Levy, *Freaks of Fortune: The Emerging World of Capitalism and Risk in America* (Cambridge, MA: Harvard University Press, 2012), 61。关于保险公司和社会改革，参见 Olivier Zunz, *Making America Corporate 1870–1920* (Chicago: University of Chicago Press, 1990), 39, 92–95。

13.　关于泰罗制，参见 Haber, *Efficiency and Uplift*; Daniel Nelson, *Frederick W. Taylor and the Rise of Scientific Management* (Madison: University of Wisconsin Press, 1980)。

14.　Haber, *Efficiency and Uplift,* ix, 29; Charlotte Perkins Gilman, "The Waste of Private Housekeeping," *Annals of the American Academy of Political and Social Science* 48 (July 1913): 92. 关于类似的观点，参见 Mary Pattison, *The Business of Home Management* (New York, 1915)。关于家庭经济学的历史，参见 Carolyn Goldstein, *Creating Consumers: Home Economists in Twentieth Century America* (Chapel Hill: University of North Carolina Press, 2012)。关于把社会作为一个工厂的世界观，参见 Robert Weibe, *Search for Order, 1877–1920* (New York: Farrar, Straus and Giroux, 1967), 146。

15.　Allan Ripley Foote, *Economic Value of Electric Light and Power* (Cincinnati, 1889), 36; David Lantz, "Economic Value of North American Skunks," U.S. Department of Agriculture bulletin no.587, Washington, DC, 1914; "Birds' Economic Value," *Los Angeles Times,* September 29, 1916; "The Aesthetic versus the Economic Value of Niagara Falls," *Scientific American* 62 (1906): 2506.

16.　William James, *Pragmatism and Other Writings* (New York: Penguin, 2000), 88; George Cotkin,

"William James and the Cash-Value Metaphor," *ETC: A Review of General Semantics* 42, no.1 (Spring 1985): 37–46.

17. James, *Pragmatism and Other Writings*, 135.

18. Charles Cooley, *Social Process* (New York: Scribner's, 1918), 333; Charles Cooley, "The Sphere of Pecuniary Valuation," *American Journal of Sociology* 19 (September 1913): 203. 也可参见 Charles Cooley, "The Progress of Pecuniary Valuation," *Quarterly Journal of Economics* 30 (November 1915): 1–21。

19. 关于匹兹堡调查及其为何未能引起人们的关注，参见 Maurine Greenwald and Margo Andersen, eds., *Pittsburgh Surveyed: Social Science and Social Reform in the Early Twentieth Century* (Pittsburgh: University of Pittsburgh Press, 1996), 9。关于凯莉的工资地图，参见 *Hull-House Maps and Papers: A Presentation of Nationalities and Wages in a Congested District of Chicago* (New York, 1895)。

20. 关于企业资本主义革命，参见 Alfred Chandler, *The Visible Hand: The Managerial Revolution in American Business* (Cambridge, MA: Belknap Press, 1977); James Livingston, *Pragmatism and the Political Economy of Cultural Evolution* (Chapel Hill: University of North Carolina Press, 1997); Wiebe, *Search for Order*; Levy, *Freaks of Fortune*, esp. ch.8; William Appleman Williams, *The Contours of American History* (New York: World, 1961); James Weinstein, *The Corporate Ideal in the Liberal State* (New York: Farrar, Straus and Giroux, 1971); Alan Trachtenberg, *The Incorporation of America: Culture and Society in the Gilded Age* (New York: Hill and Wang, 1982)。虽然力量大不如前，但是私有小资产阶级中产群体仍是企业资本主义革命的一支重要力量。参见 Robert Johnston, *The Radical Middle Class: Populist Democracy and the Question of Capitalism in Progressive Era Portland, Oregon* (Princeton, NJ: Princeton University Press, 2002)。

21. Irving Fisher, "Why Has the Doctrine of Laissez Faire Been Abandoned?" *Science* 25 (January 4, 1907): 20. 并不是所有自称的进步主义人士都是中产阶级专业人士，参见 Daniel Rodgers, "In Search of Progressivism," *Reviews in American History* 10, no.4 (December 1982): 113–132; Elizabeth Sanders, *Roots of Reform: Farmers, Workers and the American State 1877–1917* (Chicago: University of Chicago Press, 1999)。关于这些中产阶级专业人士的世界观，参见 Richard Hofstadter, *Age of Reform* (New York: Vintage, 1960), 131–257。

22. 关于这种量化信仰，参见 Wiebe, *Search for Order*, 40–43, 147–154; Theodore M. Porter, *Trust in Numbers: The Pursuit of Objectivity in Science and Public Life* (Princeton, NJ: Princeton University Press, 1997)。关于"系统"，参见 Joanne Yates, *Control through Communication: The Rise of System in American Management* (Baltimore: Johns Hopkins University Press, 1993)。

23. 关于这一时期货币的文化力量，参见 Jackson Lears, *Rebirth of a Nation: The Making of Modern America* (New York: Harper, 2010), 51–92。关于企业自由主义，参见 Jeffrey Lustig, *Corporate Liberalism: The Origins of Modern American Political Theory* (Berkeley: University of California Press, 1986)。关于组织合成，参见 Louis Galambos, "The Emerging Synthesis in Modern American History," *Business History Review* 44, no.3 (Autumn 1970): 279–290。关于"铁笼"（或者更准确地说，"像铁一样坚实的贝壳"），参见 Peter Baehr, "The 'Iron Cage' and the 'Shell as Hard as Steel': Parsons, Weber, and the *Stahlhartes Gehäuse* Metaphor in the Protestant Ethic and the Spirit of Capitalism," *History and Theory* 40, no.2 (May 2001): 153–169; Frank Gilbreth Jr. and Ernestine Gilbreth Carey, *Cheaper by the Dozen* (New York: Harper, 1948)。

24. Zunz, *Making America Corporate*, 39; Thorstein Veblen, *Absentee Ownership and Business Enterprise in Recent Times: The Case of America* (New York: Huebsch, 1923), 86。关于公司比例，参见 *Thirteenth Census* (Washington, DC, 1910), 8: 135; *Fourteenth Census of the United*

States (Washington, DC, 1920) 8: 14; Roy, *Socializing Capital,* 6; Naomi Lamoreaux, *The Great Merger Movement in American Business, 1895–1904* (New York: Cambridge University Press, 1988); Adolf Berle and Gardiner Means, *The Modern Corporation and Private Property* (New York: Transaction, 1932), esp.14–15。

25. Daniel Hirchman, "Inventing the Economy, or: How We Learned to Stop Worrying and Love the GDP," Ph.D. diss., University of Michigan, 2016, 64–65. 关于不同形式的公司官僚机构，参见 Zunz, *Making America Corporate*。

26. *New York Times* headline cited in Lears, *Rebirth of a Nation,* 261. 关于典型的生活成本统计，参见 Bureau of Labor Statistics, *Bulletin* 39 (1902); 45 (1903); and 51–54 (1904), 以及劳工统计局的第 18 份和第 19 份年度报告；Thomas Stapleford, *The Cost of Living in America: A Political History of Economic Statistics* (New York: Cambridge University Press, 2009), 50–77; Meg Jacobs, *Pocketbook Politics: Economic Citizenship in Twentieth Century America* (Princeton, NJ: Princeton University Press, 2005), 15–52; Mary O. Furner, "Knowing Capitalism: Public Investigation and the Labor Question in the Long Progressive Era," in *The State and Economic Knowledge: The American and British Experiences,* ed. Barry Supple and Mary Furner (New York: Cambridge University Press, 1990), 260–286。关于进步主义思想认为现代公司的必然性，参见 Lustig, *Corporate Liberalism*。关于布兰代斯支持泰勒主义，参见 Oscar Kraines, "Brandeis' Philosophy of Scientific Management," *Western Political Quarterly* 13, no.1 (March 1960): 191–201。"生活成本"这一术语的 Google Ngram 统计显示了 1910 年前后其用量的爆发性增长。

27. 关于基本生活工资，参见 John A. Ryan, *A Living Wage: Its Ethical and Economic Aspects* (New York: Macmillan, 1906)。

28. Jeremiah Jenks, "Industrial Combinations and Prices," in USIC, *Report of the Industrial Commission* (Washington, DC, 1900), 1: 39–57; Jeremiah Jenks, "The Economic Outlook," *Dial* 10 (1890): 252. See also USIC, *Report of the Industrial Commission,* 7: 16; James Livingston, *Origins of the Federal Reserve System: Money, Class and Corporate Capitalism, 1890–1913* (Ithaca, NY: Cornell University Press, 1986), 35–41.

29. Thomas McCraw, *Prophets of Regulation: Charles Francis Adams, Louis D. Brandeis, James M.Landis, Alfred E Kahn* (Cambridge, MA: Belknap Press, 1984), 59–60, 80–142; Stephen Skowronek, *Building a New American State: The Expansion of National Administrative Capacities, 1877–1920* (New York: Cambridge University Press, 1982), 248–284. 关于格兰杰法以及民粹主义者对法律规制的偏爱如何很好地延续到进步时代，参见 Elizabeth Sanders, *Roots of Reform: Farmers, Workers, and the American State, 1877–1917* (Chicago: University of Chicago Press, 1999)。关于州际商务委员会的恢复以及受史密斯诉埃姆斯案推动而日新月异的铁路会计，参见 Gerald Berk, *Alternative Tracks: The Constitution of American Industrial Order, 1865–1917* (Baltimore: Johns Hopkins University, 1997), 153–162; Oliver Wendell Holmes, "The Path of the Law," *Harvard Law Review* 457 (1897)。

30. Fisher, "Money Value of Human Beings."

31. 关于进步时代改革的政治学，参见 Rodgers, *Atlantic Crossings,* 235–267; Michael McGerr, *The Rise and Fall of the Progressive Movement in America, 1870–1920* (New York: Oxford University Press, 2005)。关于全国公民联盟，参见 Weinstein, *Corporate Ideal*。

32. 关于费雪如何游说卡内基基金会，参见 Fisher to Elliot, January 16, 1908, Fisher Papers。关于费雪如何使用价格统计数据作为游说工具，参见 Fisher to Elliot, December 9, 1909, box 3, Fisher Papers。关于阶级利益和精英改革之间的矛盾，参见 David Huyssen, *Progressive Inequality: Rich and Poor in New York, 1890–1920* (Cambridge, MA: Harvard University Press, 2014)。

33. 关于人口普查如何对待美国原住民，参见 Matthew Hannah, *Governmentality and the Mastery of Territory* (New York: Cambridge University Press, 2000), 208–218。

34. 关于注水股票，参见 Roy, *Socializing Capital,* 249; William Cook, *The Corporation Problem: The Public Phases of Corporations, Their Uses, Abuses* (New York: Putnam's, 1891)。

35. John Commons, *Legal Foundations of Capitalism* (New York: Macmillan, 1924), 11–46, quote on 16; Herbert Hovenkamp, *The Opening of American Law: Neoclassical Thought, 1870–1970* (New York: Oxford University Press, 2014), 163–164; Morton Horwitz, *The Transformation of American Law, 1870–1960: The Crisis of Legal Orthodoxy* (New York: Oxford University Press, 1992), 162.

36. Walter Sachs, "The Reminiscences of Walter E.Sachs," Oral History Collection of Columbia University, Butler Library, New York, vol.1, 87; Charles D. Ellis, *The Partnership: The Making of Goldman Sachs* (New York: Penguin, 2009), 4–10.

37. 对"市场"这一术语的 Google Ngram 统计显示，"市场"一词直到 19 世纪末 20 世纪初才出现（直到 20 世纪 80 年代才爆发性地增长）。关于这一时期华尔街的影响，参见 Steve Fraser, *Every Man a Speculator: A History of Wall Street in American Life* (New York: HarperCollins, 2005), 155–193。关于这一时期华尔街如何改变了美国人的日常社会观念，参见 Julia Ott, *When Wall Street Met Main Street: The Quest for an Investors' Democracy* (Cambridge, MA: Harvard University Press, 2012), 9–55。

38. William Peter Hamilton, *The Stock Market Barometer: A Study of Its Forecast Value Based on Charles H. Dow's Theory of the Price Movement* (New York: Harper, 1922), 8. 关于查尔斯·道及其理论和道琼斯工业平均指数，参见 Justin Fox, *The Myth of the Rational Market* (New York: Harper, 2011), 15–18; Robert Rhea, *The Dow Theory* (New York: Barron's, 1932); Lloyd Wendt, *The Wall Street Journal: The Story of Dow Jones and the Nation's Business Newspaper* (New York: Rand McNally, 1982)。道的社论的最大信息来源是：S.A. Nelson, *The ABC of Speculation* (New York: Nelson's, 1904)。

39. 关于将企业资本主义与契约的"意志理论"联系在一起的类似观点，参见 Roy Kreitner, *Calculating Promises: The Emergence of Modern American Contract Doctrine* (Palo Alto, CA: Stanford University Press, 2006), 227–239。关于"市场"和"自然"价格在古典经济学中的关系，参见 Adam Smith, *An Inquiry into the Nature and Causes of the Wealth of Nations,* ed. Edwin Cannan (London: Methuen, 1904), book 1, ch.7。

40. 关于新古典经济学试图定价所有人类经验，参见 Duncan Kennedy, "The Role of Law in Economic Thought: Essays on the Fetishism of Commodities," *American University Law Review* 34 (1985): 939–1001。

41. Irving Fisher, *Elementary Principles of Economics* (New York: Macmillan, 1911), 3, 38; Iriving Fisher, *The Nature of Capital and Income* (New York: Macmillan, 1906), 205.

42. Fisher, *Elementary Principles,* 15.

43. *Evening Public Ledger,* March 3, 1916.

44. Edward Bellamy, *Looking Backward* (New York: Dover, 1996), 151; John L. Thomas, *Alternative America: Henry George, Edward Bellamy, Henry Demarest Lloyd, and the Adversary Tradition* (Cambridge, MA: Belknap Press, 1983), 237–262.

45. N.A. Dunning, *The Philosophy of Money and Its Relation to Domestic Currency* (Washington, DC, 1890), 189. 关于奥卡拉诉求，参见 *Proceedings of the Supreme Council of the National Farmers' Alliance and Industrial Union* (1890), 32–33; 关于奥马哈政纲，参见 Ignatius Donnelly, "National People's Party Platform," *World Almanac, 1893* (New York, 1893), 83–85。关于对金钱和金融的民粹主义观点，参见 money and finance, see Charles Postel, *The Populist Vision* (New York: Oxford University Press, 2007), 137–173; 关于进步时代的社会主

义，参见 James Weinstein, *The Decline of Socialism in America: 1912–1925* (New Brunswick, NJ: Rutgers University Press, 1984)。

46. "Bankers Hear Figures, but Only of Speech," *New York Times,* December 21, 1904.

47. 关于边际主义革命，参见 Mark Blaug, "Was There a Marginal Revolution?" *History of Political Economy* 4, no.2 (1972): 269–280; Margaret Schabas, *A World Ruled by Number: William Stanley Jevons and the Rise of Mathematical Economics* (Princeton, NJ: Princeton University Press, 1990); Dorothy Ross, *The Origins of American Social Science* (New York: Cambridge University Press, 1991), 172–219。

48. Irving Fisher, *Mathematical Investigations in the Theory of Value and Prices* (New York: Kelley, 1892), 19.

49. *Encyclopaedia Britannica,* 9th ed., vol.19, s.v. "Political Economy." 英格拉姆不是唯一持此批评观点的人，参见 John Cairnes, *The Character and Logical Method of Political Economy* (London, 1875), vi。关于新古典经济学对效用衡量难题的观点，参见 George Stigler, "The Development of Utility Theory," which appeared in two parts in the *Journal of Political Economy:* 58, no.4 (August 1950): 307–327; and 58, no.5 (October 1950): 373–396。关于更多的效用衡量难题，参见 Dorfman, *Economic Mind,* 3: 243–252。

50. Francis Y. Edgeworth, *Mathematical Psychics: An Essay on the Application of Mathematics to the Moral Sciences* (London, 1881), 101. 也可参见 David Colander, "Retrospectives: Edgeworth's Hedonimeter and the Quest to Measure Utility," *Journal of Economic Perspectives* 21, no.2 (Spring 2007): 215–226。

51. *Encyclopaedia Britannica,* s.v. "Political Economy."

52. Fisher, *Mathematical Investigations,* 5; Fisher, *Elementary Principles,* 13, 534.

53. William Stanley Jevons, *The Theory of Political Economy* (London: Macmillan, 1879), 12. 关于杰文斯和数理经济学的兴起，参见 Schabas, *A World Ruled by Number*。

54. Charles Darwin, *The Descent of Man* (London, 1871), 76–77; Henry Sidgwick, *The Methods of Ethics* (London, 1874), 29–42; Jacob Viner, "The Utility Theory and Its Critics," *Journal of Political Economy* 33 (1925): 369–387; Fisher, *Mathematical Investigations,* 11.

55. James quoted in Livingston, *Pragmatism,* 142; John Dewey, "Reconstruction in Philosophy," *The Middle Works of John Dewey 1899–1924,* ed. Jo Ann Boydston (Carbondale: Southern Illinois University Press), 11: 193; Thorstein Veblen, "Why isn't Economics an Evolutionary Science?" *Quarterly Journal of Economics* 12, no.4 (1898): 373–397.

56. Dobb, *Theories of Value,* 38–65. 关于古典经济学和新古典经济学的类似之处，参见 Ross, *Origins of American Social Science,* 122。

57. Fisher, *Elementary Principles,* 478.

58. 关于新古典经济学的均质化影响，参见 Breslau, "Economics Invents the Economy"。

59. 关于费雪对工会的批评，参见 *New York Times,* September 1, 1916。费雪也反对民粹主义者的货币改革。参见 Roy Kreitner, "Money in the 1890s: The Circulation of Politics, Economics and Law," *UC Irvine Law Review* 1, no.3 (2011): 975–1013。

60. Irving Fisher, "Economists in Public Service: Annual Address of the President," *American Economic Review* 9, no.1 (March 1919): 10; Irving Fisher to Bert Fisher, August 17, 1890, box 1, Fisher Papers. 关于新古典经济学的无阶级本质特征，参见 Stephen Marglin, "What Do Bosses Do? The Origins and Functions of Hierarchy in Capitalist Production, Part I," *Review of Radical Political Economics* 6, no.2 (1974): 60–112; Gregory Mankiw, "Defending the One Percent," *Journal of Economic Perspectives* 27, no.3 (2013): 21–34。

61. Schumpeter, *Ten Great Economists,* 223; Irving Fisher, "An Address on the Irving Fisher Foundation," September 11, 1946, in *Works of Irving Fisher,* ed. William Barber (London:

Pickering and Chatoo, 1997), 1: 29.

62. Fisher, "Address on the Irving Fisher Foundation," 1: 29; Fisher to Graham, Summer 1889, box 1, Fisher Papers.

63. "Extracts from Biography," box 6, Fisher Papers. 费雪对健康十分狂热，因此他既不喝酒、咖啡和茶，也不吃巧克力、辣椒、精制糖和漂白的白面粉。

64. 关于通货膨胀的分配效应，参见 Thomas Piketty, *Capital in the Twenty First Century,* trans. Arthur Goldhammer (Cambridge, MA: Harvard University Press, 2014), 103–113; Warren Buffet, "Inflation Swindles the Equity Investor," *Fortune,* May 1977; Irving Fisher, "A Remedy of the Cost of Living: Standardizing the Dollar," *American Economic Review* 3, no.1 (March, 1913): 27。

65. 关于金本位制的政治学，参见 Gretchen Ritter, *Goldbugs and Greenbacks: The Antimonopoly Tradition and the Politics of Finance in America* (New York: Cambridge University Press, 1999)。

66. Kreitner, "Money in the 1890s."

67. Fisher, "Standardizing the Dollar," 23; Irving Fisher, "A Compensated Dollar," *Quarterly Journal of Economics* 27, no.2 (February 1913): 213–235; Irving Fisher, *The Purchasing Power of Money: Its Determination and Relation to Credit, Interest and Crises* (New York: Macmillan, 1926); Irving Fisher, *The Money Illusion* (New York: Adelphi, 1928) . 关于费雪在稳定货币方面的著作，也可参见 reel 2: 5, Fisher Papers。

68. 关于七位经济学家对费雪计划召开的一次圆桌会议，参见 "Standardizing the Dollar — Discussion," *American Economic Review* 3, no.1 (March 1913): 29–51。关于费雪和美联储，参见 Thomas Cargill, "Irving Fisher Comments on Benjamin Strong and the Federal Reserve," *Journal of Political Economy* 100, no.6 (December 1992): 1273–1277, Fisher quoted on 1274; Milton Friedman and Anna Schwarz, *The Great Contraction, 1929–1933* (Princeton, NJ: Princeton University Press, 1965); Michael Bordo and Hugh Rockoff, "The Influence of Irving Fisher on Milton Friedman's Monetary Economics," National Bureau of Economic Research Working Paper no.17267, August 2011。

69. Friedman, *Fortune Tellers,* 51–85.

70. Robert Loring Allen, *Irving Fisher: A Biography* (Cambridge, MA: Blackwell Publishers, 1993), 269; Friedman, *Fortune Tellers,* 80–83.

71. Daniel Rodgers, *Age of Fracture* (Cambridge, MA: Belknap Press of Harvard University Press, 2011), 3. 关于进步时代的多元性，参见 Rodgers, "In Search of Progressivism"。关于"社会"，参见 Rodgers, *Atlantic Crossings,* 20–32。

72. William Leach, *Land of Desire: Merchants, Power and the Rise of a New American Culture* (New York: Vintage Books, 1994), 7.

结语
走进 GDP

1912 年 7 月 27 日，世界首富洛克菲勒的儿子引发了一系列事件，这些事件在二十年后将我们为进步定价的故事推到了最光辉的时刻——1934 年，美国国家经济研究局的西蒙·库兹涅茨发明了官方认可的 GNP 统计指标。这一天，小约翰·D.洛克菲勒在其位于百老汇 26 号的纽约办公室写了一封信给弗雷德里克·泰勒·盖茨（Frederick Taylor Gates），后者是其父亲最信赖的商业顾问，也是美国资本主义的企业再造、美国医药及慈善事业重建的核心设计师之一。在信中，洛克菲勒谈到了当年春天在欧洲举行的一次会议，与会者有 J.P.摩根、AT&T 的总裁西奥多·韦尔（Theodore Vail）以及参议员纳尔逊·奥尔德里奇（后者正是小洛克菲勒的岳父）。洛克菲勒向盖茨报告说："会议对于是否有必要制定计划对公众观点进行系统教育展开了严肃探讨，因为公众在金融、经济和工业方面事务上的看法一直受到充满谎言的虚假事实陈述的欺骗。"洛克菲勒随后进一步详细说明道：

> 公众舆论似乎受到了大企业商业利益的影响；在经济、金融以及政治问题上泛滥着对于立法、思想和演讲的激进且充满恶意的曲解。这些以及其他迹象都表明存在令人担忧的趋势，越来越多的事情正在损害这个国家赖以建立起来的法律、所有权和治理形式，这意味着这群绅士们迫切需要作出一些智慧的、严密策划的、广泛的、非政治性的努力以引导公众舆论。[1]

洛克菲勒显然采纳了利用"非政治"事实来推进其政治目标——即不断推广公司资本主义——的想法。当洛克菲勒与同一群人在 J.P. 摩根位于华尔街的办公室举行第二次会议时，他要确保抓住这个机会。如他所说，那次会议制定了一项建立一个独立私人研究机构的共同出资计划，该机构将聘请"有能力的人负责管理"。洛克菲勒、摩根以及其他金融业支持者将继续留在幕后，不"以任何方式干涉负责人的行动，尽管他们会随时准备就政策和实践向他提出建议"。[2]

当然，当天房间里的每个人都知道该机构无法真正独立。事实上，这恰是他们在此聚会的原因。就像进步时代涌现的许多公司主导的慈善事业一样，这既是一种开明的家长主义，也是一种复杂的权力游戏。对于摩根和洛克菲勒这样的人来说，慈善事业的美妙之处在于，获得资助的研究机构可以让专家们充满他们的大厅，并声称自己是纯粹客观独立的。与此同时，慈善家们自己可以轻松知道他们捐赠的每一块钱都用在哪里，会心照不宣地使得该机构不做任何有损于未来经费的事情。人们通常都不会对一个资本家的捐赠吹毛求疵。[3]

几周后，洛克菲勒修改了西奥多·韦尔在摩根办公室会议后撰写的纪要。这提供了难得的从内部审视进步时代美国资本想法的机会。该纪要感叹道："合法的企业和行业已成为人们有失公正的怀疑对象，公众舆论的力量经常与公共或私人幸福以及快乐所依赖的力量相对立。"该纪要接着将这种"幸福与快乐"等同于货币价值。"所有生产者获得的价格从未比现在更有利可图或令人满意，而消费者数量及其购买力的增长与价格上涨幅度完全成正比。"纪要的隐含信息很明确：如果这样的价格数据传递到更多的受众，那么公众就将更加感激造就美国经济及"购买力"繁荣的富有商人和企业巨头。[4]

洛克菲勒痴迷于成立私人资助的研究机构这一构想，他让自己的顶级公关人员杰尔姆·格林（Jerome Greene）在 1912 年夏天写下了第二份备忘录。格林将研究局的目标概括为"通过公布事实，驳斥误导性和有害性的言论"

来支持"这个国家的商业利益"。由于只记载于内部备忘录中，从未打算向外公布，格林的文件揭示了建立一个看似非政治性的研究机构背后的政治动机。令格林感到沮丧的是"国家商业利益正在遭受不加区分的辱骂或面临激进的改革计划"，他称赞了拥有"经济学家"的好处，认为"他们与该研究局的关系对于公众来说是一种保证，确保了该研究局官方发布的调查和报告是科学准确的"。值得注意的是，在所有通信中，洛克菲勒和格林从未想过商人们需要经济学家的帮助作出商业决策。相反，他们认为经济学家的主要作用是充当调解者，将私人"利益"转化为"确切"的事实。在这份摩根和奥尔德里奇共同签署的备忘录的末尾，格林推荐由埃德温·盖伊（Edwin Gay）出任该研究局局长，后者是哈佛商学院第一任院长，也是栽培了弗雷德里克·温斯洛·泰勒担任教职的人。五年后，经过了一些意料之外的障碍，盖伊将成为美国国家经济研究局的首任局长。此后大约十五年，美国国家经济研究局将在国民生产总值的发明中发挥核心作用。[5]

1912年，洛克菲勒有充足理由痴迷于构想一个反驳"有害言论"的独立机构。在那一年，矿工联合会（United Mine Workers）返回到了由洛克菲勒的科罗拉多燃料公司（Colorado and Fuel Corporation）持有并运营的南科罗拉多煤田。年轻的洛克菲勒在世纪之交接替了他的父亲，并设法粉碎了1904年的矿工罢工，但是科罗拉多州的工人运动并没有因此作罢。作为对工人运动的回应，洛克菲勒向家长式的企业小镇投入大量资金，建设了俱乐部会所和公共浴室，试图借此教育他的主要来自外国的劳工们如何以美国方式生活。洛克菲勒显然对"教育活动"并不陌生，他对有助于缓和阶级冲突，并使公司资本主义合法化的国家经济研究局的渴望，与他的其他策略行为相辅相成。[6]

当科罗拉多煤矿的劳资冲突再次开始恶化时，洛克菲勒加快了其设立私人研究局的计划。在与代表洛克菲勒的杰尔姆·格林接触后，埃德温·盖伊同意成立一个由五名经济学家组成的委员会来为该研究局的成立提供建议。由于担心洛克菲勒的商业利益会损害该机构的合法性，盖伊和这一委员会在他们的报告中指出，该研究局"从建立伊始就不应该从事带有直接教育民众性质的工作。虽然我们意识到极其有必要对大众进行经济学教育，但是将这种宣传工作当作一个科研机构的首要或主要任务是不可取的"。盖伊警告洛克菲勒，该研究局"不仅应该获得科学界的信任，它还需要极力避免时下流行的偏见——这种偏见可能存在于某大资本家慷慨资助的企业中，这一点与该研究局的目标是一致的"。[7]

在格林与盖伊接触后不久，与委员会会面前几天，科罗拉多州的局势引发了一场企业合法性危机，洛克菲勒不再仅仅是想要这样一个机构，而是迫切地需要这样一个机构。1914 年 4 月 20 日，科罗拉多州国民警卫队和科罗拉多燃料及钢铁公司（Colorado Fuel and Iron）袭击了罢工的铁矿工人的帐篷聚居地，当烟雾消散后，人们发现有两名妇女和十一名儿童被烧死，洛克菲勒以及全部公司资本的名声也化为灰烬。美国人将其称为"勒德洛大屠杀"（The Ludlow Massacre），这个口号是如此强大，以至于杰尔姆·格林和洛克菲勒的顶尖公关团队也无力挽回这一事件的影响。[8]

如果说之前洛克菲勒的梦想是建立一个由专家管理的研究机构，利用许多基于价格的不同指标使公司资本主义合法化，那么经历了"勒德洛大屠杀"之后，他想要的则是联邦政府工业关系委员会（Commission on Industrial Relations, CIR）这种完全不同形式的事实调查机构。在堪萨斯州劳工律师弗兰克·沃尔什（Frank Walsh）的领导下，工业关系委员会的公众听证会不是进步主义定价的产物，而是 19 世纪自由劳动者和民粹主义的最后遗留物之一。沃尔什令人联想起 19 世纪 70 年代早期马萨诸塞州劳工统计局的第一批创始人，他在质询中较少关注冰冷的价格统计数据，而是更多关注一些激烈的道德问题，如剥削性劳工实践、工业民主以及糟糕的工作条件。这样一个调查机构对洛克菲勒来说意味着灾难，因为他无法通过生活成本图表或经济增长数据转移对其的指控。当沃尔什斥责洛克菲勒是"勒德洛大屠杀"的共谋时，美国人看到这个世界上最富有的人被迫洗耳恭听。[9]

对于洛克菲勒为了煤炭而杀人的指控只会加剧他对挖掘数据的兴趣。直到此时，他才更愿意倾听埃德温·盖伊的建议。在一篇未注明日期的内部备忘录中（可能是在盖伊的报告和"勒德洛大屠杀"之后不久写的），基金会依旧指出建立经济研究局的必要性，因为"动荡不安在蔓延"；它的"目标"将是"在经济和社会问题上树立更理智的态度"。但在随后关于"面临阻碍"的段落中，备忘录接受了这样一个事实：他们将"不得不避免民众对资本家建立的任何机构存在普遍不信任。必须有技巧地处理要解决的问题"。备忘录最后（也许是由洛克菲勒自己）用铅笔写道："研究局需要外部人士。"[10]

那么，哪个"有技巧的"研究项目能够既不与洛克菲勒平息"动荡不安"的目标发生冲突，同时又以更积极的态度表现公司资本主义呢？在盖伊的委员会报告中，选择很简单：盖伊建议研究局应该关注生活成本数据以及"收集与价格相关的数据，包括商品价格、工资和租金"。洛克菲勒基金会也参与其中。1914年夏天，杰尔姆·格林在第二份备忘录中指出，该研究小组的"权威"将取决于其声誉，而"这可以通过如对价格进行的初步研究来获得"。[11]

然而，在盖伊完成委员会报告后不久，第一次世界大战就爆发了，设立经济研究局的计划暂时被迫搁置。与此同时，盖伊将继续领导战时工业委员会（War Industries Board），这一职位使他能够在通过行政机构广泛收集数据方面获得重要经验。一战在GNP的兴起中起到的最大作用或许并非盖伊在战争期间进行的工作，而是联邦个人所得税的开征。虽然欧文·费雪1916年时还曾感叹美国没有良好的收入数据，但到了1920年时，经济学家已能够轻松获取这些数据。由此盖伊和其他国家经济研究局领导人迅速将注意力从较为笼统的"价格"研究转向更为精确的收入研究。[12]

不过，即使一战推动了国民收入核算的诞生，但统计方面处于主导地位的仍然是私人企业。负责在战后重新启动建立国家经济研究局计划的人是马尔科姆·罗蒂（Malcolm Rorty），他是AT & T的高级管理人，并且是首席执行官西奥多·韦尔的亲密同僚。这进一步证明了公司资本在美国国家经济研究局组建中发挥了重要作用。西奥多·韦尔是1912年首次会议的与会者之一（也许也是发起者之一），那次会议中建立研究局的构想首次浮出水面。1919年，罗蒂找到了联邦基金会（Commonwealth Fund）——这是一家主要由石油公司资助的慈善组织——的麦克斯·法兰德（Max Farrand），希望重新启动国家经济研究局的设立工作。罗蒂比洛克菲勒更油滑，知道如何在公司权力和客观科学中左右逢源。他在一封信的开头指出，他之所以想组建这样一个研究局，"主要是为了这个国家发起反对布尔什维克主义的教育运动"。然而在下一行中，罗蒂就向法兰德保证，它将是一个"完全独立的研究局……建立在真正的科学和独立的基础上"。[13]

罗蒂是一个有远见的公司自由主义者，他认为要稳定公司资本主义并镇压日益强大的社会主义运动，就需要真正的社会改革和广泛的统计意识，这种意识不仅与经济增长有关，还与经济不平等休戚相关。他还认为，如果国家经济研究局要树立非政治性机构的声誉，就必须将劳工运动纳入其中。罗蒂巧妙地说服了研究马克思的左倾技术统治专家、一度担任美国关税委员会统计师的斯通（N.I. Stone），与他共同努力重新启动组建国家经济研究局。尽管受到不同政治议程的推动，但两人都有兴趣揭示社会总收入及其分配情况。到了那年年底，美国国家经济研究局终于成立了，这在很大程度上要归功于罗蒂的游说天赋。[14]

"国家局"这个词听起来像是一个公共机构，但实际上它并不是，而是私人经营的，其初始资金来源于联邦基金会和卡内基基金会。成立仅一年后，美国国家经济研究局的奥利弗·克瑙特（Oliver Knauth）——该研究局一位著名的国民收入核算专家，就与洛克菲勒基金会联系，要求获取额外资金支持。"国家经济研究局昨天打电话说，他们在经济上陷入了极度紧张的境地。" 1922 年洛克菲勒基金会的一份备忘录上这样写道。当克瑙特向洛克菲勒基金会游说募集资金时，他向基金会强调，国家经济研究局的第一份报告《美国的收入》（Income in the United States）"将回报那些帮助和信任该研究局的人"。[15]

依据美国国家经济研究局（及其未来的内部历史学家）提到其董事会涵盖"各方面社会和政治观点"的次数来看，人们或许认为罗蒂已经大大改变了该研究局自首次华尔街会议后制定的目标，但事实并非如此。正如洛克菲勒的一个助手在美国国家经济研究局成立后指出的那样，国家经济研究局总体上符合"在格林先生领导下（洛克菲勒）基金会所做的最初研究设想"。即便如此，对劳工暴动的畏惧还是给统计带来了一个新的重要利好：国家经济研究局的第一份报告不仅会试图估计国民总收入，还会估算它是如何在美国人民之间进行分配的。[16]

历史学家将大萧条时期国民生产总值指标的建立归功于美国国家经济研究局的西蒙·库兹涅茨是正确的。该指标背后的核心原则可以从 1920 年美国国家经济研究局关于国民收入的第一份报告中找到。它开发了两种不同方法对国民收入估算工作进行复核，并得出结论说，美国的国民收入从 1909 年的 2880 万美元增长到了 1918 年的 610 亿美元。美国国家经济研究局的经济学家们在计算国民收入这一过程中，显然更多地将国家视为创造收入的资本投资，而非公民的民主社会。与本书所描述的 19 世纪的发展相呼应，该报告解释说："计算国民收入与评估一条铁路线非常像。"但是，报告的关键是提出了国民收入数据，即我们现在所知的 GDP。该报告利用价格指数考虑了战争引发的通货膨胀因素，向读者呈现了一个美国社会不断进步的图景，强调美国人均收入从 333 美元上升到 372 美元，在这个指标上"美国比其他任何国家都表现得更好"。[17]

该报告对经济分配的关注程度，比第二次世界大战后美国国家经济研究局的报告要多得多。然而，它似乎急于对财富分配状况进行一些积极的解释，特别是在有关大公司方面。例如，它在结论中巧妙地将工薪劳动者与受薪管理层放在一起，这种结合使得美国国家经济研究局能够宣称雇员们获得了公司收入的 70% 左右，而资本只获得了 30%。第一次世界大战结束后，美国经历了一波前所未有的罢工浪潮，但距此仅一年，该报告就试图平息阶级紧张态势以及社会主义暴动。它（在无数场合）不断重申单凭工资不足以反映"劳动的份额"，因为有大量工作不是以商定的劳动工资或薪水形式，而是以利润形式（经济学家经常称之为"管理工资"）进行的。该报告利用支持商业的思想家们由来已久的观点模糊了劳动与资本之间的阶级界限，断言使用收入数据衡量"劳动的份额"是不可能的。[18]

尽管美国民众很少阅读国家经济研究局的报告，但这种关于国民收入和财富的统计数据很快就对美国人有关自己及其国家的观念产生了影响。1925年《纽约时报》一篇题为"山姆大叔计算他的惊人财富"（Uncle Sam Counts His Fabulous Wealth）的庆祝性文章，引用了基于美国国家经济研究局的人口普查数据，宣称"山姆大叔是国家中的富豪"。文章将美国的"身价"标记为 320803862000 美元，提出这一数字是"世界历史上最大的物质财富积累"，远远超过了法国和德国的价值，法国的"价值是 670 亿美元，德国按照其财政大臣的说法是 350 亿美元"。这篇 20 世纪 20 年代中期的文章将民族国家的价值进行了比较，就好像他们是福特 T 型车或佛罗里达的房地产一样，反映出定价进步和增长信条的霸权正逐渐兴起。"根据美国国民城市银行（National City Bank）的统计数据显示，没有其他国家取得了像美国那样的快速增长，"文章宣称，"依据广泛接受的对其他国家的财富的估算，美国的增长率远远领先。"整篇文章渲染的是一个微笑的山姆大叔形象，躺在无穷无尽的钱堆上。[19]

到 20 世纪 50 年代后期时，国民生产总值已经诞生，国家经济研究局也已成为美国政治体制中重要的组成部分。1958 年就"经济"而言是相对较坏的年份，当年《纽约时报》刊登了一篇关于国家经济研究局的文章，文章开头将公司资助的国家经济研究局形容为"无党派的独立研究组织"。文章随后引用了该局的"官方目标"，即"以最广泛和最自由的方式鼓励调查、研究和发现，以及将知识应用于提高人类福祉"。在下一段落中，文章列出了美国国家经济研究局为实现上述目标而创造的统计指标：

> 国民收入、资本形成及其资金来源、产值和生产率、劳工问题、价格、商业周期、国际经济关系和外国经济、金融和投资、政府活动和财政，以及经济结构与增长。

这份清单只是隐约提到了"劳工问题"，并清楚地表明到 20 世纪 50 年代后期时，最初促使该研究局关注经济分配的政治压力已经减弱。对"人类福祉""最自由"的经济调查领域已经缩小到资本形成、经济增长和国民收入等一系列指标上了。[20]

尽管美国国家经济研究局自称完全客观，但《纽约时报》对其局长、哥伦比亚大学经济学教授亚瑟·伯恩斯（Arthur Burns）的描述，揭示了国家经济研究局领导人的意识形态倾向及其政策处方。文章指出："伯恩斯博士不是教条主义者，但是，他敦促全年必须减税约 50 亿美元，认为这是刺激经济好转的最直接可行的措施。他说公共工程项目的效应要几个月后才能发挥，而到那时通胀可能再次成为首要问题。"几年后，伯恩斯（他将接任美联储主席）的愿望得以实现：在 20 世纪 60 年代，由总统约翰·F. 肯尼迪（John F. Kennedy）领导的民主党人推行了一项大幅减税法案，尤其是对富人而言，他们的边际税率下降了超过 20 个百分点。这标志着将要来临的趋势。在 20 世纪 80 年代，受到米尔顿·弗里德曼启发的共和党人在罗纳德·里根（Ronald Reagan）总统的领导下延续了这一政策，并将最高边际税率进一步降低了 40 多个百分点。[21]

伯恩斯（以及他在美国国家经济研究局最著名的门徒米尔顿·弗里德曼）之所以倾向于减税，部分原因是国家经济研究局以美元标价的数据库无法体现许多支持公共工程项目的相关社会考量，例如阶层流动性、社区团结、种族平等，以及通过经济安全感、尊严感和目标感对穷人赋权。随着岁月的流逝，以及国家经济研究局及其经济指标获得越来越多的政治、社会和文化关注，为进步定价抛弃了美国经济政策中的这些根本问题。然而，这些重要且非金钱的生活问题的日常后果（以及它们在统计上被边缘化）却依然切实存在。不像我们的年度税收，我们无法定价美国为进步定价的社会成本。但这并不意味着它们不存在。[22]

∽

GDP 的兴起经历了很长一段时间。早在国家经济研究局或西蒙·库兹涅茨到来之前，詹姆斯·格伦、亚历山大·汉密尔顿、小塞缪尔·布洛杰特、乔治·塔克、辛顿·黑尔珀和戴维·威尔斯等本书提到的名人们都试图开发类似的统计指标，以衡量美国人民创造财富的能力。与 GDP 的国民收入核算非常相似，这些经济指标不是按照市场商品或消费品，而是按照生产要素或资本品对待和量化美国社会及其居民的，后二者的价值只能通过计算它们每年产生的货币收入或现金流量金额来衡量。从这个意义上讲，GDP 的发明不仅是为进步定价的最后一步，也是美国生活资本化的最后一步。就如同投资者审查其房地产、股票分红或工业机器的收入流那样，美国宏观经济学家衡量"经济增长"也是通过测算美国人民在其自然及工业资源的帮助下创造的总货币流量进行的。

也就是说，GDP 和本书记录的一些早前资本化形式之间存在一个重要区别。像威廉·配第、托马斯·杰斐逊和欧文·费雪这样的人并不认为只衡量人民创造收入的生产力流量就足够了，他们试图更进一步地将这种收入流量折现（或资本化）为当前的财富存量。这也是为何配第不仅说英国普通劳动者平均每天赚 7 便士，还能估算出他（或她）的价值是 138 英镑（或 250 年后在费雪的计算下是 2900 美元）的原因。另一方面，发明出 GDP 和国民收入核算的经济学家没有完成最后一步。虽然 GDP 衡量的是美国人的平均产出（同时也消费了这么多），但它没有测算它们作为一种财富存量的理论价值。这些测算方式存在于 20 世纪中后期，主要被政府机构用于成本—效益分析，但最终它们被边缘化，让位于其他形式的对人的货币评价。[23]

然而，这并不意味着人力资本概念就消失了。事实远非如此。1958 年，在《纽约时报》发表关于国家经济研究局文章的同一年，雅各布·明瑟（Jacob Mincer）发表了他划时代的文章《人力资本投资与个人收入分配》（Investment in Human Capital and Personal Income Distribution）。如我所言，将人作为资本的观念深深地植根于英美历史，可以追溯到 17 世纪和 18 世纪的圈地运动和奴隶制。然而直到明瑟与加里·贝克尔（Gary Becker）合作并开始出版《政治经济学期刊》（*Journal of Political Economy*）时，"人力资本"一词才横空出世，成为劳动经济学家量化人及解释不平等的最主要方式。明瑟和贝克尔追随他们资本化先辈们的步伐，将人视为赚钱的资产。据他们的说法，富人高收入和穷人低收入之间的差异在很大程度上取决于每个人的产出能力。而这种生产力反过来在很大程度上又取决于人们选择"投资"自己多少，这种投资主要是通过教育和培训进行的。为了衡量一个人对自身人力资本投资的成败，经济学家们设计出了复杂的计量经济学手段，这些手段严重依赖美国政府提供并资助的个人收入调查。1966年前关于人力资本理论的文章发表只有800篇，而到了1976年时则变为了2000篇。就像之前诸多将个人生产力等同于个人薪资的经济学家一样，这些研究背后的信息几乎都是一样的：如果你赚了很多钱，那不仅仅是因为你自身（而非为你工作的下属之类的其他人）创造了这笔现金流，还由于你明智地投资了自己。你的净值是你自身价值的体现。[24]

半个世纪后的今天，人力资本不仅成了主流经济理论，也成了占据支配地位的文化概念。投资术无处不在。假如在谷歌上搜索"投资自己"这个词，排在最前面的结果之一（有数百万个结果）就解释了"投资自己可能是你所做的最划算的投资。它不仅会在未来产生回报，还往往有当前回报。成功的最可靠方法是优先投资于个人和职业发展"。亿万富翁沃伦·巴菲特曾告诫年轻人，如果"你已经最大限度地发挥了自己的才能，那么你就拥有了十倍回报的巨额资产"。Entrepreneur.corn等众多自助网站强烈推荐"3%的个人发展解决方案"，就像公司留存收益一样，这些大师们都建议你将年收入的3%投资自己，从而提高你的生产力。[25]

如今，许多美国人不仅将自己视为一项投资，而且将自己的国家也视为一项投资。要证明这一现象，没有比亿万富商唐纳德·特朗普（Donald Trump）前所未有的选举更好的例子了。哥伦比亚广播公司（CBS）的新闻和《美国新闻与世界报道》（*U.S. News and World Report*）均将唐纳德·特朗普称为"美国的首席执行官"。他上台后将美国视同为一家企业，声称他可以依照他做投资的方式经营这个国家。特朗普将美国视为一项投资是他获胜的关键之一。当《大西洋报》（*Atlantic*）的一名记者恳请2015年投票给特朗普的选民写信解释他们为什么支持他时，很多人的回应都像特朗普那样，将美国描述为一个企业。特朗普的一个支持者写道："他已经成功领导了每年收入200亿美元的家族企业，雇用了2万多人。""他在管理资金、减少债务和最大化财富方面有着良好记录，这些可以被直接用到领导我们的国家摆脱金融危机上。"特朗普任命的许多官员也都有着这种资本化视野。2017 年，住房部部长本·卡尔森（Ben Carson）在解释为何他认为应取消穷人福利救济的原因时说道："我认为每个人都是人力资本，可以被发展成为促进国家腾飞的引擎的一部分。"[26] 与大多数美国人不同的是，当投资者意识到特朗普会像着眼于企业利润一样管理这个国家时，为进步定价的经济指标满腔热情地拥抱了特朗普的执政。道琼斯工业平均指数在他当选后的第二天上涨了257 点，在他入主白宫后的 100 天内上涨了惊人的 14%。

通过探索历史上被遗忘的其他度量方法，本书不仅对为进步定价及美国生活的资本化进行了历史化和政治化的记录，还致力于充当"可用的历史"，通过呈现过去的社会量化方式来为未来的指标提供灵感。最近，托马斯·皮凯蒂和其他经济学家成功地让不平等指标重新回归主流。这是一项伟大的成就，但要做的工作还有很多。将美国人的幸福而不是他们创造财富的能力置于国家统计视野的核心，不仅有利于衡量我们的收入与生产的产品之间的差异，还可以衡量无数我们生活中不可量化的方面，如孤独感和归属感、监禁和成瘾、图书馆和非商品、压力和安全、尊严和幸福、团结和容忍、种族平等和性别平等，以及环境保护和全球可持续性等。[27]

也就是说，本书的一个中心主题就是将经济指标的崛起与美国资本主义的兴起密切联系在一起。如果认为简单用一个指标替换另一个指标就会对社会产生革命性的影响，那就过于天真了。美国公民可以推动他们的政府将一些非货币指标制度化，以替代货币指标，例如不丹国家使用的国民幸福指数。然而，除非美国政府的 401（k）* 也开始以最大化幸福为目标，或者就业保障转为以年度幸福增长率为依据，否则这些指标可能无法对经济、社会或政治产生多大影响。快速的修正方案是不存在的。如果我们有兴趣改变衡量进步的方式，那么我们要改变的就不仅是我们的指标，还有我们的世界。[28]

---

* 指美国的养老保险制度。——译者注

1. John D. Rockefeller Jr. to Frederick Taylor Gates, July 27, 1912, Rockefeller Family Papers (henceforth RFP), Record Group 2, Series F—Economic Reform, box 18, folder 143, Rockefeller Archive Center, Sleepy Hollow, NY. For Gates, see Richard E. Brown, *Rockefeller Medicine Men: Medicine and Capitalism in America* (Berkeley: University of California Press, 1979); John Baick, "Cracks in the Foundation: Frederick T. Gates, the Rockefeller Foundation, and the China Medical Board," *Journal of the Gilded Age and Progressive Era* 3, no.1 (2004): 59–89.

2. Rockefeller to Gates, July 27, 1912, RFP, box 18, folder 143. 也可参见 Rockefeller to Nelson Aldrich, August 26, 1912, RFP, box 18, folder 143。

3. 关于慈善和资本主义，参见 Peter Dobkin Hall, *Inventing the Non-Profit Sector and Other Essays on Philanthropy, Voluntarism, and Nonprofit Organizations* (Baltimore: Johns Hopkins University Press, 1992)。关于公司家长主义，参见 Andrea Tone, *The Business of Benevolence: Industrial Paternalism in the Progressive Era* (Ithaca, NY: Cornell University Press, 1997); David Huyssen, *Progressive Inequality: Rich and Poor in New York, 1890–1920* (Cambridge, MA: Harvard University Press, 2014)。

4. "Bureau of Economic Research Memo Originally Drawn by Theo. Vail and Here Revised by John D. Rockefeller and JDG," August 21, 1912, RFP, box 18, folder 143. JDG is Jerome Greene.

5. Jerome Greene memo, August 22, 1912, box 18, folder 143; 关于摩根家族的许可印章，参见 H.V. Davison to Rockefeller, August 28, 1912, RFP, box 18, folder 143; Solomon Fabricant, "Toward a Firmer Basis of Economic Policy: The Founding of the National Bureau of Economic Research," NBER Working Paper, 1984。关于盖伊，参见 Herbert Heaton, *A Scholar in Action, Edwin F. Gay* (Cambridge, MA: Harvard University Press, 1952); 关于盖伊对泰罗制的支持，参见 Jeffrey Cruickshank, *The Harvard Business School, 1908–1945: A Delicate Experiment* (Boston: Harvard Business School Press, 1987), 55–60。

6. Thomas Andrews, *Killing for Coal: America's Deadliest Labor War* (Cambridge, MA: Harvard University Press, 2010), 207–230, 234–240. 关于这一时期的福利资本主义，参见 David Brody, *Workers in Industrial America: Essays on the Twentieth Century Struggle* (New York: Oxford University Press, 1980)。

7. Edwin Gay, "Report of Committee to the Rockefeller Foundation," August 4, 1914, RFP, box 18, folder 143. 就在"勒德洛大屠杀"十天之后，这一委员会于 1914 年 4 月 30 日举行了会议。

8. 关于洛克菲勒的公关，参见 Rockefeller to Gates, April 18, 1914; Jerome Greene to Rockefeller, July 6, 1914, and May 6, 1914; RFP, box 18, folder 143。

9. 关于"勒德洛大屠杀"以及沃尔什对洛克菲勒的严厉质询，参见 *Industrial Relations: Final Report and Testimony* (Washington, DC: GPO, 1916), 1: 269, 9: 8298–8304; Mary O. Furner, "Knowing Capitalism: Public Investigation and the Labor Question in the Long Progressive Era," in *The State and Economic Knowledge: The American and British Experiences,* ed. Barry Supple and Mary Furner (New York: Cambridge University Press, 1990), 274–285; Graham Adams, *The Age of Industrial Violence, 1910–1915: The Activities and Findings of the U.S. Commission on Industrial Relations* (New York: Columbia University Press, 1966), 165–166。

10. Undated memo of the Rockefeller Foundation, RFP, box 18, folder 143.

11. Jerome Greene Memo, August 27, 1914, RFP, box 18, folder 143.

12. 关于一战对国家经济研究局创立的促进作用，参见 Timothy Shenk, "Inventing the American Economy," Ph.D. diss., Columbia University, 2016, ch.1. 关于战时工业委员会，参见 Guy Alchon, *The Invisible Hand of Planning: Capitalism, Social Science, and the State in the 1920s* (Princeton, NJ: Princeton University Press, 1985), ch.3。关于个人所得税的重要性，

参见 Hirschman, "Inventing the Economy," 67–68。

13. Malcolm Rorty to Max Farrand, Commonwealth Fund Papers (henceforth CWFP), series 1, box 223, August 9, 1919, Rockefeller Archive Center, Sleepy Hollow, NY. 关于罗蒂的计划，也可参见 N.I. Stone to John Frey, August 19, 1919, CWFP, series 1, box 223。

14. Fabricant, "Toward a Firmer Basis," 3–8; undated memo, "The Annual Value Product of American Industry," CWFP, series 1, box 223.

15. Memo, Oliver Knauth to Mr. Fosdick, April 18, 1922, RFP, box 18, folder 143. 也可参见 Knauth to Fosdick, March 21, 1922, RFP, box 18, folder 143。

16. Lathrop Brown to Starr J. Murphy, February 7, 1921, RFP, box 18, folder 143; Fabricant, "Toward a Firmer Basis," 8; Richardson to Rockefeller, June 30, 1921, RFP, box 18, folder 143.

17. National Bureau of Economic Research (NBER), *Income in the United States, Its Amount and Distribution 1909–1919* (New York: NBER, 1921), 6, 141–150. 关于如何将国民收入视作一项投资，也可参见 undated memo, "The Annual Value Product of American Industry," CWFP, series 1, box 223。

18. NBER, *Income in the United States,* 90. 关于国民收入的兴起和对分配关注度的下降，参见 Dan Hirschman, "Inventing the Economy, or: How We Learned to Stop Worrying and Love the GDP," Ph.D. diss., University of Michigan, 2016, 71–75, 173。

19. "Uncle Sam Counts His Fabulous Wealth," *New York Times,* January 25, 1925.

20. Richard Rutter, "Economic Weather Bureau Adds to Data and Their Interpretation," *New York Times,* April 20, 1958.

21. Rutter, "Economic Weather Bureau." 关于伯恩斯———一位十分重要但是经常被忽视的经济学家，参见 Saul Engelbourg, "The Council of Economic Advisers and the Recession of 1953–1954," *Business History Review* 54, no.2 (1980): 192–214; Wells Wyatt, *Economist in an Uncertain World: Arthur Burns and the Federal Reserve, 1970–1978* (New York: Columbia University Press, 1994)。

22. 弗里德曼写了几十篇国家经济研究局工作论文并著有许多书，参见 www.nber.org/authors/milton_friedman. For Friedman and the rise of neoliberalism, see Angus Burgin, *The Great Persuasion: Reinventing Free Markets since the Depression* (Cambridge, MA: Harvard University Press, 2012)。

23. 关于美国政府定价人的方式的变化，有一个非常好的综述，参见 Binyamin Appelbaum, "As U.S. Agencies Put More Value on a Life, Businesses Fret," *New York Times,* February 16, 2011。

24. Jacob Mincer, "Investment in Human Capital and Personal Income Distribution," *Journal of Political Economy* 66, no.4 (August 1958): 281–302; Hirschman, "Inventing the Economy," 174–180.

25. Royale Scuderi, "3 Valuable Ways to Invest in Yourself," Lifehack, www.lifehack.org/articles/lifestyle/3-valuable-ways-to-invest-in-yourself.html, accessed April 6, 2017; Eddy Ricci, "The 3 Percent Solution for Personal Development," Entrepreneur.com, July 10, 2014.

26. Associated Press, "Donald Trump Says He'll Run America like His Business," *Fortune,* October 27, 2016; David Brodwin, "America's CEO," *U.S. News and World Report,* January 20, 2017; Conor Friedersdorf, "What Do Donald Trump Voters Really Want?" *Atlantic,* August 17, 2015; Arthur Delaney and Zach Carter, "Ben Carson Thinks the Government Warehouses People," *Huffington Post,* January 12, 2017.

27. 关于皮凯蒂，参见 Eli Cook, "The Progress and Poverty of Thomas Piketty," *Raritan Quarterly Review* 35, no.2 (Fall 2015): 1–19。

28. 关于国民幸福指数，参见 Alejandro Adler, "Gross National Happiness in Bhutan: A Living Example of an Alternative Approach to Progress," *Social Impact Research Experience Journal* 1 (2009): 1–137。

致　谢

　　我在以色列特拉维夫大学学习了本科微观经济学课程，这门课程中有令我十分头疼的微分求导计算技巧，我学会了利用这一技巧解决任何一个我遇到的生产函数最大化问题。其后，我修读了美国史课程，并找到了我的目标所在。与"填鸭式"的有固定答案的方程问题不同，我在美国史课程学习中遇到了令人兴奋的开放式问题，这些问题不仅涉及美国资本主义的产生，还触及现代社会人类经历的本质。这门美国史课程是由迈克尔·扎奇姆（Michael Zakim）教授讲授的，我十分感激迈克尔·扎奇姆教授为我打开了历史研究的大门，以及此后对我的慷慨资助。

　　在几年之后的哈佛大学学习中，斯文·贝克特（Sven Beckert）教授在开展他的资本主义研究项目伊始，就收下了我这个以色列裔美国人。此后，斯文·贝克特教授向我提供了许多无私帮助，指导我学习复杂的全球经济史中的细小问题，同时热情鼓励我提出更大的问题。可以说，如果没有斯文·贝克特教授的指导和广阔视野，我不可能敢下手写这样一本几乎横跨三百年历史的书。在哈佛大学，莉莎贝斯·科恩（Lizabeth Cohen）教授也向我提供了无穷知识和指导，她一直鼓励和激励我不断完善、重写和重新思考这个项目的基本框架。当我的某章内容与她的观点不一致时，莉莎贝斯·科恩教授不仅会告诉我实际情况是什么，还会向我详细解释其背后的原因。在我的双胞胎女儿出生后，莉莎贝斯·科恩教授为了让我能够更好地完成工作，将她自己办公室的钥匙给了我。我也非常感谢克里斯·德桑（Chris Desan）教授，他教会了我中央银行是怎么运作的，而且让我很开心地在新古典经济学领域埋头研究了一整个夏天。莫顿·霍维茨（Morton Horwitz）教授是这个项目的老前辈，本书从头到尾都体现着他的智慧。约翰·斯托弗（John Stauffer）教授知识渊博，帮助我形成了这一项目的早期观点。亚瑟·帕顿–霍克（Arthur Patton-Hock）教授的办公室大门一直都是敞开的，他的思想也是如此，没有他一直以来的耐心帮助和大力支持，我不可能同时应付好工作和我两个新出生的双胞胎女儿。

我在罗格斯历史研究中心（the Rutgers Center for Historical Analysis）完成了一项博士后研究项目，在那里我完成了本书最后一章关于进步时代的写作，并且获得了很多帮助。杰克逊·里尔斯（Jackson Lears）既是我的朋友，也是我的老师和本书编辑，他是一个多面手，对这个项目的贡献非常大。托比·琼斯（Toby Jones）对这个项目也作出了独特贡献，这一点在我们讨论时显得尤为明显。詹姆斯·德尔博古 (James Delbourgo)、茱莉亚·费恩（Julia Fein）、科特妮·富里洛夫（Courtney Fullilove）总是会让我在办公室感觉像在家一样轻松自在。我和查理·里格斯（Charlie Riggs）曾在加拿大新不伦瑞克省的酒吧中花费数个小时讨论历史和理论，我也非常怀念那些时光。

在我回到以色列任教时，我受到了欧兰·沙莱夫（Eran Shalev）、古尔·阿尔罗伊（Gur Alroey）、尼拉·潘瑟（Nira Pancer）、奥里·阿米泰（Ori Amitay）、祖尔·沙莱夫（Zur Shalev）、斯蒂芬·伊里格（Stefan Ihrig）、多坦·莱谢姆（Dotan Leshem）、罗伊·戴维森（Roei Davidson）、伊兰·塔木德（Ilan Talmud）、伊利·阿伦森（Ely Aaronson）、泽埃夫·舒尔曼（Zeev Shulman）、托马尔·本·霍林（Tomer Ben Horin）和海法大学历史系令人难忘的热烈欢迎。依法特·米兹拉西（Ifat Mizrachi）让我到海法大学的任教过程非常顺利、简单和愉悦。海法大学的知识能量、同事间的情谊、学生的多元化以及他们对正义和平等的追求，极大地激励了我完成最后几个月艰难的无休止的修订工作。

在本书写作过程中，很多人读过这本书的多个版本，并给出了重要意见。杰米·皮特拉斯卡（Jamie Pietruska）、欧兰·沙莱夫、杰夫·斯卡兰斯基（Jeff Skalnsky）和大量至今不知道姓名的杰出读者，非常耐心地读了这本书的手稿，并提出了大量宝贵的评论和修改建议。乔恩·利维（Jon Levy）在美国历史学家组织的一次会议上发表的评论，帮助我奠定了这个项目后续部分的基调。汤姆·斯特普尔福德（Tom Stapleford）对本书第 7 章早期版本的建议正是我所需要的。莉莎贝斯·科恩阅读小组的成员们提供了我所能寻求到的最好的同行评议观点。哈佛大学的资本主义史阅读小组提供的知识火花帮助我厘清了理论框架。回到以色列海法大学任教后，一个政治经济学阅读小组帮助我优化了有关欧文·费雪章节的内容。向罗伊·克雷内尔（Roy Kreitner）、诺姆·佑兰（Noam Yuran）、阿娜特·罗森伯格（Anat Rosenberg）表示衷心感谢。

还要感谢很多人。在哈佛大学，诺姆·马戈尔（Noam Maggor）最早教授我研究技巧，如果没有他的指导，我真不知道该何去何从。布莱恩·哈克曼（Brian Hochman）、戴维·金姆（David Kim）、尼克·多诺弗里奥（Nick Donofrio）、布莱恩·麦克卡马克（Brian McCammack）、皮特·勒奥费歇尔（Pete L'Official）、杰克·汉密尔顿（Jack Hamilton）、蒂姆·麦格拉斯（Tim McGrath）、乔治·布劳斯坦（George Blaustein）、德雷克·埃特肯（Derek Etkin）接纳了我这样一个业余选手进入美国定约桥牌协会（ACBL）。还要感谢亚当·希纳尔（Adam Shinar）、鲁迪·巴特尔（Rudi Batzell）、玛吉·格莱姆（Maggie Gram）、安德鲁·波普（Andrew Pope）、凯特琳·罗森塔尔（Caitlin Rosenthal）、霍尔格·德雷斯勒（Holger Droessler）、巴尔拉杰·吉尔（Balraj Gill）、纳达夫·奥里安-皮尔（Nadav Orian-Peer）、戴维·辛格曼（David Singerman）、布莱恩·格德斯坦（Brian Goldstein）、安娜·洛沃斯基（Anna Lvovsky）、约舒亚·施佩希特（Joshua Specht）、埃坦·肯斯基（Eitan Kensky）、查尔斯·皮特森（Charles Petersen）、萨默·谢弗（Summer Shafer）、玛丽莎·厄格斯罗姆（Marisa Egerstrom）、凯瑟琳·斯蒂芬斯（Katherine Stephens）、肖恩·尼科尔斯（Shaun Nichols）和杰里米·扎伦（Jeremy Zallen），他们给予的帮助让本书受益良多。

本书得到的慷慨资助为我的写作提供了宝贵的时间和必需的资源，让完成这本书需要查阅的大量历史文献研究成为可能。在哈佛大学，托马斯·科克伦（Thomas Cochran）商业和经济史奖学金发挥了重要作用，这一奖学金是由查尔斯·华伦中心（Charles Warren Center）、托宾项目（Tobin Project）、哈佛大学法学院全球法律与政策研究中心（the Institute for Global and Policy）共同资助的。在哈佛大学的最后几年，我很幸运地成了拉德克利夫高级研究所（the Radcliffe Insititute for Advanced Study）的一名研究员，在那里我接触到了很多杰出的拉德克利夫研究伙伴。罗格斯大学（Rutgers University）历史系的安德鲁·W. 梅洛基金博士后奖学金（Andrew W. Mellon Foundation Postdoctoral Fellowship）让我以最小的教学任务接触到了大量历史文献。富布赖特博士后奖学金（Fulbright Postdoctoral Scholar Fellowship）给了我完成书稿所需的宝贵时间。许多档案保管员为我提供了便利。我要特别感谢哈佛商学院贝克图书馆（Baker Library）、纽约公共图书馆手稿和档案部、国会图书馆、国家档案馆（I 部和 II 部）、马萨诸塞州历史学会、杜克大学戴维·鲁宾斯坦（David M. Rubenstein）稀缺书籍和手稿图书馆、洛克菲勒档案中心、维吉尼亚大学图书馆、芝加哥纽贝里（Newberry）图书馆、史密斯大学女性历史档案馆、马萨诸塞州州立档案馆的管理员们。

　　我还想谢谢哈佛大学出版社，它见证了这本书的出版。乔伊斯·塞尔泽（Joyce Seltzer）能解决我在编辑方面遇到的所有问题。在伊始阶段，她发现了这个项目背后更宏大的视角，并帮助我把这个视角变成了现实。斯蒂芬妮·维斯（Stephanie Vyce）给了我极好的建议。威斯特彻斯特（Westchester）出版服务公司的黛比·马西（Debbie Masi）做了大量的出版编辑工作。

　　本书第 1 章的一些内容来自我自己的文章——《日常生活中的定价》（The Pricing of Everday Life），这篇文章发表在《拉里坦季度评论》（*Raritan Quarterly Review*）32.3(2013 年冬季) 第 109—121 页；第 8 章的部分内容最初出现在我的文章——《新古典主义俱乐部：欧文·费雪和新自由主义的进步时代根源》（The Neoclassical Club: Irving Fisher and the Progressive Origins of Neoliberalism）中，这篇文章发表在《镀金时代和进步时代杂志》（*Journal of the Gilded Age and Progressive Era*）15.3（2016 年 7 月）第 246—262 页上。

在我很小的时候，我的父母就鼓励我要成为一个有知识的人。爸爸，我实现了您的愿望，但这绝不是一个巧合。不管是凌晨两点在走廊上开会讨论性别史，还是协助我阅读 18 世纪种植园主的信件，我的妈妈都是这个项目中的重要参与者。莎拉（Sarah）和里沙（Leeshai）在照顾孩子和解释中国 GDP 数字背后的政治规律中都提供了很大的帮助。班吉（Benjy）是这个项目的 IT 专家，更重要的是，自此之后我们成了最好的兄弟。戴维·库克（David Cook）和玛克辛·库克（Maxine Cook）提供了许多必不可少的帮助。我也想谢谢我的岳父和岳母——拉尼（Rani）和阿维娃（Aviva），他们一直待我像我的亲生父母一样，为这个家作出了不可磨灭的贡献。

最重要的是，我要感谢我的妻子塔莉（Tali）。在让你离开温暖的特拉维夫家乡，来到剑桥度过那几个寒冷的冬天时，我想我还没有真正告诉你我一直埋藏在心底的事情——没有你，我不可能完成这其中任何一件事情。你是我最有力的支持者，我最富思想（和漂亮）的评论者、我最爱的人、我最珍贵的朋友，是我的一生至爱。不管我们的下一段旅程会如何，我都如此幸运能和你一路同行。当然，这一路不只有你，还有米卡（Mika）、艾拉（Ella）和罗娜（Rona）。这几个孩子真是神奇的天赐礼物，塔莉，我将永远对你充满感激。

图书在版编目(CIP)数据

为进步定价:美国经济指标演变简史/(美)伊莱
·库克著;魏陆,罗楠译. —上海:格致出版社:上
海人民出版社,2023.6
ISBN 978 - 7 - 5432 - 3424 - 6

Ⅰ.①为⋯ Ⅱ.①伊⋯ ②魏⋯ ③罗⋯ Ⅲ.①经济指
标-经济史-研究-美国 Ⅳ.①F171.29

中国国家版本馆 CIP 数据核字(2023)第 002474 号

责任编辑 程筠函
装帧设计 人马艺术设计·储平

为进步定价:美国经济指标演变简史
[美]伊莱·库克 著
魏陆 罗楠 译

出　　　版　格致出版社
　　　　　　 上海人 A 出版社
　　　　　　 (201101　上海市闵行区号景路 159 弄 C 座)
发　　　行　上海人民出版社发行中心
印　　　刷　上海中华印刷有限公司
开　　　本　720×1000　1/16
印　　　张　20.25
插　　　页　2
字　　　数　294,000
版　　　次　2023 年 6 月第 1 版
印　　　次　2023 年 6 月第 1 次印刷
ISBN 978 - 7 - 5432 - 3424 - 6/F · 1485
定　　　价　88.00 元

The Pricing of Progress: Economic Indicators and the Capitalization of American Life

by Eli Cook

Copyright © 2017 by the President and Fellows of Harvard College

Published by arrangement with Harvard University Press

Through Bardon-Chinese Media Agency

Simplified Chinese translation copyright © 2023

by Truth & Wisdom Press

All Rights Reserved.

上海市版权局著作权合同登记号：图字 09-2022-0259